中国注册人力资源管理师职业资格认证教材

人才测评

寇家伦　编著

·中国人力资源开发研究会中国注册人力资源管理师考试认证中心组织编写·

PERSONNEL ASSESSMENT

中国发展出版社

图书在版编目（CIP）数据

人才测评/寇家伦编著. —北京：中国发展出版社，2006.10（2015.10 重印）
（中国注册人力资源管理师职业资格认证教材）
ISBN 978-7-80087-969-2

Ⅰ. 人… Ⅱ. 寇… Ⅲ. 人员测评工程—资格考核—教材 Ⅳ. C962

中国版本图书馆 CIP 数据核字（2006）第 120437 号

书　　　名： 人才测评
著作责任者： 寇家伦
出 版 发 行： 中国发展出版社
（北京市西城区百万庄大街 16 号 8 层　100037）
标 准 书 号： ISBN 978-7-80087-969-2/F·593
经　销　者： 各地新华书店
印　刷　者： 北京明恒达印务有限公司
开　　　本： 700×1000mm　1/16
印　　　张： 24.25
字　　　数： 435 千字
版　　　次： 2006 年 10 月第 1 版
印　　　次： 2015 年 10 月第 6 次印刷
印　　　数： 18001—21000 册
定　　　价： 36.00 元

咨 询 电 话：（010）68990642　68990692
购 书 热 线：（010）68990682　68990686
电 子 邮 件： fazhanreader@163.com
网　　　址： http://www.develpress.com.cn

序

不断发展与变化的人力资源管理

这是一个不断变化和发展的世界。20 多年前，人力资源作为一个概念被引进我国，人力资源作为一个新词汇被应用；10 多年前，第一本人力资源领域的中国人文核心期刊——《劳动与人事》正式更名为《中国人力资源开发》；5 年前，我国领导人提出“人力资源是第一资源”和“强化人力资源开发是我国的基本国策”；3 年前，中国人力资源开发研究会推出首个由专业的人力资源研究机构研发的针对我国人力资源从业者的培训认证体系；而今天，我国的人力资源从业者已达 500 万人以上，招聘、猎头、咨询、培训、测评、人力资源信息化等各种人力资源服务企业和机构达数十万家之众。

这样的巨变反映了一个事实：我国的人力资源管理在迅速地发展与变化。这样一个事实也要求我们的人力资源专业机构不能躺在功劳簿上睡大觉，必须为了我国人力资源的发展而孜孜以求，自身也需要不断地变化和创新。

于是，在注册人力资源管理师职业资格认证推出暨该项目第一套指定培训教材面世三周年之际，中国人力资源开发研究会中国注册人力资源管理师考试认证中心重新组织编写的这套“中国注册人力资源管理师职业资格认证教材”以崭新的面貌跟读者见面了。

重编教材基于以下两个原因：

一是为了适应人力资源管理的发展和企业人力资源从业者的需要。

人力资源专业知识和技能的发展日新月异，特别是近几年来，我国的人力资源管理水平更是随着经济的迅猛发展和企业的壮大而迅速提升，其特点、重点与3年前有了很大差别，社会对人力资源管理的需求也有了更高要求；与此同时，国内外关于人力资源管理的开发和研究也与时俱进，人力资源管理的理论和实践能力都在原有基础上迈上了新的台阶。因此，把新的研究和实践成果展示给广大的人力资源从业者，并根据目前的新要求、新特点提供符合需求的新教材是很有必要的。

二是为了适应中国注册人力资源管理师职业资格认证项目的发展。

3年并不是一段很长的时间，但3年也足以证明一个项目的决策和实施是否正确。经过3年的努力，注册人力资源管理师职业资格认证项目已经完善了对HR从业者的培训体系的建设，并建立了一套行之有效的培训效果保障体系，成为我国人力资源业界的培训标杆，并在2006年初更名为“中国注册人力资源管理师职业资格认证项目”。

3年来，中国注册人力资源管理师职业资格认证站在我国人力资源培训认证的前沿，项目的体系和知识要点不断更新，学员队伍迅速扩大，学员需求也越来越高。为了进一步提高注册人力资源管理师职业资格认证的含金量，打造中国人力资源业的顶尖队伍，推动中国人力资源事业的发展，下一步的工作重点将是建立中高级人力资源管理人员的资格考试和评价体系，努力探索人力资源管理人员的培训与选拔、评价、推荐相结合的有效途径，加强资格评价及培训认证工作的科学化、制度化和法制化建设。综合分析，实行项目的全国统考和对人力资源从业者的统一评审的条件已基本成熟。因此，中国人力资源开发研究会于2005年底成立了中国注册人力资源管理师考试认证中心，全面推进该项目的考试评审体系的建设。2006年，注册人力资源管理师考试认证中心的中心工作就是实行全国统考，开展各种后续服务，完善该项目的体系建设。

对人的评价是一门科学。我们的评价体系将结合目前国际流行的评价方法，考、评结合，知识、技能并重，力争在很短的时间内建立HR的国内评价标准。为了与这一目标配套，我们必须有一套体系更完备、理论更先进、知识更丰富、技术更标准、内容更实用、使用更方便的教材。

基于这两个原因，我们自2005年底便开始组织这套教材的编写。教材的作者全部是在中国注册人力资源管理师项目培训一线担任主力讲师的老师们，他们既有深厚的专业功底和实践基础，又因为一直站在人力资源管理发展的前沿，始终跟一线的人力资源高管们站在一起并对新知识和新技术也有最真实的体会和感悟，保证了教材的实用性。由他们编写的这套教材既与CHRP培训内容和考试内容配套，同时也能满足所有的人力资源从业者的需要，可以说是目前国内人力资源专业最权威的培训教材。

具体来说，这套教材有以下几个显著的特点：

1．突出实用性。教材编写以突出实用性为主，理论和概念讲述简洁、精练。图书的整体风格突出实用性和可操作性。

2．形式活泼，可读性强。文中广泛运用插图和表格，使得教材文字变得直观、鲜活，增加读者的感性认识。文后增加大量的习题和讨论，以及阅读材料和网站资源，便于读者进一步提高。

3．案例、知识点丰富。正文和案例窗口及知识点相互穿插，既可以阅读正文，也可以跳跃式地阅读相关材料或进行思考。

4．内容新颖。本套教材的内容不仅结合实际，并且能反映人力资源领域的最新技术和研究成果。

这套教材由原来的7种增加为9种。在原有的《人力资源战略与规划》、《绩效管理》、《薪酬福利管理》、《员工任用》、《企业培训》、《职业生涯管理》和《劳动关系管理》的基础上增加了《人才测评》和《人力资源信息化管理》。增加这两个模块就是为了适应目前企业对人力资源管理的新要求。一方面，新的人才测评技术在人力资源管理的各个阶段越来越发挥着重要的作用；另一方面，各种人力资源信息化系统在企业中得到越来越广泛的应用。作为一个开放的体系，中国注册人力资源管理师职业资格认证项目对这些新的要求和变化不能熟视无睹。在广泛地征求专家和学员的意见之后，我们将这两个模块纳入到我们的培训认证体系中。

我们相信，有广大人力资源从业者的支持，有众多专家和专业机构的努力，中国人力资源管理水平会蒸蒸日上。我们中国人力资源开发研究会愿做一块人力资源事业的垫脚石，与大家一起构建宏伟的人力资源大厦。

李 震

2006 年 6 月

前言

21世纪是一个竞争多元化的时代，WTO将国家与区域间的竞争纳入到同一框架之中，能否适应全球竞争规则是企业未来成功的关键。经济全球化、区域经济一体化迫使企业间的竞争格局发生变化，企业成功的关键是应势而动，主动适应竞争形态的变化。这样一来，也就必然会带动企业战略与赢利模式的调整。企业外部环境的变化对人力资源管理工作也提出了新的要求。人力资源管理者必须在企业战略的引导下，做好选人、育人、用人、留人的工作，而不能像以前那样对企业战略缺乏关注。人力资源管理者的角色也因企业战略的变化而进行了调整，从被动管理向主动服务转变、从事务管理向咨询顾问转变、从模仿者向企业问题的研究专家转变。面对激烈的竞争，企业更需要能够产生高绩效的员工在组织中发挥各种作用，因此，竞争带动企业战略的调整对人力资源管理者提出了新的素质要求。

人才测评技术在国内已经过20年的发展，对其在人力资源管理中的价值企业已经给予了充分的认可。人才测评技术对战略人力资源管理与职能人力资源管理的突出贡献，已经让很多认为“人才测评就是心理测验”的管理者对人才测评有了一个重新的认识。企业人力资源管理者必须掌握人才测评技术，人才测评技术是人力资源管理者从被动地模仿竞争对手，到个性化地解决企业实际问题的有力武器。人才测评技术不仅是践行“以人为本”的企业宗旨的重要手段，更是人力资源管理者迈向企业决策圆桌的推进器。

本书作为中国注册人力资源管理师职业资格认证的指定培训教材之一，向读者全面地介绍了人才测评技术的发展历程、基础理论与实践方法。本书重点阐述了人才测评技术中信用效度最高的评价中心技术的实践操作，向读者完整地呈现了组织人才测评活动的各个环节及关键控制点。笔者力求使本书与其他人才测评专著有所区别，特意规避了有些人才测评论著中复杂的数学模型，主要强调人才测评技术在实践中的操作，内容务实，结构完整。

在此我非常真诚地感谢在过去的 10 年中给予我帮助的各界人士。尤其感谢中国人力资源开发研究会李震秘书长，中国注册人力资源管理师认证中心副主任李直，是他们二位让我下定决心为读者奉献这本倾注了多年思考与实践的著作。感谢刘远我博士、唐为民博士、廖姜群博士与我讨论人才测评技术的诸多观点，并给予我极大的启发。感谢中国发展出版社领导及赵建宏老师给我提出的诸多修改意见。感谢我的父母家人对我深深的理解与支持。

由于个人水平和时间关系，本书还存在一些不足无法一一完善。另外在研究过程中还有诸多的困惑希望与人才测评领域的专家、学者共同探讨，希望广大专家及读者提出批评及建议。

寇家伦

2006 年 9 月于北京

目 录

第1章 人才测评总论

本章学习目标

1. 认识人才测评；
2. 人才测评的作用和分类；
3. 人才测评的主要方法和原理；
4. 人才测评的流程；
5. 人才测评与人力资源管理的关系。

引导案例

“综合测评”选拔国企高管

2006年6月18日，参加4家山东省大型国企负责人（副职）公开招聘的48名应聘者走进考场，以人机对话方式进行综合素质测评。这48人是从161名报名者中经过笔试和面试选拔的优秀者。此次应聘的职位分别是山东工程机械集团、肥城矿业集团、龙口矿业集团副总经理以及山东省汽车工业集团副总裁兼总工程师。这是山东省首次探索将现代人才测评技术引入省管大型国企负责人的公开选拔，因此受到社会广泛关注。

“电脑”参与选人

6月18日上午，山东省法官培训中心。经历过数轮选拔的48名应聘者事先并不知道还要过“综合测评”这一关，他们在事先没有任何准备的情况下，突然接到测评通知，继而迎来了又一场严格的测评。该测评通过人机对话方式，对应试人员的知识水平、能力素质、性格特征和发展潜力等进行综合评价。

两小时后，根据每个人的答题情况，电脑在现场自动生成详细的测评报告，报告由专人监督，被送往公开招聘领导小组。据现场工作人员透露，整个测评过程非常严格。

严格测评的一个重要原因在于，这是山东省大型国企第一次面向社会公开招聘高级经营管理人员。此次进行招聘的 4 家省管企业颇具规模，截至 2005 年底，其资产总额共计 171.3 亿元，营业收入达到 110.6 亿元。4 家企业本次招聘的是“统管副总”，要协助总经理（总裁）管理公司全面事务，统揽全局，因此对所选人才的要求极高。

据有关人士透露，本次公开招考最起码要达到“两个负责”：首先必须对国有资产的保值增值负责，其次要对所选拔的人员负责。如果选择一个“不合适的人”到某一岗位上，那么他必然会力不从心，对其本人也绝对不是一件好事。因此，严格测评更显重要。

“之所以在笔试和面试之后增加综合素质测评，是因为前两者测评的是一个人的知识水平和给人的直观印象，而后者更多地反映人的内在素质，这种素质在今后的任职中极为关键。”负责组织这次测评的王主任告诉记者。像人的心理承受能力、职业倾向、职业敏感度等内在素质是用笔试、面试等传统考评方法难以测评出来的。他们开发的企业经理人才测评系列软件，能够将诸多内在素质通过科学的方法进行测评。

据悉，本次 4 家省管大型企业公开招聘负责人，在笔试、面试成绩相仿的情况下，谁在综合测评中表现优异，谁就更容易获得所应聘的职位。根据考试成绩并参考综合素质测评结果，每个职位取前 6 名，共有 24 人列入考察范围。下一步将从国资委机关和招聘企业抽调精干力量组成考察组，用 1 个月左右的时间，对人选进行深入考察，然后提出拟用人选的初步意见，8 月上旬将确定聘任人员并进行公示。

评价体系创新

“在选拔干部过程中引入测评机制，具有重大意义。”王世忠对此感触颇深。

那么，答题时测评对象有无可能通过揣测考评者的喜好，做出虚假陈述？“可能。但是这样往往会降低分数。”王世忠说，测评系统仅在性格特征方面就会出十几道题，这些题目都是相关联的，几道题目可以揣摩，但是一些微小的细节就可能显露测评者的真实心理特征。如果某些方面不均衡，系统就能判断出来，评分会大大下降。“那么多专家研究多年，测评者要想在两三小时之内破解，是非常困难的。”

不仅国资委选拔企业高管要进行人才测评，一些大型企业也在逐渐引入这种科学的评价方式。例如，山东省商业集团此前就面向社会公开招聘 6 名部门经理副职，他们委托山东省企业经理人才评价推荐中心测评了 130 多名应聘者，最终成功聘用了企业需要的人才。商业集团高度评价测评结果，因为其不仅与笔试、面试成绩相吻合，而且具有较强的指导意义，更重要的是聘用者在工作中的表现证明了测评的科学性。

资料来源：任旭强，《山东“综合测评”选拔国企高管》，载于《经济导报》，2006 年 6 月 30 日。

1.1　认识人才测评

1.1.1　人才测评的概念

人才测评已经不再是新的概念，人才测评已经在企事业单位、政府部门的人力资源管理中发挥着越来越重要的作用。人才测评已经成为很多机构进行人事决策的重要参考依据。因此，了解人才测评技术是社会发展与时代进步的需要，是对人力资源管理者的基本要求。那么我们应该如何理解科学的人才测评呢?

人才测评就是通过多种科学、客观的方法，对人才的知识、能力、技能、个性特征、职业倾向、动机等特定素质进行测试与评价，以判定被试者与岗位、组织的匹配程度。人才测评是为招聘选拔、培训开发、绩效管理、职业规划、雇员关系管理等人力资源管理职能提供服务的一种技术手段，它是提升组织人力资源管理水平的一种有效的工具。

1.1.2　人才测评与心理测验的关系

目前，人才测评技术在国内已有 20 年的发展历史，并经历了从不认识到认识、从不了解到基本了解的过程。由于前期社会普遍缺乏人才测评的知识，致使很多人都认为“人才测评就是电脑算命”、“人才测评就是心理测验”。因此，在从科学的角度客观地认识人才测评技术前，有必要先解释清楚心理测量、心理测验是什么，以及人才测评与心理测验有哪些关系。

心理测量是通过科学、客观、标准的测量手段对人的特定素质进行测量、分析与评价的过程。心理测验是心理测量的一种方法，它是结合行为科学与数学来评价特定个体在特定素质上相对于特定群体所处的水平的手段。而人才测评则是心理测量技术在人力资源管理中的应用，它以心理测量为基础，针对特定的管理目的，对人的素质进行多方面的综合评价。

1.1.3 人才测评的作用

人才测评在人力资源管理决策过程中具有重要的作用。其作用既体现于日常管理活动（职能管理）中，也体现在人力资源管理战略的决策过程中。下面我们就逐一为大家进行介绍。

1. 评价作用

人才测评是通过多种科学方法，对人才的知识、能力、技能、个性特征、职业兴趣、动机等素质因素进行测试与评价的过程。通过科学的测评，对人才的素质进行系统的评价，来了解人才具备的素质特点或人才与岗位的匹配程度，即常模评价与标准评价。

常模评价是针对一个特定群体而言，被试者的某项素质在该群体中所处的水平。如我们要了解小张在学校所有人力资源管理专业的学生中对人才测评知识掌握的水平如何，就要先对该校所有人力资源管理专业的学生进行人才测评知识考试，然后再将小张的成绩与所有学生的平均成绩进行对比，来判断其水平。

标准评价就是根据事先确定的岗位或职业素质标准，对被试者进行有针对性的测评，从而发现被试者与标准之间的差距，进而确定被试者的胜任水平。如某公司招聘销售经理，我们要先进行工作分析或胜任特征分析，确定该公司销售经理的素质标准，然后对被试者进行测评，通过对岗位的素质标准与被试者的实际素质特点进行对比分析，来判断被试者是否胜任销售经理的岗位。

因此，人才测评技术具有对被试者进行评价的作用。

2. 预测作用

人才测评技术在两个方面具有预测功能。人才测评可以通过对被试者的个性特征以及职业兴趣测评的结果，有效地预测被试者对于特定职业类型的适应程度，即能够预测被试者适合做哪些类型的工作。比如：一般情况下，外向型性格的被试者、人际理解程度较高的被试者，比较适合从事市场营销类的岗位。

人才测评技术在选拔过程中的应用，能够对被试者未来的绩效水平进行有效预测。我们通过系统的工作分析或胜任特征的分析，可以发现针对某一特定岗位的任职者应该具备哪些素质要求——这一过程是建立岗位素质标准的过程。然后再用有针对性的测评技术对被试者进行测评，来发现被试者实际具备的素质以及素质潜力，从而准确地判断被试者对岗位的胜任程度——这一过程是预测被试者在特定岗位未来绩效水平的过程。

3．诊断作用

人才测评技术在针对组织内部员工的测评过程中具有诊断功能。系统的工作分析和胜任特征分析能够发现，针对特定岗位具有哪些素质特点的员工能够取得优异的绩效成果。工作分析和胜任特征分析的过程是建立素质标准的过程。而实际情况则是，很多企业都缺乏系统地开展工作分析、胜任特征分析的能力，在人力资源配置过程中缺乏系统的测评方法，在企业运营过程中难以针对员工的需求、动机制定激励制度，结果也就造成员工的绩效水平参差不齐。那么，如何发现导致员工绩效水平不佳的原因呢？这就需要借助人才测评技术，对岗位任职者进行测试与评估，来发现员工现有的素质水平与岗位所要求的素质标准之间存在的差异，进一步诊断出员工绩效水平不尽如人意的原因。人才测评技术在绩效管理中的应用就是发挥其诊断功能的过程。

4．培训作用

人才测评技术在人力资源培训与开发过程中有两个显著的作用：培训需求分析与培训方法丰富化。前者我们将在后文重点论述。在人才测评技术中，日益受到企业青睐的情境模拟技术的出现，使我们对培训形式又有了新的认识。情境模拟技术通过创造一个与被试者现在或未来的工作环境高度相似的场景，让被试者在场景中完成一系列的任务，考官观察被试者在完成任务过程中的行为与心理表现，来对被试者的素质及其潜力进行科学评价。情境模拟技术是一种科学的测评方法，在实践过程中它已经成为一种广为认可的培训方式。比如：如果将培训目标定位于提高销售人员的谈话技巧，我们就可以将情境模拟技术中的“模拟面谈技术”作为培训工具，设计一个需要销售人员与对象展开深入交流的情境，让销售人员完成谈话过程。考官在销售人员进行谈话的同时对其进行观察与记录，发现被试者在谈话过程中暴露出的不足，然后进行大量基于行为依据的反馈和训练，以此来提高销售人员的谈话技巧。

5．辅助人事决策

人才测评技术在人力资源管理内部晋升、工作轮换、裁员等决策中能够发挥重要的作用。在此，仅以裁员决策为例。企业可以采取紧缩性战略，通过裁减员工数量来降低运营成本。但裁员成功的关键不是员工能否顺利地离开企业，而是裁员后企业能否达到减员增效的目的，或者说裁员后企业留下的是否都是精英员工。国内很多企业以年龄为界限开展裁员工作，例如某国有银行在上市前期，宣布对 45 岁以上的一线员工进行裁员。经验人士一定知道，40~50 岁是金融、银行执业者职业生涯的黄金期，此年龄段执业者的工作经验非常丰富。该银行单纯从年龄结构考虑员工队伍的结构问题是非常片面的，由于该项决策导致该行一线业务人员的大量缺失，对该行业绩产生了直接的负面影响。

实际上，企业在进行裁员时，需要建立科学的裁员标准——必须根据企业和岗位的共同要求来建立裁员的标准。科学的裁员标准应该是以素质要求为主体的标准，即根据岗位的要求建立明确的素质标准，而不是简单的年龄要求或者工龄要求。在裁员操作的过程中按照标准要求对员工进行系统测评，根据测评结果决定裁员的人选。这样可以保证裁员工作的科学、客观，将人为因素降到最低程度，使决策更加科学、富有说服力。

6. 团队配置参考

高效团队的基础就是团队成员必须要进行有机的组合，而非简单的拼凑。根据团队管理理论，团队成员要实现高效的工作，必须实现能力、个性、经历、知识、性别等多种因素的互补。俗话说“一山难容二虎”，假如在一个企业、部门或一个团队当中没有考虑互补的因素，正职与副职的权力动机都比较高，都希望对他人进行情绪、行为上的控制和影响，那么这个团队就会陷于内部权力争斗之中，会极大地影响团队目标的实现。通过人才测评技术，我们能够根据互补理论对所有对团队目标产生直接影响的人员进行系统测评，然后通过分析这些成员的动机、个性、能力等特点，来考虑该团队如何进行人员配置才能高效率地工作。

1.1.4 人才测评的分类

人才测评技术应用的对象、目的、形式不同，产生的价值自然也会有所不同。这里我们系统地介绍一下人才测评的分类，以便大家对人才测评有一个更加清晰的认识。

1. 按测评对象划分

（1）以个人为中心的测评。一个人要想客观地了解自己，了解自己具备哪些能力优势、有哪些职业兴趣、适合从事哪些类型的工作，可以进行系统的测评，有针对性地选择测评工具，以达到了解自己的目的。如大学生职业兴趣测验就是基于以个人为中心的测评理论开发的测评工具。

（2）以岗位为中心的测评。基于特定岗位的任职资格或胜任特征而进行的测评，在建立特定岗位的素质标准后，围绕这个特定岗位所要求的素质而开展的系列测评活动，就是以岗位为中心的测评。以岗位为中心的测评，多在选拔、晋升、培训与诊断等人力资源管理过程中应用，如以人力资源经理岗位为中心开展的选拔测评活动。

2. 按实施者划分

（1）他人测评。指由被试者以外的人对被试者实施的测评活动。我们一般所讲的人才测评活动都是他人测评活动。

（2）自我测评。指由被试者本人对自己所进行的测评活动。如大学生测试自己的职业兴趣或个人对自己的说服能力进行评估，都属于自我测评。

3. 按实施范围划分

（1）个体测评。在单次测评活动中，只有一个被试者的测评活动，称为个体测评。

（2）团体测评。在单次测评活动中，有两个以上被试者的测评活动，称为团体测评。

4. 按测评形式划分

（1）笔试。被试者按要求在纸面上完成测评过程的方式称为笔试。在人才测评中，笔试的方式有两种：一种是被试者填写答题卡完成测评，另一种就是被试者直接在卷面上完成测评。前者一般会通过专门仪器将答题卡的数据输入计算机进行处理。

（2）面试。考官根据测评目的的要求，对被试者提出有关问题，并由被试者进行回答的过程。面试是被试者与考官进行双向交流的过程。

（3）情境测评。情境模拟技术通过创造一个与被试者现在或未来的工作环境高度相似的场景，让被试者在场景中完成一系列的任务。考官通过观察被试者在完成任务过程中的行为与心理表现，来对被试者的素质及其潜力进行科学评价。

（4）计算机测评。随着计算机、网络技术的发展，很多机构都将心理测验开发成为计算机软件，被试者需要在计算机上完成测评过程。这一方法也被称为人机对话测评。

（5）操作测评。由被试者在测评过程中进行实地演练，来考查被试者的实际操作能力的测评方式，称为操作测评。如招聘司机时，让被试者直接驾车在公路上行驶一段距离，就可以称为操作测评。

5．按测评参照系划分

（1）常模测评。将被试者的测评结果与对某一特定人群测评结果的平均成绩进行对比，从而确定被试者在特定人群中的素质水平，称为常模测评。如用学校学生的数学平均成绩解释该校小张的数字运算能力。

（2）标准测评。建立特定岗位的素质标准后，围绕这个特定岗位所要求的素质标准对被试者开展的系列测评活动。标准测评多用于确定岗位的胜任程度或职业胜任程度。如先确定某公司部门经理的素质标准，然后对该公司所有部门经理进行测评，以判定部门经理胜任与否。

1.2 人才测评的主要方法

1．笔试

在人才测评中，都采用笔试方法的测验有很多，其中主要是心理测验与知识测验，以及部分情境模拟测验。心理测验中的人格测验、能力测验、兴趣测验、动机测验等，一般都采用笔试的方式，要求被试者填写答题卡，或在卷面上直接完成测评题目。大部分知识考试都让被试者直接在卷面上写出答案。情境模拟测验中的公文筐测验和案例分析测验，也都采用笔试的方式。笔试是人才测评中比较主要的测评方式。

2．面试

面试也是人才测评中主要的测评方法，面试是一种考官与被试者进行面对面沟通交流的方式，主要有结构化面试与半结构化面试两种形式。结构化面试是指在面试前就面试所涉及的维度、题目、评分标准等，进行系统的结构化设计的一种面试方式。对申请相同职位的应试者，使用相同的面试题目，相同的评分标准。考官根据应试者的应答表现，对其相关能力素质做出相应的评价。半结构化面试与结构化面试的区别在于，考官可以根据申请者的回答进一步挖掘信息（进行深入追问）。而结构化面试为了追求公正，原则上不能深入追问。

3．操作测评

操作测评就是考官让被试者按照标准化要求完成特定操作任务的一种测试方式。操作测评主要适用于操作性的岗位，主要测评被试者实际操作的熟练程度、动作的协调性与标准化程度。如某造船厂招聘电焊工，要求所有应聘者现场切割并焊接两块厚 2 厘米的铁板，目的就是为了测评被试者是否熟悉电焊的操作规程，能否正确使用设备以及操作的熟练程度。

4．情境模拟

情境模拟是考官创造或设计一个与被试者现在或未来的工作环境高度相似的场景，让被试者在场景中完成一系列的任务，考官通过观察被试者在完成任务过程中的行为与心理表现，来对被试者的素质及其潜力进行科学评价。

情境模拟主要包括的方法有无领导小组讨论、公文筐测验、案例分析、管理游戏、角色扮演与模拟面谈等。由于情境模拟的测评方法具有直观性、与未来绩效高度相关的特点，现已成为一种备受企业界青睐的测评方法。

5．评价中心技术

评价中心技术是一种对被试者的综合素质进行测评的方法，它由多位考官利用多种评价方法对被试者对岗位的胜任程度和未来的发展潜力进行评价。评价中心技术根据测评目的与测评指标（维度），将心理测验、面试与情境测评及背景调查等其他方法进行有机的结合，有效地规避了单一测评形式的局限性，是目前信度与效度最高的测评技术之一。

6．计算机测评

随着计算机、网络技术的发展，人才测评技术与现代信息技术、网络技术紧密地结合到了一起。人们开发出了单机版与网络版的心理测验，这些测验既包括如卡特尔 16 人格因素测验的心理测验，也包括像“销售经理选拔测验系统”等针对特定岗位的测评系统。最近几年来，互联网技术得到迅猛的发展，有些测评机构看好互联网不受时间与空间限制的特点，将心理测验放在互联网上面，使用户可以随时开展测验工作，进一步拓宽了测评的渠道。计算机测评最新的发展趋势是，有些企业将面试题目开发成网络程序，申请者通过限时回答各种问题，并将文字回答内容通过网络提交给考官，考官通过审阅申请者的回答内容对其素质进行评价。

1.3　人才测评的原理

1．“人职匹配”思想

专家研究认为，人与人之间的素质差异是普遍存在的，素质的差异既体现在先天因素上，也体现在后天因素上。无论是性格特点、能力水平、技能水平还是生理特征等，人与人之间的差异都是非常明显的。由于不同的职业对任职者的知识、能力、技能、性格、气质、价值观和身体素质的要求都会有所不同，所以当任职者具备职业所要求的素质时，其所产生的绩效水平，也就会明显高于个人的素质特点与职业素质要求不相匹配的任职者。因此，个人择业必须选择与个人素质特点相适应的职业。而企业在选拔任用人才时，则需要挑选能够满足职位素质要求的人才。企业要实现“人职匹配”，必须开展两项基本工作：一是企业必须通过系统的方法，去分析职位所要求的任职资格；二是企业必须利用科学的人才测评技术，去分析申请者的素质特点。

支持“人职匹配”思想的理论主要有两个，特性-因素理论（trait-factor theory）和人格类型理论。特性-因素理论是帕森斯（F. Parsons）和威廉森（E. G. Willianson）提出的，他们认为每个人都有与众不同的生理特点、能力模式和人格特质。“因素”是指特定职业对人的不同要求。不同的职业对人的要求往往各不相同。特性和因素之间存在紧密的联系，一定的特性往往与特定的职业相匹配。人格类型理论是由美国职业心理学家霍兰德（J. L. Holland）提出的。他分析了人格类型与职业类型之间的关系，认为不同的人格类型适宜从事不同职业类型的工作。他所开发的霍兰德职业兴趣测验直到今天还被人们广泛应用。

2. 素质差异性

素质差异性的思想已经被社会广泛接受。素质差异性观点强调人与人之间存在知识、能力、技能、个性、气质、价值观等方面的先天与后天所形成的差异。素质差异是造成人在不同岗位成就差异的基础，也是人与人之间在相同岗位上出现绩效水平差异的根本原因。

3. 素质稳定性

素质是高度统一的个体行为与特点的结构因素。素质的稳定性表现在人在各种环境下及不同时间段所表现出的一贯性。因此，有专家说，素质表现为一个人某种经常的和一贯性的特点。某人今年对某事的反应与去年的反应基本一致，表现为跨时间的一致性；其在各种环境下的反应基本一致，表现为跨情境的一致性。这两者就构成了素质的稳定性。当然，素质的稳定性是相对的，人的素质也会随着时间的推移而发生变化。正是因为人的素质特点具有相对稳定性，人才测评活动才有存在的意义。

4. 素质的间接测量性

素质是一种特定的心理活动、心理现象，因此素质具有内隐性的特点。显然，我们无法对人的心理活动进行测量。但人的素质是通过生活与工作过程中的行为表现出来的，我们可以通过对人的各种有代表性的行为进行测量，从而推断人的心理素质。素质可以间接测量的特点，为人才测评成为现实创造了重要条件。

5. 基于统计学规律

我们无法对人所表现出的全部行为进行测量，人才测评只是对人所表现出的各种典型的行为进行测量，是利用统计学原理对人的各种行为的强度、行为的频次、行为的效果进行测量与评估。因此，人才测评所选用的行为一定要有代表性、典型性。任何测评手段所做出的推论都不是百分之百的准确，而只是达到统计学上的显著性水平而已。

1.4　人才测评的流程

人才测评对于人力资源管理而言，是解决人力资源管理问题的一种方法、工具或技术。任何技术都有其特定的技术规程的要求，人才测评技术也不例外。在此，我们简单讨论一下人才测评活动普遍的流程。

1. 明确人才测评的目的

开展人才测评工作，首先要明确人才测评的目的，也就是“为什么要进行人才测评”。一般而言，企业开展人才测评有如下目的：

（1）以选拔为目的。企业在进行外部选拔或内部晋升的过程中，往往会面对各具特点的候选人，如何从中选择出与岗位素质标准最接近的候选人，尽量达到“人职匹配”，是解决问题的关键。很多企业都会根据岗位素质标准，有针对性地选择利用测评方法对候选人进行测试与评价。

（2）以培训为目的。对企业中高层管理者进行培训，是企业内部人力资源开发的关键环节。中高层管理者自身的工作特点与其在企业内部所起的关键作用，决定了人力资源部门不可能用针对基层员工的培训需求分析方法，对其进行培训需求评估。因此，必须找到能够真实反映中高层管理者实际素质水平与岗位素质标准差异的方法。很多国际知名企业都将人才测评技术作为培训需求分析的有效工具。近年来，越来越多的企业都在利用情境模拟测验中的部分技术，作为重要的培训方法，来提升中高层管理者的素质。

（3）以考核为目的。在传统绩效考核中，对能力的考核往往采用民主评议、上下级评议等受人为因素影响较大的方法。评议结果受任职者在内部人际关系的影响非常明显，不能客观地反映任职者真实的素质水平。而人才测评在绩效考核或在绩效管理中的应用，则能够极大地解决这一问题，杜绝在能力考核过程中受到组织内部人际关系的影响。现在，很多企业都已将评价中心技术引入到自己的绩效管理体系之中。

（4）以诊断为目的。为什么相同的岗位、政策与环境，不同任职者的绩效水平却有很大的差异？这一直是困扰企业管理者的问题。人才测评技术在员工能力诊断中，能够通过多种科学的方法，发现造成绩效差异的关键性因素，并能提取其中通过培训与指导可以获得显著提高的素质，对被试者进行反馈，以达到提高被试者绩效水平的目的。

（5）以配置为目的。在企业运营的过程中，无可避免地会遇到“搭班子、建团队”的问题。有哲学家说过，“自然界没有完全相同的两片树叶”，同样，也没有完全相同的两个人——人力资源的素质更是千差万别。因此，在团队配置的过程中，必须要充分认识到每个团队成员的特点。而团队成员要实现高效的工作，也就必须实现能力、个性、经历、知识、性别等多种因素的互补。人才测评技术能够使企业的管理者充分认识每个人的素质特点，帮助其在团队配置的过程中实现最优化、最科学的配置。

2. 确定人才测评的指标（维度）

在明确了人才测评的目的以后，我们要解决第二个问题——确定人才测评的指标，即“测什么”的问题。我们经过工作分析，能够系统地了解一个岗位的任职资格；而通过胜任特征分析，也就能够得到这个岗位的胜任特征模型。岗位的任职资格与胜任特征模型能够帮助我们确定人才测评的指标。

“职务说明书”中有关任职资格的项目，包括知识、能力、技能、个性特征等指标，以及胜任特征模型中的知识、能力（技能）、态度、个性特征、内驱力等指标，能够帮助我们全面地考虑到测评的指标有哪些。确定具体测评指标以后，还需要对测评指标进行定义。如对于人力资源经理与销售经理而言，沟通能力都是一种必备的能力因素，但对两者沟通能力的要求则肯定是不同的，两者在工作过程中的典型行为表现自然也就会有所不同。所以，这就需要我们根据岗位的特点对测评维度进行定义，在维度定义的基础上建立评价标准。

3. 设计并确定测评方法与测评题目

前面我们已经解决了“测什么”的问题，接下来我们要解决的是“用什么测”的问题，即采用何种方式、用什么题目来进行测评。大家必须要有一个基本的认识：任何一种测评方法都有其局限性，不同的测评维度适用于不同的测评方法，一个测评维度可能同时适合两种以上的测评方法。

假设我们确定了“影响并试图控制他人”、“深度沟通能力”、“创新与变革能力”、“关注他人”四项测评维度作为渠道经理的测评指标。我们首先要逐一分析这四项指标分别用哪些测评方法比较合适：影响并试图控制他人可以用心理测验中的动机测验；深度沟通能力可以用面试或沟通能力测验；创新与变革能力可以用情境模拟中的公文筐测验或无领导小组讨论，也可以用面试的方法；关注他人可以用面试或情境模拟中的无领导小组讨论。在确定了每个维度的测评方法后，我们就可以决定是将维度进行组合后开发题目还是直接选取题库中的题目。

在这一环节要注意：并不是所有的题目都需要自己开发，也不是所有的题目我们都有时间与精力去开发。比如：像个性测验，我们就很难在短时间内开发出来，并且也没有开发的必要，我们完全可以应用比较经典的个性测验来解决问题。

4. 测评方案设计与测评实施

在这个环节，我们要解决“怎么测”的问题，即根据测评方法的特点以及实际情况来决定测验的顺序。设计测评方案要根据“成本最低、时间最短、用人最少”的原则，精确地计算测评成本、准确地规划测评时间、合理地安排测评场地、详细地安排人员分工。做好考官分组、人员分工、计算题目数量、计划测评时间等工作。

测评的实施过程也就是按照测评方案规定的时间计划与分工计划、测验的前后顺序完成测评任务的过程。

5. 测评结果统计与撰写测评报告

测评结束以后，考官要对各项测验的结果进行统计，并在定量与定性分析的基础上撰写测评报告。由于很多测验都可以直接在计算机上完成，或者是在被试者笔试后由录入人员将被试者的答案数据录入计算机系统，故可直接利用计算机系统，根据软件规定的成绩统计方式，进行成绩统计并输出结果。比如：卡特尔16种人格因素测验就有计算机软件系统可以直接进行结果统计与测评报告输出。

在企业人才测评实践中，往往都具有明确的测评目的，因此也就能根据测评维度的特点使用多种测评方法，即对某一个维度采用两种以上的测评工具。

这就需要测评专家根据被试者在针对同一维度的多种测评方法中的结果，撰写总体报告。

6. 测评结果反馈

人才测评在企业的内部选拔、培训与开发、能力考核与诊断等过程中的应用，需要对被试者进行测评结果的反馈。反馈的目的是向被试者说明其在测评过程中的行为或心理表现，并进一步剖析被试者的素质特点，向被试者说明测评结果与岗位的匹配程度。在某些情况下，还需要测评专家根据被试者的素质特点与岗位特点，为被试者提出素质发展建议。发展建议必须具有可实施性的特点，这也是测评理论界正在不断努力研究与发展的一个主要方向。

1.5 人才测评与人力资源管理

1.5.1 人力资源管理的三个层次

现代人力资源管理思想将人力资源管理内容划分为三个层次：战略层次、职能层次与基础层次。也有专家将这三个层次称为战略人力资源管理、职能人力资源管理与基础人力资源管理。

战略人力资源管理，主要研究人力资源管理工作如何为企业发展战略服务。人力资源部门在企业发展战略的指引下，确定管理策略与管理方向，并决定人力资源管理的内容，是人力资源部门阶段时间的工作依据。职能人力资源管理是人力资源部门在企业运营过程中应该完成的日常工作，是人力资源部门为企业战略服务、业务部门服务的具体体现。职能人力资源管理包括：招聘与选拔、培训与开发、绩效管理、薪酬管理、雇员关系管理等内容。基础人力资源管理研究的是组织设计、工作设计、工作分析等关系到职能人力资源管理质量的内容，它是企业整体人力资源管理成功与否的关键。

综上所述，三者的关系及其作用可以概括为：战略人力资源管理决定人力资源部门的工作方向；职能人力资源管理决定人力资源部门的工作内容；基础人力资源管理决定人力资源部门的工作质量。人才测评成功与否，取决于基础人力资源管理工作的质量，即工作分析或胜任特征模型是否客观、准确；人才测评技术的价值，主要体现在职能人力资源管理的过程中；人才测评既是贯穿于人力资源管理过程的技术方法，也是人力资源管理的基础方法之一。

1.5.2　人力资源管理的四个体系

目前，国内企业与国外企业在人力资源管理方面还存在较大的差异。主要的差异表现为：国外企业经过几十年的实践，人力资源管理的模式已经比较成熟，人力资源管理的职能化分工日趋完善；而国内企业的人力资源管理由于起步较晚，很多企业的人力资源部门与职能建设都还缺乏完善，具有丰富经验的人力资源管理者严重不足，所以职能分工还没有明确的表现。大部分企业中的人力资源管理负责人，一般都是全面负责人力资源管理工作，职能人力资源管理则由下级主管或助理辅助完成。很多企业直接根据人力资源管理的三个层次理论来进行内部分工,但是这种分工方式并不适应当前的中国国情——还需要有一个体系化的方法来解决这个问题。

通过对大量国内企业的调查研究，我们发现很多企业都存在人力资源管理职能分割的认识误区,即对出现的人力资源管理问题只能进行片面的思考。比如,“为什么招聘不到合适的员工？”回答这个问题一定要进行系统的分析。造成企业招聘不到员工的原因有很多，可能是：缺乏必要的工作分析，造成招聘条件不明确；招聘渠道选择错误；选拔指标错误；选拔流程有问题、企业不能提供公平的薪资待遇、企业品牌形象的影响，等等。因此，人力资源管理者必须要学会运用系统的思维模式来考虑人力资源问题。

另外，由于人才测评技术贯穿于人力资源管理的全过程中，因此如何使人才测评技术在企业人力资源管理过程中发挥价值，提升人力资源管理的水平与质量，是我们在本书中要研究的主要问题。这就需要我们将人力资源管理过程中所有与“测评、评价”相关的工作内容、工作任务进行高度提炼，有效总结。可以说，人力资源管理的四个体系为我们解决了这个问题。

根据人力资源管理工作中关键任务的属性特点，结合中国大部分企业的现状，我们提出了人力资源管理的四个体系，即计划体系、培训与开发体系、评价体系、制度体系。

1. 人力资源管理的计划体系

计划体系包括在人力资源管理过程中所有需要进行计划的工作内容，它的制定需要结合战略、职能人力资源管理的思想来进行。计划体系涵盖了战略人力资源管理中的人力资源规划（human resource plan）及人力资源规划中所有涉及职能人力资源管理中的计划性工作，其具体内容包括：人力资源规划、招聘计划、培训计划、使用计划、绩效考核与绩效管理计划、薪酬调整计划、继任者计划、岗位轮换计划。

2. 人力资源培训与开发体系

培训与开发体系全面涵盖了在人力资源管理过程中针对不同层次人员、不同阶段、不同形式的培训与开发工作，其具体内容包括：岗前培训、在职培训、达标培训、知识培训、技术技巧培训、能力培训、企业文化培训、资格培训、管理者培训与开发。

3. 人力资源评价体系

评价体系全面包括了人力资源管理过程中与评估、评价工作有关的工作内容。评价体系是人才测评技术在人力资源过程中发挥价值的主要体现，其具体内容包括：工作分析与工作评价、胜任力评价、选拔评价、试用期评价、培训需求评价、培训效果评价、绩效考核、能力及能力改善评价、业绩评价、态度评价、员工满意度评价。

4. 人力资源管理制度体系

制度体系中将绩效管理与薪酬管理包含在内，是因为绩效与薪酬管理最终的成果是以绩效考核制度与薪资福利制度的方式体现的。员工以制度的形式了解企业的绩效管理与薪酬管理的具体内容与形式，同时考虑到国内大部分企业的人力资源部门同时承担行政管理的职责，所以将行政管理制度也纳入了制度体系中。人力资源管理制度体系的具体内容包括：工作说明书、聘用制度、培训制度、考核制度、薪酬制度、福利制度、激励制度、行政管理制度。

1.5.3 人才测评对人力资源管理所具有的七个价值

受传统观点的影响，有很大一部分人力资源管理者都认为，“人才测评只能在人才选拔过程中发挥作用”。不过，随着人才测评知识的普及，随着人力资源管理者对人才测评价值的认识不断深入，越来越多的人都开始认识到，“在现代人力资源管理中，人才测评技术是贯穿人力资源管理全过程中的技术之一”。人才测评对人力资源管理的作用可以总结为以下七个价值。

1. 全面提升选拔准确率

在企业的人力资源管理实践中，人力资源管理者面临着大量的内外部招聘、内部晋升、内部调配的工作。当前，在企业中完成以上工作的主流方法就是面试。

人力资源管理者通过面试来决定被试者是否具备岗位的任职资格。在面试过程中，由于大部分人力资源管理者都缺乏系统的面试技术培训，所以更多地依赖于面试者本人的经验来判断被试者是否符合岗位的要求。由于传统的面试技术缺乏明确的评价标准，所以它完全是依靠被试者的主观臆断来做出决策。而人才测评技术则是在工作分析或胜任特征分析的基础上，建立起针对选拔岗位所需的选拔指标（测评维度）体系，并建立系统的评价标准，因而可以准确地定义岗位所需要的知识、能力及内驱力的要求。然后，再根据测评维度的特点准确地选择测评工具，也就有效地避免了单纯使用面试技术的局限性，以及过于依赖考官个人臆断的情况发生，进而则全面地提升了组织的选拔准确率。

2. 客观的培训需求分析方法

很多企业对员工进行培训需求分析，主要采用“从下至上”的“汇报式”方式。逐级上报培训需求，人力资源部门发挥的就是一个“需求统计者”的角色。这种传统方式忽略了员工个性化的培训需求，造成很多培训项目对于提升员工个体或部门绩效水平缺乏明显的帮助，同时浪费了大量的培训资源。相比之下，人才测评技术能够帮助企业客观地分析员工个体或部门的培训需求，将针对员工个体的测评结果与岗位所要求素质标准进行对比，甄选出员工个体的素质特点与岗位素质标准差异较大的、通过培训可以提升的素质，使员工的培训需求得到了个性化的满足。然后对部门所有员工的培训需求进行统计分析，属于部门员工共同欠缺的素质，就是部门的培训需求。这种方法能够明显地发现员工个体与部门的培训需求差异。人力资源管理者可以根据需要对需求分析进行灵活的掌握。

3. 卓有成效的培训技术

很多人力资源经理都有一个共同的困惑：为什么培训项目总是不能达到期望的效果？这个问题可以从诸多的角度进行分析，比如需求分析是否准确、培训目标设定是否合理、培训方法是否得当、培训师是否胜任，等等。如果单就培训方法而言，人才测评技术中有很多测评工具本身就是卓有成效的培训方法，比如情境模拟技术中的指定角色小组讨论、无领导小组讨论、模拟面谈、角色扮演、公文筐测验等。这些方法与传统授课式培训最显著的区别就是具有生动、真实、学员可以得到有效的反馈与指导的特点。

4. 显著地提升员工个体绩效水平

人力资源管理者在传统的绩效考核中，对于能力的考核往往习惯性地采取“民主评议”的方法。这种方式的弊端在于评议者的评议标准与目的缺乏统一，所以也就变相成为被考核者在组织内部人际关系水平的代表。再加上传统绩效考核将考核结果更多地应用于奖金分配、内部晋升等行政性措施，所以对于提高被考核者的绩效水平也就缺乏直接的作用表现。

人才测评技术在绩效考核中，对“能力进行考核”同样具有显著的效果。测评技术能够帮助被试者发现自身的素质特点，对于被试者的优势与不足均有直接的行为依据，具有较强的说服性。将考核结果应用于被试者的培训与开发过程中，帮助被试者制定详细的绩效改善计划，既可使被试者在自我训练上有一个比较明确的方向，又可使主管对下属的工作过程进行指导的目的变得更加明确，有助于达到“好钢用在刀刃上”的效果。

5．雇员关系管理：科学决策的基础

人才测评能够改善企业与雇员的关系。在人力资源管理过程中，经常会遭遇由于在管理过程中操作不公而引发内部矛盾，致使企业与雇员关系紧张的情况。特别是在涉及内部晋升或选择性减员等问题时，这一问题往往会变得更加突出。在内部晋升过程中，如果操作有失公允，就会极大地挫伤员工的积极性，造成大量的内耗，选择性减员更是如此。人才测评技术在人力资源管理过程中的应用，能够极大地提升人力资源管理决策的科学性，提升企业的决策质量，从而确保组织内部形成和谐的雇员关系。

6．提高团队配置效率

团队配置效率决定着团队未来工作的绩效水平。团队成员之间能否按照特定的体制进行有机组合，是团队能否取得成功的关键。金刚石与石墨的构成元素相同，但由于其结构不同，两者的硬度有天壤之别。在人力资源管理中也有一种“同素异构”的观点，讲的是同样的人，处在不同的组织方式中，各自承担不同的职责，最终的绩效水平也会不同。人才测评技术能够充分发现团队中每个人的素质特点，帮助决策者将合适的人放在合适的岗位上，实现团队的优化配置，提高团队配置效率。

7．提升人力资源竞争力

人才测评技术在人力资源管理过程中的应用，能够体现组织“以人为本”的管理思想：关注员工的素质特点、注重人职高度匹配、关注提升员工的个性化需求与兴趣、注重通过提升员工个体的绩效水平，来达到提升组织整体绩效的目的。一切竞争的背后都是人的竞争，这一观点已经得到全社会的普遍认可。因此，人才测评技术在人力资源管理过程中的应用，可以系统地提升员工的素质水平，进而提升组织的人力资源竞争力。

实践提示

人才测评在过去的很多年中，之所以没有被企业广为认可，关键原因就在于，大家都知道人才测评，但对人才测评与人力资源管理之间的关系缺乏认识，对人才测评对于人力资源管理的价值缺乏认识。大家读完本章以后，应该能够回答这两个问题了。另外，在大家利用人才测评技术解决企业面临的人力资源管理问题时，还一定会被很多的人问起这两个问题，你准备好了吗?

本章小结

本章用简要的篇幅介绍了人才测评的概念、人才测评的基本原理及其作用，回顾了人力资源管理的三个层次：战略层次、职能层次与基础层次。还介绍了人力资源管理的体系化思想：计划体系、开发体系、评价体系与制度体系，着重指出了人才测评与人力资源管理之间的关系。

关键术语

- 人才测评 Personnel Assessment
- 测评软件 Assessment Software
- 心理测验 Psychological Test，Mental Test
- 心理测量 Psychological Measurement
- 情境模拟 Situation Simulations
- 评价中心 Assessment Center

思考题

1. 人才测评的主要方法有哪些?
2. 人才测评的作用是什么?

3. 人才测评的基本原理有哪些？

4. 人才测评在职能人力资源管理过程中能够发挥什么价值？

5. 人力资源评价体系的内容有哪些？

阅读资料

人才测评在中国的历史三部曲

人才测评技术在中国已发展了近 20 年。在这 20 年间，企业从观望到应用到受益，经历了一个曲折的历程。当前，人才测评技术作为心理学与管理学有机结合的管理技术，已经被社会各界广泛认可。政府选拔领导干部、企业对员工进行招聘选拔与绩效管理等，都将人才测评技术作为重要工具。高等院校不断为社会输出专门的测评技术人才。很多人力资源管理人员通过不断的实践，积累了丰富的、行之有效的测评方法与经验。但社会在发展，作为多学科混合而成的人才测评技术同样也需要发展。

今天，我们已经进入了 21 世纪。在新世纪伊始，人力资源管理的新概念层出不穷。人才测评技术伴随着这些新的理论同样也得到了新的发展，进入了一个新的历史时期。人才测评技术在进入国内 20 年的时间里，大体上经历了 3 个历史发展阶段。

引入阶段：从 20 世纪 80 年代初到 90 年代初，当时部分专家、学者将国外部分心理测验引进到国内，同时根据东方人的文化背景与生活、思维习惯修订了一部分国际上比较经典的心理测验。如 16PF 测验（卡特尔 16 种人格因素测验）、CPI 测验（加州青年人格问卷）、Holland 测验（霍兰德职业兴趣测评）等。这一阶段，由于大家对人才测评缺乏必要的了解，所以片面地认为“人才测评就是心理测验”。由于初期引进的测验多是计算机系统程序，甚至还出现了“人才测评就是电脑算命”的错误观点。

发展阶段：任何科学技术与科研成果，都只有在得到实际应用并发挥出其自身价值时，才能体现出技术或成果的价值。引进的心理测验在企业的实际应用中取得的效果并非像大家期望的那样，甚至还闹出了大笑话，“××集团的总经理只适合做秘书工作”。在这一阶段，我国的管理专家开始将心理测验与其他测评方式进行有机结合，如结合面试技术、结合履历分析技术，取得了一定的效果。这一阶段是人才测评技术的发展阶段。

应用阶段：到 20 世纪 90 年代后期，评价中心的概念在人力资源领域得到认可并逐渐普及。评价中心技术包括了心理测验、面试技术及情境测评技术，综合了各种技术的优点，弥补了各种测验方法的不足。加之美国学者麦克莱兰提出的“胜任力或胜任特征”的理论进入国内——胜任特征是指将某一工作中有卓越成就者与表现平平者区分开来的个人特点，如动机、某领域的知识、行为技能等，即任何可以量化、测量并能显著区分优秀与一般绩效的个体特征；更是为评价中心技术找到了适合的发展空间，得到了众多企业的追捧。企业纷纷将其应用于自身的人力资源管理实践中。

笔者相信，随着人才测评技术的进步、测评知识的普及，人才测评将在企事业单位的人力资源管理过程中发挥着越来越重要的作用。

第 2 章

人才测评的基础

本章学习目标

1. 测评指标体系的构成；
2. 工作分析的过程；
3. 工作分析中收集信息的两种方法；
4. 什么是胜任特征模型；
5. 胜任特征的结构；
6. 构建胜任特征的步骤；
7. 胜任特征模型的应用。

引导案例

平安保险的“人才配方”

截至 2004 年底，平安保险市值超过 100 亿美元，拥有 20 多万销售人员及近 4 万名正式雇员，平安已经跨入国际大型金融保险机构的行列。

与传统行业在人力资源管理上不同的是，保险业发展的速度太快了，甚至超过通讯和 IT 业。在这种超高速发展中人才的需求格外迫切。伴随着企业的高速成长，平安的人才供需比例曾一度达到 1∶4，出现了严重失衡。

为了使人才与企业的发展相适应，从 2001 年开始，新任平安人力资源总监顾敏慎，就承担起了为平安集团快速裂变“储将练兵”的重任。

平安深信，整个业务系统、流程、客户服务都是由“人”来做的，公司发展的长久之计是加强内部的人才培养与选拔，以使人才“造血”速度跟上企业裂变速度。

2001 年，德业咨询的首席咨询顾问陈为博士开始进入平安，通过 200 多场核心小组的访谈，他发现平安的企业特质是：结果导向、创新和适应调整。以此为准则，他开始为平安构建以胜任素质方法为基础的管理人员选拔和发展的体系。

胜任特征模型的要旨就是通过对各级岗位的详细分析，建立整个公司范围内的胜任特征模型。在这样一个核心特质模型的指导下，平安公司确立了整个公司范围内的 A 类干部（决策层）和 B 类干部（中间执行层）的胜任特征模型和测评体系。由此，原先无章的干部选拔任命就有了可供参考的具体标准；并且这使员工了解到，自己想在职业的道路上得到更大的发展，需要在哪些方面进行改进。

目前平安已经建立了整个公司 A 类干部和 B 类干部的胜任特征模型和测评体系，并且 C 类干部（基层执行层）提升到 B 类干部的时候，也是要通过这套体系。

资料来源：王欢，《平安保险人才配方》，载于《中国商业评论》，2006 年 4 月 20 日。

2.1　人才测评的质量控制体系

人才测评的质量控制体系由测评指标体系与测评方法质量体系共同构成。测评指标体系主要是对测试的维度进行规定，测评方法质量体系则决定着测试方法的客观化与标准化。测评指标体系由指标名称、指标定义、指标构成要素、评价要点、评价标准及指标的权重关系来体现。测评方法质量体系由测评方法的标准化、常模、信度与效度等指标来体现。人才测评的质量控制体系是测评结果有效性、客观性的质量保障。

2.1.1　测评指标体系的标准化

据专家研究表明，世间万物的测量可以分为物理测量与心理测量两大类。如果我们对物理现象进行测量，需要采用长度、重量、体积、密度等能够表现物体物理指标特点的测量单位。心理测量与物理测量之间存在较大的差异，心理测量是对人的心理活动与心理现象的测量，人才测评属于心理测量的范畴。人才测评测量的主体是人才的素质，所以人才测评又被称为人才素质测评。

进行人才测评，也应该建立与物理测量一样的测评标准体系。人才测评的测试标准体系是由一群相互联系、互相作用的测评指标构成的，但每项测评指标又都保持了独立性。每项测评指标从不同的侧面表现人或岗位要求的特定素质，每项测评指标分别构成素质的不同方面。考官通过对被试者每项测评指标进行测量与评价，评价被试者的综合素质特点。测评指标体系的标准化是测评结果准确、客观的基本保障。

2.1.2 测评指标体系的作用

测评指标体系是在系统的工作分析或胜任特征分析的基础上形成的。测评指标体系是任职者履行岗位职责、完成工作任务所需要的各种素质的综合。测评指标代表的是考官需要对被试者进行测试和评估的各项素质，如知识、能力、技能、个性特点等。测评指标体系能够将任职者的特点与特定岗位进行紧密联系。任职者通过测评指标体系，就能够充分地了解组织和岗位对任职者的素质要求。特定岗位对任职者的素质要求，可以通过测评指标体系来表现。组织可以通过建立科学的测评指标体系，让测评活动变得更加客观，对任职者的知识、能力、技能、个性特征进行测量与评价，来发现任职者与岗位的匹配程度。在测试前确立测评指标体系，是测评考官对任职者进行测试的一个基本共识。测评指标体系向考官完整地呈现了岗位的素质要求，为考官将被试者的个人特点与岗位素质标准进行比较提供了重要条件。

2.1.3 测评指标体系的构成

测评指标体系包括具体指标、指标定义与每项指标的构成要素、权重关系等内容。一方面，任何岗位所需要的素质都存在差异性；另一方面，从素质的属性进行分析又都具有共性的特点。不过，即使两个岗位对一项指标有着共同的要求，在素质的强度、频次方面也还是会存在一些差异。一个完整的测评指标体系如表2-1所示。

下面我们就逐一对测评指标体系的内容进行介绍。

1. 指标

测评指标又称测评维度，它是从不同角度来表现岗位的素质要求。所有的维度共同构成特定岗位测评指标体系，来完整地表现岗位的素质标准。测评指标之间既存在相互联系，又各自具有一定的独立性。如人力资源经理的测评指标包括：专业知识、分析能力、计划组织能力、沟通能力、服务意识、人际亲和动机等。

表 2-1 一个完整的测评指标体系示意

<table>
<tr><td>指标名称</td><td colspan="5">战略管理能力</td></tr>
<tr><td>指标定义</td><td colspan="5">能够准确地发现组织目标，并主动进行战略规划，分析出战略或目标成功的关键要素，可以根据组织的局限性有效地平衡各种因素，能从不同的角度、层面考虑战略问题，能考虑现实与未来、局部与整体之间的关系。能够制定明确的战略执行计划并将其付诸实施</td></tr>
<tr><td>指标构成</td><td>发现目标</td><td>主动性</td><td>要素识别</td><td>多元思考</td><td>制定计划</td></tr>
<tr><td rowspan="3">评价要点</td><td>是否发现隐含的目标</td><td></td><td></td><td></td><td></td></tr>
<tr><td>对目标的理解正确</td><td></td><td></td><td></td><td></td></tr>
<tr><td>强调以目标为出发点</td><td></td><td></td><td></td><td></td></tr>
<tr><td>权重关系</td><td>0.15</td><td>0.1</td><td>0.25</td><td>0.15</td><td>0.30</td></tr>
<tr><td rowspan="2">评价标准</td><td colspan="3">优（8~10 分）</td><td>中（5~7 分）</td><td>差（1~4 分）</td></tr>
<tr><td colspan="3">具有主动进行战略规划意识，能识别出组织的关键成功要素，能够有效地平衡各种因素（市场、人力、竞争）等，能从生产与销售的角度考虑战略问题，考虑现在与扩大投产后的资金及人员调整问题，战略执行计划操作性强</td><td></td><td></td></tr>
</table>

2. 指标定义

指标定义即利用不同的手法描述测评指标的内涵，说明测评指标的意义。它是对测评指标所做的说明，为的是让考官及相关人员清晰地了解每个维度的内容。对指标进行定义的方法主要包括三种：

（1）典型行为描述定义，即详尽地列出被试者可能表现出的各种可能行为，并对应一定分值。

（2）操作定义，即具体地描述被试者应该具备的理想的行为表现。

（3）极端特征定义，即将高分者与低分者的行为表现进行对照。在人才测评活动中，一般情况下采取的都是操作定义的方式。这种定义方式能够使考官对测评维度有一个全面的认识。

例如，组织能力的操作定义是依据部门目标，预见未来的要求、机会和不利因素，并做出系统规划的能力；能够分析各种信息所反映的问题、问题产生的根源以及各问题间的相互关系，并能据此确定工作目标、工作任务、工作方法和工作实施步骤的能力。

3. 指标构成

指标构成也称素质剖面，它是对构成某个测评指标的各项要素进行分解的结果，代表的是构成某项指标的各个组成部分。胜任特征理论为我们分析特定指标的构成提供了有益的参考。胜任特征分析中对素质的分析，是从主动性程度、行为强度与完整性、影响范围的大小三个方面入手，这一观点在分析指标构成的问题上同样适用。分析指标构成的意义在于能够让考官更加客观地对被试者所表现的行为进行评价。例如，沟通能力的指标构成因素包括：主动性、反馈意识、倾听能力、技巧性、有效性等。

4. 评价要点

评价要点是针对某项测评指标或测评指标的单项构成要素进行评价的行为要点。评价要点带有很强的指向性。考官根据指标定义与评价要点，对被试者在测评过程中表现出的行为进行评价。评价要点为考官评价结果的客观性提供了重要保障。评价要点是通过具体行为来阐述测评指标或指标构成要素。例如，沟通能力中的“反馈意识”的评价要点分别是：① 对别人的主动沟通能够及时地做出反应；② 通过语言、表情、动作表现出来；③ 使沟通对象能够准确理解自己的观点、意见或态度。

5. 评价标准

评价标准表现在实际工作中，能够导致不同结果的素质水平。如组织能力的差异可以导致任务的计划与执行效果。表现组织能力差异的行为标准就是不同的评价标准。评价标准的观点能够很好地解释多个不同岗位对一项素质维度的共同要求之间的差异性。对营销经理与营销主管来说，都有组织能力方面的要求，但对营销经理的要求较高，相对而言对营销主管的要求则较低。制定评价标准能够让考官对被试者的某项素质进行深入、客观的评价。评价标准一般与不同的分值区间相对应，不同岗位对特定指标的要求并不是越高越好，需要根据岗位工作的特点确定对应标准，并用不同的分值来表现。评价标准的制定过程比较复杂，需要在胜任特征分析的基础上，通过标准测验或企业相关人员进行行为实践后确定。评价标准一般通过量词标度（多、较多、少、很少）或等级标度（优、良、中、差）来表现。

6. 指标之间的权重关系

任何岗位的素质都不是简单地堆砌在一起的，而是有机地结合而成的。结合的规律是根据岗位任务特点决定的。每个岗位的素质群中，都会有重要素质与次要素质之分，表现在测评指标上就是对其赋予不同的权重关系，来体现测评指标的重要程度。重要的指标权重高，反之权重就低。一般可以通过横向加权、纵向加权、专家评议、因素分析等方法，来确定指标之间的权重关系。例如，对职业经理人进行评定的指标权重关系如表 2-2 所示。

表 2-2　　对职业经理人进行评定的指标权重关系

指标	知识	能力	技能	价值观及动机
权重	0.25	0.50	0.1	0.15

2.1.4　确定测评指标的方法

由于测评指标是岗位素质标准的集中体现，所以测评指标必须通过工作分析或胜任特征分析技术对岗位的工作目标、工作内容、任职资格或者胜任标准进行分析后得出。

工作分析通过系统地收集岗位相关信息，来确定岗位任职者应该具备的任职资格，即 KSAO：Knowledge（知识），Skill（技能），Ability（能力）以及 Other（其他，如经验及个性等）。胜任特征分析则强调分析优秀（能够产生高绩效）任职者应该具备的素质水平，所分析的角度比工作分析更加全面，包括知识、能力技能、社会角色、自我认知、个性特质及动机等。

工作分析与胜任特征分析是在不同历史时期及社会背景下产生的两种不同的理论，它们在人才测评领域中具有同等重要的价值。不能因为工作分析技术出现的比较早，而胜任特征理论则强调对能够产生高绩效的胜任特征进行分析，就偏重其中一种观点。这是因为，工作分析能够通过简单的办法对任职者工作的内容进行详尽的了解，这是进行题目开发，特别是情境测验开发的重要素材。虽然胜任特征分析强调通过关键事件访谈获取全部信息，但在绝大多数情况下，人们还是会选择让专家或企业高管直接确定优秀者的胜任特征。所以说，这两种方法各有所长，在具体运用时，需要根据测评的需要将其有机地结合起来。

2.1.5　人才测评方法的质量体系

人才测评方法的质量体系研究的是测评活动中所应用的各项技术的质量问题。一个好的人才测评方法，应该是可信的、有效的，并且是可重复的。这就涉及到人才测评中的一系列技术指标。

1. 标准化和常模

在收集测评数据时，要从测评的材料、情境、考官、被试者和结果的处理方式等几个方面进行考虑，对其加以系统的控制，以保证所收集信息的客观性。要尽量控制无关变量的干扰，集中收集与测试维度关联最大的信息。

（1）标准化。标准化是指测评的一致性，测评条件的共同性。在同一条件下，标准化能够对测评中的无关因素加以控制，从而使误差减少或降至最低。标准化的过程包括：统一内容、统一施测、统一指导语、统一时间、统一评分标准、统一分数解释。测评方法的标准化，要在测评题目、测评环境、测评程序控制、测评时间、考官培训几个方面加以控制。

（2）常模。常模是从另一个方面来保证测评结果的质量。一个标准化的测验，不但其内容、施测和评分要标准化，对分数的解释也必须标准化。一个测验的原始分数本身并不具有任何可比性。在传统的心理测验中，多是把个人所得的分数与代表一般人同类行为水平的分数分布情况相比较，来判别其所得分数的高低。此处所说的“代表一般人同类行为水平的分数的分布情况”，即称为“常模”。我们从国外引进心理测验必须经过本土化修订，其中很重要的一项内容就是要进行常模修订，以让测验能够适用于国内特定的被试者人群。

2. 信度

信度是衡量人才测评方法质量的指标之一。所得信度（credibility），就是指测验结果的可靠性、稳定性，即测验结果是否反映了被测者的稳定的、一贯性的素质特征。我们可以从三个方面来理解这个概念：首先，信度是指人才测评结果稳定性和一致性程度的指标，同时它也能够代表测量的准确程度。测评结果的可靠性体现在：被测者在不同时间所测结果一致；同一测验内的各部分题目所测的是同一种行为或行为特征；不同评分者对同一测验结果的评分一致。一项成熟的心理测验一般都具有比较理想的信度。信度较低的测验，由于其测验分数的稳定性较差，往往不能反映被测者的真实水平。

在实践中，通常用各种信度系数来表示测评方法的稳定性与可靠性：

（1）折半信度。或称分半信度，指将测验的项目分为两部分，分别计算这两部分的分数，以这两部分分数的相关系数作为折半信度系数。

（2）复本信度。复本是指研究人员同时编制两份量表，它们在内容、形式、难度等方面等同，请被试者分别接受两次测验，一次做一份，然后把被试者的两次测验得分的相关系数作为复本信度系数。

（3）重测信度。若编制两个量表有困难，可以用一个量表对同一个样本施测两次，从中得出两组分数的相关系数，即可作为重测信度系数。

（4）同质性信度：同质性是测量单一特质的必要条件，指测验题目得分反映的心理特质一致。同质性信度也是常见的内部一致性信度，指测验所有题目性质的一致性，即测的是同一种心理特质或行为。

3．效度

效度是另一个衡量人才测评质量的指标，它是指一个测评方法能够恰当地测量出所要测量指标的程度。信度是效度的必要条件，但却非充分条件，效度需要进一步解释经验水平的指标与理论构念的联系。由此可以把效度大体上分为两大类：一类是经验效度，这是比较普遍的一类，它们主要表征一些可观测变量间的关联程度，因此，这类效度通过分析两个或两个以上变量间的关系，用一些观测变量预测另外一些观测变量；另一类效度是理论效度，它主要表征观测变量与理论构念间的关系，这些理论构念往往是潜在变量，不可直接观测。比较常用的效度主要有内容效度、效标关联效度、构念效度这三种。

2.2 工作分析

工作分析又称职务分析、岗位分析，它是指系统地收集岗位相关信息，分析并确定岗位的工作目标、工作内容、任职资格等内容的一个过程。

在人力资源管理理论中，工作分析是人力资源管理工作的基础，所有人力资源管理工作都需要在工作分析的基础上开展。对于人才测评而言，工作分析同样也是重要的工具之一。工作分析对我们系统地认识岗位，并通过对岗位关键任务进行分析来确定岗位的测评维度，具有重要的作用。本节我们将向大家重点介绍工作分析的作用与流程。

2.2.1 工作分析的作用

1．工作分析是人力资源管理的基础

工作分析是开展所有人力资源管理工作的基础，无论是进行人力资源规划，还是选人、育人、用人，都必须建立在工作分析的基础上。通过工作分析，我们可以确定组织内部不同岗位需要具备哪些素质特点的人才，可以判断出哪些人才能够符合组织阶段性的需要、谁能胜任现有岗位、招聘与选拔的标准、培训标准、关键考核指标等。

2．人力资源规划的依据

通过工作分析，可以进行企业内部供给预测。在人力资源规划中，往往需要进行外部供给预测与内部供给预测，以此来判断组织是否能够获取未来发展需要的人力资源。内部供给预测是对组织内部现有的员工进行分析，确定哪些员工胜任现有岗位。这就需要首先明确各个岗位的工作目标、工作内容与任职资格等问题，然后再将员工个人条件与工作分析结果进行对比。因此，工作分析也就成为企业进行人力资源规划的依据所在。

3．招聘与选拔的依据

组织要进行内外部招聘与选拔工作，必须先明确招聘条件或选拔标准。工作分析能够系统地分析不同岗位应该具备的知识、技能、能力等任职资格条件。而岗位的任职资格也就是组织进行招聘公告时需要说明的招聘条件，在进行选拔过程中应该依据的选拔标准，所以工作分析是招聘与选拔工作的依据。

4．培训与开发的依据

员工的培训与开发，是人力资源管理工作的关键任务之一。工作分析通过对岗位的工作目标与工作内容进行分析，能够明确岗位的培训目标；通过系统的任职资格分析，可以确定岗位应该具备的知识、技能、能力等条件（KSAO），能够明确培训的内容；能够准确地定位不同岗位的培训目标与培训内容；可以对岗位任职资格所要求的素质开展有针对性的培训活动。

5．绩效管理的基础

工作分析通过系统地收集岗位相关信息，可以确定岗位的工作内容。工作内容的信息能够全面反映岗位任职者的主要职责、关键任务、完成任务的流程、每个阶段的任务成果的保存或记录方式、在每个流程中的主要动作等信息。绩效管理工作需要在绩效考核的基础上展开，而绩效考核工作的关键就是准确地定位岗位的绩效考核指标。通过对以上信息的分析，我们可以准确地完成这个任务。工作分析能够帮助人力资源管理者提取不同岗位的关键点作为考核指标，因此工作分析既是绩效管理工作的基础，又是绩效考核的基础。

6．薪酬设计的基础

如果进行薪酬设计，首先要进行工作评价或称岗位评价。工作评价就是利用各个岗位承担责任的范围、技术复杂程度、对结果的影响程度等指标，判断出不同岗位对组织的价值贡献程度，再进一步确定薪酬体系。开展工作评价的基础，就是首先分析不同岗位的主要职责、关键任务、工作成果等因素，也就是工作分析。所以，工作分析也是薪酬设计的基础。

2.2.2　工作分析的流程

工作分析是一个非常系统的工作过程。在总结大量企业实践的基础上，我们将工作分析的过程分为以下八个阶段：成立工作分析小组、工作分析技术培训、确定收集信息的种类与内容、确定收集信息的方法、开展信息收集工作、信息处理与分析工作、编撰职务说明书、修订职务说明书。

下面将分别简述工作分析各个阶段的具体步骤，以及各步骤需要注意的问题。

1. 成立工作分析小组

工作分析小组的任务是全面计划工作分析的进程、协调相关部门与人员、制定工作分析的技术标准，保证工作分析能够顺利地开展。分析岗位的范围决定了工作分析小组的构成模式。如果进行企业整体岗位的工作分析，为了保证工作能够按照计划顺利进行，必须由领导挂帅，全员参与，人力资源部门和外聘专家作为技术支持。如果要进行部分岗位的工作分析，可以以部门主管为主，由人力资源部门和外聘专家提供技术。

企业规模不同，其工作分析小组的构成模式也不同。大中型企业开展整体岗位的工作分析，需要成立专门的委员会，参与者包括：企业主要领导、部门主管与二级机构负责人、人力资源部门（包含二级机构的人力资源部门）。委员会围绕领导、协调、支持三项工作进行分工。主要领导负责工作分析工作的计划制定与动员工作。部门主管或二级机构负责人承担工作分析过程的协调工作。外聘专家与人力资源部门（包含二级机构的人力资源部门）承担总体的技术开发予具体的实施。小型企业开展工作分析工作最好由行政管理部门组织，聘请专业人员给予指导，或请专业的咨询机构帮助。

2. 工作分析技术培训与动员

工作分析工作取得成功的关键是，必须要有高层领导的直接支持。因为高层领导的态度，决定了所有参与者和相关者的配合程度。如果高层领导的态度暧昧，即使人力资源部门有再高的热情，直线部门主管或员工也很难积极配合。所以开展工作分析之前，最好下发正式通知，或由高层领导召开专门的工作动员会。

就目前情况来看，企业界里实际接受过工作分析培训的专业人员比较少，并且在人力资源管理领域中有关工作分析的理论较多。因此，很有必要对所有工作分析的参与者进行专项培训。培训的内容包括工作分析的意义、步骤、分工、收集信息种类、方法、需要哪些配合等。培训的目的在于统一工作分析人员的口径、统一方法与流程，确保工作分析成果的质量。

很多企业都将工作分析技术培训和工作动员会当成一回事，实际上两者之间存在很大的区别。工作分析的工作动员会针对的对象是工作分析所涉及的全体员工，内容主要是说明工作分析的意义或目的，并说明需要对象配合的内容，是会议的形式。而工作分析技术培训针对的对象则是工作分析小组的成员，培训的形式最好是案例分析或实际演练。

3．确定收集信息的种类与内容

工作分析中所收集的信息是否全面，直接决定着工作分析整体工作的质量。一般情况下，要全面了解一个岗位，需要收集以下九个方面的信息。

（1）职务基本信息：职务名称、所属部门、职务编号、职务等级。

（2）工作目标：概括工作的依据、概括工作的内容。

（3）工作内容：工作内容中包含的具体任务、流程中与其他工作联系的行为、每项任务中的工作流程、每个流程中的关键行为。

（4）工作特征：时间特征、工作空间环境特征、工作的人际环境特征、工作的技术性、创新性。

（5）完成工作所需的设施或设备、工具：一般设备/设施、专有设备/设施。

（6）任职资格：知识（专业、管理知识）、能力（最重要的 5 项）、技能、特殊要求。

（7）培训与开发要求。

（8）绩效考核标准：工作数量、工作质量、工作态度、工作能力。

（9）法律、法规强制要求的条件：执业资格要求、生理条件要求。

4．确定收集信息的方法

常见的收集信息的方法包括访谈法、问卷法、观察法、工作日志法等。在企业实际开展工作分析的过程中必须考虑收集信息的质量与工作效率两个指标。经过大量的数据积累与分析，我认为访谈法所收集信息的质量最高，能够将所需信息进行深入挖掘；问卷法是工作效率最高的收集信息的方法之一，能够同时对大量的对象进行调查，可以在短时间内获得大量的数据。因此，在下一节中我们将重点介绍这两种方法。

5. 开展信息收集工作

本阶段是执行分析计划，利用方法收集信息的过程。本阶段需要做好三项工作：第一，工作分析小组负责人必须按照事先的分析计划，全面推进工作计划。第二，要求直线部门主管做好协调工作，预先安排好被调查者的工作，全力配合分析小组按照原计划开展工作。第三，分析小组与直线部门主管密切配合，正确选择调查对象。

关于选择信息收集对象的问题，理论界与企业界存在一定的分歧。理论界的观点认为："工作分析要分析的岗位的任职资格，任职资格是岗位要求的最低素质标准，因此访谈对象不宜选择优秀的岗位任职者，因为这些人有更多的个人想法，这些想法会影响访谈者的判断。"而企业界的观点则认为："优秀的岗位任职者与一般任职者能够提供给访谈者的信息差异很大。突出的表现是一般任职者对岗位的理解程度、概括与表达能力比优秀任职者要低得多。相对而言，优秀的任职者提供的信息要更有价值。"

6. 信息处理与分析

信息处理与分析是对前一阶段通过各种渠道、利用不同方法所收集的信息进行甄选、核准、分析与信息补救的过程。这一阶段的主要工作是甄别无效问卷与信息并进行信息补救。无效的问卷包括填写人没有按照指导语的要求填写相应内容，填写人对问卷中的问题存在错误的理解，出现答非所问的情况。无效的信息是不同访谈者对同一问题做出截然不同的反应。信息处理的过程是"求同辨异"的过程，分析人员要找到针对同一岗位相同的认识，也要发现被调查者之间存在的不同观点，并且对于这些不同观点要进行信息核准。所谓信息核准就是利用其他方法再次挖掘信息，并向访谈对象说明情况以求得配合。一般情况下，企业界对于同一岗位所收集信息的分析遵循两个假设：素质高的任职者提供的信息可能更有价值；任职时间长的任职者提供的信息可能更有价值。

7. 编撰职务说明书

分析人员将某一岗位的相关信息梳理清晰以后，就要编撰职务说明书，职务说明书是工作分析的最终成果。工作分析的质量也通过职务说明书表现出来。编撰职务说明书首先要明确职务说明书的内容结构、格式、编写的原则和成型程序四个问题。职务说明书的内容结构指职务说明书包含哪些具体的项目；职务说明书格式指按照企业自己的行文要求统一字体、行间距等；编写原则是所有撰写人统一口径，按照相同的原则来编撰；职务说明书的成型程序指根据不同岗位确定成型程序。

职务说明书的内容结构没有统一的定式，可以根据企业的需要、岗位的特点、任职者的素质水平来确定，最关键的是要考虑职务说明书的作用。成长性企业比较关注员工未来的职业发展问题，因此在职务说明书中必须要明确岗位的升迁、轮换途径。一般情况下，职务说明书包含如下内容：基本信息、工作目标/工作摘要（简述）、工作职责（最好不超过10条）、任职资格、培训要求、考核标准、职业发展（轮换、晋升或降职）和任职人声明。

8. 修订职务说明书

编撰完成的职务说明书必须经过岗位任职者及其主管的认可。往往岗位任职者或其主管都会对职务说明书的部分内容提出意见，这些意见更多的集中在工作职责的部分。对于出现的争议内容，工作分析人员需要利用德尔菲法来解决问题。参与讨论的对象包括：工作分析人员、岗位任职者、直接主管及更高级主管。参与讨论者从不同的角度发表对争议内容的意见。对于工作职责中确实难以清晰划分的任务，一般会采取分拆的办法进行界定。讨论的过程将解决职务说明书中所有的争议问题。结束上述工作以后职务说明书就修订完成了。

2.3 确定收集信息的方法

工作分析中收集岗位相关信息的方法有很多种，但比较常见的主要是访谈法、问卷法、现场观察法、关键事件法、工作日志法等，其中又以访谈法和问卷法应用比较普遍。由于篇幅关系，我们不可能对上述方法全部加以详细介绍，因此这里我们将重点阐述访谈法与问卷法。

2.3.1 访谈法

访谈法，顾名思义就是通过访问、谈话的形式，来获取工作分析所需信息的方法。访谈法与一般的谈话有着显著的区别。访谈法是半结构化的谈话方式，即在访谈前设计统一的访谈提纲，利用访谈提纲与访谈对象展开对话，根据访谈对象的阐述，访谈者不断深入挖掘其所需要的信息。

1. 访谈法的分类

根据访谈者与访谈对象的数量，访谈法又可以划分为以下三种形式。

（1）群体对个体访谈。即工作分析小组的若干成员对一位访谈对象进行访谈。这种方式适合高层职位，优点是与岗位需求相关的信息能够被充分挖掘，分析人员通过访谈能够获得比较全面的信息，不足之处在于工作效率较低。

（2）个体对群体访谈。即一位工作分析人员同时对若干个对象进行访谈。这种方式适合基层职位，其优点是工作效率高，一个人可以同时访谈几个对象。但如果对访谈过程缺乏有效的控制，访谈对象交叉发表观点，收集信息的质量就会较低。

（3）群体对群体访谈。即工作分析小组的若干成员同时对若干个被分析岗位的任职者进行访谈，或者是工作分析小组的若干成员同时对岗位任职者及被试岗位的上级、下属、同级进行同时访谈。这种方式的优点是可以充分挖掘岗位相关信息；缺点是以座谈会的形式收集信息，一旦对会议主题及进程不能很好地把握，就会影响收集信息的质量。

2. 访谈提纲的设计

访谈法是一种半结构化的谈话方式，在访谈前要设计统一的访谈提纲，利用访谈提纲与访谈对象展开交流与对话。设计访谈提纲是成功利用访谈法的重点，下面我们将设计访谈提纲的几点设计心得与大家分享：

- 问题应从简单到复杂；
- 问题应循序渐进，按照逻辑关系排列；
- 问句口气要温和婉转，不能生硬；
- 针对同一问题发问，发问要完整；
- 问题的内容不宜过细，而是应该激发被访谈者主动讲出来——访谈者提出的问题若是过细，很可能会使访谈对象产生厌烦情绪。

一般情况下，完整的访谈提纲应该包括如下内容：指导语（说明访谈的目的）、访谈人基本信息、工作目标、工作内容、工作特点、任职资格、培训条件、工作成果/考核指标、被访谈人要着重指出的内容。

3. 选择访谈对象

到目前为止，在选择访谈对象的问题上，理论界与企业界一直存在分歧。理论界的观点认为：工作分析要分析岗位的任职资格，任职资格是岗位要求的最低素质标准，因此访谈对象不宜选择优秀的岗位任职者，因为这些人有更多的个人想法，这些想法会影响访谈者的判断。而企业界则从工作分析质量的角度提出：优秀的岗位任职者与一般任职者能够提供给访谈者的信息差异很大，其突出的表现是一般任职者对岗位的理解程度、概括与表达能力比优秀任职者要低得多。相对而言，优秀的任职者提供的信息要更有价值。

我个人更倾向于接受企业界的观点。2001 年，我作为某物流公司的人力资源顾问，全程指导该公司的工作分析项目。当时，社会上普遍认为物流快递行业的管理比较简单，但我在接触了这家公司以后，却改变了这种想法。这家公司在北京市内有数百人的快递队伍，有遍布全市的十几个分部，各个分部有主管、调度、外调、快递员四个岗位。就分部主管岗位而言，主要的工作职责包括：负责分部的全面管理；协调分部与其他分部之间的关系；协调社区关系（街道、市容、派出所以及当地居民）、所辖区域的市场开发；负责重点客户的关系维护等。

我们确定了四个分部的主管作为访谈对象。其中两个人的业绩比较优秀，另外两个主管业绩一般。在访谈过程中我们发现，业绩比较优秀的任职者对岗位工作内容的理解程度比起另外两位要高得多，他们对于如何开发新客户、维护重点客户、策划项目、协调社区关系等工作都有深刻的理解。这为我们全面认识分部主管这个岗位提供了非常大的帮助。

理论界认为：因为优秀的岗位任职者往往会有更多的个人想法，这些想法会影响访谈者的判断。但在我个人看来，实践中优秀岗位任职者的想法，对于访谈者全面认识岗位能够提供极大的帮助，不仅有助于访谈者系统地分析工作内容，还有助于访谈者通过优秀任职者与一般任职者的素质差异来确定岗位的任职标准。

4. 访谈的九个技巧

访谈过程是访谈者与访谈对象双向沟通的过程，其基本形式是访谈者提出问题、访谈对象回答问题。而既然是一个沟通的过程，也就存在一个沟通技巧的问题。下面我们来了解一下在访谈过程中应该注意的一些技巧性问题。

（1）坦诚地向访谈对象说明访谈的目的。坦诚是良好沟通的前提。对于访谈而言，访谈对象在接受访谈之前，可能对访谈的目的并不了解，对于为什么要找自己来谈话更是疑惑，有的访谈对象甚至会产生怀疑“公司是不是要拿我开刀”。即使访谈对象的上级或工作分析小组的协调者说明了这些问题，由于信息在传递的过程中会失真，有可能会更加让访谈对象忐忑不安。因此，访谈者在正式进入主题之前，必须要向访谈者说明工作分析的目的和访谈的目的，如果访谈对象是职位较高的人士，还应对其说明信息的利用方法。通过坦诚地说明访谈的目的，可以让访谈对象打消疑虑。只有在访谈对象不设防的情况下，才能让他敞开心扉，获得你要得到的有价值的信息。

（2）按照访谈提纲提问，但不能拘泥于提纲。在访谈过程中，访谈者可以按照访谈提纲的内容来进行提问。但访谈对象在回答的过程中往往会带出其他一些信息，如果访谈对象的表露性较高，这种表现就会更加明显。此时，访谈者应该不失时机地提出相关问题。这就要求访谈者必须对访谈提纲所涉及的问题有全面的了解：可以按照访谈提纲提问，但不能简单地拘泥于提纲中的问题和提纲提出问题的顺序。

（3）避免呆板，从访谈对象感兴趣的话题开始。2003 年“非典”之后，有家企业进行组织机构调整，增加了两个副总的职位，总经理原来的工作内容进行了调整，需要重新编写“职务说明书”，邀请我承担此项工作。由于时间关系，我请一位助理去这家公司对总经理进行访谈。可能是比较紧张的缘故，这位助理张嘴就按照工作分析访谈的套话念了起来：“你好，我是×××，受×××公司的委托，对您进行工作分析的访谈，我们访谈的目的是……”这位老总“扑哧”就笑了出来。笑过之后，他告诉这位助理说：“就是我委托你们的，套话就不用说了，你要了解什么，我直接坦白就行了。”以至于在这家公司后来的工作分析中，“我了解政策”成为大家的笑谈。这件事情说明这位助理还缺乏访谈经验。对于经验比较丰富的访谈者而言，在进入主题之前，往往都会有一段前奏。前奏的目的就是寻找访谈对象感兴趣的话题，以此为突破口进入访谈主题。

比如对于初级岗位的任职者，我们会谈：“您到这个岗位多长时间了？干了一段时间以后有什么感受？怎么会有这种感受呢？”然后引导对方进入主题。

对于高层岗位的任职者，我们会聊：“您最近很忙吧？忙些什么呢？”

“我最近一直都在做安全服务的调研，公司最近经常接到客户的投诉，所以得赶紧制定安全服务的标准规程。”

“安全服务，这倒挺新鲜，您能给我介绍一下吗？”这时已经逐渐进入主题了。

所以，访谈中提问不能过于呆板，要寻找对方感兴趣的话题，以此逐渐过渡到访谈主题。

（4）与访谈对象进行平等、开放的沟通。访谈是访谈者与访谈对象之间的一种双向沟通。既然是沟通，双方就应该是平等的、开放的。但在实践中，有些访谈者却往往以领导或专家身份自居。这种心理定位在沟通的过程中表现在行为上，就是对访谈对象提出的问题缺乏亲和力、表情严肃。比如：“你来介绍一下你主要的工作内容，并说明哪些是需要你决策的工作，哪些是日常的工作？”这种行为易与访谈对象产生隔阂，会使访谈对象产生压力。这种压力则会驱使访谈对象不愿意根据访谈者提出的问题进行展开论述，或者只是简单而被动地回答问题。

访谈之前，访谈者一定要努力与访谈对象建立和谐、融洽的沟通氛围，利用亲和力取得访谈对象的信任。只有让原本忐忑不安的访谈对象心里有种安全感，才能进行开放的沟通，才能获得深层次的信息，为全面了解岗位、编写高质量的职务说明书奠定基础。

（5）做优秀的倾听者，做谈话的控制者。根据沟通学的原理，具有良好沟通能力的典型表现就是要成为优秀的倾听者。这种倾听并不是简单、被动地去听，而是主动、用心地去听访谈对象的发言内容，并对访谈对象所讲的话进行积极的反馈。这种反馈可以用偶尔点点头、用目光注视着对方的眼睛或简短地重复访谈对象的话来表现，证明访谈者在认真地倾听对方的发言。访谈者的认真倾听有助于访谈对象更多地表达自己的观点。

另外，在访谈过程中，也有一些访谈对象会在表达观点的过程中滔滔不绝、喋喋不休，但却所答非所问。出现这种情况有两个方面的问题：一是访谈者提出的问题过于笼统，二是访谈对象自身的理解能力欠缺。一旦出现这种情况，就要求访谈者对提出的问题进行适度调整，而对问题的调整也就是对访谈对象思路的调整，因此访谈者要善于控制谈话的进程。

（6）要接受访谈对象的抱怨，并善于调节气氛。在访谈过程中，还可能出现的一种情况就是，可能访谈对象的表露性强，对自己的真实想法丝毫不加掩饰，所以访谈者还要学会倾听访谈对象的抱怨。2003 年，我负责一家科技公司的工作分析，我们采用了访谈的方法来获取岗位相关信息。当我们问及访谈对象“您在工作中存在哪些比较大的困难”时，这位访谈对象说：“老总的思路变化较快，朝令夕改，经常让下属无所适从。比如，我们刚刚制定了一个市场营销计划，在市场部反复讨论过后，我们又与几个相关部门的经理召开了联席会议进行了充分的讨论，最后报给了总经理，总经理周五批准了这个计划，下周一开会却又推翻了计划。这是不懂市场的表现，既想让我们出业绩，又不想让我们花钱，想让马儿跑，又不让马儿吃草。”经验丰富的访谈者一般都会对访谈对象的抱怨采取“冷处理”的态度，既不能明确地表态支持他的态度，也不能将访谈对象置于尴尬的境地。所以，我就接着往下问：“你们在年末会不会制定整体的营销计划呢？对于市场费用您有哪些决策权？”

（7）要适当地记录，过多的记录会影响访谈效果。虽然访谈者需要对访谈对象提出的观点进行记录，但访谈者在访谈对象发言的过程中进行过多的记录，则会影响访谈对象的情绪。如果访谈对象的情绪受到影响，那就会影响访谈的效果。所以，访谈者对访谈对象提出的观点只能进行高度概括的记录，记录那些在访谈提纲中列明的关键内容就可以了。

（8）使用录音设备（或请速录员协助）完整记录信息。

（9）最后请访谈对象回顾重点，并感谢访谈对象。访谈对象结束发言后，访谈者要请访谈对象将访谈提纲中的重点内容进行简单的回顾和总结。比如："我们简要地将访谈内容做一个总结，其中您的工作内容主要有 6 项，分别是……感谢您对我们工作的配合，最后您还有什么需要重点指出或提醒我们的内容吗？如果没有了，我们的访谈就进行到这里，再次谢谢您。"

5. 访谈法的特点

利用访谈法系统地收集岗位相关信息，具有如下比较突出的特点：

（1）方法简单，所收集信息准确。

（2）为企业提供了一个向员工说明访谈作用的机会，使其看到组织为改善工作条件而做出的努力。

（3）可以让员工释放不满情绪。

（4）需要花费大量的时间和精力，特别是在企业整体工作分析的过程中更是如此。

（5）访谈对象对工作分析的目的不了解，可能会提供与事实不太符合的信息来保护自己的利益。

6. 访谈提纲范例

范例

应用于培训主管的访谈提纲

姓名：　　　　　　年龄：　　　　　　任职期限：

学历：　　　　　　职务：　　　　　　访谈者：

指导语：向被访谈人重申工作分析的意义与目的

一、工作职责

（职责是公司对任职者工作的基本要求。为了更好地完成工作内容，我们有必要编写清晰的职责，该部分要求概述说明培训主管职位应做些什么和为什么要这样做）

1．请您简要地列举你的主要工作内容。

2．请您指出日常工作中哪些工作内容属于日常性工作。

3．在您的工作中哪些工作内容属于计划性工作内容？

4．在您的工作中有哪些突发性工作事项？

5．在您的工作中有哪些您具有决策权的工作项目？

6．请问您在培训经费审批方面具有什么权限范围？

7．您认为工作中最容易职责不明的工作事项有哪些？

8．请根据您所说明的工作职责，并根据您自己的认识对其重要程度加以排序，并说明在各项职责上所耗费时间的百分比，将结果填入表 2-3。

表 2-3 工作职责说明

重要性	工作职责	耗费时间百分比

二、工作特征

1．请问您是否能按时上下班？

2．您每周平均加班时间大约是多长时间？

3．您加班的主要原因是什么？

4．您最忙的情况常发生在哪段时间？

5．您工作的环境是否存在危险性？如果存在，有哪些表现？

6．在您的工作过程中，直接影响工作的人际关系状况如何？需要与公司内部哪些人直接打交道？会交涉哪些事项？

7．在您的工作过程中，是否需要与公司外部的人直接打交道？会交涉哪些事项？

三、可能的工作错误分析

在您的工作过程中，最可能出现哪些错误？错误的原因可能是什么？会造成哪些后果？请将分析内容填入表 2-4。

表 2-4 可能的工作错误分析

	工作环节	原因	后果
1			
2			
3			
…			

要防止或纠正这些失误需要什么条件？存在哪些障碍？如何解决？

四、任职资格

1．您认为从事本职位工作应具备的教育程度是什么？

2．您认为从事本职位工作是否需要具备相关工作资格证书？需要哪些资格证书？

3．您认为这个职位要求哪些基本技能？

4．您认为什么样的性格及心理素质的人能更好地胜任该职位？

5．您认为要具备什么样的能力的人能更好地胜任该职位？

五、职位培训

您认为要胜任本职位需进行哪些方面的培训？

1．知识。

2．能力。

3．技能。

4．规章制度。

5．其他。

六、考核指标

公司对您进行考核会关注哪些重要指标？您认为这些指标是否能全面衡量您的工作？

2.3.2　问卷法

1．问卷法的定义、问题形式及局限

问卷法是指工作分析小组先设计针对特定岗位的标准化问卷，然后分发给岗位任职者或信息的相关者。员工通过填写问卷的问题来描述其工作中包括的任务、岗位素质要求等方面的信息。工作分析人员通过对问卷调查的结果进行信息统计，获得职位相关信息。

目前，在市场上有一些常见的问卷，大家可以进行借鉴：职位分析问卷（PAQ）主要适合于技术和半技术性工作；管理职位描述问卷（MPDQ）是专门针对管理类工作设计的；通用工作分析问卷（CMQ）。

由于企业的外部经营环境变化的速度很快，因此企业内部的组织结构、职能分工也会随之调整。与之相适应，工作设计与分析工作也会经常变化。为了让大家能够自己设计适用的问卷，这里我们向读者介绍一下问卷的问题形式。

调查问卷一般包括开放性和封闭性两种形式的问题。开放性问题，是让被调查者在题目的引导下自由地、不受局限地描述。封闭性问题，则是在问卷中详尽地列出工作中可能出现的情况，让被调查者根据他们实际的工作情况来选择，然后分别注明每项工作的重要程度和占用的时间。实践证明，这两种问题在一份标准化问卷中根据不同信息的特点进行有机组合，往往可以取得较好的效果。

在我们准备收集的九类信息中，哪些适宜开放性问题，哪些又适宜用封闭性问题来收集呢？表 2-5 给出了经验性的答案。

表 2-5　　分别适宜使用开放性与封闭性问题来收集的信息

开放性问题	举例	封闭性问题	举例
基本信息	—	工作内容	—
工作目标	您认为您的任职岗位需要完成哪些工作目标	工作特征	您工作的环境要处理的人际关系 a.非常复杂 b.一般 c.非常简单
培训要求	成为合格的任职者需要经过哪些必要的培训	使用的工具、设备	一般设备、专有设备
绩效指标	公司对您进行绩效考核的指标有哪些	任职资格	能力要求：（选项） 知识要求：（选项）
	您工作的直接成果有哪些，这些成果是如何体现的	法律规定的必要条件	您任职的岗位是否要求必须具备相应的职业资格：（选项）

问卷法是以书面交流形式获取工作分析所需信息的一种方法。因此，被调查人自身的理解能力、文字表达能力就成为问卷法能否取得预期成果的关键。实际上，这也反映出问卷法自身的局限性。由于被调查者的书面表达能力不同，对问题的理解不同，有可能针对同一问题，被调查者的回答之间可能会出现较大的差异。在这种情况下，工作分析人员就不能单纯地依赖对书面信息所进行的分析与评估。为了有效地避免问卷法局限性对调查结果的影响，我们要注意三个问题：

（1）出现针对同一问题被调查者之间差异较大的回答时，应结合其他方式进行求证，不能过度地依赖书面信息。最理想的求证方式就是进行深度访谈（专项访谈）。

（2）在标准化问卷的开头，要对工作分析的目标及对被调查者的填写要求简述清楚。

（3）注意问卷的长度，如果问卷设计过长，必然会引起被调查者的厌烦情绪，影响调查结果的质量。一般情况下，问卷的长度不宜超过 5 页。

2. 调查问卷的设计

设计一份比较完整的问卷，是问卷法实施成功的基础。接下来，我们介绍一下问卷的组织结构与设计原则。

（1）指导语。首先要有指导语的内容。指导语部分包含两项：一是要阐明问卷调查的目的，阐明目的时，在措辞上要考虑能够为被调查者带来收益；二是要说明填写问卷的注意事项，比如如何填写选项、填写完毕应在何时交给何人等问题。

（2）被调查者的基本情况。主要包括姓名、学历、任职时间、所属部门等。工作分析人员要注意两个问题：被调查者谁是优秀的岗位任职者，谁是一般的岗位任职者；谁任职的时间长，谁任职的时间短。对这两个问题，要能够通过被调查者的基本情况进行区分。

（3）工作职责。职责是组织对任职者工作的任务要求。为了更好地完成工作内容，我们有必要编写清晰的职责。该部分要求概述说明该职位应做些什么和为什么要这样做（若内容较多可以另附纸填写）。比如：主要的职责有哪些？需要独立做出决策的职责有哪些？需要与他人合作完成的职责有哪些？

（4）工作特征。根据职位及相关情况在每项对应处打"√"，并在括号中填写相应内容。主要项目包括：工作特征、时间特征（作息时间特征）、工作空间环境特征（非户外操作性岗位可以不设该项）、工作的人际环境特征、工作的技术性与创新性。

（5）工作关联。工作关联是指在从事本职工作时，与其他哪些部门、哪些职位发生哪些联系（请列举关联内容），属于开放性问题。

（6）任职资格。指任职者履行该职位的职责所应具备的最低资格条件（注意：这里不是让填写该职位现在的工作人员的情况，即应当从职位的角度而非自身的角度来考虑担任这一职位的人所应具备的最低资格条件，在对应处划"√"或按要求填写有关内容）。该问题也属于封闭性问题。该项主要包括：知识（专业、管理知识）、能力与技能（最重要的 5 项）、经验（一定是必要的经验）、个性特征（避免主观臆断）、生理特征（体力性工作）、特殊要求（比如获取稀缺资源的能力）。

（7）培训要求。例如，能力培训、技术培训、制度培训以及其他培训等。

（8）绩效考核指标。其内容包括：主要的工作成果、主要工作成果的表现方式、现有的考核指标。

（9）法律法规规定的其他条件。

3. 问卷法的特点

问卷法的优点是：对企业进行整体工作分析而言，可以快速高效地获取特定职位相关的工作信息，节省信息收集过程中的人力成本与时间成本。

问卷法的缺点是：标准化问卷的设计需要耗费工作分析小组大量的时间，信息收集前准备时间较长，存在由于被调查者的书面表达能力不强而对工作信息所做的描述不够准确的风险。

4. 调查问卷范例

范例

应用于培训主管的调查问卷

感谢您在紧张而繁忙的工作中填写本调查问卷。这份问卷是为了更加明确您目前职位的有关信息而设计的，其目的不是衡量您的业绩和任务完成率，而只是分析和描述您工作的一个工具。您填写的完整性和真实性对帮助您明确自身工作的发展方向，完善公司人力资源制度非常重要。请留意每个项目后的说明示例，并可将内容较多的部分附页说明。

填写说明：

填写人基本信息

1. 姓　　名：	5. 直接上级：
2. 年　　龄：	6. 直接下级：
3. 学　　历：	7. 任职时间：
4. 现任职务：	

一、工作职责

（职责是公司对任职者工作的基本要求。为了更好地完成工作内容，我们有必要编写清晰的职责，该部分要求概述说明培训主管职位应做些什么和为什么要这样做）

1. 请简要地列举你的主要工作内容，并填入表2-6。

表 2-6　　主要工作内容

1.	
2.	
3.	
4.	
5.	
6.	

2．请指出日常工作中哪些工作内容属于日常性工作，并填入表 2-7。

表 2-7　　日常性工作内容

7.	
8.	
9.	

3．请尽量列举工作中属于计划性工作的内容，并填入表 2-8。

表 2-8　　计划性工作内容

10.	
11.	

4．请尽量列举工作中的突发性工作事项，并填入表 2-9。

表 2-9　　突发性工作内容

12.	
13.	

5．请描述您在培训经费审批方面的权限范围（　　）。

a．没有　　b．5000 元以下

c．10000 元以下　　d．10000 元以上

6．您认为工作中最容易职责不明的工作事项有哪些？并请填入表 2-10。

表 2-10　　最容易职责不明的工作内容

14.	
15.	

7．根据以上回答内容，请尽量明确地列出本职位的职责，并根据您自己的认识，对其重要程度加以排序，并标明在各项职责上所耗费时间的百分比，请将内容填入表 2-11。

表 2-11　　本职位职责

重要性	工作职责	耗费时间百分比
最重要		
非常重要		
比较重要		
一般		
不太重要		
非常不重要		
不重要		

二、工作特征

1．您是否按时上下班？（　　）

a．是　　b．否

2．每周平均加班时间约为多少小时？（　　）

a．1~2 小时　　b．3~5 小时

c．6~10 小时　　d．10 小时以上

3．加班的主要原因是什么？（　　）

a．上司安排加班

b．工作未完成自发性加班

c．工作超负荷

4．所从事的工作是否忙闲不均？（　　）

a．是　　b．否

5．您工作的环境是否存在危险性？（　　）

a．是　　b．否

如果存在，有哪些表现？（请列明）

6．在您的工作过程中，直接影响工作的人际关系是否复杂？（　　）

a．是　　b．否

需要与哪些人直接打交道？会交涉哪些事项？请将内容填入表 2-12。

表 2-12　　工作过程中关联部门及事项

	活动名称	关联部门	发生关联的内容
与公司内部相关职位与部门的关联			
与公司外部各个机构的关联			

三、可能的错误分析

请填入表 2-13。

表 2-13　　可能的错误分析

	工作环节	原因	后果
1			
2			
3			
4			
5			
请简要说明防止或纠正这些失误需要什么条件，存在哪些障碍，如何解决：			

四、任职资格（单选）

1．您认为从事本职位工作应具备的教育程度（　　）

a．大专　　b．本科　　c．硕士以上

2．您认为从事本职位工作是否要求相关工作资格证书？（　　）

a．是　　b．否

如需要，请说明资格类别：(　　　　　)

3．本职位要求的基本技能：

（1）需具备计算机操作技能（　）

a．是　　　　b．否

（2）需具备驾驶技能（　）

a．是　　　　b．否

（3）需具备多媒体设备操作技能（　）

a．是　　　　b．否

（4）需具备其他设备操作技能（　）

a．是　　　　b．否

4．您认为什么样的性格或心理素质的人能更好地胜任该职位？（请列明）

5．您认为什么样的能力的人能更好地胜任该职位？（请列明）

五、在职培训

您认为要胜任本职位需进行哪些方面的培训？（可多选，在选项前的“□”里打“√”）

1．知识：□行业知识　□管理知识　□业务知识
□产品知识　□培训知识

2．能力：□沟通能力　□写作能力　□计划能力
□应变能力　□合作能力

3．技能：（请列明所需技能培训项目）

4．规章制度：（请列明所需制度培训项目）

5．其他必需的培训：（　）

六、考核指标

公司对您进行绩效考核会关注哪些重要指标？您认为这些指标是否能全面衡量您的工作？

七、岗位规定

法律、法规对您任职的岗位有哪些规定？

□ 职业资格规定　□ 上岗前培训规定　□ 其他规定

（请说明：　　　　　　　　　　　　）

2.4 胜任特征分析

胜任特征就是针对相同的岗位而言，能够将绩效优异者与绩效平平者进行区

别的个体潜在的深层次特征。在 20 世纪末，中国的人力资源管理专家们也开始了对“胜任特征”的研究。20 世纪 70 年代，美国政府部门邀请麦克莱兰（David C. McCLelland）博士帮助设计确定一位杰出的美国新闻总署的官员的态度与习惯，以便使新闻出版总署可以依据比淘汰测验更合理的标准来选拔雇员。1973 年，麦克莱兰与另一位心理学家戴维·博鲁（David Berlew）共同成立了 McBer 公司，将胜任特征的想法付诸实践。胜任特征分析的是：什么样的素质能够在特定岗位上产生优异的绩效。胜任特征对于企业客观地分析特定岗位的素质具有极大的帮助。

中科院心理所王二平教授认为，工作分析与胜任特征的区别在于：工作分析是个过程，胜任特征是个结果。工作分析是以“事”为基础，而胜任特征则以“行为”基础。国内知名地产公司——万科房地产在国内率先完成了“万科经理人的胜任特征”分析工作。深圳华为对于“胜任特征”也开展了大量的实践工作。接下来，我们就简单地探讨一下胜任特征的问题。

2.4.1　胜任特征的不同概念

自从胜任特征理论被提出以来，很多专家都投身到这项富有实践意义的研究运动中来。在过去的 30 年间，各方专家在麦克莱兰的基础上各自提出了其对胜任特征的理解，从而形成了今天的几种认识体系：第一种观点认为，胜任特征就是针对相同的岗位而言，绩效优异者与绩效平平者之间存在的素质差异，称之为岗位的胜任特征；第二种观点在前者的基础上有所拓展，认为胜任特征就是针对相同的岗位而言，能够将绩效优异者与绩效平平者进行区别的个体潜在的深层次特征；第三种观点在前两者的基础上进一步完善，认为胜任特征就是将圆满完成工作所需要具备的知识、技能、态度和个人特质等用行为方式描述出来。这些行为应是可指导的、可观察的、可衡量的，而且是对个人发展和企业成功极其重要的。

通过对以上胜任特征不同概念的总体认识，专家们对各方观点进行整合分析，发现胜任特征理论具有下面四个显著的特点：

（1）能够用来区分优秀者与一般者的特点。

（2）内容包括知识、能力（技能）、个性特征、动机、价值观等因素。

（3）可以用行为语言表述。

（4）可以通过培训与指导获得提升。

由于胜任特征理论对人力资源管理实践所具有的巨大价值，很多企业面对环境与竞争的变化，迫切需要从更精细的角度考虑并提升员工素质问题，因此很多企业也都加入到“胜任特征”研究与应用的行列中来。微软公司就提出了对软件工程师的胜任素质：

- 快速掌握新知识的能力；
- 仅需片刻思考即可提出尖锐问题的能力；
- 可以在不同领域的知识中找出它们之间的联系；
- 扫视一眼即可用通俗语言解释软件代码的能力；
- 关注眼前的问题，无论是否在工作中都如此；
- 非常强的集中注意力的能力；
- 对过去的工作仍然记忆犹新；
- 注重实际的思想观念、善于表达、勇于面对挑战、快速反应。

2.4.2 胜任特征的构成及结构

胜任特征所研究的主要内容是能够在特定岗位上产生优异绩效的素质。因此，在该项研究中，对素质的认识就显得尤为关键。素质是由各种对绩效水平产生直接或间接作用的个人特点构成的，是在既定的工作、任务、文化的环境中表现出的个人的个性特征集合。那么个性特征的集合到底包括哪些因素呢？对绩效水平产生直接或间接作用的个人特点又有哪些呢？这些个人特点之间又是一种什么样的关系呢？这就是我们要研究的素质模型的结构。专家们在这一问题上形成了两种有差异的观点，即素质冰山理论与素质金字塔理论。

素质冰山模型（见图 2-1）将人的素质分为表象的与隐性的两个部分：表象的素质能够表现个体的行为、具备的知识与能力技能，表象的素质比较容易测查；隐性的素质则不容易测查出来。在隐性素质中，测查内驱力比测查态度的难度要大得多。按照因素的排列顺序，越往下测查难度越大。个体的绩效水平差异主要取决于隐性因素。

素质金字塔模型（见图 2-2）指出，人的素质由行为、技能、知识、聪明才智与个人性格特征构成。素质金字塔模型强调：行为是外在的，而聪明才智是内隐的；行为与知识水平是容易改变的，个人的性格特征则不容易改变。

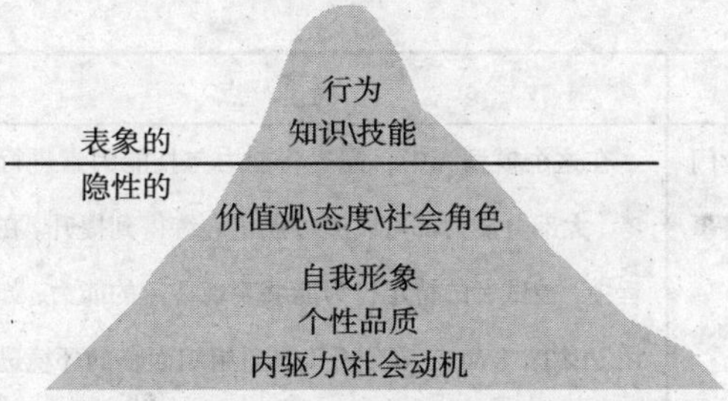

图 2-1　HAY 公司提出的素质冰山模型

资料来源：彭剑锋，荆小娟著，《员工素质模型设计》，中国人民大学出版社 2003 年版。

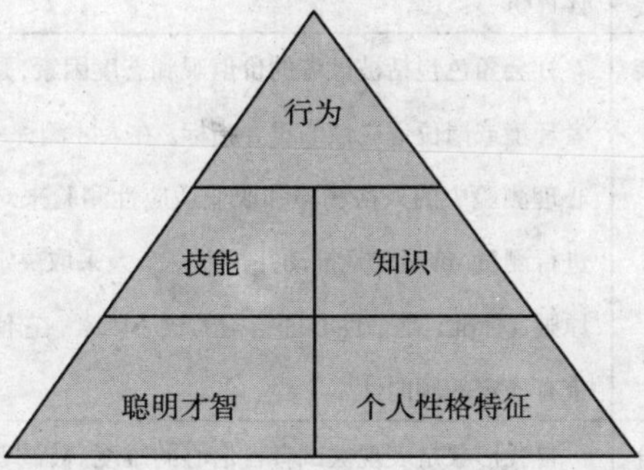

图 2-2　Manus 公司提出的素质金字塔模型

资料来源：（美）露西亚，莱普辛格著，郭玉广译，《胜任：员工胜任能力模型应用手册》，北京大学出版社 2004 年版。

上述两种观点的差异在于：素质金字塔模型提出了人的智能因素（聪明才智）对绩效水平的影响。由于截止到目前，国际上广为认可的还是素质冰山模型理论，所以我们重点介绍素质冰山模型理论的构成。该胜任特征模型由以下六个方面的素质构成，各项素质分别介绍如表 2-14。

表 2-14　　素质冰山模型的六大素质

素　质	特　点	举　例
1. 知识：某一职业领域需要的信息；即一个人对特定领域的了解	知识是开展特定工作的基本条件，是通过培训或强化训练可以迅速提升的素质。在人才测评领域，对知识测评的研究较少，这是因为社会普遍认为直线主管往往能够对被试者的知识水平进行准确的判断，而无需利用人才测评技术甄别被试者的知识差异。其实，知识测评也是人才测评比较重要的一个组成部分	营销经理应该具备的知识包括：产品知识、市场营销知识、管理知识等

续表

素　质	特　点	举　例
2. 技能：掌握和运用专门技术的能力；即一个人将事情做好所要掌握的东西	在这个模型当中，需要将能力与技能因素进行整体思考。大部分能力都可以通过强化训练得到提升。在测评过程中，被试者的特定行为能够表现特定的能力，如通过利用 PEST、SWOT 等分析工具对组织面临的环境进行分析评估，考官就可以判定被试者是否具备运用分析工作的能力，再结合被试者的其他表现，即可对其分析能力进行整体评价	计划能力、分析能力、沟通能力、协调不同意见的能力
3. 社会角色：个体对社会规范的认知与理解；即一个人留给大家的印象	社会角色包括被试者的价值观和态度因素，是表现被试者环境或岗位适应性的重要指标。在人才测评中，多利用心理测验中的人格测验和职业适应性测验来对社会角色进行测量。价值观是推动并指引一个人采取决定和行动的原则、标准，是个性心理结构的核心因素，它使人的行为带有稳定的倾向性	想成为工作团队中的领导、玩世不恭的处事态度等
4. 自我形象：对自己身份的知觉和评价，个人对自己的看法，内在自我认同的本我	自我形象是表现被试者自信心的维度。被试者对自我的定位，决定着其面对困境所采取的不同行为风格与态度。在人才测评中，被试者的自我形象可以通过情境测试、心理测验、面试等多种方法进行测查	如认为自己是某一领域的权威、相信自己能够完成艰巨的任务等
5. 个性特征：某人所具有的特征或其典型的行为方式；一个人持续而稳定的行为特征；或者也可理解为一个人对客观事物习惯的行为和稳定的态度	不同的个性特征适宜不同类型的岗位。在人才测评领域，对被试者的个性特征进行测试的工具有很多，但因它们大都是根据人格的结构特点开发而成，因此必须注意有针对性地选用这些工具。常见的个性测验有卡特尔 16 种人格因素测验、加州青年人格问卷等	内向与外向，感性与理性，悲观与乐观等
6. 动机：决定个人外显行为的内在的、稳定的想法或念头；对特定领域自然而持续的想法或偏好；动机驱使并引导人的外在行为	人才测评在分析个体的行为时，不仅要求了解行为的方式和行为导致的后果，还要追究造成行为的原因即动机。只有研究行为的原因，才能全面而深刻地理解行为、预测行为并对行为进行相应的引导	希望获得领导他人的权力、追求名誉等

2.4.3 胜任特征模型

1. 胜任特征模型的概念

胜任特征模型是个人完成某项工作或达到某一绩效目标所要求的一系列不同素质的组合，包括不同的动机表现、个性与品质要求、自我形象与社会角色特征以及知识与技能水平。表 2-15 是客户服务经理的胜任特征模型示例。

表 2-15　　　　客户服务经理的胜任特征模型

素质定义	素质构成	强度等级				
		1	2	3	4	5
清晰地掌握产品售后服务条款规定，能够利用规定的内容处理客户的咨询或投诉，使客户获得满意的答复	产品服务知识/技能				●	
容易与客户沟通、交流，并且促进部门中积极的交往；有同情心，容易接接纳他人，可以有效减少冲突，避免争端，善于制造融洽气氛	人际亲和动机			●		
在与客户接洽前总是有备而来。能够迅速将与客户的对话导入正题，并善用客户的语言说话。对于客户的要求，能做出及时可靠的处理	服务意识					●
了解他人的态度兴趣，需求和观点；能够解释他人的非语言行为、了解他人的情绪和感觉；了解他人的长处和短处，了解他人行为的原因	人际理解能力					●
关注个人的影响力，努力建立个人信用，或让他人对自己保留特定的印象；考虑到自己的某些语言或行动会对他人产生何种影响	影响力				●	

2. 胜任特征模型的三个层次

素质差异是造成员工绩效水平差异的核心因素。通过对关键岗位的胜任特征模型分析，能够建立该岗位的胜任特征模型。在岗位胜任特征模型分析的基础上，能够发现同一职能系统中对任职者共性的素质要求，这些共同的素质要求是与其他职能系统进行有效区别的素质因素，即职系胜任特征模型。同样，在对各职系胜任特征模型分析的基础上，又能够形成企业个性化的全员胜任特征模型。岗位、职系与全员胜任特征模型共同构成了企业个性化的胜任特征模型体系。三种胜任特征模型体系之间，既强调了特定岗位的素质要求，也提出了某一类相关工作的素质要求，还提出了企业全员应该具备的素质要求。这就为企业开展基于素质的人力资源管理策略创造了重要条件，使人力资源管理与开发工作更具有针对性，从而可以极大地推进企业战略目标的实现与核心竞争力塑造的进程。

2.5 构建胜任特征模型的过程

构建胜任特征模型的过程，大体上要经过八个步骤。在这些步骤中，又以收集信息的过程和信息分类、编码两个步骤最为复杂。能够有效地、准确地收集的信息，以及对信息进行准确的分类、概括总结，是构建胜任特征模型的核心环节。下面我们就简单地来介绍一下这些步骤。

1．对企业的组织结构进行梳理，建立分层分类的职务体系

首先，应对企业的组织结构进行梳理。职务等级指组织中的管理层次，即职层，如决策层、管理层、操作层。职务分类是在组织中同一职能系统中的所有岗位，即职系；如市场营销系列、财务系列、技术系列。梳理组织结构的目的，是发现职位之间的关系，准确地理解各类型职位的特点，便于下一步开展分析工作。

2．确立分析岗位的绩优标准

进行岗位梳理后，就要确定岗位优秀绩效水平的标准。确定岗位的绩优标准，要以企业对特定岗位开展绩效考核的指标为基础进行分析。如对销售经理的考核指标应强调销售额、回款率等；对于大多数不宜用数量表述的岗位，则应关注其工作质量、时效性，还可以用360° 调查的方法来确定绩优标准。确定绩优标准的目的，是用该标准确定谁是需要访谈的对象。

3．甄选绩优者与绩效一般者

确定绩优者与绩效一般者的目的是寻找合适的访谈对象——既可以根据绩效考核结果确定，也可以根据上级主管提名确定。在甄选的过程中，应当坚持“双盲理论”，即访谈者不知道在确定的访谈对象中谁是绩优者、谁是绩效一般者。所选定的绩优者与绩效一般者也不应知道要进行访谈的内容与目的。这能够保证双方都将影响访谈效果的无关因素降到最低。

4．利用各种方法收集信息

收集信息是构建过程中的核心环节。关键行为事件访谈法（behavioral event interview，BEI 技术）就是通过对被访谈人的过去行为事件的深入访谈，来获取相关信息。BEI 技术需要借助 STAR 技术深入地展开访谈。访谈提纲需要精心准备，访谈过程对访谈人的访谈技巧是一种挑战。访谈过程中的录音与记录，可以确保访谈成果被有效地保存。访谈成功与否的标志是，被访谈人的行为信息是否被有效地挖掘了出来。在很多企业的实践中，往往还应用到了其他一些收集信息的方法。主要的收集方法如下：

（1）关键行为事件访谈法中的 STAR 技术。要想让关键行为事件访谈法取得良好的效果，必须将其与 STAR 技术进行组合。按照 STAR 发问的四个步骤，逐步将被访谈人的陈述引向深入，并逐渐挖掘出被访谈人潜在的信息。关键行为事件访谈法是收集信息方法最准确的方式。

- 情境（situation）：关于事件或问题背景的具体描述；
- 目标（target）：访谈对象在特定情境中所要达到的目标、所需完成的任务；
- 行动（action）：访谈对象针对上述情境所采取的行动，或未采取的行动；
- 结果（result）：访谈对象已经采取的行动导致的最终结果。

（2）采用专家小组收集信息。召集对目标岗位有深入认识的人士（企业高管、行业专家等），收集他们对相关岗位核心素质的意见，然后再对这些意见进行整理，并确定胜任特征模型。专家小组收集的方法相对于 BEI 而言，具有操作程序较简单、花费时间少的特点，而且不需要大量访谈人员。但据专家研究发现，专家小组收集数据的准确度只有 BEI 的 50%，并且容易遗漏思维方式、内驱力等方面的信息。采用专家小组收集信息是企业最常用的方法。

（3）利用评价中心收集信息。评价中心技术是人才测评技术中效度指数最高的测评方法。评价中心将心理测验、面试、情境模拟等技术进行有机结合，对被试者的综合素质进行测试。评价中心通过对绩优者与一般者进行分别测试，然后将两类人群的测试结果进行比对，以发现绩优者与一般者之间的素质差异。利用评价中心收集信息是所有方法中最复杂的方法。

（4）目前企业收集信息的主要方法对比。见表 2-16 所示。

表 2-16　　企业收集信息主要方法对比

方法	复杂度	比例	特点
购买资料	简单	8%	周期短，成本高，缺乏针对性
外部标准	简单	25%	周期短，成本低，缺乏针对性
出版物	简单	27%	周期短，成本低，缺乏针对性
人力资源部门分析	复杂	38%	周期长，成本较高，针对性较强
专家分析	复杂	51%	周期短，成本较高，针对性较强
分析优秀任职者后确定	烦琐	55%	周期长，成本高，富有针对性
高级管理者	复杂	79%	周期短，成本低，针对性较强

5. 信息分类与编码

信息分类与编码是指将访谈获得的信息进行分析并归类。这个环节同样是构建胜任特征模型的步骤中最关键的环节之一。分析人员将获得的所有信息进行整理，将表述同一素质的相关事件进行归类，逐步确定同一岗位高绩效者与一般者之间的行为与心理差距。

6. 确定驱动高绩效的胜任特征

最后的环节就是确定驱动高绩效的胜任特征，将确定的同一岗位高绩效者与一般者之间的行为与心理差距进行分类，分成几个素质群、能力群、性格特征群、价值观与动机群等。每个素质群包括数量不等的素质维度，每个素质维度用不同的素质等级来表现，素质等级全部用行为语言来体现。

7. 素质验证过程

胜任特征模型确定以后，必须进行素质验证。在验证过程中，需要与岗位有直接关系的上级、同事、下级包括专家，共同评议岗位的胜任特征模型。对于有争议的内容，需要所有参与者进行充分的讨论后最终确定。这就是用德尔菲法验证素质模型的过程。

8. 通用的胜任特征模型

（1）销售人员的胜任特征模型。

- 协调客户；
- 听取产品以外的需要；
- 理解决策对财务方面的影响；
- 调配组织资源；
- 使用磋商式的问题解决方法；
- 建立忠诚的客户；
- 不断地自我评估和学习；
- 使用基本销售技能。

（2）公司高管的胜任特征模型。

- 战略性思考；
- 把握机会；
- 管理变动性；
- 对结果执行；

- 鼓励分享；
- 说服力和影响力；
- 建立合作伙伴；
- 持续性学习；
- 灵活性与弹性。

实践提示

1. 测评指标体系的建立，必须依靠系统的工作分析与胜任特征分析。虽然专家分析或高管分析周期短、成本低，但对胜任特征分析的深度还有待商榷。

2. 一个完整的测评指标应该包括：指标名称、指标定义、素质剖面（或权重关系）、评价要点、评价标准五部分内容。指标定义的方法主要有操作式、典型行为描述式两种。

3. 工作分析的方法以访谈法与问卷法为主。在具体应用时，应根据客观情况将两种方法进行有效结合。

4. 构建胜任特征模型最好在专业人员的指导下进行。很多企业都是通过委托人力资源咨询顾问机构来完成胜任特征模型构建工作。需要指出的是，企业人力资源管理人员必须全程参与。由于人力资源咨询顾问机构比较容易用固有模式去套用，因此企业必须提出明确的要求。

本章小结

本章用精炼的语言总结了人才测评质量体系的构成及作用，重点说明了人才测评指标体系的内容及构成，简单说明了构成人才测评方法质量体系的几个要素：标准化、常模、信度、效度。本章用重点篇幅介绍了工作分析的方法与胜任特征模型构建过程，因为这是建立人才测评指标体系的重要方法。

关键术语

- 测评指标　Dimension
- 标准化　Standardization
- 信度　Credibility

- 效度　Validity
- 常模　Norm
- 工作分析　Job Analysis
- 胜任特征　Competency
- 胜任特征模型　Competency Model
- 行为事件访谈法　Behavioral Event Interview，BEL

思考题

1. 人才测评质量控制体系的构成及作用是什么?
2. 什么是信度? 常见的信度系数有哪些?
3. 什么是效度?
4. 测评指标体系由哪些关键因素构成?
5. 工作分析的主要方法有哪些?
6. 什么是胜任特征及胜任特征模型?
7. 构建胜任特征模型的基本步骤有哪些?

第3章

人才测评中的心理测验

本章学习目标

1. 了解心理测量、心理测验与人才测评的关系；
2. 熟悉人格的概念及人格的特点；
3. 熟悉能力的概念及能力的特点；
4. 熟悉兴趣的特点；
5. 熟悉需求与动机的特点；
6. 掌握一项人格测验的施测方法。

引导案例

顶级公司钟情心理测试

目前，已经有越来越多的顶级公司通过心理测试来了解应聘人员，以及挑选具有领导潜能的管理人员。

霍格雷夫测试公司是一家心理测试出版机构，近期，它对英国富时 100 指数公司进行了一项新的调查。结果显示，大部分大型公司都在进行各种形式的心理测试：在 73 家回复该项调查的公司中，59 家承认采用过心理测试。

测试公司首席心理学家温迪·洛德表示，一套好的心理测试组合能够帮助公司找到合适的雇员，并且相应也可能让雇员产生更多的工作满足感、有更好的工作表现和更高的生产力，并且使公司留住人才的可能性更大。

独立咨询公司 Academy HR 的迈克·多德表示：“招聘花费昂贵，当公司将重点放在关键环节时，它们就会意识到可以降低（招聘中）的风险。”过去的 5

年中，该咨询公司注意到，在大型和中型企业里，应用心理测试的次数大幅提高。

但是，一些公司，特别是小型公司的老板，仍然由于种种原因未能采用心理测试。主要是由于采用心理测试所需要的成本和时间小型公司开销不起。

在做出答复的公司中，95%表示它们仅为招聘目的采用心理测试，但还有一些公司，特别是劳斯莱斯，采用心理测试用于雇员的发展计划。例如，该公司可以确定由哪些雇员做团队成员，哪些雇员做团队领导。

资料来源：北森测评网，2006年3月2日。

3.1 关于心理测验

3.1.1 心理测量、心理测验与人才测评的关系

在人才测评中，有两个关键的概念：心理测量与心理测验。至于这两者之间有何关系、有何区别、人才测评与两者又分别是何种关系，我们必须从概念的层面对三者进行分析。

（1）心理测量。利用科学、客观、标准化的测量手段，对人的特定素质进行测量、分析与评价的过程，就是心理测量。心理测量是心理学中一个独立的学科。

（2）心理测验。心理测验是心理测量的方法之一，它是结合行为科学与数学以评价特定个体在特定素质上相对于特定群体所处的水平的手段。心理测验是人才测评的方法之一。

（3）人才测评。人才测评是心理测量技术在人力资源管理中的应用，它以心理测量为基础，针对特定的管理目的，对人的素质进行多方面的综合评价。

3.1.2 心理测验的起源与发展

心理测验是由心理学与统计学等学科交叉产生的一门学科，它是通过观察人的少数有代表性的行为，对贯穿于人的活动过程中的心理特点做出推论和数量化分析的一种科学手段。

科学的心理测验起源于西方。心理测验的最早产生是出于实际需要。19 世纪以前，智力落后者与精神病人被认为是恶魔缠身，社会普遍采取缺乏人道的手段对这些特殊人群进行惩罚。后来欧美的学者认识到这些人并非恶魔缠身，因此觉得有必要区分心理障碍的不同种类及其与常人的区别。最早的心理测验主要用来区分智力落后者与精神障碍者。法国医生艾斯奎罗（J. E. D. Esquril）在世界上首

次将智力落后者与精神病人区分开。同样是医生的法国人塞金（E. Seguin）于 1837 年建立了第一所专门用来训练智力落后儿童的学校，他用感觉训练和肌肉训练的方法对弱智儿童进行训练，其中感觉辨认和运动控制法已经成为现代心理测验中操作测验和非言语智力测验的重要组成部分。

1879 年德国人冯特（W. Wundt）在莱比锡建立了心理学史上第一个实验室，从事知觉、视觉、其他感觉及反应的研究。冯特及其同事的目标是发现人们行为的一般规律，他们关心的是行为的共性而不是差异性。通过实验他们认识到，对于同一刺激，每个人的反应都不同。这种反应上的差别反映了个体能力上的差别，从而引发了人们对个体差异的研究。在这一时期，人们设计了许多测试个体差异的工具，即心理测验量表。

心理测验兴起于 20 世纪初，在 20 世纪 20 年代进入狂热时期，在 40 年代达到顶峰，自 50 年代以后开始转向平稳发展。美国心理学家卡特尔（R.B.Cattell）在西方早期的心理测验运动中是非常有影响力的一个人物，1890 年他在《心理》杂志上发表《心理测验与测量》一文，这是心理学文献中首次出现“心理测验”（mental test）一词。法国医生比奈（A. Binet）在 1904 年成为法国公共教育部组织的一个专家委员会的成员，该委员会主要研究公立学校中智力落后儿童的教育问题。为了鉴别低智商儿童，他与西蒙（J. H. Simon）合作编制了世界上第一个科学的智力测验——比奈-西蒙量表（Binet-Simon Scale），并于 1905 年在《心理学年报》上发表了一篇名为《诊断异常儿童的新方法》的文章，向公众介绍了该量表，历史上称之为“1905 年量表”。

1950 年以前，心理测验已经脱离了智力测验而朝多元化、平稳化发展。1954 年美国心理协会（APA）与美国人事和指导协会（APGA）委员会主编的《对心理学测验和诊断的技术推荐》一书的出版，意味着测验步入正规化、统一化管理的阶段。

3.1.3　心理测验的性质

中国古代思想家墨子曾提出：“权，知轻重；度，知短长。物皆然，心为甚。”他的观点告诉我们，心理想像、心理特点是可以测量的。1918 年，美国心理专家桑代克（E. Thorndike）提出，“凡客观存在的事物都有其数量”。1939 年，教育测量学家麦考尔（McCall）在前者的基础上又提出，“凡有数量的东西都可以测量”。随着科学的进步，人们在对物体进行精准的物理测量的同时，也对人的感知、思维、记忆、情绪、能力、气质、性格等心理特征进行了大量的实践。

美国心理与教育测量学家布朗（F. G. Brown）认为，“测验是测量一个行为样本的系统程序”。心理测验测量的是被试者完成测验的行为，也就是被试者对测试项目所进行的反应。任何测验都无法测量被试者在特定领域内的所有行为，比如我们无法测试被试者对所有数字的运算能力。我们只能对被试者在特定领域内的典型行为或称为行为样本进行测量。实际上，我们只需也只能在可能的范围内测试被试者对数字进行加减乘除的运算能力，而无需也不可能在被试者完成无穷尽的运算之后再对其数字运算能力做出判断。

与物理测量相比，心理测量具有下列三个特性。

（1）心理测量的间接性。心理测量只能通过一个人对问题情境的反应来推论其心理特质，也即从个体的外在行为模式来推断其内在的心理特性。因而，心理测量永远是间接的。

（2）心理测量的相对性。在对人的心理特性和行为进行比较时，不存在绝对的参照点，亦即没有绝对零点，有的只是一个连续的行为序列。因此，心理测量的度量单位是相对的。如一个人的智力高低和能力大小等，都是就其在所在团体的整个分数序列、行为序列中的地位来说的，其测量的分数单位是相对的。一般说来，心理测量都是在等级量表上进行的，但测试者往往会把等级量表转换成以标准差为单位的等距量表。

（3）心理测量的客观性。客观性是对一切测量的基本要求。由于任何测量都有误差，因此心理测量的客观性实际上就是测量的标准化问题。标准化是指量具的编制、实施、计分和分数解释过程的一致性，它可以减少考官和被试者的随意性程度，尽可能地控制和减少误差，进而保证测量结果的准确性和客观性。

3.2 人格测验

3.2.1 人格的概念及其特点

1. 人格的概念

所谓人格，就是个人独特的、稳定的对待现实的态度和习惯化的行为方式，是一个人区分他人的稳定的心理特征。人格是人的先天因素与后天因素交互作用而成的。人格可以分为外在的自我、公开的自我，真实的、内在的、内隐的自我。心理学对人格的解释是：“人的不同于认知能力的其他心理成分，通常包括情感、动机、态度、性格、兴趣、品德、价值观等。”到目前为止，各界还没有对人格形成一个比较统一的概念。

2. 人格的主要特性

（1）人格的整体性与层次性。整体性：人格的各要素不是孤立存在的，而是相互联系与影响的；是统一在一个有机的整体中的。层次性：各种人格成分的意义和作用不同，可以分成不同的层次；高层次的人格成分对低层次的人格成分具有控制作用。

（2）人格的独特性与共同性。一个人既具有自己独特的人格特征，也具有其所从属的团体中的一些共同的特征。

（3）人格的稳定性。一个人在不同的时间和场合常表现出的具有一致性和持久性的人格特征。人格的稳定性为我们从目前一个人的行为表现推断其未来可能的行为提供了可能性。

（4）人格的可变性。人在成长的过程中，受外界环境和其他因素的影响，人格的特征往往会发生一些变化。

3. 人格的测量方法

（1）自陈量表法。自陈量表又称自陈问卷，是测量人格最常用的方法。自陈量表法是对拟测量的人格特征编制许多测验试题，让被试者回答，从其答案来鉴别被测试者的这项特征。它不仅可以测量外显行为，也可以测量自我对环境的感受。其基本假设是：只有被试者自己最了解自己。由于自我报告对有关变量难以控制且不容易客观评分，因此，自陈量表法多采用客观测验的形式。另外，由于被试者的答题偏向或习惯也会影响结果的真实性，因此，应在量表中增加效度量表以检查被试答卷的有效程度。自陈量表的题目形式包括是非式、折中是非式、多项选择式、迫选式和利克特五点量表或七点量表。

属于典型的自陈量表的人格测验包括：卡特尔 16 种人格因素测验（16PF）、加州青年人格问卷（CPI）、艾森克人格问卷、爱德华个性偏好量表、明尼苏达多项人格问卷、 YG 性格测验。

（2）投射测验。投射测验是一种非组织的、随意的测验方法。它是向被试者提供一些意义不明确的刺激情境，让被试者在没有控制的情况下，对多种含义模糊的刺激，不受限制地、自由地做出反应，从而不知不觉地表露出人格特质。其基本假设是：人们对于外界刺激的反应都是有其原因且可以预测的，而不是偶然发生的。依据被试者的反应方式，可将投射测验分成下面五类：联想法、构造法、完成法、选排法、表露法等。

主要的投射测验包括：墨迹测验、主题统觉测验。

（3）评定量表。评定是指由评定人通过观察来给被评定人的某种行为或特质确定一个分数。表达评定结果的程序叫评定量表。评定量表一般包括一组用以描绘个体特质或特征的词或句子，要求评定人在一个多重类别的连续体上对被评定人的行为和特质做出评价和判断。评定量表法是观察法与测验法的结合。由于评定方式不同，评定量表通常有数字评定量表、图表评定量表、标准评定量表、强迫评定量表、检核表等。

常见的人格评定量表包括：萧孝嵘品质评定量表、梵兰社会成熟量表等。

（4）情景测验。情景测验是将被试者置身于特定的情景中，由考官对被试者在特定环境下的心理与行为表现进行测试。这一测验主要包括品格教育测验与情景压力测验两类，如哈梅诚实测验（CEI）。

4. 人格测验的题目类型

（1）是非题。例如：

我感到很难开口同陌生人交流。（　　）

A. 是　　　　B. 否

（2）多项选择题。例如：

你认为下列语句中正确的观点是：（　　）

A. 战略是规划出来的

B. 优秀领导者总是能够比别人提前考虑战略规划问题

C. 战略规划是纸上谈兵，边干边规划是最有效的方式

D. 战略是规划出来的，成绩是执行出来的，战略规划比战略执行重要

E. 战略是根据企业的发展现状摸索出来的，所以战略不需要规划

（3）折中是非题。例如：

我认为只要双方同意，就可以离婚，无须受传统观念的束缚。（　）

A. 是的　　　　B. 介于A、C之间　　　　C. 不是的

（4）迫选题。例如：

请在下列选项中选择其中一项，如果都喜欢，就选择两者中最喜欢的一项；如果都不喜欢，就选择相对不是那么厌恶的一项。（　　）

A. 我喜欢与不同性格特点的人交往

B. 我喜欢自己研究感兴趣的技术问题

（5）利克特五点量表或七点量表。例如：

请在下列选项中选择最适合你的情况。

从事新的工作更令我兴奋（　　）

完全不同意/非常不同意/稍有不同意/无所谓/稍有同意/非常同意/完全同意

1…………2…………3…………4………5…………6…………7

3.2.2　常用的人格测验

人格测验是一类用以确定人们的人格特点或人格类型的心理测量。首先提倡用科学方法测量人格的是英国的高尔顿（Galton）。人格测量具有描述和鉴别的功能，因此它便于因材施教和职业指导。下面我们介绍几种比较常用的人格测验。

卡特尔十六种人格因素测验

一、测验说明

卡特尔 16 种人格因素测验是由美国心理学家卡特尔（R. B. Cattell）编制的。他认为人的个性是由许多特性所构成的，由于各种特性在一个人身上的不同组合，构成了一个不同于他人的独特个性。他把人的个性分为“表面特性”和“根源特质”，所谓表面特性是指一个人经常发生的、可以从外部观察到的行为；而根源特质则是制约着表面特性的潜在基础。卡特尔从许多表面的行为中抽取了 16 种“根源特质”，称为 16 种个性因素。然后他又据此编制了专门的量表来测量这 16 种特质。这就是卡特尔 16 种人格因素测验。

卡特尔 16 种人格因素测验具有较好的信度和效度，因而在全世界应用范围很广。我国是从 20 世纪 80 年代开始引进此种测验的。卡特尔 16 种人格因素问卷简称 16PF，它广泛适用于中学生或青年和成人，测验大约需要 45 分钟。

二、测试题目

1. 我很明了本测验的说明。

   1. 是的　　2. 不一定　　3. 不是的

2. 我对本测验的每一个问题，都能做到诚实地回答。

   1. 是的　　2. 不一定　　3. 不同意

3. 如果我有机会的话，

   1. 我愿意到一个繁华的城市去旅行

   2. 介于 1、3 之间

   3. 我愿意游览清静的山区

4. 我有能力应付各种困难。

1. 是的　2. 不一定　3. 不是的

5. 即使是关在铁笼里的猛兽，也会使我见了惴惴不安。

1. 是的　2. 不一定　3. 不是的

6. 我总是不敢大胆批评别人的言行。

1. 是的　2. 有时如此　3. 不是的

7. 我的思想似乎：

1. 比较先进　2. 一般　3. 比较保守

8. 我不擅长说笑话、讲趣事。

1. 是的　2. 介于1、3之间　3. 不是的

9. 当我见到亲友或邻居争吵时：

1. 我总是任其自己解决

2. 介于1、2之间

3. 我总是予以劝解

10. 在群众集会中：

1. 我谈吐自如　2. 介于1、3之间　3. 我保持沉默

11. 我愿意：

1. 做一个建筑工程师

2. 不确定

3. 做一个社会科学教授

12. 阅读时，

1. 我喜欢读自然科学书籍

2. 不确定

3. 我喜欢读政治理论书籍

13. 我认为很多人都有些心理不正常，只是他们不愿意承认。

1. 是的　2. 介于1、3之间　3. 不是的

14. 我希望我的爱人擅长交际，无须具有文艺才能。

1. 是的　2. 不一定　3. 不是的

15. 对于性情急躁、爱发脾气的人，我仍然以礼相待。

1. 是的　2. 介于1、3之间　3. 不是的

16. 受人侍奉时我常常局促不安。

1. 是的　2. 介于1、3之间　3. 不是的

17. 在从事体力或脑力劳动之后，我总是需要有比别人更多的休息时间，才能保持工作效率。

1. 是的 2. 介于 1、3 之间 3. 不是的

18. 半夜醒来，我常常为种种忧虑不安而不能再入睡。

1. 常常如此 2. 有时如此 3. 极少如此

19. 事情进行得不顺利时，我常常急得涕泪交流。

1. 从不如此 2. 有时如此 3. 常常如此

20. 我认为只要双方同意，就可以离婚，无须受传统观念的束缚。

1. 是的 2. 介于 1、3 之间 3. 不是的

21. 我对人或物的兴趣，都很容易改变。

1. 是 2. 不能肯定 3. 否

22. 在工作中：

1. 我愿意和别人合作

2. 不确定

3. 我愿意自己单独进行

23. 我常常会无缘无故地自言自语。

1. 常常如此 2. 偶然如此 3. 从不如此

24. 无论是工作、饮食或外出游览：

1. 我总是匆匆忙忙，不能尽兴 2. 介于 1、3 之间

3. 我总是从容不迫

25. 有时我怀疑别人是否对我的言行真正地有兴趣。

1. 是的 2. 介于 1、3 之间 3. 不是的

26. 如果我在工厂里工作，我愿做：

1. 技术科的工作 2. 介于 1、3 之间 3. 宣传科的工作

27. 在阅读时，我愿阅读有关：

1. 太空旅行的书籍

2. 不太确定

3. 家庭教育的书籍

28. 在下面所列的三个单词中，哪个与其他两个单词不同类？

1. 狗 2. 石头 3. 牛

29. 如果我能到一个新的环境，我要把生活安排得：

1. 和从前不一样 2. 不确定 3. 和从前相仿

30. 在一生中，我觉得自己能达到我所预期的目标。
1. 是的　2. 不一定　3. 不是的
31. 当我说谎时，总觉得内心羞愧，不敢正视对方。
1. 是的　2. 不一定　3. 不是的
32. 假使我手里拿着一支装有子弹的手枪，我必须把子弹拿出来才安心。
1. 是的　2. 介于1、3之间　3. 不是的
33. 多数人认为我是一个说话风趣的人。
1. 是的　2. 不一定　3. 不是的
34. 如果人们知道我内心的成见，他们会大吃一惊。
1. 是的　2. 不一定　3. 不是的
35. 在公共场合，如果我突然成为大家注意的中心，我会感到局促不安。
1. 是的　2. 介于1、3之间　3. 不是的
36. 我总喜欢参加规模庞大的晚会或集会。
1. 是的　2. 介于1、3之间　3. 不是的
37. 在学科中，我喜欢：
1. 音乐　2. 不一定　3. 手工劳动
38. 我常常怀疑那些出乎我意料的、对我过于友善的人的诚实动机。
1. 是的　2. 介于1、3之间　3. 不是的
39. 我愿意把我的生活安排得像一个：
1. 艺术家那样　2. 不确定　3. 会计师那样
40. 我认为目前所需要的是：
1. 多出现一些改造世界的理想家
2. 不确定
3. 脚踏实地的实干家
41. 有时候我觉得我需要剧烈的体力活动。
1. 是的　2. 介于1、3之间　3. 不是的
42. 我愿意跟有教养的人来往，而不愿意同鲁莽的人交往。
1. 是的　2. 介于1、3之间　3. 不是的
43. 在处理一些必须凭借智慧的事务中，我的亲人的确：
1. 比一般人差　2. 普通　3. 超人一等
44. 当领导召见我时，我：
1. 觉得可以趁机提出建议

2. 介于1、3之间
3. 总怀疑自己做错了事

45. 如果待遇优厚，我愿意做护理精神病人的工作。
1. 是的 2. 介于1、3之间 3. 不是的

46. 读报时，我喜欢读：
1. 当前世界上的基本问题
2. 介于1、3之间
3. 地方新闻

47. 在接受困难任务时，我总是：
1. 有独立完成的信心
2. 不确定
3. 希望有别人帮助和指导

48. 在游览时，我宁愿参观一个画家的写生，也不愿听人家的辩论。
1. 是的 2. 不一定 3. 不是的

49. 我的神经脆弱，稍有一点刺激就会使我战栗。
1. 时常如此 2. 有时如此 3. 从不如此

50. 早晨起来，我常常感到疲乏不堪。
1. 是的 2. 介于1、3之间 3. 不是的

51. 如果待遇相同，我愿选做：
1. 森林管理员 2. 不一定 3. 中小学教员

52. 每逢过节或亲友结婚时，我：
1. 喜欢赠送礼品 2. 不太确定 3. 不愿相互送礼

53. 本题下面[ ]所列的三个数字中，哪个数字与其他两个数字不同类。
1. [5] 2. [2] 3. [7]

54. 猫和鱼就像：
1. 牛和牛奶 2. 牛和牧草 3. 牛和盐

55. 我在小学时敬佩的老师到现在仍然值得我敬佩。
1. 是的 2. 不一定 3. 不是的

56. 我觉得我确实有一些别人所不及的优良品质。
1. 是的 2. 不一定 3. 不是的

57. 根据我的能力，即使让我做一些平凡的工作，我也会安心的。
1. 是的 2. 不太确定 3. 不是的

58. 我喜欢看电影或参加其他娱乐活动，比一般人：

1. 多　　2. 相同　　3. 少

59. 我喜欢从事需要精密技术的工作。

1. 是的　　2. 介于1、3之间　　3. 不是的

60. 在有威望、有地位的人面前，我总是较为局促、谨慎。

1. 是的　　2. 介于1、3之间　　3. 不是的

61. 对于我来说，在大众面前演讲或表演，是一件难事。

1. 是的　　2. 介于1、3之间　　3. 不是的

62. 我愿意：

1. 指挥几个人工作

2. 不确定

3. 和他人一起工作

63. 即使我做了件让人笑话的事，我也能坦然处之。

1. 是的　　2. 介于1、3之间　　3. 不是的

64. 我认为，没有人会幸灾乐祸而希望我遇到困难。

1. 是的　　2. 不确定　　3. 不是的

65. 一个人应该：

1. 考虑人生的真正意义

2. 不确定

3. 踏踏实实地工作和学习

66. 我喜欢去处理被别人弄得一塌糊涂的工作。

1. 是的　　2. 介于1、3之间　　3. 不是的

67. 当我非常高兴时，总有一种好景不长的感觉。

1. 是的　　2. 介于1、3之间　　3. 不是的

68. 在一般困难的情境中，我总能保持乐观。

1. 是的　　2. 不一定　　3. 不是的

69. 迁居是一件极不愉快的事。

1. 是的　　2. 介于1、3之间　　3. 不是的

70. 在年轻的时候，当我和父母的意见不同时，我会

1. 保留自己的意见

2. 介于1、3之间

3. 接受父母的意见

71. 我希望把我的家庭：

1. 建成适合自身活动和娱乐的地方
2. 介于 1、3 之间
3. 使其成为邻里交往的一部分

72. 我解决问题时，多借助于：

1. 个人独立思考　2. 介于 1、3 之间　3. 和别人互相讨论

73. 在需要当机立断时，我总是：

1. 镇静地运用理智
2. 介于 1、3 之间
3. 常常紧张兴奋

74. 最近在一、两件事情上，我觉得我是无辜受累的。

1. 是的　2. 介于 1、3 之间　3. 不是的

75. 我善于控制我的表情。

1. 是的　2. 介于 1、3 之间　3. 不是的

76. 如果待遇相同：

1. 我愿做一个化学研究工作者
2. 不确定
3. 我愿做一个旅行社经理

77. 以“惊讶”与“新奇”搭配为例，我认为：

1. “惧怕”与“勇敢”搭配
2. “惧怕”与“焦虑”搭配
3. “惧怕”与“恐怖”搭配

78. 本题下面[　]列出的三个分数，哪一个分数与其他两个不同类：

1. [3／7]　2. [3／9]　3. [3／11]

79. 不知为什么，有些人总是回避或冷淡我。

1. 是的　2. 不一定　3. 不是的

80. 我虽善于待人，但常常得不到好报。

1. 是的　2. 不一定　3. 不是的

81. 我不喜欢好强好胜的人。

1. 是的　2. 介于 1、3 之间　3. 不是的

82. 和一般人相比，我的朋友的确太少。

1. 是的　2. 介于 1、3 之间　3. 不是的

83. 不在万不得已的情况下，我总是回避参加应酬性的活动。

1. 是的　　2. 不一定　　3. 不是的

84. 我认为对领导逢迎得当，比工作表现更重要。

1. 是的　　2. 介于1、3之间　　3. 不是的

85. 参加竞赛时，我总是着重在竞赛的活动，而不计较其成败。

1. 总是如此　　2. 一般如此　　3. 偶然如此

86. 按照我个人的意愿，我希望做：

1. 有固定而可靠的工资收入的工作

2. 介于1、3之间

3. 工资高低应随我的工作表现而随时调整的工作

87. 我愿意阅读：

1. 军事与政治的实事记载

2. 不一定

3. 富有情感和幻想的作品

88. 我认为，有许多人之所以不敢犯罪，其主要原因是怕被惩罚。

1. 是的　　2. 介于1、3之间　　3. 不是的

89. 我的父母从来不严格要求我事事顺从。

1. 是的　　2. 不一定　　3. 不是的

90. 百折不挠、再接再厉的精神，似乎被人们所忽视。

1. 是的　　2. 不一定　　3. 不是的

91. 当有人对我发火时，我总是：

1. 设法使他镇静下来

2. 不确定

3. 自己也发起火来

92. 我希望：

1. 人们都要友好相处

2. 不一定

3. 人们相互进行斗争

93. 不论是在极高的屋顶，还是在极深的隧道中，我很少感到胆怯不安。

1. 是的　　2. 介于1、3之间　　3. 不是的

94. 只要没有过错，不管别人怎么说，我总能心安理得。

1. 是的　　2. 不一定　　3. 不是的

95. 我认为，凡是无法用理智来解决的问题，有时不得不用权力来处理。

1. 是的　　2. 介于1、3之间　　3. 不是的

96. 我在年轻的时候和异性朋友交往，较别人：

1. 多　　2. 介于1、3之间　　3. 少

97. 我在社团活动中，是个活跃分子。

1. 是的　　2. 介于1、3之间　　3. 不是的

98. 在人声嘈杂中，我仍能不受干扰，专心工作。

1. 是的　　2. 介于1、3之间　　3. 不是的

99. 在某些心境下，我常常因为困惑或陷入空想而将工作搁置下来。

1. 是的　　2. 介于1、3之间　　3. 不是的

100. 我很少用难堪的语言去刺伤别人的感情。

1. 是的　　2. 不太确定　　3. 不是的

101. 如果让我选择，我宁愿选做：

1. 列车员　　2. 不确定　　3. 描图员

102. “理不胜词”的意思是：

1. 理不如词　　2. 词藻华丽，但理由不足

3. 理多而词少

103. 以“铁锹”与“挖掘”搭配为例，我认为：

1. “刀子”应与“琢磨”搭配

2. “刀子”应与“切割”搭配

3. “刀子”应与“铲除”搭配

104. 我在大街上，常常避开我所不愿打招呼的人。

1. 极少如此　　2. 偶然如此　　3. 有时如此

105. 当我聚精会神地听音乐时，假使有人在旁边高谈阔论：

1. 我仍能专心听音乐

2. 介于1、3之间

3. 我不能专心而感到恼怒

106. 在课堂上，如果我的意见与老师不同，我常常：

1. 保持沉默　　2. 不一定　　3. 当场表明立场

107. 我单独跟异性谈话时，总显得不自然。

1. 是的　　2. 介于1、3之间　　3. 不是的

108. 我在待人接物方面，的确不太成功。

1. 是的　　2. 不完全是这样　　3. 不是的

109. 每当做一件困难工作时，我：

1. 总是预先做好准备

2. 介于1、3之间

3. 相信到时候总会有办法解决

110. 在我结交的朋友中，男女各占一半。

1. 是的　　2. 介于1、3之间　　3. 不是的

111. 我在结交朋友方面：

1. 结识很多的人

2. 不一定

3. 维持几个深交的朋友

112. 我愿意做一个社会科学家而不愿做一名机械工程师。

1. 是的　　2. 不确定　　3. 不是的

113. 如果我发现了别人的缺点，我会不顾一切地提出指责。

1. 是的　　2. 介于1、3之间　　3. 不是的

114. 我善于设法影响和我一起工作的人，使他们能协助我实现我所计划的目标。

1. 是的　　2. 介于1、3之间　　3. 不是的

115. 我喜欢做戏剧、音乐、歌舞、新闻采访等工作。

1. 是的　　2. 不一定　　3. 不是的

116. 当人们表扬我时，我总觉得羞愧窘促。

1. 是的　　2. 介于1、3之间　　3. 不是的

117. 我认为一个国家最需要解决的问题是：

1. 政治问题　　2. 不太确定　　3. 道德问题

118. 有时我会无故地产生一种面临大祸的恐惧感。

1. 是的　　2. 有时如此　　3. 不是的

119. 在我童年时，害怕黑暗的次数：

1. 极多　　2. 不太多　　3. 几乎没有

120. 在闲暇的时候，我喜欢：

1. 看一部历史性的探险电影

2. 不一定

3. 读一本科学性的幻想小说

121. 当人们批评我古怪、不正常时，我：

1. 非常气恼　　2. 有些动气　　3. 无所谓

122. 到一个新城市里去找地址，我会：
    1. 找人问路　　2. 介于 1、3 之间　　3. 参考市区地图
123. 当朋友声明他要在家休息时，我总是设法怂恿他同我到外面游览。
    1. 是的　　2. 不一定　　3. 不是的
124. 在就寝时，我常常：
    1. 不易入睡　　2. 介于 1、3 之间　　3. 容易入睡
125. 有人烦扰我时，我：
    1. 能不露声色
    2. 介于 1、3 之间
    3. 总要说给别人听，以泄愤
126. 如果待遇相同，我愿做一个：
    1. 律师　　2. 不确定　　3. 航海员
127. “时间变成了永恒”，这是比喻：
    1. 时间过得很慢
    2. 忘了时间
    3. 光阴一去不复返
128. 下面三项中，哪一项应接在（×OOOO××OOOO×××）的后面：
    1. ×O×　　2. OO×　　3. O××
129. 我无论到什么地方，都能清楚地辨别方向。
    1. 是的　　2. 介于 1、3 之间　　3. 不是的
130. 我热爱我所学的专业和所从事的工作。
    1. 是的　　2. 不一定　　3. 不是的
131. 如果我急于想借朋友的东西，而他又不在家，我认为不告而取也没关系。
    1. 是的　　2. 介于 1、3 之间　　3. 不是的
132. 我喜欢向朋友讲述一些我个人有趣的经历。
    1. 是的　　2. 介于 1、3 之间　　3. 不是的
133. 我宁愿做一个：
    1. 演员　　2. 不确定　　3. 建筑师
134. 业余时间，我总是做好安排，不使时间浪费。
    1. 是的　　2. 介于 1、3 之间　　3. 不是的
135. 在和别人交往中，我常常会无缘无故地产生一种自卑感。
    1. 是的　　2. 介于 1、3 之间　　3. 不是的

136. 和不熟悉的人交谈，对我来讲：

1. 毫不困难　2. 介于1、3之间　3. 是一件难事

137. 我所喜欢的音乐，多是：

1. 轻松活泼的　2. 介于1、3之间　3. 富有感情的

138. 我爱想入非非。

1. 是的　2. 不一定　3. 不是的

139. 我认为未来20年的世界局势定将好转。

1. 是的　2. 不一定　3. 不是的

140. 在童年时，我喜欢阅读：

1. 神话幻想故事　2. 不确定　3. 战争故事

141. 我向来都对机械、汽车等发生兴趣。

1. 是的　2. 介于1、3之间　3. 不是的

142. 即使让我做一个缓刑释放的罪犯的管理人，我也会把工作搞得较好。

1. 是的　2. 介于1、3之间　3. 不是的

143. 我仅仅被认为是一个能够苦干而稍有成就的人而已。

1. 是的　2. 介于1、3之间　3. 不是的

144. 就是在不顺利的情况下，我仍能保持精神振奋。

1. 是的　2. 介于1、3之间　3. 不是的

145. 我认为，节制生育是解决经济与和平问题的重要条件。

1. 是的　2. 不太确定　3. 不是的

146. 在工作中，我喜欢独自筹划，不愿受别人干涉。

1. 是的　2. 介于1、3之间　3. 不是的

147. 尽管有的人和我意见不和，但我仍能跟他团结。

1. 是的　2. 不一定　3. 不是的

148. 我在工作和学习上，总是设法使自己不粗心大意，忽略细节。

1. 是的　2. 介于1、3之间　3. 不是的

149. 在和人争辩或险遭事故后，我常表现出震颤、筋疲力尽，不能安心工作。

1. 是的　2. 介于1、3之间　3. 不是的

150. 未经医生处方，我是从不乱吃药的。

1. 是的　2. 介于1、3之间　3. 不是的

151. 根据我个人的兴趣，我愿参加：

1. 摄影组活动　2. 不确定　3. 文娱组活动

152. 以“星火”与“燎原”搭配为例，我认为：

1. “姑息”应与“同情”搭配

2. “姑息”应与“养奸”搭配

3. “姑息”应与“纵容”搭配

153. “钟表”与“时间”的关系，犹如：

1. “裁缝”与“服装”的关系

2. “裁缝”与“剪刀”的关系

3. “裁缝”与“布料”的关系

154. 生动的梦境，常常干扰我的睡眠。

1. 经常如此　　2. 偶然如此　　3. 从不如此

155. 我爱打抱不平。

1. 是的　　2. 介于 1、3 之间　　3. 不是的

156. 如果我要到一个新城市，我将要：

1. 到处闲逛　　2. 不确定　　3. 避免去危险的地方

157. 我爱穿朴素的衣服，不愿穿华丽的服装。

1. 是的　　2. 不太确定　　3. 不是的

158. 我认为，安静的娱乐远远胜过热闹的宴会。

1. 是的　　2. 不太确定　　3. 不是的

159. 我明知自己有缺点，但不愿接受别人的批评：

1. 偶然如此　　2. 极少如此　　3. 从不如此

160. 我总是把“是、非、善、恶”作为处理问题的原则。

1. 是的　　2. 介于 1、3 之间　　3. 不是的

161. 当我工作时，我不喜欢有许多人在旁参观。

1. 是的　　2. 介于 1、3 之间　　3. 不是的

162. 我认为，侮辱那些即使有错误的有教养的人，如医生教师等，也是不应该的。

1. 是的　　2. 介于 1、3 之间　　3. 不是的

163. 在各种课程中，我喜欢：

1. 语文　　2. 不确定　　3. 数学

164. 那些自以为是、道貌岸然的人，使我生气。

1. 是的　　2. 介于 1、3 之间　　3. 不是的

165. 和循规蹈矩的人交谈：

1. 很有兴趣，并有所得

2. 介于1、3之间

3. 他们思想简单，使我厌烦

166. 我喜欢：

1. 有几个有时对我很苛求，但富有感情的朋友

2. 介于1、3之间

3. 不受别人的干涉

167. 如果征求我的意见，我赞同：

1. 根绝有心理缺陷的人的生育

2. 不确定

3. 杀人犯判处死刑

168. 有时我会无缘无故地感到沮丧、痛苦。

1. 是的　　2. 介于1、3之间　　3. 不是的

169. 当和立场相反的人辩论时，我主张：

1. 尽量找出基本概念的差异　　2. 不一定

3. 彼此让步

170. 我一向是重感情而不重理智，因而我的观点常常动摇不定。

1. 是的　　2. 大致如此　　3. 不是的

171. 我的学习多赖于：

1. 自己阅读书刊　2. 介于1、3之间　　3. 参加集体讨论

172. 我宁愿选择一个工资高的工作，不在乎是否有保障，而不愿做工资低的固定工作。

1. 是的　　2. 不太确定　　3. 不是的

173. 在参加讨论时，我总是能把握住自己的立场。

1. 经常如此　　2. 一般如此　　3. 必要时才能如此

174. 我常常被一些无所谓的小事所烦扰。

1. 是的　　2. 介于1、3之间　　3. 不是的

175. 我宁愿住在嘈杂的闹市区，而不愿住在僻静的郊区。

1. 是的　　2. 不太确定　　3. 不是的

176. 下列工作如果任我挑选的话，我愿做：

1. 少先队辅导员　　2. 不太确定

3. 修表工作

177. 在“一人（　）事，众人受累”这一填空句中，我认为应填：

1. 偾　　2. 愤　　3. 喷

178. 在“望子成龙的家长，往往（　）苗助长”这一填空句中，我认为应该填：

1. 揠　　2. 堰　　3. 偃

179. 气候的变化并不影响我的情绪。

1. 是的　　2. 介于 1、3 之间　　3. 不是的

180. 因为我对一切问题都有一些见解，所以大家都认为我是个有头脑的人。

1. 是的　　2. 介于 1、3 之间　　3. 不是的

181. 我讲话的声音：

1. 洪亮　　2. 介于 1、3 之间　　3. 低沉

182. 一般人都认为我是个活跃热情的人。

1. 是的　　2. 介于 1、3 之间　　3. 不是的

183. 我喜欢做出差机会较多的工作。

1. 是的　　2. 介于 1、3 之间　　3. 不是的

184. 我做事严格，力求把事情办得尽善尽美。

1. 是的　　2. 介于 1、3 之间　　3. 不是的

185. 在取回或归还借的东西时，我总是仔细检查，看是否保持原样。

1. 是的　　2. 介于 1、3 之间　　3. 不是的

186. 我通常总是精力充沛，忙碌多事。

1. 是的　　2. 不一定　　3. 不是的

187. 我相信我没有遗漏或不经心回答上面的任何问题。

1. 是的　　2. 不确定　　3. 不是的

三、测验的记分方法

每一个测验各有 1、2、3 三个答案，可得 0 分、1 分或 2 分不等，测验每题答对者 1 分，不对者 0 分。测验附有两张记分纸，每张有八个因素量表的标准计分。将被试者的个人答卷纸上的答案与此对照，计算出每个人在某一因素量表中所得原始分的总分，并记录在答案纸上各因素得分的空格内。然后，根据被试者的年龄查常模表，将各因素的原始分数转换成量表分，即可得到关于个性的剖析图。

未记分前，应先检查答案有无明显错误及遗漏。若有错误，则必须重测。若有遗漏，则由记分者代为填答。倘若遗漏太多，则必须重测。

四、16种人格因素及其高分低分特征

1. 乐群性A

高分特征：外向、热情、乐群。通常和蔼可亲，容易与他人相处、合作，适应能力强。愿意参加或组织种种社团活动，萍水相逢也可以一见如故。

低分特征：抑郁，缄默，孤独，对人冷漠。通常表现为执拗，对人冷漠，吹毛求疵，宁愿独自工作，且工作标准常常很高。

2. 智慧性B

高分特征：聪明，富有才能，善于抽象思维。

低分特征：思维迟钝，学识浅薄，抽象思维能力较弱。

3. 稳定性C

高分特征：情绪稳定而成熟，能面对现实，行动充满魄力，能以沉着的态度应付现实中的各种问题。

低分特征：情绪容易激动，易产生烦恼，容易受环境支配而心神动摇不定。

4. 恃强性E

高分特征：好强固执，独立积极。有主见，独立性强，但容易自高自大，自以为是。

低分特征：谦虚、顺从、通融、恭顺。

5. 兴奋性F

高分特征：轻松兴奋，随遇而安。通常活泼、愉快、健谈。

低分特征：严肃、审慎、冷静、寡言。内省而不轻易发言，较消极、阴郁。

6. 有恒性G

高分特征：有恒负责，做事尽职。责任心强，工作细心周到，有始有终。

低分特征：苟且敷衍，缺乏认真负责的精神。缺乏远大的理想和目标。

7. 敢为性H

高分特征：冒险敢为，少有顾忌。有时也可能粗心大意，忽略细节。

低分特征：畏怯退缩，缺乏信心，有强烈的自卑感，在人群中羞怯，有不自然的表现。

8. 敏感性I

高分特征：敏感，感情用事。通常心肠软，易受感动，较女性化，爱好艺术，富于幻想。

低分特征：理智的，注重现实，自恃己力。多以客观、坚强、独立的态度处理问题，不感情用事。

9. 怀疑性 L

高分特征：怀疑、刚愎、固执己见。多疑，不信任别人，与人相处斤斤计较，不顾别人的利益。

低分特征：信赖随和，容易与人相处。无猜忌，不与人竞争，顺应合作，善于体贴人。

10. 幻想性 M

高分特征：幻想，狂放不羁。忽视生活细节，只以本身动机、当时兴趣等主观因素为行动的出发点，可能富有创造力。

低分特征：现实、合乎成规，力求妥善合理。不鲁莽从事，在关键时刻也能保持冷静。

11. 世故性 N

高分特征：精明能干、世故。处事老练，行为得体，能冷静分析一切，理智、客观。

低分特征：坦白、直率、天真。思想简单、感情用事，与人无争，心满意足，但有时也会显得幼稚、粗鲁、笨拙。

12. 忧虑性 O

高分特征：忧虑抑郁，烦恼自扰。通常觉得世道艰辛，人生不如意，甚至沮丧、悲观。

低分特征：安详、沉着、有自信心。不易动摇，有安全感，相信自己有应付问题的能力。

13. 实验性 Q_1

高分特征：自由、激进，不拘泥于现实，对新的思想和行为有兴趣。

低分特征：保守，着重传统观念与行为标准。不愿尝试探新，常常激烈地反对新的思潮和变革。

14. 独立性 Q_2

高分特征：自立自强，当机立断。通常能够自作主张独立完成自己的工作计划，不依赖别人。

低分特征：依赖、随群、附和。通常愿意与人合作共事，而不愿独立孤行。常放弃个人主见，附和众议。

15. 自律性 Q_3

高分特征：知己知彼，自律谨严。通常言行一致，能够合理支配自己的感情行动，为人处事能保持自尊心。

低分特征：矛盾冲突，不明大体。通常既不能克制自己，又不能尊重礼俗，更不愿考虑别人的需要。

16. 紧张性 Q_4

高分特征：紧张困扰，激动挣扎。缺乏耐心，心神不定，过度兴奋，时常感觉疲乏。

低分特征：心平气和，闲散宁静。容易知足满意，心理容易平衡，也可能过分松懒，缺乏进取心。

五、次元人格因素

16PF 还能根据实验统计结果所得的公式推算出许多种可以形容人格类型的次级因素。这些次级人格因素并不直接用原始分推算，而是由几个有关的基本因素的标准分，经过数量权衡，连同指定常数，相加而成的。常数和均衡数量的多少是由卡特尔根据多年的研究经统计分析的结果所获得的。

次元人格因素类型的标准分为十级，即每一类型的最高分为 10 分，最低分为 1 分，3 以下为低分，7 以上为高分。

1. 适应与焦虑型

计算公式为：$(38+2L+3O+4Q_4-2C-2H-2Q_3)\div 10$

高分特征：焦虑性高、易激动、易出现不满意感。高度焦虑不但会减低工作效率，而且会影响身体健康。易患神经症。

低分特征：焦虑性低，通常感到心满意足，能做到所期望的和认为有重要意义的事。生活适应顺利。但极端低分者，可能对困难的工作缺乏毅力。

2. 内向与外向型

计算公式为：$(2A+3E+4F+5H-2Q_2-11)\div 10$

高分特征：外向、开朗、善交际、不受拘束，不计小节，

低分特征：内向，趋于胆小、自足，和别人交往中拘谨而不自然。

个性的内向与外向没有好坏之分，应根据具体工作要求而定：内向者较专心，能从事较精确的工作；外向者则善于从事社会交往方面的工作。

3. 感情用事与安详机警型

计算公式为：$(77+2C+2E+2F+2N-4A-6I-2M)\div 10$

高分特征：安详机警、富于事业心、果断、刚毅、进取，但也易贸然行事，不顾后果。有时过分现实，忽视生活情趣。

低分特征：感情用事，情感丰富，含蓄、敏感，性格温和，讲究生活艺术。情绪多困扰不安，通常感觉挫折气馁。

4. 怯懦与果断型

计算公式为：$(4E+3M+4Q_1+4Q_2-3A-2G)\div 10$

高分特征：果断、独立，有气魄，锋芒毕露，有攻击性、有创造性。通常主动寻求可以施展所长的机会和环境，以充分表现自己的独创能力。

低分特征：怯懦，顺从，优柔寡断，易受人驱使而被动，依赖，迎合迁就他人。

六、16PF 的应用

用 16PF 既可以测出一个人的某一方面的个性特征，又可以对一个人的个性进行综合分析，做出全面评价。在 16PF 的多年应用过程中，积累了大量的各种职业和患各种类型的心理疾病的人的个性资料，经过分析研究，可以用一些特殊的公式计算出如下几种综合性的个性因素。

1. 心理健康者个性因素

心理健康状态是一切工作和学习的基础。以此方法计算出来的心理健康标准分在 4~40 之间，平均分为 22 分。一般不足 12 分者占人数分配的 10%，这种人一般情绪显著不稳定。担任艰巨工作的人要求有较高的心理健康标准分。其推算公式为：

$$C+F+(11-O)+(11-Q4)$$

2. 专业有成就者的个性因素

智力高低固然是选择专业人才的标准，但是某些人格因素也是取得专业成就的重要成分。专业有成就者的个性因素得分介于 10~100 之间，平均分为 55，60 分约等于标准分 7，63 分以上者约等于标准分 8、9、10。总分在 67 分以上者，一般应有其成就。其推算公式为：

$$2Q3+2G+2C+E+N+Q2+Q1$$

3. 创造性强者的个性因素

具有较高创造力的人一般具有某些方面的人格因素，其推算公式为：

$$(11-A)\times 2+2B+E+(11-F)\times 2+H+2I+2M+(11-N)+Q1+2Q2$$

由上式得到的因素总分可通过表 3-1 转化成相应的标准分数，其标准分越高，则创造能力越强。

表 3-1　　因素总分与相应标准分转换表

因素总分	15~62	63~67	68~72	73~77	78~82	83~87	88~92	93~97	98~102	103~150
相应标准分	1	2	3	4	5	6	7	8	9	10

4. 在新环境中有成长能力的个性因素

在新环境中有成长能力的个性因素的推算公式为：

$$B+G+Q_3+(11-F)$$

由这一公式得到的因素总分在 4~40 之间，平均分为 22 分。不足 17 分者（约占 10%），成功的可能性很小。27 分以上者，则成功的希望较大。

加州青年人格问卷

一、测验说明

在 CPI（加州心理测验表）的基础上修订而成的“青年人格问卷”，共有 230 道题目。这些题目都是从“加州心理测验表”的 480 道题目中，根据中国人的特点选出来的具有高区分度的题目。新问卷保持了原问卷 18 个性格变量的名称，并且经信度与效度检验证明，这 18 个变量的性质也与原问卷相同，故“青年人格问卷”是“加州心理测验表”在中国的一个较好的修订本。但是，由于任何一种心理测验都难免会受到编制者和常模样本的社会和文化背景的影响，因而在其用于不同文化时也就难免会有一定的文化限制。这一局限性在人格测验中表现得尤为明显。由于量表中有少数概念在我国文化中很少见到，对其意义的理解仍需进一步的研究和检验，因此，使用者在对结果进行解释时应持慎重态度，不要轻易对测试结果做出武断的结论，而是应该结合被试者的其他情况做出综合判断。

CPI 作为国际上几种经典的人格测验之一，其信度与效度均经受住了时间的考验。同时，CPI 的应用范围也十分广泛：在教育心理方面，可用于对学员成就、创造性潜能进行预测，并可以为专业选择提供指导；在管理心理方面，可以用于对应聘者的管理潜能、工作效绩的预测提供参考；另外，在国外它还被认为是一项在人员选拔方面有较大潜力的测验。

二、测试题目

1. 我喜欢参加公众集会，目的是为了同别人在一起。
2. 我觉得我父亲是个理想的人。
3. 一个人需要不时地“显示”一下自己。
4. 同别人在一块时，我通常去做对其他人有益的事，而不是光提意见建议。
5. 我常常觉得在专业选择上自己犯了个错误。
6. 我一贯遵守这样一条原则：先工作，后娱乐。
7. 我有时会感到好像就要发生什么可怕的事，这种感觉一周内有好几次。
8. 我希望当一名记者。
9. 我觉得自己愿意干建筑承包工作。
10. 我曾有过非常独特、奇异的体验。
11. 总的来看，穷人比富人境况好。
12. 我一听到自己熟悉的人获得成功，就像自己失败了一样。
13. 我希望当服装设计师。
14. 别人常常说我莽撞。
15. 有时我也讲点闲话。
16. 我怀疑自己能否做好领导工作。
17. 我感到很难开口同陌生人交流。
18. 一觉得有人注视我，我就会变得很紧张。
19. 如果人们能够掌握所有实际情况，则对大多数问题来说，只有一个正确的答案。
20. 有时我会装出比我实际懂得多的样子。
21. 为公共事务操心，一点用处也没有，反正自己的所作所为对公共事务毫无影响。
22. 有时我真想摔瓶摔碗，发泄一下。
23. 不应该让妇女单独在酒馆里喝酒。
24. 如果某人冤枉了我，我觉得只要有可能就该批评他，这样做的目的是为了维护原则。
25. 我好像和周围的大多数人一样聪明能干。
26. 我希望拥有支配他人的权力。

27. 我感到很难集中精力去完成一项工作。
28. 一想到别人不赞同我，我就变得非常紧张、焦虑。
29. 许多人的困难在于他们办事不够认真严肃。
30. 我过去喜欢上学。
31. 我害怕雷暴雨。
32. 有时我真想骂街。
33. 我肯定，世界上纯粹、真正的宗教只有一种。
34. 听到淫秽的故事时，我感到窘迫。
35. 我有时为避开与某人相遇而穿过马路。
36. 我过去常写日记。
37. 应该和少数民族搞好团结，但这件事与我无关。
38. 我感到很难向任何人谈及自己的情况。
39. 我们应该为自己的国家担忧，让世界上其他国家自己管理自己。
40. 我经常感到好像整个世界对我毫不在意，在飘然而去。
41. 我感到厌烦的时候，喜欢挑起刺激性的事端。
42. 我喜欢不时地夸耀一下自己取得的成就。
43. 我害怕深水。
44. 必须承认，我常常想方设法按自己的方式行事，丝毫不考虑别人可能要做什么。
45. 我觉得自己希望当汽车修理工。
46. 在正式的舞会或集会上，我总感到紧张和不舒服。
47. 我不愿看到人们穿戴邋遢，过于随便。
48. 我每周会有一次或多次觉得突然浑身发烧，却并没有明显原因。
49. 有时我觉得一切都糟糕得不愿张口提及。
50. 如果一切照现在这个样子继续下去，人们很难期望会发生什么了不起的事。
51. 我无法使自己的思想集中到某一件事上。
52. 必须承认，我经常对工作能少干就少干。
53. 我喜欢成为人们注意的中心。
54. 单独走进别人正在聚集聊天的房间，我并不感到害怕。
55. 有时我非常泄气。
56. 想到自己会遭遇车祸，我很害怕。

57. 和大家在一起的时候，我总想不出恰当的话来说。
58. 中学教师总抱怨他们的收入少，但我认为他们也就该挣这么多钱。
59. 有时我真想与某人动手打一架。
60. 听那种没有自己主见的人讲课很难不令人讨厌。
61. 一个人倘若事先把一起活动都安排好，他很可能会把生活中的乐趣全剥夺掉。
62. 过去念书时，我接受知识很慢。
63. 我喜欢诗歌。
64. 我不喜欢与别人说话，除非他们先开口。
65. 我觉得自己希望骑一辆赛车。
66. 有时，没有任何原因，甚至当一切都很糟糕的时候，我反而又激动又高兴，感到万事如意。
67. 我一生的目标之一，是完成某件我母亲可以引以自豪的工作。
68. 我很容易恋爱，也很容易失恋。
69. 只要不犯法，回避法律条款也没有什么不好。
70. 现在做父母的对子女管教太松。
71. 我很怕黑暗。
72. 碰到困难的问题，我往往容易打退堂鼓。
73. 别人的批评和训斥，使我很不舒服。
74. 我有一些奇特、少有的念头。
75. 身体不舒服的时候，我容易生气发火。
76. 我患有漫游癖，只有在闲逛旅游时，我才感到愉快。
77. 我常常发现，在试图做某事的时候，我的手在发抖。
78. 假如迫不得已，非要见很多人的话，我感到很紧张。
79. 我希望听到著名歌手在歌剧中演唱。
80. 有时没有任何充分的理由，我就生气，发脾气。
81. 我喜欢参加社交聚会和联欢会。
82. 我父母常常对我的朋友表示反感。
83. 我希望同时是好几个俱乐部或社团的成员。
84. 过去我的家庭生活一直很幸福。
85. 我往往凭一时冲动，鲁莽行事，而没有停下来思考一下。
86. 我做事的方法常易被人误会。

87. 有时，我突然感到一阵昏眩，所干的事情被打断，周围发生的一切都不知道。
88. 某人为我做了件好事，我常常自问其背后隐藏的动机是什么。
89. 我确实缺乏自信心。
90. 当某人招致不幸时，其他人大都暗自高兴。
91. 假如在某个群众团体工作，我喜欢担任领导职务。
92. 有时我觉得好像非要伤害自己或伤害别人。
93. 我有不少分外的事要操心。
94. 我常常只图一时的快乐，即使这种做有损于长远目标也在所不惜。
95. 除非与我熟知的人在一起，我一般不爱多说话。
96. 我记得自己曾经为了摆脱某件事而假装生病。
97. 碰到一位陌生人，我常常感到他比我强。
98. 我喜欢让别人去猜测我下一步将干什么。
99. 和众人在一起时，假如让我主持一个讨论或就我熟知的事情发表意见，我不会觉得难为情的。
100. 事情出了差错，我有时责怪他人。
101. 我更喜欢自己下了赌注的比赛或游戏。
102. 我常常发现，别人嫉妒我的好主意，就是因为他们没有先想到这些主意。
103. 我喜欢参加社交集会和其他热热闹闹的活动。
104. 我爱打猎。
105. 独自一个人的时候，我发现自己常常在琢磨一些抽象的问题，比如：自由意志、邪恶等等。
106. 听到有人被非法阻止参加选举，我非常气愤。
107. 从前我上学时，有时会因惹老师生气而被送去见班主任。
108. 我希望当一名图书管理员。
109. 我很喜欢参加舞会。
110. 多数人从内心里并不愿意花力气帮助他人。
111. 人们都装出他们互相很关心，而实际上并非如此。
112. 多数人对性的问题忧虑过多。
113. 遇到不熟悉的人，我很难想出什么话题来说。
114. 我很喜欢对称的东西，而不喜欢不对称的东西。

115. 我宁愿做一名踏踏实实、可以信赖的人，也不愿意做一名才华横溢但却见异思迁的人。
116. 一有机会，我总爱以某种方式显露一下自己。
117. 对某些问题，我太容易动肝火，所以无法谈论它们。
118. 有时候，我好像简直无力开展工作。
119. 如果有人没有把贵重物品妥善保留，使其成为诱饵，一旦该物被偷了的话，那么，放物的人和小偷应受到同样的谴责。
120. 我同什么样的人都合得来。
121. 我常常被不断涌现但却又毫无意义的思想所烦忧。
122. 假如我是记者，我很希望报道有关剧院的新闻。
123. 男人与女人在一起的时候，总想取得女人的好感。
124. 我喜欢看知道人们亲自动手做事情的杂志。
125. 必须承认，我感到很难在严格的规章制度下工作。
126. 我喜欢盛大喧闹的聚会。
127. 我有时觉得自己是别人的负担。
128. 只有傻子才试图改变我们中国人的生活方式。
129. 我常常感到好像做了什么错误的或邪恶的事。
130. 以前上学时，我感到很难在全班同学面前讲话。
131. 我通常感到人生很有价值。
132. 我们应该离开非洲国家，以便澄清他们的问题，我们没有任何理由去帮助他们。
133. 有几次，我对某个人很刻薄。
134. 我觉得多数人会为了超过他人而说谎。
135. 我爱自己讲话，而不爱听别人讲话。
136. 我喜欢科学。
137. 我常常发脾气。
138. 必须承认，搬到一个陌生的地方去我会有些害怕。
139. 在公共场所，比如在公共汽车上或在商店里，我对盯着我瞧的人感到很烦恼。
140. 我自信知道应怎样解决我们今天所面临的国际问题。
141. 有时我爱做那些不应该做的、违反制度的事。

142. 我很少和家里人吵架。
143. 买东西时，如果多找给了我钱，我总是把钱送回去。
144. 我常常厌恶自己。
145. 相当多的人都会由于不正当的性行为而感到内疚。
146. 我喜欢阅读科学方面的书籍。
147. 和大家在一起，我很难表现得自然。
148. 有些游戏，我根本不参加，因为我不擅长。
149. 我希望加入某个合唱团。
150. 小时候，我常因表现不好而受到严厉的惩罚。
151. 有时，我会在实际上无足轻重的事上绞尽脑汁。
152. 我觉得自己常常无缘无故地受到责罚。
153. 我希望当电影或戏剧演员。
154. 我情愿自己出钱为他人雪冤，尽管我与此案没有牵连。
155. 有时候，我真想做件有害的或惊人的事。
156. 我常常感到身体的不同部分有爬动、火烧、刺痛和即将麻木的感觉。
157. 我常常违背父母的意愿。
158. 假如是我驾驶汽车，我会尽量不让别人超过我。
159. 对明明知道不会伤害自己的事物和人，我也曾感到很害怕。
160. 当年，我父母很希望我出类拔萃。
161. 我愿意把自己说成是一个性格坚强的人。
162. 我几乎从来没有睡着过。
163. 投票选举完全是件令人烦恼、毫无意义的事。
164. 我觉得生活上井井有条、按时作息很适合我的脾性。
165. 我很难同情那种对事物总持怀疑态度，缺乏信心的人。
166. 我吃什么东西都是一个味。
167. 我做事情常常有始无终，虎头蛇尾。
168. 假如一个朋友也没有，我也会很愉快。
169. 当我出于无奈去向某人讨个职业时，我会感到很紧张。
170. 我有时做事胆子很小。
171. 我常常希望离开家庭。
172. 我的整个脑袋每天好像要疼好长时间。
173. 过去在学校里，多数老师对我都很公正和诚恳。

174. 必须承认，我讲话很公正。
175. 在弄清楚事实之前，我从不对任何人下结论。
176. 假如某人很聪明，从别人身上骗取了一大笔钱，应该允许他拥有这笔钱。
177. 如果没有报酬，就不要指望有谁会对社会服务。
178. 我家里有好几个人的习惯，既给我添麻烦又添烦恼。
179. 必须承认，对于学习新东西，我并没有很强的欲望。
180. 好像没有人能理解我。
181. 我常常自认为是周围人的领导。
182. 老实的人要在世界上获得成功，是根本不可能的。
183. 我喜欢把一切安排得整整齐齐，井然有序。
184. 我很讨厌自己的日常生活和工作被意外的事情打扰。
185. 我觉得未来似乎毫无希望。
186. 我过去的家庭生活总是很愉快。
187. 我有理由嫉妒家里的某一两个人。
188. 如果要以牺牲个人乐趣为代价，那我决不会有意地去帮助别人。
189. 我参与的辩论或争吵多数是原则问题。
190. 大家公认我是一名勤劳、踏实、愿为大家服务的人。
191. 一天到晚，我几乎总感到口干舌燥。
192. 假如过去从未上过学，多数人的经济状况要比现在好。
193. 在辩论中，别人很容易把我驳倒。
194. 我不喜欢事情总是变化不定，玄不可测。
195. 我常饮酒过度。
196. 过去，我曾想弃家出走。
197. 生活常常对我很不公平。
198. 我认为自己在是非问题上比多数人更严肃认真。
199. 我生来就有影响别人的天赋。
200. 我赞成严厉加强法制，不论其后果如何。
201. 人们常常在背后说我的坏话。
202. 我有几种坏习气很是根深蒂固，所以要想克服他们，只是白费劲儿。
203. 我总想把自己的工作计划组织好。
204. 一周有几次，由于胃酸过多，我感到不舒服。
205. 我喜欢对别人加以指点，把工作开展起来。

206. 我对家里几个人所做的那种工作，感到很难为情。
207. 我觉得别人看上去比我幸福。
208. 只要工资高，什么工作对我来说都很好。
209. 我和不熟悉的人在一起感到难为情。
210. 我的生活常常好像毫无意义。
211. 年轻时，我有时偷别人东西。
212. 事情一旦不顺利，我就想马上打退堂鼓。
213. 过去和我关系密切，同时是我在儿童时代所最崇拜的人，是一位女性（母亲、姐妹、姑姨或其他女性）。
214. 我常常感到内疚，因为我曾装作对某事后悔莫及，而实际上并非如此。
215. 有几次，我生气极了。
216. 小时候，我们家不像大多数人家那样安定、平静。
217. 家里有些人做的事，使我胆战心惊。
218. 小时候上学时，我常给老师添许多麻烦。
219. 假如工钱合理，我希望和一家马戏团或流动曲艺团一道巡回演出。
220. 我有突然感到恶心、呕吐的毛病。
221. 过去，我们一家相互之间总是亲热异常。
222. 我常常在半夜里受到恐吓而惊醒。
223. 许多人的毛病在于他们对事物不够认真。
224. 我不是那种适合当政治领袖的人。
225. 我父母过去从未真正理解过我。
226. 假如看到几个孩子打另一个小孩，我一定会设法制止他们。
227. 别人在做出决策之前，似乎都会很自然地找我征求意见。
228. 我对自己要求很高，并且觉得别人也该照着做。
229. 一个人假如谁也不信任，生活就会优裕得多。
230. 那些对事情缺乏信心、无把握的人，使我感到不舒服。

三、测验评分

CPI 有 18 个分量表，每个都包含人际关系或社会适应的某一重要方面。每个量表得到原始分后可以根据相应常模转换为平均数为 50、标准差为 10 的分数（男性和女性的常模是不同的），并可描绘在测验剖析图上，以便对被试者的人格及社会适应进行合理的评价和预测。根据所表现的心理特征，18 个分量表可分为四个功能领域或四类。各类中各量表的名称、意义和得分解释分别如下。

第一类：人际关系适应能力的测验（6 个量表）

Do（dominance）支配性：测量领导能力、支配性及社会主动性。高分表示自信、有毅力，善于计划，语言流畅且富有说服力，自立、自主，有领导者的潜能，工作主动。低分表示拘谨、较少激情、言语不多、思维和行动较迟缓、不愿面对紧张复杂的情境、对自己的信心不足。

Cs（capacity for status）上进心：测量个人积极争取达到某种地位的能力。高分表示具有雄心、积极主动、洞察力强、精力旺盛、能行使有效的沟通、兴趣广泛，但有时对个人的利益关心较多。低分表示和善、朴实、没有太高的追求、淡泊名利、反应不太敏锐、喜欢按习惯方式思考和行动、兴趣范围不广、遇到新的环境或情况易显得不安和窘迫。

Sy（sociability）社交性：测量外向性、参与社交活动的能力。高分表示喜欢交往、有事业心、聪明、有竞争意识和上进心，思维新颖、流畅。低分表示平静、顺从、传统、不造作、态度超然、与世无争、易受他人态度和意见的影响而改变自己的主张。

Sp（social presence）自在性：测量一个人在个人与社会交往情境下的自在性、自尊性及自信心。高分表示机敏、热情、富于想像、反应灵敏、表现自然、不拘谨、健谈、充满活力、善于言辞。低分表示从容不迫、稳健、有耐心、自我克制、朴实、决策时易犹豫不决，思维较为呆板、程式化。

Sa（self-acceptance）自尊性：测量自我价值感、自我接纳及独立思考与行动的能力。高分表示聪慧、直率、自信、机敏、有一定的进攻性、自我中心、具有良好的语言表达能力和说服能力。低分表示保守、依赖、传统、易变、安静、自责、易产生负罪感、行动消极、兴趣狭窄。

Wb（sense of well-being）幸福感：测量一个人烦恼与抱怨的程度。高分表示精力充沛、上进、善变、有雄心、老练、积极且工作能力强，为了自己的利益能够刻苦努力地工作。低分表示胸无大志、懒散、迟钝、谨小慎微、缺乏热情、保守、自我防御、内疚、思想和行动内向。

第二类：社会化、成熟度、责任心及价值观的测验（6 个量表）

Re（responsibility）责任心：测量责任心、可靠性或事业心、道德感。高分表示善于计划、进取、高尚、独立、有能力、高效率、讲良心、对道德和伦理问题有高度的警惕。低分表示不成熟、情绪化、懒惰、笨拙、易变不可信，受个人偏见的影响，缺少自省和控制，行为易冲动。

So（socialization）社会化：测量社会成熟程度、完整性及正直性程度。高分表示严肃、诚实、勤奋、谦虚、善良、真诚、稳重、有责任感和良知、能够自我克制。低分表示保守、要求过多、挑剔、怨恨、固执、不安分、不可信赖、狡猾、过分夸张、掩饰自己的行为。

Sc（self-control）自制力：测量自我调节、自我控制的程度。高分表示平静、有耐心、实际、自我否定、深思熟虑、对自己的工作严格要求、对他人宽怀大度、真诚、有责任心。低分表示冲动、兴奋、躁动不安、自我中心，具有攻击性且武断、过分关注个人的乐趣和得失。

To（tolerance））宽容性：测量心胸的宽广、对人宽容、接纳的程度。高分表示进取、安静、忍让、思路清晰、机智、聪慧、善于言辞，并有广泛的兴趣爱好。低分表示疑心重、心胸狭窄、冷漠、机警、退缩、态度消极，给人一种不可信任的感觉。

Gi（good impression）好印象：检测是否在制造良好印象，并关心别人对他的反应。高分表示合作、进取、外向、热情、乐于助人，给人以好的印象，并具有勤奋的品质和信心。低分表示压抑、谨慎、警惕，与他人的关系冷淡、自我中心、对他人的需求毫不关心。

Cm（communality）从众性：测量一个人与量表常模符合的程度。高分表示和气、信赖、真诚、有耐心、稳定、现实、诚实、有良知，具备常识和较好的判断能力。低分表示易变化、不耐心、复杂的、富于想像、不安、紧张、狡猾、不专心、易忘，有内部冲突和矛盾。

第三类：成就潜能与智能效率的测量（3个量表）

Ac（achievement via conformance）遵循成就：测量在集体创造活动中能起积极促进作用的那些兴趣和动机。高分表示有能力、合作、讲效率、稳定、组织性、负责任、勤奋且有毅力、注重智力活动及其成就。低分表示固执、冷漠、笨拙、在紧张状况下易变得惊慌失措、对自己的前途常抱悲观态度。

Ai（achievement via independence）独立成就：测量在独立自主创造活动中能起积极促进作用的那些兴趣与动机。高分表示成熟、有能量、强悍、支配性强、有预见性、独立自强、有高超的智力水平和判断能力。低分表示保守、焦虑、谨慎、不满足、糊涂、戒备心重、迷信和屈从于权威、缺乏内省和自我了解。

Ie（intellectual efficiency）智能效率：测量智能水平或精干性。高分表示有效率、头脑清楚、有能力、聪明、进取、有计划、做事彻底、警觉、信息灵通、特别注重智力活动的价值。低分表示谨慎、糊涂、易变、防卫、胸无大志、思维模式固化、缺乏自律。

第四类：个人生活态度与倾向方面的测量（3 个量表）

Py（psychological-mindedness）心理性或共鸣性：测量一个人对别人的心理需求、动机和兴趣敏感的程度。高分表示善于察言观色、自然、敏捷、善谈、随机应变、语言流利、社会化程度高，不愿受规则、戒律等因素的约束。低分表示富有同情心、平静、严肃、细致、反应较迟缓、对权威绝对服从、传统。

Fx：（flexibility）灵活性：测量思维与社会行为的灵活性及适应性。高分表示有洞察力、信息灵通、冒险、自信、幽默、反抗、理想化、武断、自我中心、玩世不恭、对个人的快乐极端关心。低分表示细致、谨慎、担忧、勤奋、警惕、有策略、世故、严格、对权威与习惯及传统绝对服从。

Fe（femininity）女性化：测量个人兴趣男性化或女性化的程度。高分表示欣赏的、有耐心的、乐于助人的、善良的、谦逊的、诚实、被人接纳和受人尊重、依良心和同情心行事、女性化的。低分表示外向、头脑充实、有雄心、男子汉气概浓、活跃、积极、不能安静下来、在与他人相处时有操纵性和机会主义的倾向、对迟到不耐烦。

四、计分方式

青年人格问卷可以自我施测，答案记在答案纸上。施测时，让被试者在答案纸上填上自己的姓名及其他资料，然后发下问卷，要被试者阅读指导语或由考官大声将指导语念出。回答时，要被试者在答案纸上与题目相对应的方格中打“√”或画圈，选择“是”打“√”，选择“否”画圈。为了便于正确计分，要求被试者不要做其他的记号。测试时间一般为 45 分钟左右。若能告诉被试者测验的目的及测验结果的用途，可以提高被试者的注意力与兴趣。如果被试者提出一些与题目内容中字词定义有关的问题时，考官可以回答这些问题。如果被试者提出的问题是请考官解释一下有关的概念和某道题目，考官应鼓励被试者自己去判断。有些题目对某一个被试者来说难以回答，可告诉被试者不必做。

青年人格问卷的记分相当容易，只需将每个分量表的“是”或“否”按手册计分即可，最初计算出的为原始分，然后将该分数登记在答案纸底部的适当位置上。原始分也很容易通过剖析图转化为标准分。只要将每个量表的原始分数在剖析图的对应位置上标出来，然后连接起各点就可以画出剖析图。但是剖析图有男女之分，应加以注意。如果施测对象是庞大的团体，建议通过软件直接计分。

阅读

性格与工作的搭配

鉴于人的性格具有以上种种特征，性格与工作之间的确存在着搭配关系。比如，害羞、不善于社交的人，不适宜作业务洽谈的人员；个性柔顺、容易服从别人意见的人，不适合做广告设计人。当然，并非所有的职业都有与之对应的唯一性格。心理学家对许多职业的从业人员进行过大量测定，描述了某些职业与性格间的关系。霍兰德提出了性格-工作搭配理论（personality-job fit theory）。他指出：一个人的性格的外在表征与其职业是否相适宜，决定着其满足感及辞职行为。他提出有六类性格类型，并描述了与它们分别适应的职业，见表3-2。

表3-2　霍兰德六类性格类型及其适应的职业表

性格类型		职业
实际型	有机械呆板倾向，重视现实，体魄健壮，偏好具体工作	林业、农业、建筑业
研究型	善长思考、组织、理解等智力活动，情感与直觉较少	生物学、数学、新闻报道
社交型	好交际，不好心智或体力活动	服务业、社会工作、临床心理学
传统型	喜欢从事有规章制度的活动，无冒险精神，遵奉权威	会计、财务、企业管理者
企业型	擅以辞令影响他人，攫取权力、地位	法律、公共关系、中小企业管理
艺术型	爱自我表达、艺术性创造或情感活动	绘画、音乐、写作

这一理论的意义在于：人的性格各有特点，相差很大，幸而社会中有各种不同的职业需要不同性格的人去承担；当性格与职业相适应时，工作可取得最佳绩效，而人也可获得最大满足，从而可使组织人事状况保持相对稳定。

3.3 能力测验

阅读

12 项经理人的关键能力测试

美国专家斯科特·派瑞先生使用管理才能评鉴（managerial proficiency assessment）来测试经理人的综合能力。其方法是在自然情况下，透过管理情境模拟，由被测试人选择其习惯的管理行为，再经由电脑分析计分，计算出每位受测经理人的 12 项关键管理能力方面的状况表现。

这 12 项经理人的关键能力分四类，具体如下：

行政能力（自我工作管理）

1．时间管理与排定；

2．目标与标准设定；

3．计划与安排工作。

沟通能力（与人协调沟通）

4．倾听与组织信息；

5．给予明确的信息；

6．获得正确的信息。

督导能力（建立工作团队）

7．训练教导与授权；

8．评估部属与绩效；

9．行为规范与智商。

认知能力（思考清晰缜密）

10．问题确认与解决；

11．决断与风险衡量；

12．清晰思考与分析问题。

派瑞表示，在过去 6 年中，中国有超过 7000 位经理人做过管理才能评鉴测试。结果显示，中国经理人的 12 项关键管理能力平均分数为 48 分，低于欧美国家经理人，高于东南亚国家的经理人。

在四大管理能力群的平均分数方面，中国经理人的行政能力平均是64分，认知能力是48分，沟通能力是38分，督导能力则为41分。这一测试结果表明，中国经理人的管事能力高于待人能力，管理能力优于领导能力。

中国经理人为何沟通能力弱？值得我们深思。中国人向来“乐善好施”、“与人为善”，竟然在“沟通”上出现了障碍，原因何在？有人分析认为，是思维方式所致。外国经理人思维方式比较直接，能够将个人感情和工作分开，为信念可以在饭店打上一架，但回到办公室还是密切合作。而我们有些人却喜欢将个人恩怨和工作纠缠在一起、甚至用个人感情取舍“沟通”，使“沟通”带上明显个人色彩。

如今人们经常把地球比作一个“村”。既然如此，一个单位充其量不过是“村”里的一户人家，一家人岂有不沟通之理？邻居之间岂有不往来之理？中国经理人应强化“沟通”能力，我们普通人之间也应该好好“沟通”。

资料来源：任时，《测试12项关键管理能力，中国经理平均得分才48》，载于《北京晨报》，2002年10月18日。

3.3.1 能力及其特点

心理学专家指出，人的能力是指顺利完成某种活动所必需的，并直接影响活动效率的个性心理特征。能力存在于人的具体活动之中，通过活动表现出来。

能力具有几个显著的特点：

- 人的能力在具体的活动中表现出来；
- 人的能力在具体的活动中能够得到提升和发展；
- 人与人之间存在明显的某一种能力水平差异；
- 人与人之间存在明显的能力类型的差异；
- 能力可以通过人所表现出来的行为进行测量。

众多的专家对人的能力进行了深入的研究。英国心理学家斯皮尔曼（Spearman）在20世纪初期用因素分析法提出了能力的“二因素结构说”，他认为，能力是由一般因素和特殊因素构成的，完成任何一项工作都是由这两种因素决定的。美国心理学家塞斯顿（L. L. Thurstone）同样利用因素分析法提出了“群因素结构说”。塞斯顿认为，能力是由许多无关的原始能力构成的，大多数能力可以分解为7种原始因素，即计算、言语流畅性、言语能力、记忆、推理、空间知觉与知觉速度。但是后来的研究表明，各种能力因素并不是缺乏联系、独立存在、单独发挥作用的，而是存在一定的相互影响。

基于以上学说，人们把能力分为一般能力和特殊能力。一般能力是指在某些活动中能够表现出来的共同能力，而特殊能力则是指在某些特殊的专业活动中表现出来的能力。能力的一般性与特殊性是相互联系、相互制约的。有些专家考虑到特殊能力中创新能力在现实中所具有的特殊性，将创新能力单独提炼出来，作为单独的分类。

在人才测评中，我们习惯于将一般能力视为被试者现有的水平，但能力倾向则是一种介于一般能力与智力之间的心理特征，是指被试者未来的发展潜能。我们经常讲"某人是可造之材"，讲的就是这个人在某方面的能力倾向。能力倾向对被试者能否在特定领域具有发展潜力起着决定性的作用。

3.3.2　一般能力及测验

对一般能力通俗的解释就是："在某些活动中能够表现出来的共同能力"。例如数学运算能力，无论是在人们的日常生活中，还是在工作决策中都能够表现出来。因此，一般能力也就是在很多活动中都能够体现出的共同能力、基础能力。

常见的一般能力有以下六种。

（1）语言理解和组织能力：考察对语言表达能力的理解，对语法规则、语义、语言习惯熟练掌握的程度。

（2）概念类比能力：考察对概念关系的理解、对逻辑的理解和进行类比的能力。

（3）数学运算能力：考察对数字关系的理解和掌握、对各种运算规则的熟练运用和对各种数学现象的敏感力。

（4）抽象推理能力：观察对事物变换所反映出的内在的敏感性和对事物的抽象、概括的逻辑分析能力。

（5）空间推理能力：考察对图形进行表象加工、旋转的能力，尤其是考察人通常所指的空间认识和形象思维能力。

（6）机械推理能力：考察人们对一般自然常识、物理现象的认识水平，考察人们对基本物理规律和规则的敏感性和掌握程度。

3.3.3　行政职业能力测验

行政职业能力测验是政府在选拔公务员的过程中所采用的一般能力测验。测验的维度包括：言语理解与表达、数学运算能力、逻辑推理能力、判断能力、资料分析能力等。各部委与地方采用的行政职业能力测验略有区别。部委采用的测验还对被试者的知觉速度与正确性进行测查。两种职业能力测验的区别如下。

部委采用的行政职业能力测验的特点如表 3-3 所示。

表 3-3　　部委采用的行政职业能力测验特点

部分	测试内容	题数	测试时间	测试目标
一	知觉速度与准确性	60	10 分钟	各种文字、数字、图形符号的知觉加工速度与准确性。
二	数量关系	10	20 分钟	基本数量关系的快速理解和计算能力
三	言语理解与表达	25	25 分钟	中文词句含义理解能力，文章段落的准确理解掌握运用程度
四	判断推理	40	20 分钟	图形关系、文章段落和社会生活等常识性问题的推理判断能力
五	资料分析	15	15 分钟	简单的图、表、文字资料的阅读、理解、分析能力
合计		150	80 分钟	

地方政府采用的行政职业能力测验的特点如表 3-4 所示。

表 3-4　　地方政府采用的行政职业能力测验特点

部分	测试内容	题数	测试时间	测试题型
一	数量关系	15	10 分钟	数字推理与数学运算
二	言语理解与表达	30	20 分钟	选词填空、语句表达、阅读理解
三	判断推理	40	35 分钟	事件排序、常识判断与推理、图形推理与演绎推理
四	资料分析	15	15 分钟	图、表、文字等资料的分析
合计		100	80 分钟	

由于各地方在借鉴部委行政职业能力测验及其他省市的测验的基础上进行了多次修订，因此在题目数量与测试时间上可能会有一定的差异。

下面是某省的行政职业能力测验示例。

某省的行政职业能力测验

第一部分　常识判断

（共 50 题，参考时限 30 分钟）

本部分包括两种题型的题目，请根据题目要求做出正确选择。多项选择题错选、多选、少选均不得分。（每小题 0.5 分，共 25 分）

一、单项选择题（30 题）

1. 贯彻“三个代表”重要思想，必须把（　　）作为中国共产党执政兴国的第一要务。

A. 创新　　B. 发展　　C. 党的建设　　D. 结构调整

2. 今年 3 月 5 日是毛泽东同志号召全国人民“向雷锋同志学习”（　　）周年纪念日，全国各地以多种形式纪念雷锋。

A. 10　　B. 20　　C. 30　　D. 40

3. 全面建设小康社会，最根本的是坚持（　　）。

A. 走新型工业化道路　　B. 加强党的作风建设
C. 全心全意为人民服务　　D. 以经济建设为中心

4. 我国实行对外开放的前提和基础是（　　）。

A. 互通有无、取长补短　　B. 互相尊重、全面合作
C. 独立自主、自力更生　　D. 友好往来、增进了解

5. 实施可持续发展战略的根本目的在于（　　）。

A. 调整优化产业结构
B. 正确处理人口、资源、环境与经济发展的关系
C. 实现经济增长方式从粗放型向集约型转变
D. 坚持速度、比例和效益的统一

6. 在市场经济的主要经济规律中，最基本的规律是（　　）。

A. 价值规律　　B. 竞争规律
C. 供求规律　　D. 流通规律

7. 当今世界的主题是（　　）。

A. 和平与发展　　B. 战争与和平
C. 经济一体化　　D. 反对霸权主义

8. 实施科教兴国战略，必须以（　　）为本。

A. 高科技　　B. 基础科学　　C. 教育　　D. 人才

9. 第十届全国人大常委会委员长是（　　）。

A. 吴邦国　　B. 贾庆林　　C. 黄菊　　D. 温家宝

10. 我国加入世贸组织后，趋利避害的关键是（　　）。

A. 转变政府职能　　B. 发展科技、教育事业
C. 依法行政　　D. 政企分开

11. 从WTO的组织结构来看，包括了部长级会议、各种理事会、委员会和工作组等机构，其中最高权力机构是（　　）。

A. 部长级会议　　B. 货物贸易理事会

C. 贸易与发展委员会　　D. 缔约国大会

12. 我国的政权组织形式是（　　）。

A. 人民代表大会　　B. 一国两制

C. 人民民主专政　　D. 人民代表大会制度

13. 依法治国的根本目的在于（　　）。

A. 确保国家各项工作有法可依，依法行政

B. 维护宪法和法律在国家政治、经济和社会生活中的权威

C. 依法打击敌视和破坏社会主义的敌对分子，维护社会稳定

D. 保证人民充分行使当家作主的权利，维护人民当家作主的地位

14. 剥夺下列权利，属于剥夺政治权利的是（　　）。

A. 财产所有权　　B. 担任私营企业的总经理

C. 担任国有大学校长　　D. 受教育权

15. 今年2月1日，美国“（　　）”号航天飞机在即将返回地面时失事，机上7名宇航员不幸罹难。

A. 挑战者号　　B. 发现号

C. 哥伦比亚号　　D. 肯尼迪号

16. 我国政府的四大政治职能是（　　）。

A. 军事保卫、外交、治安、民主政治建设

B. 对外战争、外交、环境、法制政治建设

C. 军事保卫、科技、治安、民主政治建设

D. 对外战争、科技、环境、法制政治建设

17. 世界卫生组织今年4月16日正式确认：引起非典型肺炎的病原体是（　　）的一个变种，以前没有在人体发现过。

A. 细菌　　B. 冠状病毒

C. 微生物　　D. 勾端螺旋体

18. 按照《国家公务员暂行条例》，公务员应享有的权利是（　　）。

A. 提出申诉和控告　　B. 公正廉洁

C. 密切联系群众　　D. 勤奋工作

19. 人们常说："政府官员是在金鱼缸中工作的，他们必须接受来自外部的检查和调查。"这句话说明（　　）。

A. 行政管理的所有行为必须对外公开

B. 政府机关必须要进行经常的行政监督

C. 政府机关及其工作人员必须接受行政监督

D. 行政管理具有公共性，主要目的是为了实现公共利益

20. 下列选项中不属于行政处罚措施的是（　　）。

A. 罚款　　B. 拘役　　C. 警告　　D. 行政拘留

21. 一些嘈杂的场所，经常看到一些用玻璃制作的电话间，其隔音效果很好，这是因为（　　）。

A. 声音在玻璃中不能传播

B. 电话间内的声音传播介质——空气太少了

C. 电话间内打电话者与电话间外人群的声音被玻璃反射了

D. 电话间内打电话者与电话间外人群的声音被玻璃吸收了

22. 以下哪一种发明，与古代方士的炼丹术有关（　　）。

A. 火药　　B. 麻醉剂　　C. 造纸术　　D. 地动仪

23. 一般灭火器的灭火原理是（　　）。

A. 降低温度　　B. 隔绝氧气　　C. 增加湿度　　D. 制造泡沫

24. 宋代名人范仲淹《岳阳楼记》中，有两句脍炙人口的话，那是（　　）。

A. 落霞与孤鹜齐飞，秋水共长天一色

B. 世事洞明皆学问，人情练达即文章

C. 匹夫而为万世师，一言而为天下法

D. 先天下之忧而忧，后天下之乐而乐

25. 地球陆地上的淡水资源多数储存在（　　）。

A. 冰川　　B. 地下　　C. 江河　　D. 湖泊

26. "纳米"是长度单位，1 纳米是 1 米的（　　）。

A. 十万分之一　　B. 百万分之一

C. 千万分之一　　D. 十亿分之一

27. 以下各项中不属于电子商务范围的是（　　）。

A. 海尔集团通过在因特网上建立网站，赢得了大量的海外订单

B. 小王在电子市场以低于正常价 30%的价格买到了一台家用电脑

C. 张先生通过“温馨”网上花店为在上海的女朋友买了一束鲜花

D. 李军今天没去图书馆，在网上书店订了几本好书

28. 保温瓶瓶胆内壁涂有水银，主要是为了防止（　　）。

A. 热的蒸发　　B. 热的传导

C. 热的辐射　　D. 热的对流

29. 中国最出名的纸产自（　　）。

A. 端州　　B. 徽州　　C. 苏州　　D. 宣州

30. 我国古代有五行之说，指的是（　　）。

A. 青、黄、赤、白、黑　　B. 仁、义、礼、智、信

C. 金、木、水、火、土　　D. 宫、商、角、征、羽

二、多项选择题（20 题）

31. 古人说：“三人行，必有我师焉。择其善者而从之，其不善者而改之。”这句话对于个人自我修养的启示有（　　）。

A. 要勤于学习和实践

B. 要善于虚心向别人学习

C. 要学习别人的优点和长处

D. 发现了自己的缺点和错误要改正

32. 搞清楚“什么是社会主义，怎样建设社会主义”是（　　）。

A. 我国社会主义建设最根本的经验教训

B. 认清时代主题的需要

C. 当代世界社会主义迫切需要解决的普遍性问题

D. 社会主义首要的基本理论问题

33. 生产关系包括（　　）。

A. 生产资料的所有制关系

B. 人与自然的关系

C. 产品的分配关系和由此所决定的消费关系

D. 人们在生产中的地位和相互关系

34. 下列人员属于省级人民政府组成人员的有（　　）。

A. 政协主席　　B. 厅长

C. 副省长　　D. 发展计划委员会主任

35. 引发当今世界局部冲突的主要因素是（ ）。

A. 民族纠纷　　B. 人口结构失调

C. 领土争端　　D. 宗教矛盾

36. 我国目前存在的混合所有制经济主要有（ ）。

A. 股份公司　　B. 中外合资或合作企业

C. 私营企业　　D. 跨所有制组成的企业集团

37. 公务员考试录用应遵循的原则有（ ）。

A. 公开　　B. 平等　　C. 竞争　　D. 择优

38. WTO基本原则之一是非歧视性待遇。其中，（ ）。

A. 最惠国待遇原则要求一成员方平等地对待所有其他成员方，即所有的外国成员方享受的待遇相同

B. 国民待遇原则要求一成员方平等地对待所有其他成员方，即所有的外国成员方享受的待遇相同

C. 最惠国待遇原则要求在一成员方境内，外国的产品、服务、资本和知识产权享受不低于本国同类对象的待遇

D. 国民待遇原则要求在一成员方境内，外国的产品、服务、资本和知识产权享受不低于本国同类对象的待遇

39. 党的十六大要求，为完成党在新世纪新阶段全面建设小康社会的奋斗目标，（ ）。

A. 发展要有新思路　　B. 改革要有新突破

C. 开放要有新局面　　D. 各项工作要有新举措

40. 在台湾问题上，我们坚决反对（ ）。

A. “一中一台”　　B. “两个中国”　　C. “一国两制　　D. “一国两府”

41. 全国人民代表大会的职权有（ ）。

A. 人事任免权　　B. 法律监督权　　C. 立法权　　D. 司法权

42. 法律关系的构成要素是（ ）。

A. 主体　　B. 客体　　C. 现行法律　　D. 内容

43. 行政法的作用是（ ）。

A. 惩罚犯罪、保护合法权益

B. 保障行政管理有效实施

C. 保护公民、组织的合法权益

D. 保障平等竞争、维护市场秩序

44. 某市辖区财政局副局长拟晋升为局长，其任职应履行的法律程序有（　）。

A. 由区长提名

B. 由区人大常委会决定任命

C. 由区人大常委会报市政府备案

D. 由区人大常委会报市政府批准

45. 某县人民法院受理原告起诉县工商局的行政诉讼，在审理该案时，县法院（　）。

A. 应当根据案情是否复杂决定是组成合议庭还是独立审判

B. 只能开庭审理不能书面审理

C. 无特殊情况应当在立案之日起三个月内做出第一审判决

D. 必须要求原告对自己的主张应当举证，被告对自己的主张应当举证

46. 政府管理的运行职能包括（　）。

A. 计划与组织职能　　B. 控制与协调职能

C. 领导与控制职能　　D. 沟通与协调职能

47. 中华人民共和国国务院即中央人民政府，它是我国的（　）。

A. 最高权力机关　　B. 最高权力机关的执行机关

C. 最高行政机关　　D. 最高司法机关

48. 2003 年 3 月 20 日，（　）等国家绕开联合国安理会，对伊拉克发动了战争。

A. 法国　　B. 美国　　C. 意大利　　D. 英国

49. 下列公务员可被辞退的有（　）。

A. 年度考核连续两年不称职者

B. 旷工一年内累计超过 15 天者

C. 在机构改革中需要调整工作本人拒绝合理安排者

D. 不胜任现职又不接受其他安排者

50. 父子两人同在某市政府机关任科长，并同属一位处长领导，两人按规定必须实行回避，其理由包括（　）。

A. 父子关系属于应回避的亲属关系

B. 凡有父子关系的，不得在同一机关担任双方直接隶属于同一行政首长的职务

C. 凡在政府机关担任科长以上职务的都要回避

D. 凡有父子关系的就不能在同一政府机关任职

第二部分 言语理解与表达

（共 30 题，参考时限 25 分钟）

本部分包括三种类型的题目：（每小题 0.9 分，共 27 分）

一、选词填空：共 10 题，要求你从所给的四个选项中选出一个填空，使句子的意思表达得最准确。

例题：只要方向正确，任何一点积极性都应当得到________和支持。

A. 尊重　　B. 肯定　　C. 表彰　　D. 重视

解答：用“肯定”填空使句子的意思表达得最准确，故应选 B。

请开始答题：

51. 对联是中国特有的文学__________。

A. 作品　　B. 手段　　C. 方式　　D. 形式

52. 好消息________，不到半天全村的人就都知道了。

A. 比比皆是　　B. 不胫而走　　C. 街谈巷议　　D. 不由分说

53. 这种问题解决起来相当困难，大家需要有足够的___________。

A. 诚心　　B. 信心　　C. 爱心　　D. 耐心

54. 一个国家如果没有政府的支持和参与，经济的发展就不能达到_________的目的。

A. 设想　　B. 确定　　C. 预期　　D. 理想

55. 城市是人类社会发展的___________，最早出现于奴隶社会。

A. 动力　　B. 产物　　C. 基础　　D. 结果

56. 当前，各国政治、经济和社会_______不同，历史文化________不同，发展______也不尽一致。

A. 传统　制度　速度　　B. 制度　水平　速度

C. 制度　传统　水平　　D. 水平　传统　制度

57. 经国务院批准，《全民健身计划纲要》于 1996 年 6 月 28 日正式______实施。

A. 发布　　B. 公布　　C. 颁布　　D. 宣布

58. 做一个平凡的人并不可悲，一个才疏学浅的人如果________，那才是最可悲的。

A. 趾高气扬　　B. 骄傲自满　　C. 妄自尊大　　D. 志大才疏

59. 蚂蚁，一种令人生厌的“小生命”，如今以它为原料制成的保健品却________地闯进了市民的保健领域。

A. 堂而皇之　　B. 一鸣惊人　　C. 神气十足　　D. 名正言顺

60. 经过讨论，大家一致________老王参加职工代表大会。

A. 评选　　B. 同意　　C. 推荐　　D. 通过

二、语句表达：共10题，要求你从语气、词序、语法结构等方面对有关语句做出判断，从所给的四个选项中选择一个答案。

例题：从给出的几句话中选出没有语病的一句：

A. 阅读理解与否，是衡量阅读能力好坏的重要标志

B. 阅读与理解，是衡量阅读能力好坏的重要标志

C. 阅读是否理解，是衡量阅读能力的重要标志

D. 阅读能力好坏的标志是理解

解答：从给出的四句话来看，只有A没有语病。

请开始答题：

61. 下面句子中**有语病**的句子是：

A. 造成环境污染的事实深刻教育了人们

B. 对真理追求的事业是他最向往的

C. 疾病折磨不倒英雄坚强的意志

D. 经不起考验的往往是平时表现最坚强的

62. 下面**没有语病**的句子是：

A. 路是人走出来的，但人走过的地方却不一定都成为了路

B. 一条小船很难渡众生，必须是众人建造的大船才能同舟共济

C. 相信科学的人们绝不会让封建迷信影响了他的思想

D. 大路向天边延伸很远很远，直到遥远的看不见的天际

63. 下面四句中**存在歧义**的一句是：

A. 这是一门学生愿意学习的课程

B. 那是一项农民能够掌握的技术

C. 这是一个技师能够解决的问题

D. 那是一个大家乐于接受的方案

64. 下列短语中**没有歧义**的一个是：

A. 遇害的战士家属

B. 修好了桥的桥身

C. 静静等待传来消息的人们

D. 给王老师打电话

65. 下面句子中**没有语病**的句子是：

A. 只有不断提高自身的科学文化素质，才能相称信息时代的要求

B. 只要不断提高自身的科学文化素质，才能适应信息时代的要求

C. 只有不断提高自身的科学文化素质，才能适应信息时代的要求

D. 只要不断提高自身的科学文化素质，就能相称信息时代的要求

66. 下面句子中**没有语病**的句子是：

A. 明天我会专程拜访你，请你在家恭候

B. 国外的汽车厂家的年产量不但比我们多，而且花色品种也比我们丰富

C. 中国古代无论是奴隶制还是封建制，都受到宗法制度的强烈影响

D. 他的马虎和粗心使他在面试中落选

67. 下面**有语病**的句子是：

A. 电影《地道战》是一部反映抗战时期中的故事片

B. 英雄人物有时可以对改变历史起到重要作用

C. 随着人们生活水平的提高，乘出租车已不再是“高消费”

D. 听了主持人的讲解，嘉宾们开始进行游戏

68. 下面**没有语病**的句子是：

A. 他的朴实无华得益于生活的教诲和从父辈吸取的精神

B. 这六年的单身生活是她成长最快，对人生理解最深刻的一段岁月

C. 童年的这段刻骨铭心的记忆是人世间最美好的真情

D. 了解农民的疾苦，发现他们的美好品质，深深地留在她的灵魂深处

69. 下面句子中**没有语病**的句子是：

A. 同时要守住两个路口，对他来说是不可能的

B. 当他进屋打开灯时，外面渐渐下起了小雨

C. 平心而论，谁都无法完全克制自己的缺点

D. 在判断一个事物的发展过程时，要学会一分为二

70. 下面**有语病**的句子是：

A. 战士们都在争分夺秒地抓紧修筑防御工事

B. 飞机下午 1 点 20 分起飞

C. 人人都把这看成是一场义不容辞的重大政治任务

D. 许多平常难以想像的事情发生了

三、阅读理解：共10题，前5道题包含一段短文，短文后面是一个不完整的陈述，要求你从四个选项中选出一项来完成这一陈述。注意：供选择的答案有时可能是对短文内容的一个复述，有时则满足了陈述中其他方面的要求，你的选择应与所提要求最相符合。后5道题是在阅读一篇短文后，做出恰当的回答。

例题：铁路新线路的开辟与否，往往必须在建路花费尽可能少的要求与新建路线的贸易运输量尽可能多的要求之间取得妥协。

这段话主要支持了这样一种论点，即新建铁路的线路：

A. 应该是一造价最低的线路

B. 其选择决定了新兴贸易中心的位置

C. 决定于是否与终点之间的距离最短

D. 不会总是具有最低建造成本的路线

解答：仔细考察四个选项，您可以发现，选项A与题中“妥协”的含义不相符；选项B和C都无法从题中得出；只有选项D是短文支持的一种主要观点，因此正确答案为D。

请开始答题：

71. 广东的一家企业在北京登报，以年薪50万招聘厂长，承受力不强的北京人当时如同经历一次炸弹爆炸。几年过去后，在报纸上登广告以年薪几十万招聘人才的事已经不那么令人惊奇了。在北京的猎头公司里，随便调出一份求职者名单，你便会发现80%以上的求职者自己开出的月薪要求都在几万元以上。但是另外一面，从传统国有企业被辞退的员工，即使是四五百元的月薪要求，也很难找到工作。这段话支持的主要观点是：

A. 现在人们对月薪上万元的收入要求已经视若平常了

B. 招聘人才的投入越来越大

C. 人才的价值在今天越来越体现出来

D. 人与人之间在工作和收入方面的差异更加明显

72. 发出“通知”整治不正之风很有必要。但关键是令出法随，“通知”算数。算数的通知，有一道就够了。现在之所以发了一道又一道，有事物不断发展、条文需要不断完善的因素，有体制不顺、机制不合理的因素，但最根本的是执行时不够“硬”。所以，落实“通知”必须严格，谁违反就坚决追究，毫不手软。“硬”得不够，势必会有“三令五申”，而“三令五申”毕竟不是理想的办法。

这段话主要支持的观点是：

A. 不抓“通知”的落实等于没有通知

B. 要减少不必要的通知

C. 通知能否落实关键看通知内容是否合理

D. 通知不能很好落实的原因有很多

73. “据有关部门透露，于10月15日即将举办的今年秋季中国出口商品广州交易会将加强出口商标的使用管理，严禁出现假冒伪劣商品。主管部门制定了一系列措施，一经发现商标侵权行为及假冒伪劣商品，将严肃查处。”给这段话选个标题，概括整段话的意思。

A. 今秋广交会严禁假冒伪劣产品

B. 广交会主管部门制定措施打假

C. 今秋广交会将加强商标管理以防止假冒伪劣产品出现

D. 今秋广交会将不会出现假冒伪劣产品

74. 1995年，美国的两位学者利用直径为26米的射电望远镜寻找由浩瀚宇宙深处发出的未知讯号。然而，至今还未发现具有已接收讯号特征的电波源，且在这些电波的方向上，也没有特异的星体存在。“未发现具有已接收讯号特征的电波源”这句话的意思是：

A. 不知道已经接收到的讯号有没有电波源

B. 已经接收到讯号但不能确定其电波源

C. 不能确定电波发出的源头已经接收到了讯号

D. 已接收到讯号但没有发现电波源的特征

75. 有这样一种假说：冬眠是一种高度发达的机能。冬眠的哺乳动物虽然与人类一样都是温血动物，但是它们在更宽范围的调节机能上获得了进化，例如在体温调节上，就要比非冬眠动物强。对这种假说理解不正确的一项是：

A. 在物种进化的过程中，某些哺乳动物在调节性上获得了进化，从而具备了冬眠的功能

B. 比较起人类来，冬眠的哺乳动物在更宽的范围里发生了进化

C. 冬眠的哺乳动物比起人类来具有更强的体温调节机制

D. 冬眠的哺乳动物和非冬眠的哺乳动物之间的区别并不在于体温是否可以调节

阅读下面短文，回答76～80题：

人工生命是由计算机科学衍生出来的新学科。它的基本内容包括两个方面：一是以计算机为工具，探索生命进化和生态系统复杂而巧妙的工作机理；二是探索如何把对生命研究的成果用来解决各个领域的实际问题。

人工生命这一新学科是美国圣菲研究所克里斯·兰格敦博士于 1987 年（　　）的。他认为，生命的特征在于有自我繁殖、进化等功能。因此计算机也能够制造生命现象。地球上的生物只不过是生命的一种形式，人们通过人工方法可以制造出像生物那样的行为并借此了解生命的全貌。正是在这种思想的推动下，开始了人工生命的研究。

今后的科学需要解决复杂系统适应性之类的问题。像人脑、生态系统、社会现象等都是复杂的系统，无法将其细分成组成要素，进行简化后再加以分析，因为这样做将使事物失去其本来的面貌。对于人工生命研究的成果，将有助于解决这类复杂现象的问题。

甚至社会上的"流行"现象也是这类复杂现象。社会中的成员各自按照自己的爱好和个性穿着时装。如果某一种类型的服装呈现出优势，它的款式便会流行起来。这一趋向既会改变社会成员的服装款式，反过来又会对整体趋势产生影响。

人脑信息处理也存在这种宏观与微观之间的关系。神经细胞相当于组成成员，而神经网络则是由这些成员组成的社会。当从外部获得信息时，脑一面动员已有的信息，一面吸收新的信息自律地形成新的信息结构。每一种神经细胞都将影响神经网络，而神经网络又会控制各种神经细胞的行为。从信息系统变化过程的观点看，"流行"也好，脑也好，进化也好，从本质上说都是一样的。

需要指出的是，人工生命同人工智能不同。人工智能是把已经完成的知识结构作为数据库，然后利用它进行推理。人工生命的研究，则着重于知识的生成过程。

76. 对"人工生命"这一概念，准确的理解是：

A. 人工生命是计算机科学衍生出来的一门新学科。

B. 人工生命是探索生命进化及生态系统并把生命研究成果应用于实际的新学科。

C. 人工生命是利用计算机制造生命现象并进行研究的新学科。

D. 人工生命是用人工方法制造出生物并借以了解生命全貌的新学科。

77. 第二段中的括号里应填入的最恰当的词是：

A. 首创　　B. 创建　　C. 发明　　D. 发现

78. 对第二段中“计算机也能制造生命现象”理解不正确的一项是：

A. 计算机可以制造出自我繁殖、进化等生命特征

B. 计算机可以制造出新的生物

C. 计算机可以制造出生命存在的另一种形式

D. 计算机可以制造出像生物那样的行为

79. 对“‘流行’也好，脑也好，进化也好，从本质上说都是一样的”这种说法，理解正确的一项是：

A. 它们本质上都是整体和个体的相互影响

B. 它们本质上都是外部信息与内部行为的相互影响

C. 它们本质上都是宏观与微观的相互影响

D. 它们本质上都是信息系统的变化

80. 根据本文提供的信息，下列理解不符合原文意思的一项是：

A. 人工生命同人工智能研究的对象是不一致的

B. 服装“流行”是社会整体和各成员间相互影响的一种表现形式

C. 人脑属于复杂系统，所以无法研究人脑单个神经细胞

D. 地球上的生物只不过是生命的一种形式

第三部分　数量关系

（共 15 题，参考时限 15 分钟）

本部分包括两种类型的试题：（每小题 0.7 分，共 10.5 分）

一、数字推理：共 5 道题。给你一个数列，但其中缺少一项，要求你仔细观察数列的排列规律，然后从四个供选择的选项中选出你认为最合理的一项，来填补空缺项。

例题：1　3　5　7　9　（　　）

A. 7　　B. 8　　C. 11　　D. 13

解答：正确答案是 11，原数列是一个奇数数列，故应选 C。

请开始答题：

81. 32　27　23　20　18　（　　）

A. 16　　B. 15　　C. 17　　D. 14

82. 2　5　11　20　32　（　　）

A. 45　　B. 47　　C. 43　　D. 49

83. 582　554　526　498　470　(　)

A. 442　B. 452　C. 432　D. 462

84. 25　15　10　5　5　(　)

A. 10　B. 5　C. 0　D. –5

85. 11　12　15　20　27　(　)

A. 32　B. 34　C. 36　D. 38

二、数学运算：共10道题。你可以在草稿纸上运算，遇到难题，你可以跳过不做，待你有时间再返回来做。

例题：84.78元，59.50元、121.61元、12.43元以及66.50元的总和是：

A. 343.73　B. 343.83　C. 344.73　D. 344.82

解答：正确答案为D。实际上你只要把最后一位小数加一下，就会发现和的最后一位数是2，只有D符合要求。就是说，你应当动脑筋想出解题的捷径。

请开始答题：

86. 一堆沙重480吨，用5辆载重相同的汽车运3次，完成了运输任务的25%，余下的沙由9辆同样的汽车来运，几次可以运完？

A. 4次　B. 5次　C. 6次　D. 7次

87. 三名职工按5:3:2的比例分配1800元奖金，请问获得奖金最少的职工可分到多少？

A. 180元　B. 270元　C. 360元　D. 540元

88. 时钟指示2点15分，它的时针和分针所成的锐角是多少度？

A. 45度　B. 30度　C. 25度50分　D. 22度30分

89. 不深不浅一口井，不长不短一根绳，单股下去多三尺，双股下去少三尺。问多深的井？多长的绳？

A. 井深六尺，绳长九尺　B. 井深九尺，绳长一丈二

C. 井深一丈七，绳长二丈　D. 以上均不对

90. 某商品以每件20元的处理价卖出，较原价少收入20%的钱；若每件以24元的价钱卖出，则较原价__________。

A. 低4%　B. 低10%　C. 高4%　D. 高10%

91. 甲、乙二单位合做一项工程，8天可以完成。若先由甲单位单独做6天后，再由两单位合做，结果用6天完成了任务。如该工程由乙单位单独做，则需多少天才能完成任务？

A. 8天　B. 12天　C. 18天　D. 24天

92. 某计算机厂要在规定的时间内生产一批计算机，如果每天生产 140 台，可以提前 3 天完成；如果每天生产 120 台，就要再生产 3 天才能完成。请问规定完成的时间是多少天？

A. 30 天　　B. 33 天　　C. 36 天　　D. 39 天

93. 一列快车和一列慢车相对而行，其中快车的车长 200 米，慢车的车长 250 米，坐在慢车上的旅客看到快车驶过其所在窗口的时间是 6 秒钟，坐在快车上的旅客看到慢车驶过其所在窗口的时间是多少秒钟？

A. 6 秒钟　　B. 6. 5 秒钟

C. 7 秒钟　　D. 7. 5 秒钟

94. 如图，甲、乙、丙、丁四个长方形拼成正方形 EFGH，中间阴影为正方形。已知，甲、乙、丙、丁四个长方形面积的和是 $32cm^2$，四边形 ABCD 的面积是 $20cm^2$。问甲、乙、丙、丁四个长方形周长的总和是多少？

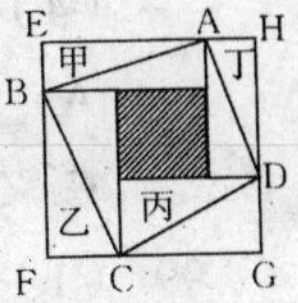

A. 32cm　　B. 56cm　　C. 48cm　　D. 68cm

95. 一人上楼，边走边数台阶，从一楼走到四楼，共走了 54 级台阶。如果每层楼之间的台阶数相同，他一直要走到八楼，问他从一楼到八楼一共要走多少级台阶？

A. 126　　B. 120　　C. 114　　D. 108

第四部分　判断推理

（共 30 题，参考时限 35 分钟）

本部分包括三种类型的题目：（每小题 0.8 分，共 24 分）

一、事件排序：共 10 题。每道题给出五个事件，每个事件都是以简短语句表述的，接着给出四种假定发生顺序的序列，请你选出其中最合乎逻辑的一种事件序列。

例题：（1）收集书籍　　（2）购买材料

（3）打造书架　　（4）雇用木工　　（5）排列书籍

A. 4—3—1—2—5　　B. 1—4—2—3—5

C. 4—3—2—1—5　　D. 3—2—1—5—4

解答：此题正确答案为 B. 收集书籍（1）—雇用木工（4）—购买材料（2）—打造书架（3）—排列书籍（5），这一顺序相对于其他顺序而言最合理。

请开始答题：

96.（1）空房率居高不下　（2）小区房价看涨
（3）立交桥拔地而起　（4）居民小区建成　（5）行车被迫绕行
A. 1—4—5—3—2　B. 5—3—4—2—1
C. 4—5—1—3—2　D. 2—4—5—3—1

97.（1）肇事司机被围　（2）拨打急救电话　（3）现场清理干净
（4）肇事车辆逃逸　（5）众人齐声谴责
A. 1—5—4—2—3　B. 4—2—1—5—3
C. 4—1—5—3—2　D. 1—4—3—5—2

98.（1）获奖　（2）几易文稿　（3）作家体验生活
（4）发表　（5）开始写作
A. 5—4—2—1—3　B. 1—3—4—5—2
C. 3—5—2—4—1　D. 3—2—1—5—4

99.（1）合理耕种科学管理　（2）粮食收成不高　（3）购买优良品种
（4）学习科学知识　（5）农民喜售爱国粮
A. 5—4—2—3—1　B. 2—4—3—1—5
C. 1—5—2—4—3　D. 3—4—2—1—5

100.（1）绿化环境　（2）购买荒地　（3）住宅建成
（4）新区规划　（5）工厂迁址
A. 2—1—4—3—5　B. 4—1—3—2—5
C. 2—4—1—5—3　D. 4—2—5—3—1

101.（1）欣赏花卉　（2）罚款　（3）游园
（4）折花　（5）羞愧地离开
A. 1—3—5—2—4　B. 2—3—5—1—4
C. 5—1—3—4—2　D. 3—1—4—2—5

102.（1）交付使用　（2）图纸设计　（3）施工验收
（4）设计交底　（5）现场监理
A. 2—4—3—5—1　B. 1—2—5—3—4
C. 1—3—5—2—4　D. 2—4—5—3—1

103.（1）挪动凳子　（2）屋子变亮　（3）脚绊了一下
（4）妹妹走进屋　（5）灯被打开
A. 5—2—4—3—1　B. 1—4—3—2—5
C. 5—3—4—2—1　D. 4—3—5—2—1

104. （1）试运行　　　　　　　　　（2）全线铺通

（3）加速该地区的经济发展　（4）正式运营　（5）修建高速公路

A. 2—3—1—5—4　　　　　　　B. 1—3—5—4—2

C. 5—2—1—4—3　　　　　　　D. 2—1—5—4—3

105. （1）提交项目可行性报告　　　（2）组成项目组　　　（3）刻苦攻关

（4）获得批准和项目基金　　　（5）项目验收

A. 1—3—2—4—5　　　　　　　B. 1—5—4—3—2

C. 1—4—2—3—5　　　　　　　D. 2—4—5—3—1

二、图形推理：共 10 题。每道题包含两套图形和可供选择的 4 个图形。这两套图形具有某种相似性，也存在某种差异。要求你从四个选项中选择你认为最适合取代问号的一个。正确的答案应不仅使两套图形表现出最大的相似性，而且应使第二套图形也表现出自己的特征。

例题：

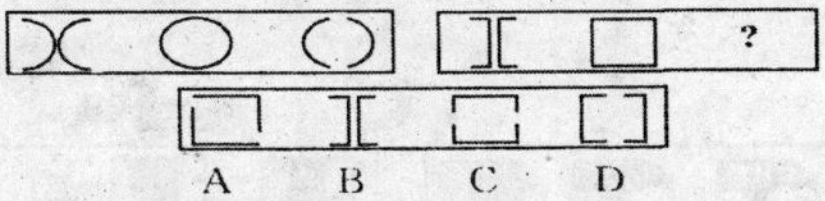

解答：正确答案为 D。因为只有 D 能使两套图形具有相似性，仅仅元素不同，一个是半圆，一个是半个正方形，但两组图形中元素的排列规律完全相同。

请开始答题：

106.

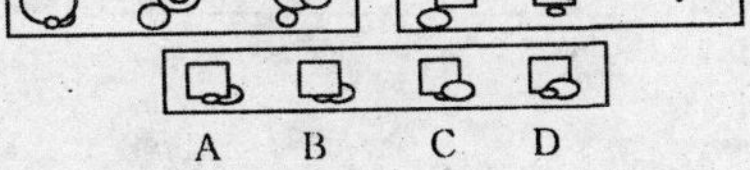

107.

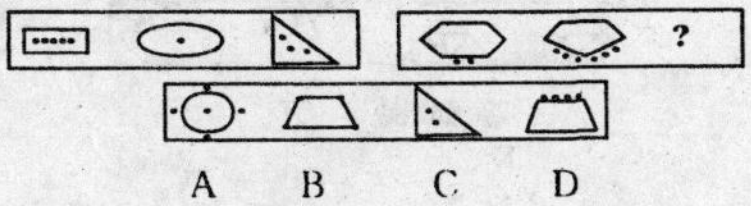

108.

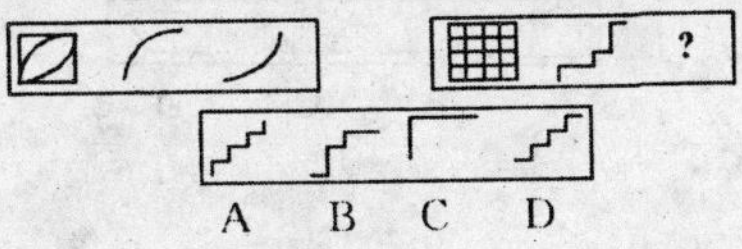

109.

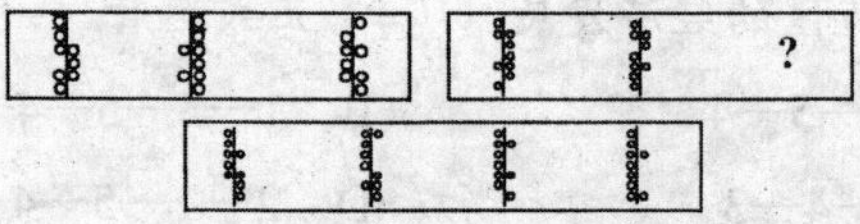

A B C D

110.

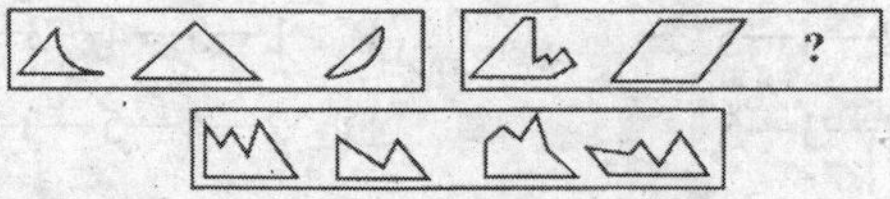

A B C D

111.

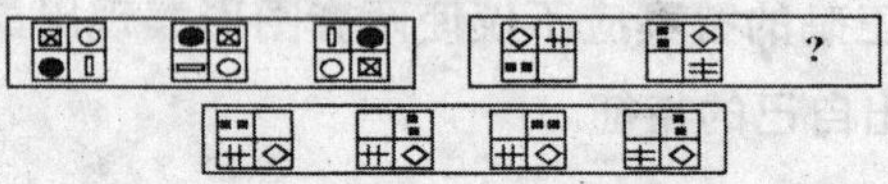

A B C D

112.

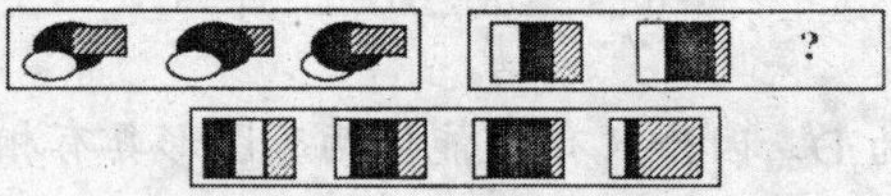

A B C D

113.

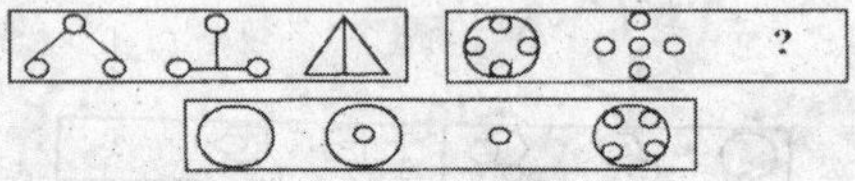

A B C D

114.

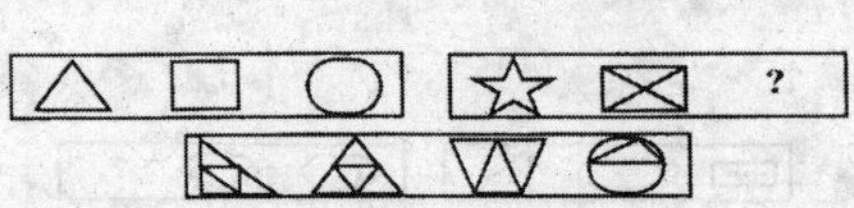

A B C D

115.

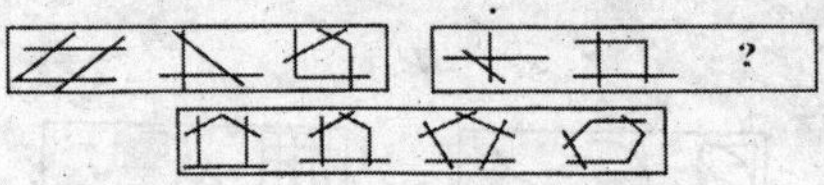

A B C D

三、演绎推理：共 10 题，每题给出一段陈述，这段陈述被假设是正确的、不容置疑的。要求你根据这段陈述，选出一个答案。注意：正确的答案应与所给的陈述相符合，不需要任何附加说明即可以从陈述中直接推出。

例题：某厂有五种产品：甲、乙、丙、丁、戊。它们的年销售额之间的关系为：丙没有丁高，甲没有乙高，戊不比丁低，而乙不如丙高。

请问，哪种产品的年销售额最高？

A. 甲　　B. 乙　　C. 丁　　D. 戊

解答：从所给条件可以知道：戊>丁>丙>乙>甲。因此，正确答案为 D。

请开始答题：

116. 今年上半年，即从 1 月到 6 月间，全国大约有 300 万台录像机售出。这个数字仅是去年全部录像机销售量的 35%。

通过这些数据我们可以知道：

A. 今年录像机市场开始出现萎缩

B. 今年的录像机销售量将少于去年

C. 今年完全有可能突破去年的销售量

D. 今年上半年销售量比去年同期有所下降

117. 我国有 2000 万家庭靠生产蚕丝维持生计，出口量占世界市场的四分之三，然而近年来丝绸业面临出口困境：丝绸形象降格，出口数量减少，又遇到亚洲的一些竞争对手，有些国家还对丝绸进口实行了配额，这无疑对我国丝绸业是一个打击。这表明：

A. 目前我国还没有丝绸进口

B. 目前我国丝绸出口量逐年减少

C. 其他一些国家的丝绸业有了较大发展

D. 目前我国丝绸出口量已不再是世界第一

118. 一位教育工作者撰文表达了她对电子游戏给青少年带来的危害的焦虑之情。她认为电子游戏就像一头怪兽，贪婪、无情地剥夺了青少年的学习和与社会交流的时间。这表明：

A. 青少年的自我克制能力较差

B. 电子游戏给全社会带来很大的危害

C. 社会上的电子游戏充斥了色情和暴力

D. 政府应制定法规禁止电子游戏的开发与生产

119. 桌子上的蛋糕不知被谁吃了，以下是屋内四个人的回答，甲说：“是乙吃的。”乙说：“是丁吃的。”丙说：“我没有吃。”丁说：“乙在撒谎。”这四人中只有一人说了真话，由此可以判断：

A. 甲说了真话，是乙吃的　　B. 乙说了真话，是丁吃的

C. 丙说了真话，是甲吃的　　D. 丁说了真话，是丙吃的

120. 当今的商战要取得胜利，最根本的条件是要制造出比对方物美价廉的商品，这需要有高水平的科学技术，而高水平的科学技术是人智慧的结晶。由此可推出：

A. 人的智慧是无价之宝

B. 人的智慧比科学技术更重要

C. 开发和利用人的智慧资源是当今商战成功之本

D. 引进先进的科学技术是当今商战成功之本

121. 市场经济的内在规律倡导公平竞争和质量取胜，只有符合人们需要的优质产品才能在市场上站稳脚跟。研究表明，在市场经济发展过程中，假冒伪劣产品的出现是与之呈负相关变化的。由此可知：

A. 随着市场经济体制的完善，假冒伪劣产品将会得到有效制止

B. 随着市场经济体制的完善，假冒伪劣产品将会消失

C. 实行市场经济以前，没有假冒伪劣产品

D. 实行市场经济，假冒伪劣产品就会大量出现

122. 有时为了医治一些危重病人，医院允许使用吗啡作为止痛药。其实，这样做是应当禁止的，因为毒品贩子会通过这种渠道获取吗啡，对社会造成严重危害。通过这段话我们可以知道：

A. 目前医院里使用的吗啡不是毒品

B. 医院已经成为社会上毒品的一个来源

C. 国家已经有禁止医院使用吗啡的法规

D. 目前还没有吗啡从医院流向毒品贩子

123. 健康素质只是脱贫致富的物质基础，而文化素质则是影响脱贫致富进程的关键性因素，如果物质上的脱贫不同时伴随文化素质的脱贫，真正意义上的脱贫致富将难以实现。由此可见：

A. 提高贫困人口的健康素质不重要

B. 要注重对贫困人口的文化素质方面的脱贫

C. 扶贫款项都应该用在发展教育上

D. 只要文化水平提高了，自然就可以脱贫致富

124. 南丰傩舞保存着较多汉代之前的信仰形态，很少道教色彩，这在我国其他地区的傩舞中是罕见的；与越南、朝鲜、日本的傩舞相比，它又很少受佛教的影响。由此可以推出：

A. 南丰傩舞早在汉代之前就已存在

B. 我国部分地区的傩舞带有道教色彩

C. 南丰傩舞从未受佛教影响

D. 越南、朝鲜和日本的傩舞具有相同的起源

125. 历史证明，民族兴旺、国家发展的关键因素是国民素质的提高。因此，实现我国宏伟发展目标的关键措施是进一步增加教育投入。这表明：

A. 增加教育投入就可以提高国民素质

B. 国民素质的提高是我国的宏伟发展目标

C. 国民素质提高了才可使民族兴旺、国家发展

D. 我国宏伟发展的目标是民族兴旺、国家发展

第五部分　资料分析

（共 15 题，参考时限 15 分钟）

针对下列图、表或文字回答问题。你应根据资料提供的信息进行分析、比较、计算、处理。（每小题 0.9 分，共 13.5 分）

根据表 3-5 回答 126～128 题。

表 3-5　2000～2001 年度德国足球甲级联赛记分榜

名次	队名	场次	胜	平	负	进球数	失球数	积分
1	拜仁慕尼黑	34	19	6	9	62	37	63
2	沙尔克 04	34	18	8	8	65	35	62
3	多特蒙德	34	16	10	8	62	42	58
4	勒沃库森	34	17	6	11	54	40	57
5	柏林赫塔	34	18	2	14	58	52	56
6	弗雷堡	34	15	10	9	54	37	55
7	云达不来梅	34	15	8	11	53	48	53
8	凯泽斯劳腾	34	15	5	14	49	54	50
9	沃尔夫斯堡	34	12	11	11	60	45	47

续表

名次	队 名	场 次	胜	平	负	进球数	失球数	积 分
10	科隆	34	12	10	12	59	52	46
11	慕尼黑 1860	34	12	7	15	34	47	43
12	罗斯托克	34	12	7	15	34	47	43
13	汉堡	34	10	11	13	58	58	41
14	科特布斯	34	12	3	19	38	52	39
15	斯图加特	34	9	11	14	42	49	38
16	翁特哈兴	34	8	11	15	35	59	35
17	法兰克福	34	10	5	19	41	68	35
18	波鸿	34	7	6	21	30	67	27

126. 拜仁慕尼黑队在该年度联赛中胜率是：

A. 50% B. 53% C. 56% D. 60%

127. 排名最后三位的球队平均每场获得多少积分？

A. 0.55 B. 0.82 C. 0.95 D. 1

128. 18 支球队中，取得净胜球（净胜球=进球数–失球数）最多的球队是：

A. 拜仁慕尼黑 B. 沙尔克 04

C. 多特蒙德 D. 勒沃库森

根据下段材料回答 129～131 题：

一家企业对 1990～1994 年各年生产的某种产品正次品数进行了统计，统计结果如图 3-1

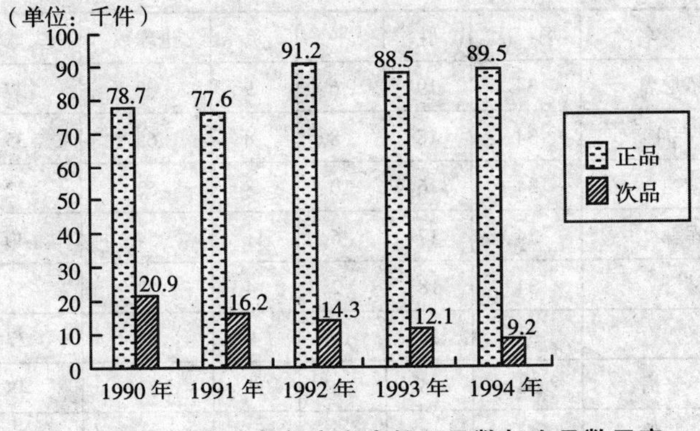

图 3-1 某企业各年度生产的正品数与次品数示意

129. 1990～1994 年中，哪一年生产的正品数与次品数最为接近？

A. 1990 年　　B. 1991 年　　C. 1992 年　　D. 1994 年

130. 1991～1994 年中，次品数下降最多的是哪一年？

A. 1994 年　　B. 1993 年　　C. 1992 年　　D. 1991 年

131. 1990～1994 年五年中，该企业生产的此种产品总共大约有多少正品？

A. 425.5 件　　B. 426 件　　C. 72700 件　　D. 425500 件

根据表 3-6 给出的某市上网资费表回答 132～135 题。

表 3-6　　**某市上网资费统计**

		开户费	基本费	网络使用费 163	网络使用费 169	通讯费
拨号注册	A 类业务	100	0	3 元/小时	1.8 元/小时	每分钟 0.02 元
拨号注册	B 类业务	0	50 元/月 100 元/月	2.5 元/小时 2 元/小时	2.5 元/小时 1 元/小时	每分钟 0.02 元
上网卡（储值卡）		0	0	0.05 元/分钟	0.03 元/分钟	每分钟 0.02 元

132. 拨号注册 B 类业务中，每月缴 50 元基本费的 169 用户每小时网络使用费是：

A. 2.5 元　　B. 2 元　　C. 1.5 元　　D. 1 元

133. 以表中各种方式上网，在缴纳网络使用费时还需同时缴纳通讯费。请问上网一小时的通讯费是：

A. 1.2 元　　B. 1.6 元　　C. 3.6 元　　D. 4.8 元

134. 使用上网卡以 163 接入，每分钟应支付网络使用费和通讯费共计：

A. 0.05 元　　B. 0.07 元　　C. 0.08 元　　D. 0.10 元

135. 同属拨号注册 A 类业务，使用 169 接入比使用 163 接入每分钟少付：

A. 0.01 元　　B. 0.02 元　　C. 0.03 元　　D. 0.05 元

根据下面材料回答 136～140 题。

据阿根廷国家统计局最新消息，2001 年 5 月至 2002 年 5 月，占阿根廷总人口 10%的最低收入阶层占有社会总财富比例为 1.7%，人均月收入从 43 比索下降到 29 比索（1 比索约合 30 美分），降幅为 32.6%。而同样占阿根廷总人口 10%的最高收入阶层占有社会总财富比例为 31.7%，人均月收入从 1415 比索下降到 1346 比索，降幅为

7.2%。比较过去的数据，我们还可以发现，20世纪70年代，阿根廷最富和最穷的阶层收入差距为6倍，80年代为20倍，2001年时为33. 9倍，2002年为46.6倍。

136. 阿根廷社会总财富与上一年度比：

A. 有所减少　B. 有所增长　C. 基本持平　D. 减少16%

137. 阿根廷经济状况最好的时期为：

A. 20世纪70年代　B. 20世纪80年代

C. 进入21世纪以来　D. 文中没有说明

138. 通过上述数字，我们可以计算出：

A. 社会各阶层的人均月收入水平

B. 中间收入阶层的人均月收入水平

C. 中间收入阶层占有社会总财富的比例

D. 中间收入阶层和最富阶层的收入差距

139. 2002年阿根廷最高收入阶层：

A. 在总人口中所占比例有所下降

B. 平均年收入下降不足250美元

C. 占社会总财富的比例有小的上升

D. 生活水平同2001年比没什么变化

140. 下列说法正确的是阿根廷：

A. 阿根廷贫富差距将会在年底突破47倍

B. 阿根廷富人受到的损失比其他阶层都大

C. 阿根廷今年的经济状况明显地比去年差

D. 阿根廷明年经济形势将比今年有所好转

3.3.4 管理能力测验

1. 什么是管理能力

管理能力是领导者在团队管理过程中所表现出的行为特点。管理能力的水平高低对领导者的管理水平会产生关键性的影响。在以管理岗位为中心的人才测评项目中，我们需要对管理能力进行深入、系统的研究。通过多年研究，经过对国内近500家企业中高层领导者的问卷调查，我们确定了中高层管理者八项核心管理能力（见表3-6）。

表 3-6　　中国企业高层管理者八项核心管理能力一览

战略管理能力	具有主动的战略规划意识 能识别出组织的关键成功要素 能够有效地平衡各种因素（市场、人力、竞争）等 能从不同的角度考虑战略问题 综合考虑现实与未来、局部与整体之间的关系，明确战略执行的计划
知人善任	能够对下属进行客观的评价，既有优点也有缺点 能够根据下属的特点，安排相适宜的岗位，实现人职匹配 能根据下属的特点，在工作过程中进行指导或提醒 能信任下属，交办下属的工作要求独立完成，并实施激励，增强下属自信 能考虑下属未来的职业发展问题
创新、变革能力	具有产生不同于前的新思想、观念、想法、程序等的创造性 提出解决问题采用新方法的独创性，并具有一定的推广价值 对所负责的领域需要做出调整或全新的转变有深刻的认识 有能力为变革方案制订具体的实施计划，能有效的管理变革方案的实施 在变革过程中能够承受各方面压力，坚持执行
建立伙伴关系能力	能根据个人或组织的需求发现建立伙伴关系的对象 能利用策略或采取有效的措施，达到建立伙伴关系的目的 与对象长期保持积极开放的信息交流渠道 可以从多赢的角度考虑与伙伴共同发展，而不是只满足自己的目的 不断扩大伙伴关系网络，整合资源并服务于组织未来发展
沟通能力	有主动沟通意识，愿意用沟通的方式来解决问题 主动与别人交流，能给别人提供建设性的反馈 交流过程中能积极倾听他人观点，并表现出对他人观点的肯定 有效地运用正式与非正式交流的机会与渠道 有效利用言语与文字沟通，或其他非言语技巧
团队与组织能力	在团队工作中注意自我角色定位，不以权势或其他明显优势来压制他人 不以自我为中心，不按照自我意志去要求他人 关注团队成员的反应，积极地团结他人共同工作 注意发挥不同成员的优势，强调成员之间的分工与合作 在团队中处于组织与协调的地位，能够带动成员完成共同任务
授权与控制能力	进行充分沟通以便让下属掌握自己的工作角色、职责与工作目标 按照下属的职责范围交给下属应完成的任务，而不是自己直接处理 在下属履行职责的过程中，帮助下属处理困难问题，提高其工作水平 对交付下属的任务进行必要的检查，并告知其汇报的方式与时间 按照组织机构或管理层次的要求处理问题，不越权

续表

分析与决策能力	对事物的分析目标明确或假设合理，注重利用有效的方法
	分析问题注重收集或听取不同方面的信息，作为参考
	在做决策前能够事先考虑各种方案的后果
	决策依据客观、理性的分析，并能够对方案进行科学评估
	决策过程中能够主动征求相关人员的意见

2. 管理能力测验

范例

高级管理者职业能力测验

指导语

大家好，我们现在要进行的测验是高级管理者职业能力测验。测验时间为45分钟，您必须在规定时间内完成所有题目，不能有遗漏。

测验的目的是对您的特定的素质和管理风格进行评估，请您如实地按照自己的真实想法、做法回答问题。素质与风格没有对错之分，大家不要担心这样选择是否正确，只要符合您稳定的、习惯的做法和想法就是正确的。

在测验的过程中，有些题目看起来是重复的，这是我们刻意安排的。

我们要提醒大家，请您仔细看题，特别要注意“是”、“不是”、“习惯”、“不习惯”、“喜欢”、“不喜欢”等字眼，不要因为您没有仔细看题，而错误地表达了自己的意思。

请大家在我们提供的答题卡上工整地填写自己的姓名并对题目进行做答，不要在题本上面写字或做任何的标记。我们给出的全部是选择题，大家只要在答题卡上对应题号后面选择“是”或“否”就可以了。

如果您有不清楚的问题请及时提出来，测试开始我们将不再回答大家提出的任何问题。

测试题目（节选）

1．战略规划是纸上谈兵，边干边规划是最有效的方式。

2．战略是根据企业的发展现状摸索出来的，所以战略不需要规划。

3．了解每个下属是领导者义不容辞的责任。

4．领导者的责任是布置任务并安排落实，对下属的特点考虑过多会影响管理的效率。

5．在某些情况下，领导者对下属的长处和不足了解过多，会影响其管理决策。

6．在现实管理工作中，领导者对于下属的长处和短处都要关注，并要学会利用下属的短处来解决管理问题。

7．众人拾柴火焰高，人多力量大，领导者应该善于调动大家共同完成任务。

8．虽然人多力量大，但人多未必工作效率高，所以能自己完成的工作要自己完成。

9．对于领导者而言，完成艰巨任务的捷径就是调动各种不同特点的员工共同参与。

10．完成一项共同工作的人越多内耗越严重，所以要严格控制参与工作的人数。

11．高效的管理者必须关注团队协同工作，整合各种人力资源是协同工作的基础。

12．我习惯于从优势、不足、机会、风险等角度分析问题。

13．我习惯于“从点到面”分析各种复杂的问题。先从小处着眼，再考虑大的方面。

14．我习惯于时间、分工、资金等多角度考虑各种决策。

15．我总是希望为一个普通的物品找到新的用途。

16．我总是提出一些标新立异的话题，这使我成为大家闲谈的谈资。

17．我认为最有成就感的事情就是用与众不同的思路解决比较复杂的问题。

18．我总是试图改变我的着装风格，这让很多人认为我很善变。

19．我非常清楚我所从事行业中的人际关系，并喜欢了解这些关系。

20．我习惯根据项目要求找到合适的顾问，发挥顾问的价值是我的强项。

21．我习惯自己处理一些棘手的问题，虽然有人际关系可以利用，但毕竟要付出成本。

22．我不习惯找一些顾问来促进工作，因为这些顾问都缺乏责任感。

23．我不太了解我所从事行业中的人际关系，这些关系对完成战略目标的帮助不大。

24．我认为最有成就感的事情就是用与从不同的思路解决复杂的问题。

25．我的习惯是系统地告诉下属需要完成哪些工作，哪怕会忽略一些细节。

26．我的习惯是根据下属的特点，选择是否系统地告知他的工作内容。

27．虽然系统地告知下属应该完成的任务可能会遗漏一些细节，但我还是愿意这么做。

28．我喜欢对聪明的下属说“你应该完成的全部工作是……”，而对愚笨的下属说“你去给我做一件……事情”。

29．我会尽可能少下达书面指示，而多与下属直接交流。

30．我是个心直口快的领导者，发现问题一定要马上与当事者沟通。

31．我在与人谈话时不喜欢掌握话题的主动权。

32．当单位内出现人事、政策和工作流程的重大调整时，我会及时召集下属开会，解释调整的原因及这些调整对他们今后工作的影响。

33．我非常了解我所在企业面临的问题。

34．哪些因素能够影响企业的成功是管理者必须关注的问题。

35．企业战略成功的要素在于管理者去发现而不是管理者去创造。

36．企业战略成功的关键在于管理者能够发现关键成功要素，而不是寻找发现机会。

37．制定企业发展战略要考虑未来前景，不用考虑哪些要素能够促使企业战略成功。

38．不同的岗位需要不同特点的人才，领导者要学会把合适的人放到合适的岗位上。

39．不同的人才适合不同的岗位，领导者要学会根据不同类型的岗位选择合适的人才。

40．领导者不能单纯地考虑岗位特点安排人员，还要考虑内外部人际关系等其他因素。

41．我赞同有的人说“把队伍建起来再决定谁干什么”。

42．领导者在团队工作过程中应该具有与他人商讨的意识和态度。

43．领导者在团队工作的过程中要力排众议，敢于坚持自己的观点。

44．告诉下属自己的想法，请下属提出意见有助于塑造领导者在团队中的影响力。

45．领导者对于关键决策一定要有自己的主见，而不用与下属商量。

46．我习惯从时间的角度考虑问题，所以在决策中对时间问题比较关注。

47．我习惯从资金的角度考虑问题，没有资金什么项目都很难启动。

48．我习惯从人员的角度分析问题，人员到位后项目才能启动。

49．我习惯从战略的角度分析问题，决策一定要考虑经济环境的因素。

50．我曾经通过朋友的朋友找到一个我需要找到的人。

51. 我曾经在一个偶然的场合发现了一个我需要找到的人，并与他建立了长期联系。

52. 我曾经为了一件公事，刻意地去接近一个人，但最终没有达到目标。

53. 我发现我更喜欢按照目标去找到一个人，并可以与他长期交往。

54. 我有一段与某个特别不好打交道的人交往的经历，但交往的时间不是很长。

55. 我喜欢给下属安排任务的时候提出明确的时间要求。

56. 我习惯于给下属安排任务的时候提出明确的质量要求。

57. 我不喜欢以书面的形式为下属安排任务，觉得它不如直接面谈效率高。

58. 在与他人交流的过程中，对于对方提出的问题，我要认真思考后做出反应，虽然效率低，但比较稳妥。

59. 我的同事认为我是个善于沟通的人，心直口快是我的特点。

60. 在开会时，为了保证工作效率，对于他人提出的建议，我总是马上表达自己的观点。

61. 对与领导的沟通我习惯马上做出反应，但对下属的沟通我习惯缓一缓再表达观点。

62. 管理者制定的任何一种战略，都会有倾向性。

63. 管理者可以根据战略规划进行选择牺牲一部分人的利益。

64. 根据组织目标的需要，管理者不一定要保证各种利益共存。

65. 根据组织目标的需要，管理者必须要充分保证组织内部或外部的各种利益。

66. 对于不能保证组织内部与外部各种利益的战略规划，管理者可以有选择地执行。

67. 要做好“人”的工作，管理者必须学会发掘下属的需要是什么。

68. 只要领导者充分考虑为下属建立职业发展通道，就能够对下属进行有效激励。

69. 对下属的激励既要考虑短期效果还要考虑长远发展，以短期激励为主。

70. 建立融洽的内部工作关系，同样能够对下属进行有效激励。

71. 不断满足员工的物质需求，可以持续地提升员工的工作效率。

72. 优秀领导者有必要关注不同下属对其决策的反应，并努力说服不同意见的人。

73. 很多下属能力不高，所以他们的意见对于最终决策无关紧要。

74．优秀领导者应该能够让下属充分表达观点，即使下属的观点存在明显缺陷。

75．为了保证团队工作效率，可以不让素质水平一般的员工发表意见。

76．领导者应该根据团队成员的反应不断地调整工作计划。

77．任何决策都会有风险，抵御风险最好的办法就是提前对可能的后果进行评估。

78．在决策中瞻前顾后会错失商机，因此在决策中不应考虑太多。

79．做企业要从乐观的角度出发，更多地考虑决策的积极方面会让团队信心倍增。

80．任何一项决策都会有弊端，最重要的是领导者能否提前发现这些弊端。

81．决策是由集体做出的，领导者只是起到组织者的作用，对于可能出现的问题应该由大家共同承担。

82．我经常召集“群英会”，请大家为单位经营出谋划策。

83．我经常与下属交流对工作中一些问题的意见，虽然有些人认为我们在“密谋”。

84．我喜欢听客服经理向我汇报客户投诉的具体内容，而不喜欢销售经理与我讨论他对销售制度的意见。

85．对于旧制度遗留的问题，我希望按旧制度处理，出现的新问题按新思路解决。

86．我认为国有企业中“新人新办法，老人老办法”的人事策略是根本错误的。

87．我愿意通过积极的交流，了解合作者的最新情况。

88．我愿意通过其他渠道积极地了解合作者的最新情况，而不是直接与其交流。

89．我更愿意与合作者保持一定的距离，避免过于亲近造成处理合作关系时丧失原则。

90．我习惯多方了解合作者的情况，而不是与他积极地沟通了解。

91．我习惯在合作者不知情的情况下了解他的背景情况。

92．下属不能出色地完成工作任务，直接主管要承担80%的责任。

93．领导者没必要给下属解决完成任务过程中的问题，应该让他们享有高度的独立性。

94．帮助下属解决工作过程中难题的过程是对下属进行培训的过程，领导者的重要责任就是培养下属，所以应该帮助下属解决问题。

95．很多下属缺乏宏观思维，只关注具体的工作，因此领导者应该引导下属具有战略性思考能力。

96．告诉下属如何高标准地完成任务是不够的，应该在其完成任务的过程中给予指导。

97．开会时在他人发言的过程中，我不喜欢进行记录。

98．对于他人的发言，我能够认真地记录并思考要点。

99．别人认为我能够细心地倾听对方的观点，哪怕这些观点对于我并没有太大帮助。

100．我善于记录别人的发言，思考别人发言的观点再阐述自己的意见是我的习惯。

101．在开会的过程中，我的下属发表的观点往往不能切中要点，为了保证效率我往往会直接打断他。

102．管理者考虑战略问题必须从市场前景着眼，而不用考虑内部因素的影响。

103．管理者考虑战略问题，最重要的是资金问题，或者说现金流的问题。

104．管理者一定要从宏观、微观、组织内部与外部等不同角度考虑战略问题。

105．在下属完成工作任务的过程中领导者不便参与，要侧重对结果的评价。

106．领导者在下属完成任务的过程中进行过程指导是基本的规则。

107．领导者应该尊重下属独立完成任务的权利，应该侧重于成果评价。

108．在下属完成任务的过程中进行指导是最高效的培训方式。

109．“告诉下属应该如何完成工作”和“指导下属完成工作”相比较，前者的形式更简单、效果更明显。

110．聪明的领导者会根据下属的特点分配工作任务。

111．为了保证内部公平，领导者必须保证成员都有承担重点工作的机会。

112．人的素质有高低长短的区别，一个人的不足可能是完成某项工作的长处。

113．团队中进行分工协作的基础是提高工作效率，提升个人价值。

114．顺利完成一项工作内容，要求领导者明确分工，并充分考虑各自的特点确保责任落实。

115．在决策过程中主动征求他人的意见是对下属的尊重，但这样会影响工作效率。

116．在决策过程中主动征求下属的意见，能够发现新的思想或思路。

117．任何的管理决策既要有民主、又要集中，最终责任还要由领导者本人承担。

118．在决策过程中让大家充分发表意见会影响工作的效率，因此领导者要坚持独立决策。

119．很多下属缺乏建设性的意见，因此领导者的决策可以不用征求他们的意见。

120．我认为不宜确定变革的计划，因为在实际运行过程中有很多变数，走到一个阶段再随机调整比较合适，符合客观实际。

121．我习惯于在总体目标之下分析出具体的任务，然后将具体任务安排下属去完成。

122．我密切关注事态的发展，与下属建立了“绿色通道”，任何事情我都能在第一时间知道。

123．与战略伙伴合作的过程中，自身利益是前提，双方共赢是目标。

124．与战略伙伴合作的过程中，我更关注内部利益，再怎么说企业利益也是第一位的。

125．与战略伙伴合作的过程中，我习惯换位思考，首先考虑对方的利益。

126．我会定期与每位下属谈话，讨论其任务进展情况。

127．对下属布置任务，我更强调完成任务的质量，工作不达标速度再快也没用。

128．在给下属布置完任务以后，我从来就不过问，因为这是对下属的信任。

129．我习惯于详细地给下属安排任务，告诉下属完成的时间、质量要求、汇报的时间等，虽然繁琐但比较明了。

130．并不是所有的问题都可以放在桌面上讨论，即便当领导的都那么说。

131．我习惯将严重的问题简单化处理，与领导或下属的沟通也可以在饭桌上完成。

132．所谓“打一棒子，给个甜枣”就是在正式场合严厉地训斥下属，在非公开场合进行安抚，这种效果不错。

133．当别人对我的工作提出意见或批评的时候，我要选择辩驳的机会，是否直接辩驳要看问题的严重程度而定。

134．管理者只负责制定战略目标，如何实现战略目标需要下属制定具体计划。

135．管理者如果要制定战略实施计划，必须要考虑现实与未来的关系。

136．管理者制定的战略实施计划，必须考虑局部与整体之间的关系。

137．管理者制定的战略实施计划是战略目标分解的结果，需要进行职能分解，最好落实到具体的责任者。

138．告诉下属“干好了，你将来就能……”，会被下属认为是收买人心。

139．要基于企业未来发展的需要考虑下属职位晋升，下属的意愿并不重要，只要引导正确就可以了。

140．领导者面对下属之间的分歧，最好采取模棱两可的态度处理，以平衡内部的关系。

141．面对下属的意见分歧，领导者应该让各方充分表达观点，并采取折中的方案协调各方意见。

142．领导者应该善于发现不同的意见，并在各种意见之间进行斡旋，确保组织目标能够按计划完成。

143．领导者应该关注下属在完成任务过程中的意见分歧，从中发现对实现目标有积极作用的意见，并旗帜鲜明地给予支持，对实现目标缺乏推动作用的意见要进行压制。

144．我习惯从成本与利润的角度进行项目方案的评估工作。

145．我习惯从风险与收益的角度进行项目方案的评估工作。

146．我习惯以最坏的结果来评估项目方案，可能会显得比较悲观和保守。

147．我习惯以最佳的业绩来评估项目方案，虽然会对不利因素考虑不够。

148．在变革的过程中，可能会伤害部分群体的利益，出现一些人不配合是必然的。

149．面对变革过程中的阻力，领导者应该坚持变革目标确定的原则，不能妥协。

150．面对变革过程中的阻力，领导者要做一定的妥协，并调整变革目标确定的原则。

151．作为变革的推动者，领导者应该坚决坚持原则，哪怕是对自己的领导也要抗争到底。

152．我经常自己反思工作风格，坚持目标的少，灵活处理的多，实践证明领导者一定要灵活地处理管理问题。

153．我加入了学术团体，这为我结交其他专家或学者提供了机会。

154．我经常通过朋友的朋友来解决一些经营上的问题。

155. 我习惯自己思考并解决问题，疏通关系是我不大喜欢做的事情。

156. 我加入了同学会，并且热衷于在其中充当活动组织者或倡议者的角色。

157. 为了保证工作的效率，抓住市场机会，我曾经采取过越级汇报的方式解决棘手的问题。

158. 为了保证工作的效率，按时完成工作任务，我曾经多次指挥非直接下属完成任务。

159. 如果我临时代理全面领导工作，我更愿意直接处理所有部门的报告或请示，哪怕不是我管辖的部门，一定要担负全面领导的责任。

160. 如果我临时代理全面领导工作，我只愿意直接处理我管辖范围内的工作，其他的工作可以由其主管领导处理，不是特殊情况我不愿染指其他部门的工作。

3.3.5 特殊能力测验

特殊能力是指在某些专业活动中所表现出来的能力。特殊能力测验与智力测验也存在很大差异。智力测验只能对被试者现有的能力进行测试，而特殊能力测验既能够对被试者现有的能力进行测试，也能够针对被试者在特定领域的能力倾向进行测试。也即特殊能力测验能够预测被试者在特定领域未来的发展潜力。

世界上最早的特殊能力测验是第二次世界大战时期由美国空军开发的飞行能力测验。通过飞行能力测验，极大地降低了空军飞行员的淘汰率。典型的特殊能力测验可以分为文书能力、机械能力与操作能力测验三类。著名的特殊能力测验有明尼苏达文书能力测验、贝内特机械理解测验与克劳福德灵活性测验等。

3.4 兴趣测验

3.4.1 兴趣的特点

1. 什么是兴趣

心理学的观点认为，兴趣是指个体力求认识某种事物或从事某种活动的心理倾向，它表现为个体对某种事物、某项活动的选择性态度或积极的情绪反应。通过这个定义，我们能够充分地认识到：人对自己感兴趣的事物会给予优先的注意、进行积极的探索，并能从中反映出独特的情绪色彩和向往意识。

2．兴趣的特点

（1）兴趣的多样性。不同人的兴趣往往各不相同。实际上即使同一个人也会有各种各样的兴趣。兴趣的多样性，是个体主观特点多样化的表现。很多人力资源管理者在选拔过程中都会对被试者提出“你有哪些业余爱好？”的问题。我们会发现，被试者一般情况下都会提出至少两种以上的兴趣、爱好。其实，这也就是个体兴趣多样化的表现。

（2）兴趣的分化性。兴趣可以分为不可分化的兴趣与可分化的兴趣。不可分化的兴趣表现的是个体对事物的整体性反应，不涉及具体的因素。比如某人喜欢开车，喜欢体验驾驶的乐趣，这就属于不可分化的兴趣。至于驾驶哪个品牌的车则感觉无所谓。而可分化的兴趣则是个体了解事物的组成部分，知道自己喜欢哪些因素、不喜欢哪些因素。比如，我喜欢看书，我喜欢看名人传记，但我绝对不喜欢看自然科学的理论著作。

3．职业兴趣

职业兴趣是兴趣在职业活动方面的一种表现形式，是复杂的职业特点与个人兴趣的多样性相互联系后所表现出的一种特殊的心理现象。职业兴趣能够反映职业特点与个人特点的匹配关系。职业兴趣是个人择业与机构选拔合适人才的一个重要依据。

心理学家们根据多年的研究，开发了众多职业兴趣或职业倾向测验，比如：霍兰德职业倾向测验、斯特朗职业兴趣测验等。不过，每个测验都有其优点与不足，例如：斯特朗职业兴趣测验信息全面丰富，可以从不同的侧面对人的职业兴趣进行考察，但该问卷结构复杂，测试时间较长。霍兰德职业兴趣测验比较简便易行，测试时间短，结构清晰，但测试目的比较明显，隐蔽性差，主要适用于自我测查、评估，特别是在对管理人员进行测试时，其效度表现显著不佳。

3.4.2　霍兰德职业倾向测验

以下为霍兰德职业倾向测验。

霍兰德职业倾向测验

本测验量表将帮助您发现和确定自己的职业兴趣和能力特长，从而更好地做出求职择业的决策。如果您已经考虑好或选择好了自己的职业，本测验将使您的这种考虑或选择具有理论基础，或向您展示其他合适的职业；如果您至今尚未确定职业方向，本测验将帮助您根据自己的情况选择一个恰当的职业目标。

本测验共有七个部分，每部分测验都没有时间限制，但请您尽快按要求完成。

第一部分 您心目中的理想职业（专业）

对于未来的职业（或升学进修的专业），您得早有考虑。它可能很抽象、很朦胧，也可能很具体、很清晰。不论是哪种情况，现在都请您把自己最想干的 3 种工作或最想读的 3 种专业，按顺序写下来。

1. ______________________
2. ______________________
3. ______________________

第二部分 您所感兴趣的活动

下面列举了若干种活动，请根据自己对这些活动的感觉进行判断。凡是喜欢的，请在“是”栏里打“√”；若是不喜欢，请在“否”栏里打“×”。请按顺序回答全部问题。

R：实际型活动

1. 装配修理电器或玩具	是□	否□
2. 修理自行车	是□	否□
3. 用木头做东西	是□	否□
4. 开汽车或摩托车	是□	否□
5. 用机器做东西	是□	否□
6. 参加木工技术学习班	是□	否□
7. 参加制图描图学习班	是□	否□
8. 驾驶卡车或拖拉机	是□	否□
9. 参加机械和电气学习班	是□	否□
10. 装配修理机器	是□	否□
统计“是”一栏的得分总计	____	____

A：艺术型活动

1. 素描／制图或绘画	是□	否□
2. 参加话剧／戏剧	是□	否□
3. 设计家具／布置室内	是□	否□

4. 练习乐器／参加乐队　是□　否□
5. 欣赏音乐或戏剧　是□　否□
6. 看小说／读剧本　是□　否□
7. 从事摄影创作　是□　否□
8. 写诗或吟诗　是□　否□
9. 进艺术（美术／音乐）培训班　是□　否□
10. 练习书法　是□　否□

统计“是”一栏的得分总计　____　____

I：调查型活动

1. 读科技图书和杂志　是□　否□
2. 在实验室工作　是□　否□
3. 改良水果品种，培育新的水果　是□　否□
4. 调查了解土和金属等物质的成分　是□　否□
5. 研究自己选择的特殊问题　是□　否□
6. 解算术或玩数学游戏　是□　否□
7. 物理课　是□　否□
8. 化学课　是□　否□
9. 几何课　是□　否□
10. 生物课　是□　否□

统计“是”一栏的得分总计　____　____

S：社会型活动

1. 参加学校或单位组织的正式活动　是□　否□
2. 参加某个社会团体或俱乐部活动　是□　否□
3. 帮助别人解决困难　是□　否□
4. 照顾儿童　是□　否□
5. 出席晚会、联欢会、茶话会　是□　否□
6. 和大家一起出去郊游　是□　否□
7. 想获得关于心理方面的知识　是□　否□
8. 参加讲座会或辩论会　是□　否□
9. 观看或参加体育比赛和运动会　是□　否□
10. 结交新朋友　是□　否□

统计"是"一栏的得分总计 ____ ____

E：事业型活动

1. 说服鼓动他人 是□ 否□
2. 卖东西 是□ 否□
3. 谈论政治 是□ 否□
4. 制定计划、参加会议 是□ 否□
5. 以自己的意志影响别人的行为 是□ 否□
6. 在社会团体中担任职务 是□ 否□
7. 检查与评价别人的工作 是□ 否□
8. 结交名流 是□ 否□
9. 指导有某种目标的团体 是□ 否□
10. 参与政治活动 是□ 否□

统计"是"一栏的得分总计 ____ ____

C：常规型（传统型）活动

1. 整理好桌面和房间 是□ 否□
2. 抄写文件和信件 是□ 否□
3. 为领导写报告或公务信函 是□ 否□
4. 检查个人收支情况 是□ 否□
5. 参加打字培训班 是□ 否□
6. 参加算盘、文秘等实务培训 是□ 否□
7. 参加商业会计培训班 是□ 否□
8. 参加情报处理培训班 是□ 否□
9. 整理信件、报告、记录等 是□ 否□
10. 写商业贸易信 是□ 否□

统计"是"一栏的得分总计 ____ ____

第三部分　您所擅长或胜任的活动

下面列举了若干种活动，其中凡是你能做或大概能做的事，请在"是"栏里打"√"；反之，在"否"栏里打"×"。请回答全部问题。

R：实际型活动

1. 能使用电锯、电钻和锉刀等木工工具 是□ 否□
2. 知道万用表的使用方法 是□ 否□
3. 能够修理自行车或其他机械 是□ 否□

4. 能够使用电钻床、磨床或缝纫机 是□ 否□
5. 能给家具和木制品刷漆 是□ 否□
6. 能看建筑设计图 是□ 否□
7. 能够修理简单的电器用品 是□ 否□
8，能修理家具 是□ 否□
9. 能修收录机 是□ 否□
10. 能简单地修理水管 是□ 否□
统计“是”一栏的得分总计 ____ ____

A：艺术型能力

1. 能演奏乐器 是□ 否□
2. 能参加二部或四部合唱 是□ 否□
3. 独唱或独奏 是□ 否□
4. 扮演剧中角色 是□ 否□
5. 能创作简单的乐曲 是□ 否□
6. 会跳舞 是□ 否□
7. 能绘画、素描或书法 是□ 否□
8. 能雕刻、剪纸或泥塑 是□ 否□
9. 能设计板报、服装或家具 是□ 否□
10. 写得一手好文章 是□ 否□
统计“是”一栏的得分总计 ____ ____

I：调研型能力

1. 懂得真空管或晶体管的作用 是□ 否□
2. 能够列举三种蛋白质多的食品 是□ 否□
3. 理解铀的裂变 是□ 否□
4. 能用计算尺、计算器、对数表 是□ 否□
5. 会使用显微镜 是□ 否□
6. 能找到三个星座 是□ 否□
7. 能独立进行调查研究 是□ 否□
8. 能解释简单的化学现象 是□ 否□
9. 理解人造卫星为什么不落地 是□ 否□
10. 经常参加学术的会议 是□ 否□
统计“是”一栏的得分总计 ____ ____

S：社会型能力

1. 有向各种人说明解释的能力 是□ 否□
2. 经常参加社会福利活动 是□ 否□
3. 能和大家一起友好相处地工作 是□ 否□
4. 善于与年长者相处 是□ 否□
5. 会邀请人、招待人 是□ 否□
6. 能简单易懂地教育儿童 是□ 否□
7. 能安排会议等活动顺序 是□ 否□
8. 善于体察人心和帮助他人 是□ 否□
9. 帮助护理病人和伤员 是□ 否□
10. 安排社团组织的各种事 是□ 否□

统计“是”一栏的得分总计 ____ ____

E：事业型能力

1. 担任过学生干部并且干得不错 是□ 否□
2. 工作上能指导和监督他人 是□ 否□
3. 做事充满活力和热情 是□ 否□
4. 有效利用自身的做法调动他人 是□ 否□
5. 销售能力强 是□ 否□
6. 曾作为俱乐部或社团的负责人 是□ 否□
7. 向领导提出建议或反映意见 是□ 否□
8. 有开创事业的能力 是□ 否□
9. 知道怎样做能成为一个优秀的领导者 是□ 否□
10. 健谈善辩 是□ 否□

统计“是”一栏的得分总计 ____ ____

C：常规型能力

1. 会熟练地打印中文 是□ 否□
2. 会用外文打字机或复印机 是□ 否□
3. 能快速记笔记和抄写文章 是□ 否□
4. 善于整理保管文件和资料 是□ 否□
5. 善于从事事务性的工作 是□ 否□
6. 会用算盘 是□ 否□
7. 能在短时间内分类和处理大量文件 是□ 否□

8. 能使用计算机 是□ 否□
9. 能搜集数据 是□ 否□
10. 善于为自己或集体做财务预算表 是□ 否□

统计"是"一栏的得分总计 ____ ____

第四部分 你所喜欢的职业

下面列举了多种职业，请逐一认真地看，如果是你有兴趣的工作，请在"是"栏里打"√"；如果是你不太喜欢、不关心的工作，请在"否"栏里打"×"。请回答全部问题。

R：实际型活动

1. 飞机机械师 是□ 否□
2. 野生动物专家 是□ 否□
3. 汽车维修工 是□ 否□
4. 木匠 是□ 否□
5. 测量工程师 是□ 否□
6. 无线电报务员 是□ 否□
7. 园艺师 是□ 否□
8. 长途公共汽车司机 是□ 否□
9. 火车司机 是□ 否□
10. 电工 是□ 否□

统计"是"一栏的得分总计 ____ ____

S：社会型职业

1. 街道、工会或妇联干部 是□ 否□
2. 小学、中学教师 是□ 否□
3. 精神病医生 是□ 否□
4. 婚姻介绍所工作人员 是□ 否□
5. 体育教练 是□ 否□
6. 福利机构负责人 是□ 否□
7. 心理咨询员 是□ 否□
8. 共青团干部 是□ 否□
9. 导游 是□ 否□
10. 国家机关工作人员 是□ 否□

统计“是”一栏的得分总计 ____ ____

I：调研型职业

1. 气象学或天文学家 是□ 否□
2. 生物学家 是□ 否□
3. 医学实验室的技术人员 是□ 否□
4. 人类学家 是□ 否□
5. 动物学家 是□ 否□
6. 化学家 是□ 否□
7. 数学学家 是□ 否□
8. 科学杂志的编辑或作家 是□ 否□
9，地质学家 是□ 否□
10. 物理学家 是□ 否□

统计“是”一栏的得分总计 ____ ____

E：事业型职业

1. 厂长 是□ 否□
2. 电视片编制人 是□ 否□
3. 公司经理 是□ 否□
4. 销售员 是□ 否□
5. 不动产推销员 是□ 否□
6. 广告部长 是□ 否□
7. 体育活动主办者 是□ 否□
8. 销售部长 是□ 否□
9. 个体工商业者 是□ 否□
10. 企业管理咨询人员 是□ 否□

统计“是”一栏的得分总计 ____ ____

A：艺术型职业

1. 乐队指挥 是□ 否□
2. 演奏家 是□ 否□
3. 作家 是□ 否□
4. 摄影家 是□ 否□
5. 记者 是□ 否□
6. 画家、书法家 是□ 否□

7. 歌唱家　是□　否□

8. 作曲家　是□　否□

9. 电影电视演员　是□　否□

10. 节目主持人　是□　否□

统计“是”一栏的得分总计　____　____

C：常规型职业

1. 会计师　是□　否□

2. 银行出纳员　是□　否□

3. 税收管理员　是□　否□

4. 计算机操作员　是□　否□

5. 簿记人员　是□　否□

6. 成本核算员　是□　否□

7. 文书档案管理员　是□　否□

8. 打字员　是□　否□

9. 法庭书记员　是□　否□

10. 人口普查登记员　是□　否□

统计“是”一栏的得分总计　____　____

第五部分　您的能力类型简评

下面的表 3-7、3-8 是您在 6 个职业能力方面的自我评定表。您可以先与同龄者比较出自己在每一方面的能力，然后经斟酌对自己的能力做出评估。请在表中适当的数字上画圈。数字越大，表示你的能力越强。

注意，请勿全部画同样的数字，因为人的每项能力不可能完全一样。

表 3-7　　自我评定表（A）

R 型	I 型	A 型	S 型	E 型	C 型
机械操作能力	科学研究能力	艺术创作能力	解释表达能力	商业洽谈能力	事务执行能力
7	7	7	7	7	7
6	6	6	6	6	6
5	5	5	5	5	5
4	4	4	4	4	4
3	3	3	3	3	3
2	2	2	2	2	2
1	1	1	1	1	1

表 3-8　　自我评定表（B）

R型	I型	A型	S型	E型	C型
体力技能	数学技能	音乐技能	交际技能	领导技能	办公技能
7	7	7	7	7	7
6	6	6	6	6	6
5	5	5	5	5	5
4	4	4	4	4	4
3	3	3	3	3	3
2	2	2	2	2	2
1	1	1	1	1	1

第六部分　统计和确定您的职业倾向

请将第二部分至第五部分的全部测验分数按前面已统计好的6种职业倾向（R型、I型、A型、S型、E型和C型）得分填入表3-9，并做纵向累加。

表 3-9　　职业倾向得分

测　试	R型	I型	A型	S型	E型	C型
第二部分						
第三部分						
第四部分						
第五部分 A						
第五部分 B						
总　分						

请将上表中的6种职业倾向总分按大小顺序依次从左到右排列：

______型、______型、______型、______型、______型、______型

最高分______　您的职业倾向性得分______　最低分______

第七部分　您所看重的东西——职业价值观

这一部分测验列出了人们在选择工作时通常会考虑的 9 种因素（见所附工作价值标准）。现在请您在其中选出最重要的两项因素，并将序号填入下边相应的空格上。

最重要：　　　次重要：

最不重要：　　　次不重要：

附工作价值标准：

1. 工资高、福利好
2. 工作环境（物质方面）舒适
3. 人际关系良好
4. 工作稳定有保障
5. 能提供较好的受教育机会
6. 有较高的社会地位
7. 工作不太紧张、外部压力小
8. 能充分发挥自己的能力特长
9. 社会需要与社会贡献大

至此全部测验完毕。

3.4.3 职业能力倾向的自我测定

职业能力倾向的自我测定

本测验把人的职业能力倾向分为 9 种，每种能力由一组 5 个题目反映。测验时，请你仔细阅读每一道题，采用“五等评分法”自己进行评定，见表 3-10。然后分别计算出自评等级。

表 3-10　　职业能力倾向自我测定题

（一）一般学习能力倾向（G）	强 1	较强 2	一般 3	较弱 4	弱 5
1. 快而容易地学习新内容					
2. 快而正确地解数学题					
3. 你的学习成绩					
4. 对课文的字、词、段落篇章的理解、分析和综合能力					
5. 对学习过的知识的记忆能力					
（二）言语能力倾向（V）	强 1	较强 2	一般 3	较弱 4	弱 5
1. 善于表达自己的观点					
2. 阅读速度和理解能力					
3. 掌握词汇量的程度					

续表

4．你的语文成绩					
5．你的文学创作能力					
（三）算术能力倾向（N）	强1	较强2	一般3	较弱4	弱5
1．做出精确的测量					
2．笔算能力					
3．口算能力					
4．打算盘					
5．你的数学成绩					
（四）空间判断能力倾向（S）	强1	较强2	一般3	较弱4	弱5
1．解决立体几何方面的习题					
2．画三维度的立体图形					
3．看几何图形的立体感					
4．想像盒子展开后的平面图					
5．想像三维度的物体					
（五）形态知觉能力倾向（P）	强1	较强2	一般3	较弱4	弱5
1．发现相似图形中的细微差别					
2．识别物体的形状差异					
3．注意物体的细节部分					
4．观察物体的图案是否正确					
5．对物体的细微描述					
（六）书写知觉能力倾向（Q）	强1	较强2	一般3	较弱4	弱5
1．快而准地抄写资料（如姓名、日期、电话号码等）					
2．发现错别字					
3．发现计算错误					
4．能很快查找编码卡片					
5．自我控制能力（如较长时间抄写资料）					
（七）眼手运动协调能力倾向（K）	强1	较强2	一般3	较强4	强5
1．玩电子游戏					
2．打篮球、排球、足球一类活动					
3．打乒乓球、羽毛球运动					
4．打算盘能力					
5．打字能力					

续表

（八）手指灵巧度（F）	强 1	较强 2	一般 3	较弱 4	弱 5
1. 灵巧地使用很小的工具					
2. 穿针眼、编制等使用手指的活动					
3. 用手指做一件小工艺品					
4. 使用计算器的灵巧程度					
5. 弹琴					
（九）手腕灵巧度（M）	强 1	较强 2	一般 3	较弱 4	弱 5
1. 用手把东西分类					
2. 推拉东西时手的灵活度					
3. 很快地削水果					
4. 灵活地使用手工工具					
5. 在绘画、雕刻等手工活动中的灵活性					

统计分数的方法：

（1）对每一类能力倾向计算总分数。对每一道题目，我们采取“强”、“较强”、“一般”、“较弱”、“弱”五个等级，供您自评。每组 5 道题完成后，分别统计各等级选择的次数总和，然后用下面公式计算出该类的总计次数（把“强”定为第一项，以此类推，“弱”定为第五项；第一项之和就是选“强”的次数和）。

总计次数=（第一项之和×1）+（第二项之和×2）+（第三项之和×3）+（第四项之和×4）+（第五项之和×5）

（2）计算每一类能力倾向的自评等级。

自评等级=总计次数／5

（3）将自评等级填入表 3-11：

表 3-11　自评等级结果

职业能力倾向	自评等级	职业能力倾向	自评等级
G		Q	
V		K	
N		F	
S		M	
P			

根据结果对照表 3-12，可以找到适合你的职业。

表 3-12　职业对人的职业能力倾向的要求

职业类型	职业能力倾向								
	G	V	N	S	P	Q	K	F	M
生物学家	1	1	1	2	2	3	3	2	3

续表

职业类型	职业能力倾向								
	G	V	N	S	P	Q	K	F	M
建筑师	1	1	1	1	2	3	3	3	3
测量员	2	2	2	2	2	3	3	3	3
测量辅导员	4	4	4	4	4	4	3	4	3
制图员	2	3	2	2	2	3	2	2	3
建筑和工程技术专家	2	2	2	2	2	3	3	3	3
建筑和工程技术员	2	3	3	3	3	3	3	3	3
物理科学技术专家	2	2	2	2	3	3	3	3	3
物理科学技术员	2	3	3	3	2	3	3	3	3
农业、生物、动物、植物学的技术专家	2	2	2	2	3	3	3	3	3
农业、生物、动物、植物学的技术员	2	3	3	3	2	3	3	3	3
数学家和统计学家	1	1	1	3	3	2	4	4	4
系统分析和计算机程序编制者	2	2	2	2	3	3	4	4	4
经济学家	1	1	1	4	4	2	4	4	4
社会学家、人类学家	1	1	2	2	2	3	4	4	4
心理学家	1	1	3	4	4	3	4	4	4
历史学家	1	1	4	3	3	3	4	4	4
哲学家	1	1	3	2	2	3	4	4	4
政治学家	1	1	3	4	4	3	4	4	4
政治经济学家	2	2	2	3	3	3	3	3	5
社会工作者	2	2	3	4	4	3	4	4	4
社会服务助理人员	3	3	3	4	4	3	4	4	4
法官	1	1	3	4	3	3	4	4	4
律师	1	1	3	4	3	4	4	4	4
公证人	2	2	3	4	4	3	4	4	4
图书馆管理学专家	2	2	3	3	4	2	3	4	4
图书馆、博物馆和档案管理员	3	3	3	2	2	4	3	2	3
职业指导者	2	2	3	4	4	3	4	4	4
大学教师	1	1	3	3	2	3	4	4	4
中学教师	2	2	3	4	3	3	4	4	4
小学和幼儿园教师	2	2	3	3	3	3	3	3	3
职业学校教师（职业课）	2	2	2	3	3	3	3	3	3
职业学校教师（普通课）	2	2	3	4	3	3	4	4	4

续表

职业类型	职业能力倾向								
	G	V	N	S	P	Q	K	F	M
内、外、牙科医生	1	1	2	1	2	3	2	2	2
兽医学家	1	1	2	1	2	3	2	2	2
护士	2	2	3	3	3	3	3	3	3
护士助手	2	4	4	4	4	2	2	3	2
工业药剂师	2	1	2	3	2	2	3	2	3
医院药剂师	2	2	2	4	9	2	3	2	3
营养学家	2	2	2	3	3	3	4	4	4
配镜师（医）	2	2	2	2	2	3	3	3	3
配眼镜商	3	3	3	3	3	4	3	2	3
放射科技术人员	3	3	3	3	3	3	3	3	3
药物实验室技术专家	2	2	2	3	2	3	3	2	3
药物实验室技术员	2	3	3	3	3	3	3	3	3
画家、雕刻家	2	3	4	2	2	5	2	1	2
产品设计和内部装饰者	2	2	3	2	2	4	2	2	3
舞蹈家	2	2	4	3	4	4	4	4	4
演员	2	2	3	4	4	3	4	4	4
电台播音员	2	2	3	2	2	4	2	2	3
作家和编辑	2	1	3	3	3	3	4	4	4
翻译人员	2	1	4	4	4	3	4	4	4
体育教练	2	2	2	4	4	3	4	4	4
运动员	3	3	4	2	3	4	2	2	2
秘书	3	3	3	4	3	2	3	3	3
打字员	3	3	4	4	4	3	3	3	3
会计	3	3	3	4	4	2	3	3	4
出纳	3	3	3	4	4	2	3	3	4
统计员	3	3	2	4	3	2	3	3	4
电话接线员	3	3	4	4	4	3	3	3	3
办公室职员	3	4	3	4	4	3	3	4	4
商业经营管理	2	2	3	4	4	3	4	4	4
售货员	3	3	3	4	4	3	4	4	4
警察	3	3	3	4	3	3	3	4	3
门卫	4	4	5	4	4	4	4	4	4
厨师	4	4	4	4	3	4	3	3	3
招待员	3	3	4	4	4	4	3	4	3

续表

职业类型	职业能力倾向								
	G	V	N	S	P	Q	K	F	M
理发员	3	3	4	4	9	4	2	2	2
导游	3	3	4	3	3	5	3	3	3
驾驶员	3	3	3	3	3	3	3	4	3
农民	3	4	4	4	4	4	4	4	4
动物饲养员	3	4	4	4	4	4	4	4	4
渔民	4	4	4	4	4	5	3	4	3
矿工	3	4	4	3	4	5	3	4	3
纺织工人	4	4	4	4	3	5	3	3	3
机床操作工	3	4	4	3	3	4	3	4	3
锻工	3	4	4	4	3	4	3	4	3
无线电修理工	3	3	3	3	2	4	3	3	3
细木工	3	3	3	3	3	4	3	4	4
家具木工	3	3	3	3	3	4	3	4	3
一般木工	3	4	4	3	4	4	3	4	3
电工	3	3	3	3	3	4	3	3	3
裁缝	3	3	4	3	3	4	3	2	3

3.5 需求与动机测验

3.5.1 需求与动机

1. 需求

需求是动机的基本来源，动机的产生原因就是需求的满足。需求是决定行为目标的根本原因。心理学家与管理学家对个体的需求进行了大量的研究。从 20 世纪 20 年代开始，各种人性假设的理论得到了持续的发展。

（1）经济人假设。即 20 世纪 20 年代以泰勒为代表的“科学管理”学派所依据的人性假设。1950 年，麦格雷戈在《论企业的人事》中将“经济人假设”总结为“X 理论”。“经济人”假设从享乐主义的观点出发，把人的行为看成是满足一己私利，都想争取最大的经济利益，工作则是为了获得经济报酬。

（2）社会人假设。1924 年，美国国家科学研究院的全国科学研究委员会在西方电气公司的霍桑工厂进行研究。1928 年，哈佛大学副教授梅耶继续进行霍桑实验，试验一直持续到 1932 年。历时 9 年的霍桑实验，使梅耶提出了“社会人”的观点。该观点认为，“人并非孤立存在的个体，而是处于一定社会关系中的群体成员。人所受到的最主要的激励来源于社会需要的满足，以及得到和别人的关系及地位上的成就。来自群体中的社会力量对人的影响，比对管理中的激励和控制的影响更大。”

（3）自我实现人假设。最早由美国心理学家马斯洛提出。马斯洛在他的需求层次理论中提出，“自我实现是人的最高层次”。1950 年，麦格雷戈在《论企业的人事》中将这一假设概括为“Y 理论”。所谓自我实现，是指人都需要发挥自己的潜力，只有人的潜力发挥出来，才能才会表现出来，人们才会感到最大的满足。马斯洛说：“每个人都会成为自己所希望的那种人。”

（4）复杂人假设。最早出现在 20 世纪 60 年代中期，由沙因（E.H.Schein）提出。沙因认为，人的最大需求并不可能都是一样的，而是因人、因时、因地而异的。不可能有纯粹的经济人，也不可能有纯粹的社会人或自我实现人，实际存在的只是在各种情况下采取不同反应的复杂人。

此外，还有莫尔斯和洛希于 1970 年提出的“超 Y 理论”。该理论认为：人的需求是多种多样的，不同时期的需求不同，工作和生活条件的变化使人的需求相应地产生变化，不同的单位与部门会让人产生新的需求。

上述几种人性理论说明了有关“需求”的四个问题：

- 需求产生动机、动机导致行为，需求是行为的基础；
- 人的需求具有多样性；
- 人在不同时期、不同环境下的需求不同；
- 在同一时期，一个人同时具有多种需求，但各种需求的强度存在差异。

2．动机

所谓动机，就是引起、指引人们从事某种活动的内在动力，它可以用来解释或说明个体行为的原因或理由。人才测评在分析个体的行为时，不仅要考察行为的方式和行为导致的后果，还要追究行为产生的原因。只有对行为的原因进行研究，才能全面、深刻地理解行为、预测行为并对行为做出相应的反应。

需求产生动机，动机导致行为，因此需求是行为的基础。对被试者的动机进行研究的目的，就是要系统地研究被试者的动机与绩效之间的驱动关系。美国学者麦克莱兰的胜任特征理论提出，“真正能够对绩效产生影响的因素是内驱力，而不是传统意义上所理解的知识、技能等显性因素”。而内驱力在很大程度上强调的就是被试者的动机、个性、价值观等因素。

不同的动机配置与领导的结果之间的关系如表 3-5 所示。

表 3-5　　不同的动机配置与领导的结果

权力动机	成就动机	亲和动机	领导结果
较高	较高	适度	最有利于整个组织的领导
低	较高	高	乡愿型主管，对个人有利，对组织不利
较高	高	低	个人成功，对组织不利（无团队精神）
低	高	较高	无法统率团体
高	低	较高	可能偏袒私人
较高	低	高	把组织当成社交场所
太低	—	—	无法统率下属
—	太低	—	无法完成机构的任务
—	—	太低	无法与人交往的孤独者

在管理者测试维度，比较中常见的动机如下：

（1）风险动机。是指决策时敢于冒险，敢于使用新思路、新方法，不惧怕失败的动机。高风险动机的人可能过于莽撞，对可能的危险和损害估计不足，缺乏足够的大局意识和责任感，缺乏对失败的应变策略；低风险意识的人则过于保守、审慎，优柔寡断，谨小慎微，缺乏决断。

（2）权力动机。是指人们力图获得、巩固和运用权力的一种内在需要，是一种试图控制、指挥、利用他人行为，想成为组织的领导的动机。高权利动机的人往往有许多积极有利的特征，例如，善于左右形势大局，果断自信，试图说服人；但权利动机过高的人也可能会成为组织中的危险人物，他们可能只顾及个人权力，在极端情况下还会不择手段，不顾组织的利益，甚至危害组织。

总的来说，权力动机是有价值的：一定水平的权力动机是企业管理者实现统率力的行为根源，但与此同时在组织中也要控制权力动机的无限扩张。

（3）亲和动机。是指人对于建立、维护、发展或恢复与他人或群体的积极情感关系的愿望。其结果是引导人们相互和睦、关心，形成良好的人际氛围。亲和动机强的人能很容易地与他人沟通、交流，并且促进团队中积极的社会交往；他们富有同情心，容易接纳他人，减少冲突，避免竞争，有利于合作气氛。亲和型的领导受下属的接受和拥护，团队合作密切。不过，亲和动机过于强烈时，也可能有副作用，如回避矛盾，害怕被拒绝，过于求同，忽视个性，甚至息事宁人，放弃原则。

（4）成就动机。是指人们发挥能力获取成功的内在需要，它是一种克服障碍、完成艰巨任务、达到较高目标的需要，是对成功的渴望。它意味着人们希望从事有意义的活动，并在活动中获得完满的结果。由于成就动机具有行为驱动作用，在智力水平和其他条件相当的情况下，高成就动机的人获得的成功更大、绩效更突出。但成就动机过高也有逆反现象：人们对目标的设置降低难度，倾向于回避失败，结果是动机的行为驱动力减退，工作任务未必尽善尽美。而且，害怕失败也就意味着害怕尝试多种可能性，从而在无形中也就放弃、丧失了很多机会。

3.5.2 需求测验

北京大学心理学系课题组在王垒教授的带领下开发了“需求测验”。该测验以马斯洛的需求层次理论为理论基础，测查被试者对生理需要、安全需要、归属和爱的需要、自尊的需要和自我实现的需求等各大类生活需要的程度。通过这一测验，可以全面了解个体的需求状况和需求的主次形态，并可定性、定量分析员工总体需求分布模式以及各种需求的强弱程度。

1. 测验功能

在团体层次上，通过对组织里的全体员工实施需求测试，可以揭示各层次员工的需求结构。根据这个结构，可以了解团体中各种需要的分布及其形态。这是安排组织激励、调度员工士气的一个基本环节。

需求测试和价值取向评估相互对照使用，可为组织人事工作、动机激励、企业文化建设提供依据。

2. 测验的特点

本测验系参照马斯洛的需求层次理论建构而成。生理需要、安全需要、爱与归属的需要为较低层次的需求，主要靠外在的事物来满足；自尊的需要、自我实现的需要为高层次需求，是自己内在的满足。

本测验可把握被测试者的主要需求方向，帮助他们全面了解自我的状态，做出良好的职业设计和规划，同时也可相应地安排不同的激励政策，引导提高各级员工的动机水平，提高工作满意度，增强忠诚度和稳定性。

3. 适用对象

本测验广泛适用于任何希望了解自我状态的个体和各行业、各层次人员。同时，它也适用于对组织全体在职人员集体施测，了解各级员工的需求构成，为实施有效激励措施提供建议和依据。

4. 测验的构成

测验维度：生理需求、安全需求、归属和爱的需求、自尊的需求、自我实现的需求。

每种需求选定 10~16 道题目加以测试，测验由 67 道题目组成。

每道题目陈述一个观点，应试者根据他对此观点的同意程度进行 7 点评分。

5．指导语

这是一份关于个人观点的测验调查，请根据你对每一个问题的看法用 1~7 的分值表示你同意或不同意的程度（1 代表“完全不同意，7 代表“完全同意”）。请将你的回答填在相应问题前的横线上。答案无对错之分，请不要顾虑。每个问题都要回答，不要遗漏。谢谢合作。

6．样题

1	2	3	4	5	6	7
完全不赞同	非常不赞同	稍有不赞同	无所谓赞同	稍有赞同	比较赞同	完全赞同

______我认为有一个安稳的住所是发展事业的前提。

如果选择 7，就表明您完全同意这一表述，这与您的看法完全一致。

7．维度定义

（1）生理需要。是指各种用于满足生存的基本物质需要，如饮食、睡眠、营养等。

（2）安全需要。是指对安全、稳定、依赖的需要，希望免受恐吓、焦躁和混乱的折磨，有稳定的工作等。

（3）归属的需要。是指对爱、情感、友谊、归属和社会交往的需要。希望拥有朋友、爱人和亲人。如果得不到满足，个体会感到孤独。

（4）自尊的需要。是指对于自己的稳定的、牢固不变的、较高的评价的需要或欲望，对于自尊、自重和来自他人的尊重的需要或欲望。

（5）自我实现的需要。是指个体充分发挥自己的潜能，实现人生价值的需要。也就是说，一个人生下来具有什么样的潜能，他就会希望成为什么样的人。

3.5.3 动机测验

通过大量的项目实践，我们发现在所有的动机测验中，北京大学心理系开发的“生活特性测验”的效度表现比较突出。下面我们就对该测验的有关内容做一简单介绍。

1．测验目的

生活特性问卷是为评定个体的动机水平而编制的。动机是行为的内在原因，主要指发动一定的行为满足某种需要的意愿。它由需求而产生，为行为提供能量，具有目标指向性。

2．测验功能

在个体层次上，四种动机的定位、组合模式，与个人工作绩效和职业匹配程度关系紧密。使用动机测量工具可以揭示个体的动机模式特征，评估动机与职业的匹配度，有助于个人了解自我，估计工作满意度，做出适当的自我设计和调整。而对组织来说，该测验则有助于预测员工的行为表现及其稳定性。

在团体层次上，使用动机测量工具可以帮助管理者了解组织成员的动机结构、水平，并可通过对其进行有效的激励，来提高组织绩效和员工满意度。

3．测验的特点

该测验从近代激励理论出发，以风险动机、权力动机、亲和动机和成就动机为维度构建而成。这 4 个维度与人们的工作绩效以及参与管理活动中的效能有着必然的联系。

测验的设计构成有着高度的目标指向性，通过揭示个体的动机水平和需求模式，可以有效地预测其未来的工作表现和绩效，以及个体自身的工作满意度。

本测验将是评定应聘人员与应聘职位匹配度、揭示职员动机模式、实行有效激励政策的必备适用工具。

4．适用对象

本测验广泛适用于各行业、各层次人员，特别是面临择业、改行或求职的应聘者，主要用于评估其动机与职业的匹配程度。

5．测验的构成

问卷测试风险动机、权力动机、人际亲和动机、成就动机 4 种动机。每种动机选定 11~15 道题目加以测试。将题目随机排列编成生活特性问卷，问卷由 51 道题目组成。每道题目陈述一个观点，应试者根据他对此观点的同意程度利用 7 点量表（相当于 7 分制）进行评分。

6．指导语

这是一份关于个人观点的问卷调查，请根据你对每一个问题的看法用 1~7 的分值表示你同意或不同意的程度（1代表“完全不同意，7代表“完全同意”）。请将你的回答填在相应问题前的横线上。答案无对错之分，请不要顾虑。每个问题都要回答，不要遗漏。谢谢合作。

7. 样题

1	2	3	4	5	6	7
完全不赞同	非常不赞同	稍有不赞同	无所谓赞同	稍有赞同	比较赞同	完全赞同

_____我喜欢对他人的工作做指导。

实践提示

1. 根据胜任特征理论，在人才测评项目中，必须有目的地选择心理测验。由于心理测验，特别是人格测验都是根据人格结构编制的，测试维度与企业的人力资源管理活动往往缺乏对应性，因此，必须有选择地使用心理测验。

2. 卡特尔16种人格因素测验适宜测试被试者的适应性、内外向特点、理智性、果断性，并可以测试被试者的心理健康程度、专业成就潜力、创造性及在新环境中的成长性。

3. 加州青年人格问卷适宜测试被试者的社会化、成熟度、责任心与价值观，并可以测试被试者的成就潜能与智能效率，以及被试者的个人生活态度与倾向。

本章小结

本章用5节的内容对心理测验进行了介绍。3.1节对心理测验、心理测量与人才测评的关系、心理测验的起源发展及性质进行了介绍。3.2节对心理测验中的人格测验进行了介绍，分别阐述了人格的概念、特点与性质；并给读者提供了两个常见的人格测验：卡特尔16种人格因素测验与加州青年人格问卷。3.3节介绍了能力的概念、分类及特点，并分别介绍了一般能力测验、行政能力测验、管理能力测验与特殊能力测验。3.4节、3.5节分别向读者介绍了兴趣、需求与动机测验，并介绍了国际经典职业兴趣测验——霍兰德职业兴趣测验，及需求与动机测验。

关键术语

- 人格 Personality
- 人格测验 Personality Test
- 能力 Ability
- 能力测验 Ability Test
- 能力倾向 Aptitude
- 需求 Need
- 动机 Motivational

思考题

1. 心理测量、心理测验与人才测评三者的关系是什么？
2. 人格的概念及人格的特点有哪些？
3. 能力的概念及能力的特点有哪些？
4. 人的兴趣特点有哪些？
5. 需求与动机的特点有哪些？
6. 简述如何在招聘中合理地使用人格测验。

附录

心理测验管理条例（试行）

心理测验指在鉴别智力、因材施教、人才选拔、就业指导、临床诊断等方面具有咨询、鉴别和预测能力的测量工具。凡从事研制、使用和出售心理测验的中国心理学会会员个人或所属机构，有责任维护心理测验工作健康发展。在从事心理测验工作中须遵循本条例。

一、测验的登记注册

1．凡中国心理学会会员个人或集体所编制、修订、发行与出售的心理测验，都必须到中国心理学会心理测量专业委员会申请登记注册（非会员也可申请登记）。

2．心理测量专业委员会只认可那些经科学论证程序审核鉴定的标准化测验，并予以登记注册。凡经过登记注册的心理测验，均给予统一分类编号，并定期在中国心理学会主办的《心理学报》公布。

二、测验使用人员的资格认定

1. 心理专业的本科以上毕业生或在心理测量专家的指导下，具有两年以上测验使用经验者，可获得测验使用资格。

2. 凡在心理测量专业委员会备案并获得认可的心理测量培训班，由本专业委员会颁发测验使用人员的资格认定书。

3. 凡经过心理测量培训班的专门训练并获得资格认定书者，具有使用测验的资格。测验使用人员的资格认定书分为两种：单项测验使用资格认定书与多项测验使用资格认定书。

三、测验的控制使用与保管

1. 任何心理测量必须对该测验的使用范围、实施程序以及测验使用者的资格加以明确规定，并在测验手册中做出详尽描述。

2. 具有测验使用资格者，可凭测验使用资格认定书购买和使用相应的心理测验器材，并负责对测验器材的妥善保管。

3. 测验使用者必须严格按照测验指导手册的规定使用测验。在使用心理测验作为诊断或取舍决定等重要决策的参考依据时，测验使用者必须选择适当的测验，并要采取一定的检查措施；测验使用的记录及书面报告应保存备查。

4. 凡中国心理学会会员个人或机构在修订与出售他人编制的心理测验时，必须首先征得该测验的主管单位或作者的同意。印制、发行与出售心理测验器材的机构应该到心理测量专业委员会登记，并只能将测验器材售予具有测验使用资格者。

5. 为保证测验的科学性与实用价值，标准化测验的内容与器材不得在各类非专业刊物上发表。

6. 本条例自中国心理学会批准之日起生效，其修订与解释权归中国心理学会心理测量专业委员会。

1992 年 12 月

中国心理学会

第 4 章

人才测评中的面试技术

本章学习目标

1. 熟悉面试的特点；
2. 熟悉面试的分类；
3. 熟悉面试的形式；
4. 熟悉面试的流程；
5. 掌握面试的维度选定；
6. 掌握面试题目设计；
7. 掌握面试实施过程及技巧。

引导案例

丰田公司的全面招聘体系

丰田公司著名的“看板生产系统”和“全面质量管理”体系名扬天下，但是其行之有效的“全面招聘体系”却鲜为人知。正如许多日本公司一样，丰田公司花费大量的人力物力寻求企业需要的人才，用精挑细选来形容一点也不过分。

丰田公司“全面招聘体系”的目的就是招聘最优秀的有责任感的员工，为此公司做出了极大的努力。丰田公司“全面招聘体系”大体上可以分成六大阶段，前五个阶段招聘大约要持续 5~6 天。

第一阶段：丰田公司通常会委托专业的职业招聘机构，进行初步的甄选。应聘人员一般会观看丰田公司的工作环境和工作内容的录像资料，同时了解丰田公司的全面招聘体系，随后填写工作申请表。1个小时的录像可以使应聘人员对丰田公司的具体工作情况有个概括了解，初步感受工作岗位的要求，同时也是应聘人员自我评估和选择的过程，许多应聘人员知难而退。专业招聘机构也会根据应聘人员的工作申请表和具体的能力和经验做初步筛选。

第二阶段：评估员工的技术知识和工作潜能。通常会要求员工进行基本能力和职业态度心理测试，评估员工解决问题的能力、学习能力和潜能以及职业兴趣爱好。如果是技术岗位工作的应聘人员，更加需要进行6个小时的现场实际机器和工具操作测试。通过1~2阶段的应聘者的有关资料转入丰田公司。

第三阶段：丰田公司接手有关的招聘工作。本阶段主要是评价员工的人际关系能力和决策能力。应聘人员在公司的评估中心参加一个4小时的小组讨论，讨论的过程由丰田公司的招聘专家即时观察评估，比较典型的小组讨论可能是应聘人员组成一个小组，讨论未来几年汽车的主要特征是什么。实地问题的解决可以考察应聘者的洞察力、灵活性和创造力。同样在第三阶段应聘者需要参加5个小时的实际汽车生产线的模拟操作。在模拟过程中，应聘人员需要组成项目小组，负担起计划和管理的职能，比如如何生产一种零配件，人员分工、材料采购、资金运用、计划管理、生产过程等一系列生产考虑因素的有效运用。

第四阶段：应聘人员需要参加一个1小时的集体面试，分别向丰田的招聘专家谈论自己取得过的成就，这样可以使丰田的招聘专家更加全面地了解应聘人员的兴趣和爱好，他们以什么为荣，什么样的事业才能使应聘员工兴奋，更好地做出工作岗位安排和职业生涯计划。在此阶段也可以进一步了解员工的小组互动能力。

通过以上四个阶段，员工基本上被丰田公司录用，但是员工需要参加第五阶段一个25小时的全面身体检查。了解员工的身体一般状况和特别的情况，如酗酒、药物滥用的问题。

最后在第六阶段，新员工需要接受6个月的工作表现和发展潜能评估，新员工会接受监控、观察、督导等方面严密的关注和培训。

丰田的全面招聘体系使我们理解了如何把招聘工作与未来员工的工作表现紧密结合起来。从全面招聘体系中我们可以看出：首先，丰田公司招聘的是具有良好人际关系的员工，因为公司非常注重团队精神；其次，丰田公司生产体系的中心点就是品质，因此需要员工对于高品质的工作进行承诺；再次，公司强调工作的持续改善，这也是为什么丰田公司需要招收聪明和有过良好教育的员工，基本能力和职业态度心理测试以及解决问题能力模拟测试都有助于良好的员工队伍形成。正如丰田公司的高层经理所说：受过良好教育的员工，必然在模拟考核中取得优异成绩。

资料来源：《丰田公司的全面招聘体系》，载于《市场报》，2003 年 7 月 4 日。

4.1　认识面试

大家对于“面试”这个词肯定都不陌生。人力资源经理说“我要去面试”，证明这家公司正在进行招聘。大学生说“我要去面试”，说明他要去应聘工作。考研的学生说“我要去面试”，代表他要进行入学考试。可以说，面试在我们的生活中是件很平常的事情。然而就是这件看似很平常的事，人们却对其有着各种各样的理解。有人将面试理解为面谈，有人将其理解为考试，还有人将其理解为找工作，甚至有人直接将面试理解为选拔——面试俨然成了选人的代名词。上述这些理解都对吗？真正的面试应该如何理解？人才测评中的面试与传统面试又有什么样的区别？应该如何科学地开展面试工作？接下来，我们就与大家一同来讨论这些问题。

4.1.1　面试的概念

面试是考官与被试者进行双向信息交流的过程，是考察被试者是否达到职位所要求的素质标准的一种测试手段。面试技术是人才测评技术中一种比较关键的技术方法。

目前，理论界对面试存在两种不同的认识。广义的观点认为，面试包含一切可以当面演练的形式，其中也包括了情景模拟测试的方法，如无领导小组讨论、角色扮演等。狭义的理论则认为面试就是面对面口试，是你问我答的过程。考官在面试的过程中对被试者的语言与行为表现进行客观评价，依此来确定被试者与特定素质标准的匹配程度。

为了保证能够系统地阐述人才测评的各种技术形式，本书中的面试特指狭义的面试。

据统计，全世界约有 80%的组织将面试技术应用于人才选拔过程中。在中国，同样有众多的组织将面试技术作为选拔人才的主要方法。面试因其具有形式简单、成本低廉、高效率等种种优点，而被大家所广泛采用。

4.1.2 面试的特点

在考官与被试者之间的双向交流过程中，体现了面试技术的诸多特点。下面我们就这些特点进行逐一介绍。

（1）目的性。在人才测评中，面试活动本身的目的非常明确，就是为了考察被试者所具有的素质特点是否与岗位所要求的素质标准相匹配。面试考官的目的在于通过提出各种形式的面试问题，观察被试者对问题的反应、回答问题的关键语言和典型行为，来判断推理被试者的素质特点。在面试的全过程中，考官必须带有很强的目的性。如果在提问的过程中考官忽略了面试目的，所造成的直接后果就是面试的结果基本无效。考官的目的性可以通过面试维度来体现，面试之前对岗位进行工作分析或胜任特征分析，是确保面试目的明确的方法保证。

（2）直观性。就面试的形式而言，面试过程是在考官与被试者面对面交流的过程中完成的。在双方交流、沟通的过程中，考官能够对被试者的言谈举止、行为表现进行直观的观察。因此，相对于笔试的方法而言，面试具有直观性的特点。

（3）灵活性。就面试的内容而言，虽然考官在面试之前对面试题目进行了精心的准备，但在面试过程中，不同的被试者会对相同的题目做出各种各样的回答。经验丰富的考官能够按照被试者回答的内容进行引导，尽可能地挖掘被试者对面试问题最真实的想法。所以，虽然考官对应聘同一职位的被试者提出的问题是相同的，但他们会根据不同被试者的回答进行灵活的追问。考官追问的过程，充分体现了面试灵活性的特点。

（4）互动性。在面试的过程中，考官根据特定的目的对被试者进行考察，被试者通过回答考官问题的过程了解企业或岗位的有关信息，双方交流的过程本身就是一个互动的过程。

（5）经济性。在人才测评的所有技术方法中，面试与其他测试方法相比，一个显著的区别就是经济性。企业可以根据面试的目的安排考官，考官人数可多可少，面试时间可长可短，面试场地没有特殊的环境要求，这几个优点充分体现出其经济性的特点。

（6）主观性。考官通过对被试者在面试过程中表露出的关键语言与典型行为进行评价，来判定被试者对组织与岗位的匹配程度。考官对被试者的评价基本上依赖考官对岗位素质标准与面试问题评价标准的理解，以及考官对被试者表现出的行为的理解。面试评价的结果可能会过于依赖考官的以往经验，所以面试带有主观性的特点。

4.2　面试的分类

在企业实践中，面试技术得到广泛的应用。人们根据面试技术的结构化程度、题目类型等因素，将面试技术从不同的角度划分成不同的面试分类。其中，比较常见的有结构化面试、半结构化面试、行为面试、情境面试与压力面试。

（1）结构化面试。结构化面试是指面试前就面试所涉及的题目、维度、评分标准等进行系统的结构化设计的一种面试方式。对申请相同职位的被试者，使用相同的面试题目与评分标准。考官根据应试者的应答表现，对其表现出的能力素质做出客观评价。

结构化面试的特点是评价标准统一、具有共同特点的被试者使用相同的题目、面试维度统一，面试的过程具备结构化的特点。结构化面试的不足在于，如果考官要充分发现被试者之间的素质差异，就要在被试者回答问题的基础上进行深入的追问。有些面试片面追求结构化，不允许考官进行深入追问，这就影响了最终面试评价的准确性。

（2）半结构化面试。半结构化面试只对面试的部分因素进行统一规定，如规定统一的程序和评价标准，面试题目可以根据被试者的不同而灵活变化，或根据被试者回答的问题进行不同程度的追问。半结构化面试是在企业选拔过程中经常采用的一种面试方式。考官首先明确面试维度与评分标准，再确定面试题目的题干，然后根据不同被试者对问题的回答进行有针对性的追问。

（3）行为面试。在人才测评中有一个基本假设，即“被试者过去的行为是对其未来表现最好的预测”。行为面试正是基于这一假设应运而生的一种面试形式。行为面试的显著特点是，考官提出的所有问题都要求被试者回答出具体的行为。由于行为面试的题目要求考官提出的问题必须让被试者能够以阐述具体行为或措施的形式来回答，所以对面试题目的要求比较高。在面试实践中，我们可以明显地感觉到，如果被试者接受过面试技巧的培训，往往能够对行为性的面试题目进行很好的回答，这会严重地影响面试的质量。

（4）情境面试。情境面试是受情境模拟测验的启发而产生的一种面试形式。所谓情境面试，就是考官所提出的问题全部是假设一个具体的情境，考官在情境描述中明确被试者在该情境中的身份与要求被试者完成的任务。通过被试者对问题的回答，确定被试者的素质水平。在面试实践中，情境式题目多被用来考察被试者的应变能力或对某项工作的具体经验。情境模拟技术中模拟面谈的测评方法，就属于情境面试的范畴。

（5）压力面试。压力面试就是考官给被试者提出比较紧迫或完成起来比较困难的任务，要求被试者作答。压力面试主要用来考察被试者的情绪稳定性或压力应对能力。

4.3 面试的形式

在人才测评活动中，面试的形式可谓是多种多样。从考官构成、面试的顺序、面试的空间特点来划分，面试可以简单地分为四种形式。

（1）一对一面试。一个考官对一个被试者进行面试，称为一对一面试。一对一面试的成本相对比较低，但就面试效果而言，任何面试考官都存在受其经验、水平以及个人主观意识影响的问题。单个考官对被试者的评价可能更多地依赖于个人的主观臆断。

（2）小组面试。小组面试是指多名考官共同对一个被试者进行面试的一种形式。采用小组面试的考官会进行明确的分工，由主考官提出主要的面试问题，副考官对主考官提出的问题进行补充。小组面试的工作效率比较低，但由于它是由不同背景的多位考官对被试者进行共同评价，所以小组面试的效果要明显优于一对一面试。小组面试的考官一般会由不同专业背景、工作背景的人士承担，考官之间能够进行必要的互补。

（3）多轮面试。在组织结构相对复杂的机构中，或者是针对比较关键的岗位，一般会采取两轮以上的面试才能进行最后的决策，这就是多轮面试。前面的面试由人力资源部门完成，后面的面试由管理层或者是两者共同完成。前面的面试是筛选合格者的过程，后面的面试是择优的过程。多轮面试一般会遵循相同的评价标准，这样每次面试的结果才有可比性。在实践中，很多企业都采用了这种面试方式，但由于后面的面试考官缺乏必要的面试技巧培训，所以面试的质量还有待提升。

（4）远程面试。随着人才竞争的加剧，各种类型的企业在吸引人才的过程中都把自己的眼光逐渐放宽，这就导致了被试者面试成本的增加。很多知名企业主动承担被试者参加面试的成本，但这却加大了企业的人力资源管理成本。为了有效地解决这个问题，很多企业在初筛的基础上对异地的申请者首先进行电话面试，以此来降低面试的成本。

网络通信技术的发展，为解决异地面试问题提供了新的解决方案。被试者只要具备连通互联网的条件，就能够通过互联网与考官进行远程面试。远程面试突破了传统面试的局限性，不受时间与空间的限制，极大地降低了异地交通的成本。远程面试为企业提供了新的创新空间。

4.4　面试的流程

科学、严谨的面试与传统面试的关键区别在于，科学的面试有着严谨的面试流程。面试流程中的各个环节环环相扣，组织严密。下面我们就来详细地认识一下面试流程中的关键环节。

1．了解面试对象

了解面试对象并不是了解面试的对象是谁，而是要了解面试对象的特点，如面试对象的学历水平、知识结构、工作背景等信息。了解面试对象的目的在于，根据面试对象的特点有针对性地设计面试题目，充分考虑面试对象能够接受的表达方式以及题目难度等。如果在面试题目设计之前没有做好准备工作，就可能会造成在面试的过程中临时更改题目的情况。

2．明确面试维度

系统的工作分析或胜任特征分析已经为我们提供了特定岗位的任职资格或胜任特征模型。任职资格中包含了履行特定岗位职责应该具备的知识、能力、技能和其他必要的条件。胜任特征模型精炼地提取了特定岗位优秀任职者所应具有的知识、能力、个性特征、社会角色、自我定位及动机等。但在众多需要考察的素质中，并非每种素质都是面试形式能够进行充分考察的。我们必须要从这些素质中挑选出适宜通过面试的方式考察的素质——面试维度。

在确定面试维度的同时，还需要确定每个面试维度的评价标准。这方面比较通用的做法是，针对每个维度预想被试者可能会表现出的典型行为，将能够预见的行为表现进行排列，分成不同的等级，也就是建立每个维度的评分标准。

3．设计面试题目

设计面试题目的过程是面试维度与面试题型相匹配的一个过程。如在针对营销人员的面试中，“应变能力”是一个关键的维度。考察被试者的应变能力既可以用行为性问题，也可以用情境性问题。我们通过分析知道，行为性问题是了解被试者在过去某种特定情境下的行为表现，而情境性问题则是给出一个特定的情境，让被试者做出反应。因此，如果面试的对象是缺乏工作经验的大学生，我们就可以用情境性的题目；如果被试者是具备工作经验的人，我们则可以用行为性面试题目。所以说，设计面试题目时，一定要充分考虑面试对象的特点，将面试维度与面试题型进行合理的匹配。

4. 面试考官培训

“为什么面试考官对相同对象的评价意见缺乏统一”，是困扰很多人力资源经理的问题。其实，这是一个比较简单的问题。我们从面试的基本特点可以分析得出：面试需要建立统一的评价标准。评价标准是否形成纸面文字并不是很重要，重要的是评价标准是否为参与面试的所有考官所熟知。如果考官熟知评价标准，在面试评价的过程中自然就能按照这个标准去完成评价的过程。但如果考官们对统一的评价标准缺乏了解，在面试评价的过程中各行其是，出现考官之间的意见分歧也就不足为怪了。正确的做法是：在面试之前，对参与面试的考官进行必要的培训，培训内容涉及面试维度、面试题目、评价标准等。考官培训的目的就是，让考官知道“我们要测什么”、“用什么测”以及与维度相对应的行为表现，建立统一的评价标准。

5. 面试场地准备

关于面试场地的准备工作，很多专家已从不同的角度进行过阐述。有的人认为，从环境舒适度考虑，面试的场地要注意温度、色彩、噪音等问题。有的人则认为，面试场地的环境只要达到基本的办公环境的要求就可以了，但要注意面试考官与被试者之间的距离和桌椅的摆放位置。我们认为，从实践的角度出发，这两者均要考虑，但建立明确的面试场地的环境标准与标准化的布置方式很难，并且在实际操作过程中也显得有些不切实际。

在准备面试场地时，应该充分考虑环境与布置两个关键因素。面试场地环境要考虑噪音与光线两个问题；面试场地布置要考虑根据面试形式安排桌椅摆放的风格，考虑面试考官与被试者之间的合理距离两个问题。

面试场地环境的噪音会对面试的效果产生直接的影响。试想，如果在面试过程中考官与被试者彼此之间都很难听清对话的讲话内容，时常被尖厉的电钻或轰鸣而过的汽车噪音所打断，面试的效果肯定不好，考官与被试者之间双向沟通的效果也肯定要大打折扣。考官与被试者受到噪音的影响会变得焦躁，考官无心进行深入的追问，考生也无暇深入地思考、回答考官提出的问题，所以面试场地要确保没有噪音的干扰。安静的面试环境是成功面试的基本保障。

面试场地的光照效果同样会对面试结果产生关键影响。如果在面试的过程中被试者处于阳光直射的角度，被试者可能会刻意地躲避或遮挡阳光照射，从而分散精力，对面试结果产生影响。如果面试考官处于被阳光直射的位置，同样会分散考官的注意力，对被试者的回答缺乏认真的倾听与记录，也可能会影响考官根据被试者的回答进行有效的追问，甚至会给被试者造成考官不太重视其发言的错觉。另外，如果面试场地的光线比较昏暗，也会给被试者造成比较大的心理压力。最好的方式就是光线明亮，考官与被试者都不要处于阳光直射的角度。良好的光照效果，有助于放松面试双方的心理状态。

应当根据面试形式安排桌椅的摆放风格。面试考场的桌椅摆放风格是很有学问的。考官与被试者不同的位置安排，其产生的面试效果是不同的。就考官与被试者的位置安排来说，通常有如下几种模式，如图 4-1 所示。

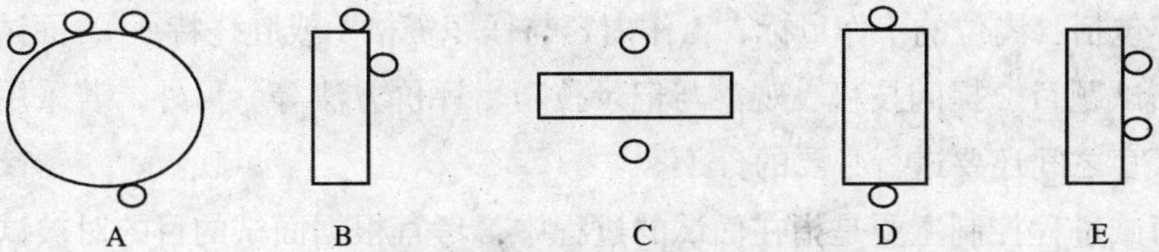

图 4-1　面试时考官与被试者位置安排模式

如图 4-1 所示，A 是一种小组面试形式，多个考官面对一位被试者；B 是一对一的面试形式，考官与被试者成一定的角度而坐；C 是一对一的面试形式，考官与被试者相对而坐，距离较近；D 是一对一的面试形式，考官与被试者相对而坐，距离较远；E 是一对一的面试形式，考官与被试者坐在桌子的同一侧。

采用 A 形式，排列成圆形，被试者不会觉得心理压力太大，同时气氛也较为严肃。采用 B 形式，考官与被试者成 90° 直角而坐，避免目光过于直射，可以缓和心理紧张，避免心理冲突，也有利于考官对被试者进行观察。若采用 C 形式，考官与被试者面对面而坐，双方距离较近，目光直视，容易给对方造成较大的心理压力，使其紧张不安，以致无法发挥其正常水平。如果需要特意考察被试者的压力承受能力，可采用此形式。采用 D 形式，双方距离太远，不利于交流，同时，空间距离过大也增加了人们之间的心理距离，不利于双方更好地进行交流。采用 E 形式，考官与被试者坐在桌子的同一侧，心理距离较近，也不容易造成心理压力，但这样考官的位置显得有些卑微，显得不够庄重，而且也不利于考官对被试者的表情、姿势进行观察。

因此，我们建议在通常情况下最好采用 A、B 两种形式安排进行面试。

由此可见，考官与被试者之间的合理距离是面试过程中一个必须考虑到的因素。如果考官与被试者的距离过远，会增强人们的心理距离。如果距离过近，则会增强被试者的心理压力，考官同样也会感到不适。那么考官与被试者之间究竟应该保持多远的距离才算比较合适呢？我们的经验是：如果采取 A 形式，桌面的直径在 1.5 米为宜；采用 B 形式，考官与被试者最好能够保持 1 米左右的距离；C 形式是企业实践中最常见的布置方式，我们建议采用宽度为 1.2 米的桌子，同时考官与被试者分别坐在桌子的对面，但最好不要双方目光直视，考官与被试者可以成对称的角度落座。

6. 面试过程实施

面试实施过程主要包括两项工作：面试考官培训与面试过程控制。

在进行小组面试之前必须要对参与面试工作的考官进行培训。考官培训的主要内容包括：岗位的工作目标、工作内容与任职资格（或胜任特征），面试评价标准、面试题目、提问技巧、观察与记录技巧、评价方法等。另外，若采用小组面试，考官之间还要进行必要的分工。

面试过程控制主要是指在面试的过程中，考官根据面试的目的对被试者回答问题的过程进行干预。比如，被试者可能会因错误地理解了考官提出的面试题目的意思，而进行了错误的回答。此时就需要考官对被试者进行必要的纠正，重新提出问题或更换问题。有的被试者表露性比较强，回答问题不能简明扼要，而是滔滔不绝。遇到此种情况，就需要考官进行提示或直接打断他。还有一些被试者由于过分紧张造成其正常水平难以发挥，此时就需要考官调节面试的气氛，对被试者进行引导。

7. 面试评价与面试报告

面试评价过程是指面试考官将面试前确定的评价标准与被试者在面试中实际表现的素质进行对比，对被试者表现出的素质指标进行量化与评价的过程。在人才测评中，往往不会简单地要求考官对被试者的素质表现进行量化就可以了，而是需要考官既进行量化评价，又要进行评语评价。量化评价解决的是在众多的被试者之间进行横向比较的问题，评语评价解决的是说明评分理由的问题。

比如，考官对小张的沟通能力评定为“3 分”（采用 5 分制）。为什么考官会打出这个分数呢？通过面试观察记录我们得出如下的评语：“被试者具备主动沟通意识，喜欢用沟通的方式表述自己观点，善于积极地通过沟通解除与同事的误会。

对考官提出的问题能够进行积极的回应，并提出自己关心的问题。在面试的过程中能够正确理解考官的意思，倾听考官提出的问题，并进行了适当的记录。但被试者曾几次打断考官谈话，迫不及待地发表自己的意见，表明沟通的技巧欠缺。”

4.5　面试维度

面试维度是指通过面试方式考查被试者的具体素质指标。面试维度是根据面试的形式特点，在针对被试者的所有测试指标（维度）之中挑选出来的。那么面试这种测评形式究竟适合哪些测试指标呢？面试的维度应该如何表现？这是我们要在这里讨论的关键问题。

1．如何获取面试维度

以岗位为中心开展测评活动，首先需要系统地认识待测的岗位。前面我们提到，通过工作分析来了解岗位的工作目标、工作职责与任职资格。任职资格是基本达到岗位任职水平的资格标准，是完成岗位工作所要求的最低标准。胜任特征模型是这个岗位的优秀任职者应该具备的素质特点的组合。针对这个岗位的任职资格或胜任特征模型，就能够确定我们的测评维度。不同的测评形式，适宜测试的维度自然会有所不同。面试维度是根据面试具备双向交流、直接观察的特点，从全部测试维度中挑选出来的。比如，某公司市场经理应该具备如下一些素质：应变能力、沟通能力、组织管理能力、战略管理能力、公文写作能力、分享意识等。上述素质中适宜面试的维度包括“沟通能力”、“应变能力”、“组织管理能力”。

2．适宜面试的常用维度

通过面试的形式能够测试被试者的素质维度有很多，所以我们不可能在这里将其一一列举出来。但我们可以分析这些素质维度之间的两个共同点，即通过直接观察能够判断、通过交流可以判断。下面我们就列举几个常用的面试维度。

（1）分析能力：对事物能从宏观方面总体考虑；对事物能从微观方面考虑其各个组成成分；能注意整体和部分间的关系及各部分间的有机协调组合。

（2）言语能力：口齿清晰、流畅；内容有条理、富有逻辑性；用词准确、恰当、有分寸。

（3）理解能力：能够正确地理解他人的观点，并在回答问题的过程中充分表现出来。

（4）计划能力：能够根据任务特点与内外部环境因素制定切实可行的计划，或对工作进行有效的规划。

（5）组织能力：能够根据工作目标发现完成任务需要的各种资源，按照工作计划整合所需资源。

（6）协调能力：能够有效地发现不同意见的根本性分歧，从全局角度出发，积极、主动地对持有不同意见的各方进行说服，促进各方达成共同的目标与统一的意见。

（7）应变能力：处于压力状况下能够思维反应敏捷；考虑问题周到。

（8）情绪稳定性：在压力状况下或遭遇困境时，能够保持情绪稳定的状态，个人情绪不随环境或境遇的变化产生大的波动。

3. 面试维度定义

面试维度的解释一直是面试工作中的难点。我们都知道，面试中可以考察被试者的“沟通能力”。但是由于每个考官对沟通能力的解释都不同，另一方面，很多岗位都需要沟通能力，但不同岗位所要求的沟通能力也肯定不同。比如，企业对销售经理与技术经理的沟通能力的要求肯定是存在差异的。因此，如何根据岗位的特点对面试维度进行准确定义，一直以来都是测评界普遍关心的问题。

有专家提出了三种维度定义方式：典型行为描述定义、操作定义和极端特征定义。典型行为描述定义，是指尽可能详尽地列出被试者可能给出的各种可能的答案，每种答案都对应一定的分值。操作定义，是指具体地描述理想的行为表现。极端特征定义，是指高、低分特征对照的定义方式。这三种方式各有各的特点：典型行为描述定义虽然比较详细，但若要系统地预想出被试者可能给出的各种答案，并比较出各种答案之间的差距，并赋予其不同的分值，肯定是件非常困难的事情；操作定义强调“理想的行为表现”，缺乏针对统一维度的不同行为表现的比较，这可能会使评分成为考官个人意志的体现，而缺乏必要的行为依据；极端行为特征定义只告诉我们哪些是“最好的”与“最差的”，在具体的评价过程中，被试者的行为表现不可能表现出明显的特征化，因此，这种方法显然缺乏操作性。

我们建议，对于面试维度的定义，应当遵循以下几个原则：

（1）以具体的行为来表现。

（2）对维度进行二次分解，分解构成一个维度不同的素质剖面。

（3）素质剖面要能够体现不同岗位对同一维度的要求差异。

（4）素质剖面之间要相对独立，不能有较大的交叉。

4. 建立评价标准

前面我们谈到了维度定义的方式，很多人都认为维度定义与评价标准是一回事，其实这种认识是错误的。维度定义只是明确地说明指标的内涵，而评价标准则是要分清针对同一维度，哪些行为是“好的、一般的、差的”行为表现。评价标准通常包含三个方面的内容：一是指标，即反映应考者自身素质的典型行为表现；二是刻度，即描述这些行为所体现的各种能力和心理素质的数量水平或质量等级的量表系统；三是联系规则，即一定刻度与一定指标间的对应关系。例如，计划、组织能力的评价标准如下所示：

（1）好：前期计划周密，可行性强，从会议的各个环节出发，综合筹划，实施步骤严密，主次分明。对突发事件安排处理妥当，具有较强的协调能力。

（2）中：计划可行，组织实施环节主次得当，但欠周密。对突发事件能提出相应的处理办法，协调能力一般。

（3）差：计划漏洞较大，可行性较差。对付突发事件措施不力，协调能力差。

4.6　面试题目设计

面试能否成功，主要受面试维度、面试题目、面试考官三个方面的影响。面试题目设计是考官根据面试维度特点选择题型的过程。面试题目的信度与效度水平（质量水平）对最终的面试效果具有关键性的影响。面试题目设计是面试取得成功的基本保障。

1. 面试题目类型

常见的面试题型有六种，每种题型都有其独特的特点和作用。这些题型分别介绍如表 4-1。

表 4-1　面试题目类型

题　型	目　的	样　题
导入性问题	降低被试者的紧张情绪，创造融洽的交流环境	您到这里需要多长时间，您住在哪里，我们这里还好找吗等
行为性问题	了解人选在过去某种特定情境下的行为表现	您是如何成功地带领团队高效工作的，您是如何消除与同事间误会的呢等
智能性问题	考察人选的逻辑性与综合分析能力	您如何看待办公室政治的问题，请问您对互联网上博客的火暴有什么看法等

续表

题　型	目　的	样　题
意愿性问题	考察人选的动机与岗位的匹配程度	某公司招聘市场人员，应聘者分为两类，一类选择高底薪，另外一类选择低底薪，您会选择哪一种呢？您喜欢跟强势的领导工作，还是喜欢跟民主的领导工作，为什么
情境性问题	可根据具体岗位组合测试要素（组织、分析、沟通等）	如果请您来组织本届大会您会如何组织？某日，董事长出差，您忽然接到税务局的通知，税务局要来进行税务稽查，此时您又联系不到董事长，您将如何处理这件事
应变性问题	考察情绪稳定性与应变能力	领导开会时发言明显出错，您如何制止他？您的领导交给您一件根本无法完成的工作，请问您会如何处理这种情况

2. 面试题目的设计步骤

面试题目的设计能够充分体现考官的专业水平，好的面试题目是面试成功的关键。一套面试题目应该包括三个部分：开场部分，主要目的是降低被试者的紧张情绪，创造融洽的交流环境，为考官与被试者进行深入的交流创造条件；核心部分，这是面试过程的重点，考官需要对被试者进行考察的素质都在这个环节体现出来；结尾部分，主要目的是让被试者提出问题或对面试中表述不清的问题进行再次说明。

（1）题目设计的三个步骤。就具体的面试题目的设计而言，要经过以下三个步骤。

第一步，梳理面试维度，明确面试维度的定义，以及面试维度需要被试者体现的典型行为表现。清晰地界定面试维度的定义，并建立评价标准；哪种回答是优秀的表现，哪些行为是一般的表现，哪些行为反映出被试者该项素质比较差。

第二步，分析待测岗位的关键事件，形成题干。比如：对人力资源经理进行面试的维度中包括“分析能力”与“说服能力”。经常处理问题员工，是人力资源经理工作内容中一个出现频率比较高的事件。于是我们就可将“处理问题员工”作为面试的关键事件。这里我们给出一个问题的题干：“您能否给我们举出一个您成功地处理某个问题员工的例子？”

第三步，根据行为面试的要求，设计对被试者的追问。考虑 STAR 因素，充分挖掘背后的信息，比如：“当时的情境？您的任务？您采取了哪些措施？结果如何？”这样与上一步的题干就形成了完整的面试题目。当然，您在出完题目之后要对每道题的题干和追问进行认真、反复的推敲，确保被试者不会对题目产生错误的理解。

（2）关键事件访谈法与 STAR。即以行为事件访谈法（BEI）的原理设计题目，注重让申请者谈论其在过去工作经历中成功或失败的案例。这种方法关注完整的行为事件，事件必须包括四个要素（STAR），以帮助申请者还原事件当时的情景。

- 情境（situation）：关于任务、问题背景的具体描述；
- 目标（target）：指应试者在特定情境中所要达到的目标、所需完成的任务；
- 行动（action）：测评对象针对上述情境所采取的行动，或未采取的行动；
- 结果（result）：已采取的或未采取的行动的结果。

例题：请举出一个通过您的努力留住一个核心员工的例子。

了解当时的情境：① 这个员工为什么会离职？② 这个员工在企业中有什么价值？③ 如果他离职，会给企业带来哪些直接损失？

了解当时的任务：① 您对留住这个员工有何想法？② 您认为有其他办法可以解决这个问题吗？③ 关于这件事情您对自己的期望是什么？

了解被试者当时采取了哪些措施：① 您是如何采取行动的？② 您是通过哪些手段留住这个员工的？③ 您进行了哪些卓有成效的工作留住了这个人？

了解取得的结果：① 最终的结果您满意吗？② 如果再让您处理一次类似的事情，您认为有哪些经验可以借鉴？

3. 面试题目设计范例

范例

（1）您现在任职的企业的战略目标是什么？（战略管理）

追问：您认为企业制定这个目标具有哪些明显的优势与不足？实现这个目标存在的障碍有哪些？这个战略目标将（是）如何实施（的）？

（2）请您谈一个在您过去工作经历中制定企业战略规划的案例，您是在什么环境下制定战略规划的？

追问：实现这个规划企业有哪些优势与不足？您制定的战略规划对企业产生了什么影响，您如何组织实施这个计划的？

（3）在您过去提拔的下属中哪个人是您最满意的？（知人善任）

追问：他有哪些特点？您是出于哪些原因将他进行提拔的？他完成的哪项工作使您最满意？对于他的职业发展，结合他的特点您有哪些打算？

（4）在您的下属中您最欣赏谁？

追问：您欣赏他的理由是什么？他有哪些不足，在工作中您对他进行了哪些指导？您将来打算如何使用这个人？

（5）在您过去的经历中，您所领导的一次变革项目或创新活动是什么？（创新、变革能力）

追问：您是在什么情况下产生变革的想法的？您的变革与传统方式的区别是什么？您是如何实施这次变革的？在此期间遇到了哪些障碍，您是如何解决这些障碍的？

（6）在您最近的工作中主持并获得成功的变革项目或创新活动是什么？

追问：哪些因素促使您有变革的想法？您的创新之处在哪里？为什么要采取这些做法？您是如何来实施这个计划的？

（7）在您以往的工作中，您成功地与他人建立伙伴关系的案例是什么？（建立伙伴关系）

追问：您为什么要与此人/机构建立伙伴关系？您遇到了哪些困难？您是如何克服这些困难的？伙伴关系的建立为您与对方带来了哪些明显的收益？现在有哪些联系？

（8）在您工作过程中最紧密的合作伙伴是谁？

追问：您在什么情况下与其建立了伙伴关系？伙伴关系的建立为您与对方带来了哪些收益？在建立伙伴关系的过程中双方有哪些分歧？您是如何解决这些分歧的？

4.7 面试实施过程

4.7.1 面试考官甄选与培训

面试考官是面试能否成功的关键，面试考官的素质是决定面试质量的核心因素。因此，面试考官的甄选与培训工作是面试工作中最重要的工作之一。

1. 面试考官的素质

《国家公务员录用面试暂行办法》和《国务院工作部门面试考官资格管理暂行细则》对面试考官应该具备的基本条件进行了规定：

（一）热爱祖国，拥护中国共产党的领导；

（二）遵纪守法，严守工作秘密；

（三）具有良好个人修养，公道正派，心理健康；

（四）具有大专以上文化程度；

（五）一般应从事人事管理、相关业务管理或人才测评等工作 3 年以上；

（六）了解国家公务员考试录用制度和相关政策；

（七）具有较强的分析概括能力、判断能力与言语表达能力；

（八）具备录用主管机关规定的其他条件。

上述规定显然与企业的面试考官条件要求存在较大的差距。在企业中，我们更习惯于从考官的素质角度来展开论述。

（1）了解面试岗位的工作内容与任职资格条件。这是对面试考官的基本要求之一。面试考官只有系统地了解岗位的工作目标、工作内容和任职资格，才能对各个岗位的评价标准有统一的认识；只有客观地认识到岗位的评价标准，才可以对被试者进行准确的评价。

（2）具备面试知识与技巧。是否具备面试知识与面试的相关技巧，是衡量面试考官素质的基本要求。面试考官必须具备面试流程、面试题型、面试特点等基本知识，同时还要掌握面试过程中的提问技巧、追问技巧和对面试过程进行有效控制的技巧。只有掌握了面试的基本知识与面试技巧，面试考官才能顺利地完成面试的任务。

（3）客观、公正的个性特点。客观与公正是对面试考官的个性特点的要求。实践证明，为人圆滑、谁都不得罪的“老好人”，是很难对不同的被试者进行客观评价的。这一点在内部竞聘的人才测评项目中表现得最为明显。面试考官只有不断追求客观、公正地对每个被试者进行评价，才能充分发现被试者之间的素质差异，从而对被试者做出准确的评价。

（4）系统分析能力。系统分析能力是对考官分析面试评价标准、面试维度与被试者行为表现之间关系的要求。如果考官缺乏分析能力，仅能从表面上进行肤浅的评价，对于像“动机与岗位匹配性”这样的面试维度就会缺乏准确的理解，并且不能准确把握被试者在评价过程中的表现。

（5）良好的自我认知能力。不能否认，任何面试考官在对被试者进行评价的过程中都会受到自身主观意识的一些影响，也就是“拿自己当标准衡量别人”。如果考官自己的表露性比较强，对于比较缄默的被试者就会给出较低的分数或评价。

这种考官的根本错误在于，不是根据岗位的评价标准对被试者给予评价，而是根据自己的主观意识。避免这种情况的有效办法就是，考官要具备良好的自我认知能力。考官只有清楚自身的优点与不足分别是什么，才能在面试的过程中刻意地规避由于主观意识而造成的不客观的评价行为。

（6）优秀的观察、归纳能力。面试考官必须具备优秀的观察与归纳能力。在面试过程中，考官需要对被试者的关键语言、典型行为进行观察与记录。要想分析出哪些是被试者有效、关键的语言，依赖的是考官的倾听能力和分析能力。对被试者所表现出的典型行为的观察，需要依赖考官的观察能力。而将观察到的被试者的典型行为与面试维度和评价标准进行分类比较，则要依靠考官的归纳能力。

（7）良好的倾听意识。在面试过程中，一个广为认可的原则就是，“让被试者多讲”。实践这个原则需要考官具备良好的倾听意识。有的面试考官属于“急性子”，不等被试者说完就直接打断其谈话。实际上，这会直接影响面试的效果，使被试者不能发挥正常的水平。另外在面试实践中，特别是在小组面试的过程中，考官之间交头接耳的现象比较普遍。这同样会给被试者带来心理压力，以为自己的回答出现了什么纰漏，从而影响其水平正常发挥。

（8）出色的沟通能力与共享意识。考官的沟通能力体现在两个方面，第一是与被试者的沟通，第二是与其他考官的沟通。这里我们主要谈第二个方面。应该说，考官之间的沟通是非常有必要的。考官们共同对被试者进行面试与评价，往往考官之间对同一个被试者的某个维度的评价会出现不同意见。当不同意见出现的时候，需要考官互相举证，用自己在面试过程中的记录来说明自己的评价理由。如果考官缺乏主动沟通的意识，不能积极主动地发表自己的观点，就会对面试的质量产生较大的影响。

优秀的考官需要具备出色的共享意识。考官必须善于将自己的面试记录拿出来与其他考官进行分享，这样才能让他人认可自己的评价观点。要想在考官之间形成对同一个被试者一致的评价意见，考官的共享意识是一个必备的因素。

2. 内部考官队伍的建设

从企业长远的发展角度而言，建立企业内部考官队伍是必须的。那么谁能成为企业内部考官？建设内部考官队伍要注意哪些问题？如何保证内部考官的专业化？这是我们接下来要重点讨论的内容。

在我们走访的大部分企业中，人力资源主管经常会抱怨，领导或直线主管对人力资源管理工作缺乏支持。其实，我倒认为持这种想法的主管们应该进行反思。领导或直线主管对我们缺乏支持的态度有两个原因：因为不知道，所以不支持；因为不信任，所以不支持。前者是人力资源主管在内部开展的工作力度不够，缺乏对领导与直线主管的观念灌输与必要的培训，导致领导与直线主管不知道应该如何支持。后者是因为人力资源主管缺乏解决实际问题的能力，造成上级与同级间的不信任，这就需要人力资源主管从自身找原因，切实从纸上谈兵向实战专家转变，利用实实在在的业绩说明自身实力。这里尤其需要人力资源主管克服两个心理障碍：第一是要发展人力资源部门在企业内部的战略联盟，大家共同做好人力资源管理工作，第二是要确认人力资源部门是服务者的角色定位。人力资源部门存在的价值就是在企业战略实现的过程中为直线部门提供人力资源管理服务，而不是传统意义的管理者。服务者关注的是服务质量的高低，而管理者关注的则是权力的大小。只有正确的角色定位，才能使我们的工作在企业发展过程中产生无限的价值。

任何部门的管理归根结底都是对人的管理，所以任何部门的管理者对人力资源管理工作都负有不可推卸的责任。对人的管理，很重要的一点就体现在对人的正确评价上，因此面试考官的工作重点就是准确地评价被试者。到这里我们也就可以回答，谁能够成为企业内部考官的问题了。企业内部的各级管理者都应该成为面试考官。当然，选择企业内部考官也要尊重自然规律，即要根据我们前面提到的面试考官的素质要求来正确地选择考官人选。人力资源部门需要重点开展的工作就是要让这些管理者充分认识到面试考官的重要价值，通过系统的培训来解决内部考官的面试知识与技巧的不足问题。

我们不可否认，某些企业由于多年积淀的文化影响，对人力资源管理工作缺乏认识。加之企业对各级主管的人力资源管理职责缺乏明确的界定，结果也就造成了今天直线部门与人力资源部门相互抱怨的局面。要从根本上解决这个问题，必须从制度的角度系统地进行分析。企业要建立直线主管对人力资源管理工作的责任机制，并用制度的形式进行固化，利用绩效考核制度对直线主管的意识、行为和习惯进行有效的引导和约束。

综上所述，在企业内部考官的建设及要求人力资源部门克服必要的心理障碍这两个问题上，需要企业从文化与制度的角度，建立起以文化观念引导为前提、以制度约束为手段、以绩效考核为保障的思想与制度体系。

3. 考官培训

对面试考官进行培训，主要应从思想与方法两个层面开展。

对面试考官的思想培训，主要是要求面试考官必须全面、透彻地了解企业文化。比如，某企业在文化因素中强调“以人为本”。这就需要考官将以人为本的企业文化与面试工作进行紧密联系，充分认识到人才对企业发展的关键性作用，认识到人的素质的个性化与差异性，认识到对被试者进行正确评价的意义。对考官进行思想培训是统一考官思想的过程。树立考官对面试工作的正确认识、培养考官的责任意识是这一环节的最终目标。

在帮助考官正确认识面试工作重要性的基础上，还要对考官进行技术层面的培训。技术培训包括岗位的胜任条件或任职资格、面试维度定义、面试的评价标准、面试题目、面试过程的提问技巧、考官的观察与记录技巧、评分或报告方法。对考官的面试技术培训，是对考官进行培训的核心内容。对考官的技术培训可以分成两个层次：第一，通用内容的培训，如提问和追问技巧、观察与记录技巧、评分或报告方法等；第二，针对性培训，指每次面试之前必需的培训。针对性是就针对不同面试岗位而言，其主要培训内容是岗位的胜任条件、面试维度定义、维度的评价标准。

这里有必要给大家做一个重要的提醒：现在有大量的企业邀请外部的专家参与企业的面试活动。这种方式本身无可厚非，但是由于这些企业人力资源主管认为，专家应该是无所不知的，忽略了对外部考官在技术层面上的针对性培训，导致外部面试考官在面试评价过程中不能按照企业既定的面试评价标准开展面试工作，从而也就失去了邀请外部考官的意义。

4.7.2 面试前的文件准备

1. 准备“维度定义说明”

前面我们曾经提到关于面试维度定义的方式，到目前为止在学术界和企业界还没有一种比较理想的、通用的维度定义方式。每个机构的维度定义方式都有其自身的特点。根据我们提出的维度定义的几个原则对维度进行定义，基本能够满足各种面试形式的要求。在长期的面试实践过程中，我们发现操作定义和典型行为定义相结合的维度定义方式，能够体现面试维度的全貌。操作定义能够让面试考官对维度进行整体把握，典型行为定义则可以让考官在面试过程中进行有针对性的观察与判断。比如，面试中知人善任能力的操作定义与典型行为如表 4-2 所示。

表 4-2　　　　面试中知人善任能力的操作定义与典型行为示例

维度名称：知人善任能力	对应题目
操作定义	典型行为定义
被试者有主动地、客观地评价下属的意识；能够充分认识下属的优缺点，可以根据下属的特点，安排相适宜的岗位，体现出对人职匹配的基本用人原则的认识；能够充分考虑根据下属的特点，注意在其工作过程中进行指导或提醒；能够信任下属的能力，要求下属独立完成交办的工作，注意根据下属的需求实施激励，注重增强下属自信；能考虑下属未来的职业发展	1. 能够对下属进行客观的评价，既有优点也有缺点 2. 能够根据下属的特点，安排相适宜的岗位，实现人职匹配的用人原则 3. 能根据下属的特点，在工作过程中进行指导或提醒 4. 能信任下属，交办下属的工作要求独立完成，并实施激励，增强下属自信 5. 能考虑下属未来的职业发展问题

2. 准备面试试题

完整的面试试题包括指导语、面试题目、结束语三部分。

面试指导语主要向被试者说明面试的目的与面试的程序。如果是对面试形式与过程的“公开、公平”原则要求比较高的面试，在面试指导语中还要说明决定面试顺序的方法。一般情况下，在政府机关举办的招聘活动中，对面试指导语的要求比较高，因为这种面试除了对面试的质量进行要求以外，还会对面试的形式提出要求。企业的面试活动对面试指导语的要求不是很高。

面试试题的第二部分是面试题目，也就是试题的核心内容。一般情况下，要求就每个面试维度准备至少两道面试题目。每个面试题目要明确具体的面试维度。并且每道题目都要包括题干与追问问题，这样可以避免出现因为面试考官临时组织的题目缺乏严谨性而导致的尴尬局面。

最后是面试的结束语，主要是向被试者表示感谢。如果是选拔过程中应用的面试，还需要向被试者说明面试结果产生的时间、面试成绩查询时间或面试结果送达的时间等问题。面试试题的份数可以按照考官的实际人数准备或适当留有余量。

3. 准备面试评分表

面试评分表是考官在结束面试过程后，对被试者进行定量与定性评价的记录表格。面试评分表大体可以分为传统的和经过改良的两种形式。传统的面试评分表（见表 4-3）将面试维度直接罗列在评分表上，其弊端在于考官对被试者的评价更多地体现在定量评价上，如果需要考官列明被试者的关键语言和典型行为就会受到局限。笔者在实践中对传统的评分表进行了改良（见表 4-4），改良后的评分表，强化了考官观察与记录的职能。这种评分表要求考官必须对面试维度有清晰的了解，而不能直接对照简单的维度定义打出分数。传统的面试评分表适合初学者使用，改良后的评分表适宜专业测评人士使用。

表 4-3　　传统的面试评分表

评分说明	1. 对每一个测评要素，请按 0~10 分给分，表现好的给 8~10 分，一般的给 4~7 分，差的给 0~3 分 2. 总分 T=2A+2B+1.5C+1.5D+E+2F					
面试要素	综合分析	言语表达	应变能力	计划组织与协调	人际交往意识与技巧	动机与职位匹配性
权重（%）	20	20	15	15	10	20
观察要点	对事物能从宏观方面总体考虑；对事物能从微观方面考虑其各个组成成分；能注意整体和部分间的关系及各部分间的有机协调组合	理解他人的意思，口齿清晰，流畅；内容有条理、富有逻辑性；他人能理解并具有一定的说服力；用词准确、恰当、有分寸	压力状况下，思维反应敏捷；情绪稳定；考虑问题周到	依据部门目标，预见未来的有利机会和不利因素，并做出计划；看清冲突各方面的关系；根据现实需要和长远效果做适当选择；及时作决策；调配、安置人、财、物等有关资源	人际合作主动；理解组织中的权属关系（包括权限、服从、纪律等意识）；人际间适应；有效沟通（传递信息）；处理人际关系时原则性和灵活性相结合	兴趣与岗位情况匹配；成就动机（认知需要、自我提高、自我实现、服务于他人的需要，得到锻炼等）与岗位情况匹配；认同组织文化
满分	10	10	10	10	10	10
要素得分	A	B	C	D	E	F
考官评价	考官签字：　　　　年　　月　　日					

表 4-4　　改良后的面试评分表

考官姓名		被试者姓名	
说明	评分标准：0~2 分为差，2.5~3.5 分为中，4~5 分为优，请直接给出每项分数 记录要求：字迹工整，他人能够清楚地辨别。记录内容以被试者关键语言与行为表现为主		
面试指标	典型行为记录		得　分
战略管理能力			
知人善任			
创新、变革能力			
建立伙伴关系			
沟通能力			
综合评价			

4. 其他文件准备

随着面试技术的应用范围越来越广，很多企业也将人才测评技术中的面试技术应用于绩效管理和员工的能力诊断或者是职业资格评估方面，并且全部聘请外部专家或邀请专业的测评机构开展面试工作。出于对面试过程公平、面试结果公平的考虑，所有的被试者全部隐去了真实的姓名，采用随机产生的编号代替。在这种情况下，面试的组织者还需要准备《被试者姓名与编号对应表》。该表格对面试考官与被试者严格保密，在面试结束后，由专门人员记录被试者的面试结果并存档。

5. 面试组织过程

面试的组织过程是指开展面试工作所要经历的组织环节。面试的组织过程包括相关人员分工、被试者候考、面试引导与离场等环节的具体组织安排。参与面试工作的人员，除考官以外，还有一些辅助者。这些辅助者包括咨询员、引导员与记分员。

咨询员主要负责向被试者集体说明面试的具体安排与注意事项。比如在政府公开选拔领导干部的活动中，就需要在面试之前详细地向被试者说明决定面试顺序的方法、面试的时间安排、面试准备等事项。负责此项工作的人员就是咨询员。一般情况下，咨询员的责任范围仅局限于候考室。

引导员主要负责将被试者从候考室带领到面试室。引导员要确保在带领的过程中未参加面试的被试者与已经面试结束的被试者不能发生联系，以防泄露题目。每个被试者结束面试之后由引导员监督被试者离开面试现场，并确保其不与其他被试者产生联系。

记分员负责按照规定让被试者进行抽签，以决定面试的先后次序（在进行分组的情况下），并将被试者的编号与姓名进行登记。在面试结束后，记分员负责对考官打出的分数进行统计处理。

6. 面试评分与报告

面试方法不同，面试成绩的统计方法自然不同；考官数量不同，面试成绩的统计方法也会有所不同。如果采用小组面试的形式，且考官的人数为 3~5 人，该面试的成绩统计方法为：将每个考官对同一被试者同一维度的分数进行平均，即得出被试者每个维度的最终得分。如果考官的人数为 5~7 人，则面试成绩的统计方法一般为：去掉一个最高分与一个最低分，再用保留的成绩之和除以有效成绩的考官人数。如果需要将被试者的总成绩进行排名，就需要计算每个被试者的总成绩后再进行排名。

对面试评价报告的整理，也因面试形式不同而存在差异。如果是小组面试，则对被试者最终的面试评价，需要所有考官达成一致性意见以后再作决定。由于评价报告是在定量的基础上形成的定性报告，所以需要报告主笔人详细地记录考官对被试者每个维度的评价，以及评价的语言和行为证据，避免造成空洞的评价。如果是一对一的面试形式，就需要报告主笔人摘录考官的面试记录，寻找考官定量评价的依据，形成最终报告。

4.8 面试中的技巧

面试的技巧是体现面试考官是否合格的关键指标。通过大量案例我们发现，很多组织的面试工作中都存在一些比较突出的问题，这些问题极大地影响到了面试的效果。同时，作为合格的考官，必须要规避在面试中可能出现的各种误区。我们在剖析这些问题的基础上，提出了面试考官应该具备的五项技巧。

4.8.1 面试中存在的问题

1. 面试维度不明确

我们发现，很多企业的考官在面试前的准备工作只有一项——阅读被试者的简历。阅读简历的目的，是对被试者大致的经历有一个大概的了解。面试考官没有意识到要考虑对被试者提出哪些问题，更没有考虑要了解被试者的哪些素质，对被试者的评价标准完全是凭自己大脑中模糊的、缺乏条理性与客观性的评价标准。其实，这种面试的形式就是我们经常谈到的非结构化面试。非结构化面试最大的问题就是面试维度不明确。而在实践中，只有解决了面试维度的问题，才能有明确的评价标准，考官才能根据面试维度有针对性地提出问题。

2. 面试问题随意

在企业的面试活动中，由于很多作为领导者的面试考官缺乏面试方法的培训，在面试的过程中更多的是靠个人的理解对被试者提出问题，致使面试问题比较随意。即使人力资源部门准备了相关题目，这类考官往往也不会按照常规“出牌”。显然，考官随意提出的问题缺乏逻辑性、严谨性，很难与面试维度及评价标准进行有效对接，从而会对面试的质量产生直接的负面影响。当然，我们也不能排除资深的管理者具备丰富的面试经验，“随意”提出一些问题就能够对被试者的素质进行深入的考察。

3．赞许性信息的影响

赞许性是在心理测验中经常出现的一个概念，主要是指被试者不是按照自己的真实想法对题目进行作答，而是受社会或周围人群普遍认可价值观的影响，考虑大家应该怎样回答。在传统面试中，考官受被试者的赞许性信息的影响比较大。所以，经常有人抱怨“面试的时候感觉挺好的，可实际情况满不是这回事儿”。那么，如何在面试过程中有效地规避赞许性信息的影响呢？一个办法是，在设计题目的时候，应以情境性题目或行为性题目作为主要的问题形式。如果要考察被试者的动机与岗位的匹配性，最好用意愿性的题目，因为意愿性题目能够“投射”被试者的真实想法。

4．缺乏面试记录

在大量的面试实践中，我们发现很多企业的面试考官都不太习惯对被试者表现的关键语言与典型行为进行记录。这些考官更习惯于直接写出对被试者的直接评价，这种评价往往来源于考官对被试者的第一印象和被试者某句话或某一典型行为的直接评价。有研究表明，这种评价更多地体现了考官的主观臆断，存在对被试者的关键语言和典型行为缺乏完整评价的问题。这对于面试开始时比较紧张的被试者是不公平的，因为考官没有在他们全部行为表现的基础上进行评价，只评价了他们表现不好的行为。因此，我们建议面试考官对被试者在面试过程中的关键语言和典型行为进行简要的记录。我们同样反对某些理论提出的“尽可能全面地记录”的观点，因为考官将全部精力用于记录，无疑会忽略被试者在面试过程中表现的其他信息，同样也会让被试者与考官进行双向交流的效果降低。

5．面试评价的主观臆断

在前面的论述中，我们已经简单地阐述了面试考官在评价中的主观臆断问题。主观臆断顾名思义就是凭考官个人的感觉做出主观判断，忽略客观的事实表现。我们不能否认，很多高层管理者对人的直觉判断往往都比较准确。前微软副总裁李开复先生在他写给中国大学生的一本书《做最好的自己》中曾谈到，他担任微软中国研究院院长期间与时任副院长的张亚勤博士共同面试职位申请者，他们在见到一个人以后马上在纸条上写出对这个人的评价，两个人的意见基本一致。在人力资源界也有“3 秒钟面试”的说法，即见到这个人 3 秒钟以后就知道这个人行不行，后面的时间不过是在验证自己的判断。对此，我们只能说，具备这种本领的人一定是阅人无数的高层管理者，对人的判断有独到的经验。但从面试技术的角度而言，我们不提倡考官过早地下结论，因为你没有深入地观察与了解就草率定论的话，决策的风险就会比较大。这里我们再次强调，人才测评中的面试技术，应当注重在充分观察被试者的基础上，根据被试者的关键语言和典型行为表现进行评价。缺乏面试标准的评价、缺乏必要行为与语言依据的评价，我们认为都是考官的主观臆断。

4.8.2 面试的误区

1. 首因效应

首因效应是就被试者给考官的第一印象对考官评价被试者的影响而言的。有资料显示，国外有研究表明，至少有 85%的考官在见到被试者之后、面试正式开始之前这一时间段中，已经对被试者产生了最初印象，而这种最初印象就是第一印象。大部分考官都是依靠这种最初的印象对被试者进行评价的。如果考官对被试者的第一印象比较好，就可能给出较高的评价；反之，如果考官对被试者的第一印象是负面的，被试者即使付出再大的努力，也很难改变考官的这种印象，从而考官对被试者的评价就可能比实际的评价要低。首因效应会从两个层面对面试的质量产生影响：首先，考官对被试者的评价应该建立在对被试者进行系统观察的基础上，首因效应单凭考官对被试者的第一印象做出评价，破坏了面试技术本身的科学性与客观性；其次，仅凭第一印象对被试者进行评价对被试者来说，特别是对给考官的第一印象不好的被试者来说有失公平，破坏了面试应该公平、公正的基本原则。

2. 近因效应

近因效应是指考官可能会对被试者前面的面试对象中比较突出的人印象深刻，因此在评价的过程中将印象深刻的对象的标准与被试者进行比较，而不是将被试者与面试维度的要求及评价标准进行比较。近因效应可能会导致面试考官的评价标准不统一，从而破坏面试的公平、公正原则。

3. 偏见效应

考官对被试者进行评价的过程易受考官主观意识的影响，而在考官的主观意识中则存在各种偏见。比如：有的考官不喜欢个性强硬的女性被试者，有的考官不喜欢花枝招展的应聘者，有的考官不喜欢语调缓慢的被试者。如果被试者恰恰具备考官不喜欢的因素，那么考官在评价的过程中对被试者的评价就会较低。即使这些因素与客观的评价标准无关，即使被试者某些方面表现很优秀，考官仍然会对被试者进行较低的评价，因为评价的过程是受考官的主观意识影响的。

4．光环效应

光环效应指考官将其对被试者某个方面的优点或突出的能力特点的认知，拓展到其他的方面，从而认为被试者这个方面是好的，那么其他方面也是好的。同样，如果考官认为被试者某个方面差，这种信息也会被放大，考官会认为被试者各个方面都很差。所以，我们在面试评分的过程中，强调按照面试维度对被试者的每个维度进行分别评价。光环效应能够降低分别评价的作用，增强各个维度之间评价结果的关联性。在面试之前看过被试者简历的考官与没有看过简历的考官相比，更容易出现评价中的光环效应。因此，无履历面试的方式受到了很多企业的追捧。

5．相似效应

相似效应是指考官可能会将被试者的条件或经历与自己进行比较，而不是将被试者的素质条件与客观的评价标准进行比较。相似效应在考官对被试者进行评价中表现为，对与考官相似的被试者评价较高，对与考官差异性比较大的被试者评价就会略低。如果面试不能按照评价标准对被试者的表现进行评价，就很难保证面试的客观性与科学性。

4.8.3　面试中的技巧

1．创造融洽的沟通氛围

面试是考官与被试者之间的一个双向沟通过程，是考官与被试者通过语言形式完成信息交流的过程。而既然是沟通与交流，沟通与交流的氛围也就成为面试能否达到预期目标的关键。考官必须从观念上认识到沟通应该是平等的，只有平等的沟通才能够达到双方坦诚相见的效果。在选拔人才中应用面试技术，面试的过程也是被试者了解、选择企业的过程，面试考官代表的是企业的形象。缺乏平等的沟通，会不同程度地损伤被试者对企业的印象。另外，不融洽的沟通氛围也会对被试者的水平发挥产生直接影响。面试的目的是探求被试者真正具备的素质特点，处于考官沟通压力下的被试者显然很难真实地进行自我表现。因此，优秀的考官应该善于与被试者创造融洽的沟通氛围。

2．让被试者能够理解问题

面试题目的设计应该做到清晰、简洁、明了，让被试者容易理解。特别是情境性题目的设计更应如此，有的考官将情境性题目设计得比较复杂，篇幅较长，如果向被试者提出这种问题就可能会因信息量过大而让被试者很难理解。如果考官在面试之前对面试题目没有透彻理解，在提出问题时语言表述中出现不恰当的断句，更会出现被试者难以理解的情况。所以，面试题目的设计应该力求简洁，考官在面试之前必须对题目进行了解，在追问时提出的问题也要易于被试者理解。只有清晰地了解了考官的意思，被试者才能根据自己的想法进行回答。

3．让被试者多讲，考官“少少益善”

这是对考官的基本要求。面试的目的是通过考官提出的问题，来推断被试者实际具有的素质特点。面试考官的职责是向被试者提出问题，通过对被试者提供的信息，来判断被试者与评价标准之间的差距，判定被试者对岗位的胜任程度。没有经过专业化训练的考官，往往更愿意与被试者讨论问题，甚至考官发言的频次比被试者还要多。这就违背了面试的根本要求，这样的考官是不合格的考官。出现这种错误的考官多数都是企业领导者或者是直线部门的主管，解决这个问题的根本途径则是人力资源部门要加大内部考官的培训力度，对内部考官进行有关面试知识与技巧的培训。

4．有效地控制面试的进程

面试的进程，也就是考官提出问题、被试者回答问题的过程。在面试实践中，我们遇到的被试者大体上可以分为四种。

（1）不善言谈、表现自然的被试者。这类被试者不光是在面试时惜字如金，即使在其他场合也同样如此。这种被试者不是由于紧张才少言寡语，而是由其自身的人格特点决定的。对于这种被试者，考官要鼓励其对自己提出的问题多谈些看法。

（2）不善言谈、表现紧张的被试者。这类被试者一方面不善言谈，另一方面对面试又高度紧张。对于此类被试者，考官要多给其提供机会，对于回答得比较简单的问题要进行适当的引导，同时还要适度地调节面试过程的气氛，降低被试者的紧张程度。

（3）表露性高、表现自然的被试者。这类被试者善于跟别人进行沟通，不会对面试产生心理压力，表情上也不会紧张，这会给考官留下很好的第一印象。这类被试者对考官提出的问题往往都是滔滔不绝，考官提出一个问题，他可能回答三个问题，以便让自己的特点尽可能地发挥出来。对于此类被试者，考官要进行适当的控制，如可以直接打断他的发言提出新的问题。考官也可以在被试者清晰地阐述了一个问题之后，借助被试者的话题插话，提出新的问题。

（4）表露性高、表情紧张的被试者。这类被试者的特点是语言表达能力较强，但由于心理压力较大，造成表情过于紧张。面对此类被试者，考官可以先不提出具体的问题，而是跟被试者聊一些与面试无关的话题，调节面试的气氛，转移被试者的注意力。如果很难将被试者从紧张的情绪中引导出来，考官可以对被试者回答的问题进行适当引导，尽可能地让被试者将自己的真实水平发挥出来。

在面试过程中，考官要根据被试者的不同特点采取不同的应对策略。但考官要注意的是，语言表达能力是否是这个岗位所要求的核心素质，不要让被试者的表露性与情绪表现成为自己评分的依据。

5. 考官使用统一的评价标准，达成一致性意见

在小组面试中，我们习惯性的做法是：在被试者回答完所有问题以后，由所有考官对被试者的表现进行评分，由成绩统计人员对考官的分数进行处理。实际上，这种传统的做法存在一定的问题：考官对同一个被试者的评价意见是否统一呢？如果考官之间存在意见分歧，分歧的焦点是什么？传统的做法显然无法解释这两个问题。我们认为，面试结束后，考官要进行讨论，先对被试者的每个维度进行定性评价（好、中、差等），然后再进行定量评价（给出具体的分数）。所有考官必须对被试者每个维度的定性评价达成一致性意见。如果出现不同意见，考官应当利用面试记录进行互相举证，最终形成一致性意见。

实践提示

面试是人力资源管理者经常采用的一种对被试者进行评估的方法，但面试失效已经成为困扰企业人力资源管理者的关键问题之一。面试成功与否的关键取决于三点：面试维度设定、面试题目设计、面试考官。面试维度必须经过客观的工作分析或胜任特征分析来确定，面试维度准确与否关系到面试工作的总体质量。面试题目设计要考虑根据面试对象的特点设计不同类型的题目，但随着被试者反测试能力的增强，更多的人力资源管理者都认为情境面试题目会比较有效。另外一点就是，在面试的过程中考官对面试进程的控制、面试考官对面试维度的理解程度，以及是否能按照一致性的评价标准对被试者的表现进行评价。

本章小结

本章系统地介绍了面试技术的特点及分类、题目形式、面试的流程、维度设定、题目设计与面试的实施过程，最后则突出强调了面试的技巧；重点突出了面试维度设定的方法、面试题目设计与面试考官的甄选、素质与考官培训工作，这也是为传统面试所忽略的一些内容。通过本章的介绍，我们希望让大家了解科学、客观的面试技术的关键点、标准化面试的流程以及对考官的要求这三个重点问题。

关键术语

- 面试　Interview
- 结构化面试　Structured Interview
- 半结构化面试　Semistructured Interview
- 情境面试　Situational Interview
- 压力面试　Stress Interview
- 面试维度　Interview Dimension

思考题

1. 面试的特点有哪些？
2. 面试如何进行分类？
3. 常见的面试形式有哪些？
4. 简述面试的流程。
5. 简述如何选定面试的维度。
6. 简述面试题目设计的步骤。
7. 面试考官应该掌握哪些面试技巧？

第5章

情境模拟测试

本章学习目标

1. 掌握情境模拟测验的概念；
2. 掌握情境模拟测验的主要方法；
3. 掌握无领导小组讨论的操作过程；
4. 掌握公文筐测验的操作过程；
5. 熟悉案例分析测验操作过程；
6. 熟悉角色扮演的操作过程。

引导案例

我经历普华永道的测评

"Assessment Center"是一个持续五个小时的系统测评过程。我被领到一个长桌边坐下。一个主持人坐在长桌一端，十个候选人分坐在两侧，自然形成五对组合。边上有两个考官旁听和观察，看上去还挺和善的，我略微放心了一些。

第一环节：在规定时间内先是用英文向对方介绍自己，然后由对方用英文来介绍你。介绍的同时还需要在一张大白纸上画图，来表现被介绍人的特点。这是一个热身环节，主要是用来活跃气氛和熟悉对方。

第二环节：五对组合依次抽签，每组两人各抽到一个相反的辩题。在规定时间用英文立论，然后用中文辩论。我现在已经记不清当时具体的议题了，只记得好像和现代科技与人类社会的发展有关，反正和我学的专业根本不搭界。我只好凭着我可怜的一点科技史的记忆在胡扯。坐在我对面的是学外贸的一个瘦高个子男生。这位仁兄的英语不错，因为至少他让我听懂了他的立论。我们“配合”得很好，一方立论的时候，另一方在洗耳恭听，不时还在纸上划上两笔。而且，谁都没有死死揪住对方立论的死穴，往死里问。基本上你说几句我也回几句，我问几句你也答几句。两人在貌似紧张激烈实则亲切友好的气氛中将辩论进行到底。我旁边的一位清华的女研究生则将她对面石油大学的一个“小弟弟”问得张口结舌，近乎无地自容。后来，我和瘦高个子男生都拿到了 offer，但是那个清华“姐姐”和她的“小弟弟”好像都没有。

第三环节：我个人认为这个环节是整个测评中最为精彩的。十个人各自抽到一个信封，内有三张纸条，分别提供了有关一个凶杀案的时间、地点、事件、人物关系等诸多信息，其中有真有假。我们需要在半个小时内整理和分析这些信息，去伪存真，最后找出真凶，并说明其动机和做案的全过程。这绝对是对大家反应速度、沟通技巧、分析能力、工作效率和团队精神的综合考核。由于过程的紧张和激烈，我已经对当时的具体情形没有什么印象了。只是模糊地记得桌子上纸片乱飞，大家说话都像是吵架，写字则像是画画。我提议画一个树形图来梳理人物关系，不知道是不是这一点得到了考官的青睐。我很幸运，我们这一组在规定的时间里圆满地解决了所有问题。后来我听说，有的组为谁是凶手的问题各执己见，互不相让而分成了两派，最后只好交出两个答案来。

……

我这组的“Assessment Center”从下午两点开始，一直到晚上七点多才结束。走出嘉里中心的时候，我有种身心俱疲的感觉。“Assessment Center”给我留下了极为深刻的印象。它让我得到了充分的锻炼，对我以后经历的各种面试都有着指导作用。在我和同学的讨论中，基本认同这样一个事实：普华永道不能保证在“Assessment Center”中被淘汰的人不是优秀的，但是可以保证在其中表现优秀的人是适合普华永道的。我想这才是一个以人为本的公司愿意为招收员工而投入如此大成本的最根本原因。较之当时安达信的英文作文和毕马威的类似 GRE 逻辑考试的测试，我个人更欣赏这样一个系统的测评。

5.1 情境模拟测试

情境模拟，最简单的理解就是一个模拟的情境。情境模拟测试通过创造一个与被试者现在或未来的工作环境高度相似的场景，让被试者在特定场景中完成一系列的任务，考官观察被试者在完成任务过程中的行为与心理表现，对被试者的素质及其潜力进行科学评价。

情境模拟测试有三个构成要素：考官设计的特定情境、需要被试者完成的任务、考官对被试者的观察与评估。情境模拟测试是评价中心技术中的主要技术，很多企业对情境模拟测试方法的依赖程度已经超过面试和心理测验。为什么情境模拟测试会得到企业如此的青睐呢？这要从情境模拟测试的发展历史和方法特性来分析。

5.1.1　情境模拟测试的发展

关于情境模拟测试的起源，学术界一直众说纷纭，其中有两种主要观点。第一种观点是，中国在原始社会时期就已经应用情境模拟的方法选人、用人了。相传尧把帝位“禅让”给舜之前，对其进行了多次考验。据《尚书·舜典》记载：“虞舜侧微，尧闻之聪明，将使嗣位，历试诸难。”舜是一个出身民间的人才，他以贤德孝行著称，得到帝尧的提拔，通过危难政事等等考验，成为尧的重要辅佐。最后，尧不但把两个女儿嫁给舜，还让他做了帝位的继承人，完成了名垂后世的“禅让”。尧对舜的种种考验，就是最早的情境测验。另外一种观点是，情境模拟测试是第一次世界大战期间，德国对特工人员的训练及选拔方式。军方根据特工人员工作复杂性的特点设计了一系列的情境，让被试者在设计的情境中完成任务。后来美国军方又对这种方式进行了改进，并将情境模拟的方法与面试等技术进行结合形成了今天的评价中心技术，用来选拔军官。第二次世界大战结束后，随着美国军官转业到企业，他们也将这种方法带到了企业。从此，评价中心技术得以在工业界开始应用。

现在的情境模拟技术已经成为评价中心技术中的主要技术，其测试方法得到进一步的发展，测试形式不断多样化——更重要的是，这些进步都是针对企业的特点所做出的改进。

5.1.2　情境模拟测试的特点

情境模拟测试与其他测验形式相比，具有非常突出的特点。这些特点包括：仿真性、动态性、直观性。情境模拟测试的这三个特点使其成为对其他测试形式非常有效的补充，同时也是世界上众多知名企业追捧它的关键原因所在。

（1）仿真性。情景模拟测验的开发基于不同类型的岗位，所采用的情境与被试者现在或未来工作的情境高度相似，被试者所处的情境是自己熟悉的或者是将来要面对的，具有很好的预测效度。利用情境中的任务对人才进行评价，使人才评估的手段更具有操作性与灵活性，是情境模拟测试最突出的特点。情境模拟测试的仿真性，使这种方法在人员培训中得以应用成为可能。

（2）动态性。情境模拟测试与面试和心理测验等其他测试形式对比，具有动态性的特点。被试者在完成考官规定任务的过程中体现了动态性；考官对被试者的观察也是在被试者完成任务的过程中动态完成的，这能够降低面试过程中首因效应对考官的影响。情境模拟测试的动态性，使考官对人才的评价更具有客观性与全面性。

（3）直观性。利用情境模拟测试对被试者进行评价，可使测试维度定义中的典型行为表现更加突出，考官能够直接观察到被试者完成任务的过程，能够直观地获取被试者在测试过程中表现出的典型行为，通过将其与评价标准进行对比，使得所作的评价依据更加充分。情境模拟测试的直观性特点，更容易引起组织内部非专业性考官参与人才评价活动的兴趣。

5.1.3 情境模拟测试的方法

常用的情境模拟测试方法包括小组讨论、公文筐测验、角色扮演、模拟面谈、管理游戏、案例分析等。下面我们就逐一对这些方法进行简述。

1. 小组讨论

小组讨论可以分为指定角色小组讨论与无领导小组讨论。

（1）指定角色小组讨论是指几个被试者在规定的时间里，在特定的背景中担任不同的角色，所有被试者共同完成一个相同问题的讨论或任务。考官会提出明确的讨论规则，被试者以不同的身份在完成任务的过程中发挥作用。考官同时对被试者在完成任务过程中的行为表现进行观察，以判定被试者的素质特点。

（2）无领导小组讨论是指几个被试者（通常为 5~7 人）在规定的时间里，在特定背景之中担任一个相同的角色，根据背景给出的、相同的问题，根据考官提出的讨论规则展开讨论，并被要求最终形成小组的统一意见。考官会在被试者讨论的过程中进行同步观察，以被试者在过程中的具体表现来判定被试者的素质水平。

2. 公文筐测验

公文筐测验是评价中心技术中最主要的活动之一。公文筐测验是对管理人员潜在能力最主要的测定方法，在国外曾利用它成功地选拔和提升了一大批优秀的管理人员，有着相当高的预测效度和实证效度。“公文处理模拟测验” 又称“文件筐测验”，作为一种个人综合性笔试测验，特别适合于中、高级管理人员的能力测评。公文筐测验的所有题目都来自于管理工作的实战，通过考察被测评者在处理具体业务中的表现，评估其关键能力。在国外，公文筐测验是评价中、高层管理人员的重要测评工具，也是评价中心技术中应用得最多的一种情境模拟测试手段。据国外学者所做的一项调查研究，95%的评价中心都采用了公文筐测验这种测评技术。这些材料通常都是放在公文筐中的，公文筐测验即由此而得名。

3. 角色扮演与模拟面谈

角色扮演主要是用以测评人际关系处理能力的一种情景模拟活动。在这种活动中，向被试者描述一种假想的人际情境，让被试者想像它真的发生了，并按要求做出行为反应，考官则对被试者的言语和非言语行为及行为的有效性进行评定。模拟面谈是传统面试技术和情境模拟测试方法的一种结合，或者也可理解为是一种在面试技术中引入情境模拟测试的技术观点。模拟面谈也是对被试者进行的以人际关系处理能力为主体的一种测试方法。模拟面谈要求被试者根据特定的情境，担任一个角色，去处理冲突或矛盾的问题，考官对被试者处理问题的过程进行观察，以此对被试者的素质进行评估。在实践操作过程中，这两种测试方法基本一致。

4. 管理游戏

管理游戏是情境模拟测试中的一个团体测试项目，又称商业游戏。经常采用的管理游戏有三种形式。

（1）最简单的游戏形式是将所有被试者按三人一组分开，要他们共同讨论有关生产、市场、销售以及财务等方面的问题。通过这种活动，可以评价被试者的组织能力、理财能力、思维敏锐力、紧张情境下的效率、适应能力及领导力等。

（2）比较复杂的游戏形式是将游戏分为三个单元，每个单元的任务与要求各不相同，让一组被试者（通常为 5 人）按照不同的分工模式完成任务。将每个单元被试者的表现及其任务结果与另外单元进行对比分析，发现每个被试者的特点。这种方式主要用于被试者进行自我评估。

（3）最复杂的形式是考官给所有的被试者分配不同的角色，并且根据任务配备道具，被试者根据考官设定的游戏规则完成三个阶段的任务，通过被试者协同工作最终完成全部任务。考官对游戏的全过程进行观察，对每个被试者的语言及非语言行为进行观察与评价。这类管理游戏多用于团队配置与团队诊断的项目。

5. 案例分析

案例分析是一项综合性的情境模拟测试项目。考官提供给被试者一些在管理中遇到的各种现实问题，要求他们进行书面分析和在小组讨论会上进行口头分析。考官根据被试者在分析过程中表现出来的分析能力、逻辑思维能力、独创性、说服能力等项指标进行评估，以此来判断被试者对岗位的胜任程度。

6. 演讲

演讲即被试者按照考官提供的材料组织观点，并且向考官阐述自己的观点和理由。在被试者演讲之后，考官要向被试者提问。这种测评方法可以考查被试者的分析推理能力、语言表达能力以及在压力下反应的能力。考官可以从语言表达、仪态举止、口头表达能力等方面对被试者的表现做出评价。在测评实践中，演讲技术一般与案例分析技术结合使用。

7. 搜寻事实

这种方法是让被试者去发掘搜寻一些与某个问题有关的信息。首先给被试者提供一些所要解决问题的少量信息，然后被试者可以向一个能够提供信息的人询问额外的一些情况。这种方法主要考察被评价者的获取信息能力、分析问题能力、理解和判断能力以及社会知觉能力，同时也可考查其决策能力和对压力的容忍能力。

5.1.4 情境模拟测试的维度

情境模拟测验适宜测试的维度范围是相当广泛的。这些维度既包括“对事的能力”，也包括“对人的能力”。由于情境模拟测验方式是评价中心技术的主体，进行题目开发与施测成本比较高，所以绝大部分企业都将情境模拟测验应用于管理者的选拔、培训、诊断等人力资源管理活动中。由于情境模拟能够测试的维度范围比较广泛，我们无法一一列举，这里列出美国学者尤克尔提出的管理行为综合分类模式和管理者的心理素质表供大家参考。

美国学者尤克尔（Yukl）于 1987 年提出了管理行为综合分类模式（integrating taxonomy of managerial behavior），如表 5-1 所示。

表 5-1 管理行为综合分类模式

管理关系行为类	1. 人际网络
	2. 支持下属
	3. 团队建设与冲突管理

续表

影响他人行为类	4. 激励
	5. 表扬与奖赏
决策行为类	6. 计划与组织
	7. 问题解决
	8. 咨询与授权
供给与寻求资讯行为类	9. 监控
	10. 告知
	11. 澄清决策与目标

1. 管理关系

（1）人际网络：指经由人际互动的方式（如拜访、电话、参加会议与社交活动等）和一些拥有资讯与支持及具有影响力的人建立与维持一种非正式的人际关系。

（2）支持下属：待人亲切友善，体恤部属，当下属或他人情绪不佳时能理解与支持，愿意倾听部属抱怨与解决问题，以及协助部属发掘自己的兴趣，并且提供具体而富有建设性的建议，进而帮助部属在工作生涯上有所发展。

（3）团队建设与冲突管理：管理与帮助员工采取建设性的方式来解决冲突，增进相互合作与团队精神，并且建立组织单位与团队的认同。

2. 影响他人行为

（1）激励：以身作则，树立良好典范，并且运用一些影响的技巧（例如诉诸情绪、价值观、逻辑或说服等），以增进部属努力达成工作目标的承诺与热诚；或使得部属能够主动寻求支援、合作、授权等，以完成交付的任务。

（2）表彰与奖赏：对于部属的特殊贡献、重大责任、优良业绩给予奖励、奖赏与表扬，以表达对其成就的肯定、佩服与感激。

3. 决策行为

（1）计划与组织：制定长期目标进行策略规划，以适应外在环境因素的变迁，在执行计划前会事先进行规划，订出必需的行动步骤，并且根据各项活动的重要性与先后顺序分配适当的资源，研究各项改进的措施，以增进单位本身的工作效率、生产量以及其他部门之间的协调与合作。

（2）问题解决：指能发觉与工作有关的问题，并能及时且有系统地进行分析，找出问题的原因，并且能寻求适当的解决问题的方法，进而能有效地加以执行，妥善处理所面对的危机。

（3）咨询与授权：在做某些改变之前会和将受影响的人进行商量，鼓励成员提出改进的意见，邀请成员参与决策，且在进行决策时会参考员工的意见与建议，并且允许他人在一定原则下自由地处理所面对的问题与交付的工作。

4．供给与寻求资讯行为

（1）监控：收集与工作进度、质量、成效相关的信息，考评员工个人的工作表现，了解外部客户和使用者的需求，以及对于环境能够有所掌握等，以便从中了解企业组织可能的威胁，进而寻求企业组织生存与发展的可能契机。

（2）告知：传达相关的工作信息给部属，提供书面的文件，回答专业上的问题，并且告诉人们有关该工作单位的光荣历史，以提升单位的名声与形象。

（3）澄清角色与目标：指分派工作，提供部属如何完成工作的方向与指示，并且进行充分沟通，以便让下属对于自己的工作角色与职责、工作目标、完成事项、工作预期等皆能有一个清楚的了解。

尤克尔提出的管理者的心理素质表如表 5-2 所示。

表 5-2　管理者的心理素质表

素质指标	含　义	操作定义
创新变革能力	具有形成新事物、新思想、新观点的能力。其核心含义为能创造有新价值的事物或思想，变革的前提就是有创新思想	具有产生不同于前的新思想、新观念、新想法、新程序等的创造性；提出解决特殊问题采用新方法的独创性；新方法能产生经济和社会的生产效率。在管理变革方面，领导者要在个人负责的领域中认识到需要在人员安置、任务分配、策略制定、组织结构与工艺技术等方面做出调整或全新转变的必要性，并确定具体的实施步骤
元认知能力	主体对自身认知活动的认知，其中包括对当前正在发生的认知过程和自我认知能力以及两者相互作用的认知。元认知由元认知知识和元认知调控组成，共同实现对认知活动的计划、监控和调节作用	个人对自我的思维过程和问题解决策略的意识和控制。领导者的元认知能力表现为在管理中的计划性、思考性、主动性、策略性、执行性、总结性。学会“自我诊断”，发展独立思维的技能
心理健康状态	身体无疾病、不虚弱，心理无障碍，良好的人际关系和适应社会生活能力	具有灵活应变的适应能力；对挫折的心理承受能力；意志的自制力；对责任意识和自信的认知能力；情绪稳定性

续表

素质指标	含　义	操作定义
心理健康状态	灵活应变的适应能力	思维活跃，经常会有新点子，根据不同情况采取不同措施，面对社会生活和环境的变迁，能够在心理上进行自我调节，在行为方式上灵活应对
	心理承受能力	能接受强烈刺激，挫折面前能坚持住，能较快地从失败的阴影中走出来。注意心理调试，以积极心态对待挫折，善于以积极、有效的方式达到心理平衡，能够很好地适应工作与生活
	意志自制力	严谨自律、善于自省，有较好的控制情感的能力，为人处世识大体，能规范自身行为，保持言行一致
	自信的认知能力	有自信心，相信自信是成功的源泉，能正确评估自身优势与不足，知己知彼，具备工作热情和动力，对自己的能力充满信心，在任何恶劣的环境中都能找到解决问题的方法，能不断完善自身，提高工作技能和素质
	责任意识	做事尽心尽职，善始善终，有恒负责，有明确的评价标准，努力使言行相符，工作中能吃苦耐劳，给人以信赖感。
	情绪稳定性	情绪稳定而成熟，能面对现实，态度沉稳而冷静，能有效地处理现实中的突发事件，维持局面，条理清晰。能用一种冷静、沉着、泰然自若的反应代替机械、紧张、无效的反应。
自我管理能力	理解自己与他人的个性与态度，准确地知觉、评价与解释自我、他人以及周围环境，理解并依据自己与他人的工作动机与情感来采取行动，评价并建立自己发展个人的以及工作相关的目标，在压力情境中自觉管理自我职业	评价自身具有的长处与短处；设置并追求实现工作与个人目标；平衡工作与个人生活；学习新知识与新的管理技巧、行为与态度
差异管理能力	领导者要重视每个个体与群体的独有特征及价值，接受这些特征并把他们看做是组织力量的潜在源泉，尊重每个个体的独特性	和那些具有与你不同性格特征、经验、观点与背景的人共处；不管个体或群体成员的个人态度如何，都要和他们进行沟通；对不同类型的个体实行不同方式的管理，在多元化的时代中实现人力资源管理的多元化

续表

素质指标	含 义	操作定义
团队管理能力	开发、支持、利用或领导群体实现组织目标	学会以团队为基础设计组织，创建各类团队以提高效率，铸造团队精神，培养团队建设，锻炼团队型领导风格的团队领导人
人际沟通能力	以言语、非言语、文字、听觉、电子等形式传递与交换信息与感情。通过沟通相互传递、接收信息，理解观念、思想与感受	通过人际沟通能力的训练，使领导者学会给别人提供建设性的反馈，积极倾听，有效地运用并解释非言语沟通；有效地利用言语与文字沟通；有效地利用一系列以计算机为基础的（电子）资源，如电子邮件与因特网
跨文化管理能力	在不同的民族与文化中识别并接受共性与差异性，然后以开放的心态和好奇的心态来解决关键的组织与战略发展问题	以全球化的眼光来处理管理与其他事务，理解、欣赏并运用某个特定文化的独到之处，识别易影响个性行为的某种文化特征；识别并理解工作价值观，理解并激发具有不同价值观与态度的员工
道德管理能力	在决策与选择行为中结合价值观与原则以明辨是非的能力	确定并描述合乎道德的决策与行为的原则；在思考抉择行为的过程中评价道德问题的重要性；在个人职责和权力范围内运用政府法规以及员工行为规则来做出抉择和行动；在工作关系中表现出为人正直和尊重别人；在沟通中表现出诚实与开放；严格遵守法律与保密制度以及竞争规则

5.2 无领导小组讨论

阅读

北大探索新模拟招聘——无领导小组讨论

10月19日晚，北京大学“人力资源开发与管理沙龙”主办的一场模拟招聘会在热烈的氛围中如期举行。此次模拟招聘会的形式主要是无领导小组讨论，讨论人员由心理学社、新经济成才促进会的成员组成。

6名学员围着会议室中间的小圆桌坐齐后，北大心理学系廖江群博士随机抽出6张写着讨论话题的纸交到参加无领导小组讨论的成员手上。话题的内容是：“你认为什么样的领导是好领导？以工作为取向还是以人为取向？”在这之后的45分钟内，廖江群所需要做的，就是坐回自己的看台座上说两句话：“讨论开始”、“时间到”。

“主持人，我们 6 个人谁先开始说？”“博士，你说的领导是企业老总还是中层管理者？”“廖学长，我们现在是以学生的身份还是以求职者的身份进行讨论？”……无领导小组讨论对他们来说显然是大姑娘上轿头一回，6 名同学纷纷提出自己的疑惑。

“这些都由你们自己决定，在整个讨论过程中，你们自己控制，”廖江群不得不重新申明讨论的规矩：“别再问我了，所有的一切你们自由讨论。”

在这场无领导小组讨论的模拟招聘中，不可能给予任何引导或提示。片刻的停顿之后，6 名学生开始各抒己见，气氛也越来越热烈，他们都竭力将自己最高的水平发挥出来，似乎在经历着一场真正的命运考验。

在两轮无领导小组讨论过后，来自浩竹猎头中心的王长江对无领导小组讨论在企业招聘中的应用做了讲解，并对参与两轮讨论成员的表现做出点评。

王长江告诉在场的同学：对参与无领导小组讨论的成员来说，一定要明确面试考官想达到一个什么样的目的，因为对不同的职位所考察的侧面是不同的。例如应聘 Leader（领导者），在讨论的过程中不仅要自己发言，还要鼓励别人发言，最后进行总结，总结时一定要适当，做到无权而威。不同的职位对应聘者考查的维度不一样，而且有的维度还会发生冲突。例如在无领导小组讨论中，表现出具有很好领导特性的人就不会是一名优秀的公关人员，但却可能是一名优秀的人力资源管理者。而对一名 HR，协调、沟通和亲和力对他们而言则是最重要的维度。

对于应聘的技巧问题，本次活动主要负责人之一的北大心理学会会长张警吁总结说：“过去，大家应聘时很注重衣着服饰等表面上的应聘技巧，这是重要的一方面，但在结构化面试中，这种表面的技巧就不是关键的了，如何体现内在的优势才是最重要的。因此，在具有相对良好心理素质的心理系同学中组织一场模拟招聘，也给大家一个学习和锻炼的机会，免得在将来的应聘中处于被动局面。”

记者在采访中发现，在场的多数同学都对无领导小组讨论表现出好奇并积极参与，并在廖江群的解释下，依据 7 个维度选出自己所认为的优秀者。

马同学告诉记者，他想去微软工作，但听说应聘时要经历无领导小组讨论，这次特意来看，感到自己对无领导小组讨论是一种从零到有的认识，对以后的应聘也有了信心了。

中央财经大学的刘同学特意跑来旁听，现场像他这样的学生还有很多，他们都一致表示，在此次模拟招聘中，充分认识了无领导小组讨论，希望高校能多组织这样的活动，让他们有更多的认识社会的机会。

而参加无领导小组讨论的成员更是欣喜地说："我们不仅认识了无领导小组讨论，也在参与讨论的过程中，发现了自己的薄弱环节，为将来的应聘和工作都奠定了良好的基础。"

作为活动的主要组织者，北大新经济成才促进会会长殷浩告诉记者，近年来大学生就业竞争日趋激烈，而社会对人才的要求也有了新的标准。他们希望能够帮助同学们在应聘过程中恰如其分地展示自己的才华；也希望通过系列的"人力资源管理与开发沙龙"活动促进在校大学生与企业 HR 的沟通，以利于同学们面向时代的要求培养自身素质。

资料来源：节选自钟关元，《北大新模拟招聘——无小组讨论》，载于《21 世纪人才报》，2002 年 10 月 25 日。

无领导小组讨论（leaderless group discussion，LGD）是评价中心技术中应用频率比较高的一种情境模拟测试方法。从理论的角度理解，无领导小组讨论是指运用松散群体讨论的方法，快速诱发被试者的特定行为，通过对被试者行为的定性描述、定量分析以及人际间比较来判断被试者素质特点的一种测试方式。

从操作的角度来看，无领导小组讨论是给所有被试者一个共同的讨论题目，让其在规定的时间内自由地开展讨论活动，要求小组成员就讨论的问题形成最终的一致性意见。考官通过对被试者在讨论过程中的言语和行为表现进行评价。无领导组讨论的信度随着小组人数增加而有所提高，其效度系数一般在 0.15~0.85 间。总体来说，无领导小组讨论对于管理者领导组织的技能评价很有效。

无领导小组讨论的时间一般为 60 分钟。如果将这种方式用于培训项目，还要考虑到测试结束以后考官对小组成员进行反馈的时间。对于反馈时间没有统一的规定，受被试者人数的影响，针对小组成员的集体反馈大约为 30 分钟。无领导小组讨论属于团体测试项目，每组被试者的人数为 5~7 人。

5.2.1 无领导小组讨论的特点

任何测试方法由于其测试形式各不相同，都会具有比较鲜明的特点。无领导小组讨论能够为所有被试者提供公平展现的平台，考官不仅能够观察到被试者完成任务的过程，还能观察到被试者之间的相互作用。但是由于不同小组对相同题目的表现缺乏一致性，造成无领导小组讨论不能进行组间评价。下面我们就详细地介绍一下这种方法的优缺点。

1．无领导小组讨论的优点

无领导小组讨论能够直接诱发被试者的行为，换句话说就是，它的操作形式决定了它能够给被试者提供一个在动态过程中表现素质的舞台。被试者能够在讨论的过程中与其他被试者进行密切的联系与接触。在这个过程中，被试者自身的知识、能力、职业素养得到了充分体现，使得考官能够对被试者进行客观、全面的观察。

无领导小组是一个团体测试项目，5~7 位被试者共同参加讨论，为被试者提供了平等表现的机会，同时也为考官分别发现不同被试者的素质特点提供了机会。无领导小组讨论对被试者而言是一个“赛马”的过程，对考官而言则是一个“相马”的过程，考官可以直接对小组内的被试者进行横向比较。这种直接比较的机会在其他测试项目中很难直观地表现出来。

从时间成本的角度分析，无领导小组讨论的测试形式能够节省考官大量的时间：在一个小时的时间内，能够对 5~7 位被试者进行同时评价。

2．无领导小组讨论的缺点

无领导小组讨论的缺点同样比较突出，首先是不同的小组对相同题目的表现缺乏一致性，造成无领导小组讨论不能进行组间评价。同样是战略规划的题目，有的小组能够积极讨论，被试者都热衷于献言献策；有的小组就表现得比较沉闷，由于缺乏核心人物的带动，小组成员快速地达成一致性意见，缺乏充分的讨论。

考官对被试者的评价很容易受小组整体表现的影响。如果小组讨论比较热烈，各个被试者都积极地参与，各自在完成任务的过程中都发挥了不同的作用，语言与行为表现比较充分，考官就易于对每个被试者进行评价。反之，如果小组成员缺乏核心人物带动，小组成员没有进行充分的讨论就达成了一致性意见，各被试者的语言和行为都缺乏充分的表现，就会为考官对被试者进行评价带来困难。

考官更容易将绝对评价标准与相对评价标准进行混淆。被试者的表现受小组其他成员的影响非常大，如果一个语言表达能力很好的人碰到了一个更具有语言天赋的被试者，那么他的语言表达能力就会变得不突出，从而就会影响考官对他的评价。考官易于将某项素质优秀的被试者作为这项素质的评价标准。

为了达到良好的讨论效果，需要充分考虑小组中每个被试者的特点，以确保讨论能够充分地展开。但在现实操作中，由于对被试者缺乏基本的了解，所以对被试者进行合理分组比较困难，而缺少了对具有不同特点的被试者的合理匹配，也就会产生小组讨论不充分的风险。

5.2.2 无领导小组讨论的类型

讨论的类型有很多种，可以就观点、问题或具体计划进行讨论。无领导小组讨论的类型根据讨论的情境、角色、目标等因素大体可以分为四类。

1. 有情境与无情境的讨论

有情境的无领导小组讨论就是让被试者根据题目中给出的组织背景和任务要求进行讨论。情境信息告诉被试者面对的组织状况及面临的问题，要求被试者定向完成讨论任务。例如，下面这道题目就是典型的有情境的讨论。

横通公司成立于1998年，是国内第一代互联网信息提供商。该公司成立6年以来，业务迅猛发展，现在已经形成以电信增值业务为重点的产品格局。2004年底，公司在南京召开年度工作总结会，总裁宣布了进军网络游戏产业的战略计划。这一计划在公司内部引起了轩然大波，一种观点认为，“公司并不具备进入网络游戏行业的能力，这个计划会将公司引入歧途”；另一种观点则认为，“公司具备渠道优势与销售经验，能够准确把握消费者的需求及提出优秀的产品平台”。为了慎重决策，公司决定邀请咨询专家进行战略诊断。您作为专家被邀请至该公司，您需要与其他专家共同讨论横通公司能否执行进军网络游戏产业的计划，并做出一致性的诊断报告。以下是公司技术、销售、资金、技术人员与渠道的相关信息(略)。

上述题目属于有情境的无领导小组讨论，给出的情境信息包括公司的简单介绍、公司面临的问题、需要解决的问题（也就是要求被试者完成的任务）。

无情境的无领导小组讨论就是让被试者就一个开放性问题或两难性问题进行讨论。被试者根据对问题的认识发表观点，并积极地向其他被试者说明自己的观点，协调小组中的不同意见，利用自身的影响力说服不同意见者。无情境的小组讨论一般会选择社会的热点、难点问题让被试者进行讨论。例如：

您认为应该如何治理大城市的交通拥堵问题？请发表自己的观点，并与其他被试者共同进行讨论，在规定的时间内形成一致性的意见。

2. 有角色与无角色的讨论

根据题目赋予被试者角色的特点，可以将无领导小组讨论分为有角色的小组讨论与无角色的小组讨论。角色在这里的意思就是分配给每个被试者的职务。如果题目规定被试者处于相同的角色则属于无角色，因为大家的角色都是相同的，体现不出由于角色所造成的任务或目标差异。如果给每个被试者分配不同的角色，目标或任务存在差异，就属于有角色的小组讨论。

无角色的小组讨论例题：

……为了慎重决策，公司决定邀请咨询专家进行战略诊断。您作为专家被邀请至该公司，您需要与其他专家共同讨论横通公司能否执行进军网络游戏产业的计划，并做出一致性的诊断报告……

有角色的小组讨论例题：

你们要分别临时担任不同部门的经理，你们的任务是为自己的下属尽可能多地争取奖金数额……

3. 合作性讨论、竞争性讨论与竞争合作性讨论

在某些无领导小组讨论题目的设计中，所有的被试者要合作完成共同的任务，这类题目叫做合作性的无领导小组讨论。例如：

董事会提出公司必须在一年扭转亏损局面。作为决策委员会委员，请您用 10 分钟分析企业现在面临的问题，并与其他决策委员共同讨论这些问题，并共同制定较为详细的行动计划，向董事会汇报。

在某些无领导小组讨论题目的设计中，被试者个人的利益或所代表的利益群体之间从在冲突或矛盾，这类题目一般会要求被试者就有限的资源进行争夺。这类题目叫做竞争性的无领导小组讨论。例如：

你们要分别临时担任不同部门的经理，你们的任务是为自己的下属尽可能多地争取奖金数额。

在某些无领导小组讨论题目的设计中，所有被试者之间既有共同目标需要相互合作，又存在相互竞争。这类题目叫做竞争合作性的无领导小组讨论。例如：

为了尽快在这个小岛上建设基地，请 A 队成员自由组合成三个小组，三个小组分别负责生活区、生产区、休闲区的规划，我们将对整体规划与每个区的规划进行评估，得分最高的小组进入下面的测试，整体规划得分最高的团队每人获得 5 分。

4. 工作情境相关与工作情境无关的讨论

在无领导小组讨论的题目设计中，设计与被试者现在或未来的工作情境相似的情境，要求被试者处理实际工作中可能会出现的关键事件，这类讨论叫做与工作情境相关的讨论。比如，让申请人力资源经理职位的被试者根据组织面临的状况共同讨论组织年度培训计划。而在某些情况下题目的设计又与被试者实际的情境无关，这类讨论叫做与工作情境无关的讨论。

5.2.3 无领导小组讨论的题目类型

1. 资源争夺问题

这类题目的特点就是考官在题目中配置有限的资源，由被试者共同完成资源分配任务。有的资源争夺问题还为被试者分配不同的角色，让被试者以不同的角色参与资源的分配。考官设计题目需要充分考虑资源数量与获取资源对象的矛盾，角色与资源的关系。考官对被试者在获取资源过程中的语言和行为表现进行观察与评价。这类题目适宜测试被试者的计划能力、组织能力、协调能力、分析能力与决策能力。资源争夺问题属于有情境的小组讨论题目。例如：

某公司从剩余利润中拿出 5 万元对优秀员工进行奖励，每个部门都推荐了一位优秀员工，并且每个人的情况都有所不同（具体资料略），现在需要你们组成奖金分配小组，决定奖金分配的对象和具体金额。

2. 开放式问题

所谓开放式问题，就是没有固定答案的问题，就是仁者见仁、智者见智的问题，问题本身就可以有多种合理的解释。考官并不关注被试者最终形成的答案的准确性和合理性，而是关注被试者在发表意见的过程中表现出的能力，向其他被试者推销自己观点的能力，协调不同意见的能力，在讨论过程中表现出的说服力与影响力。设计此类题目要确保问题有多种答案，能够引起被试者充分争论。开放式的问题属于无情境的小组讨论题目。例如：

游民收容制度一直是社会各界比较关注的问题。前段时间某市从以人为本的角度出发，废除了这项制度，但导致大量游民涌入该市，社会治安状况直线下降。为此，有人提议恢复这项制度，以保证当地居民的正常生活。请你们共同讨论这项提议，并形成一致性意见。

3. 两难问题

两难问题是要求被试者从两个互相对立，但各有利弊的答案中选择一个。主要测查被试者的分析能力、语言表达能力和应变能力、说服力等。对于考官而言，此类问题编制起来比较方便，而且在评价被试者方面也比较有效。但是在编制此种类型的题目时，需要注意的是，两种备选答案一定要有同等程度的利弊，不能是其中一个答案比另一个答案有很明显的选择优势。例如：

你认为应重点发展私营企业还是发展国有企业？

4．多项选择题

多项选择的小组讨论题目有两种形式，一种是让被试者从较多的备选答案中选择几项答案，另外一种形式是让被试者对多项答案按照自己理解的重要性程度进行排序，后一种形式在人才测评实践中应用比较普遍。例如：

在飞机爆炸以前，乘客们可以从机舱中抢救出 15 件物品。现在请你们讨论决定这 15 件物品——按照其对生存的重要性，从最重要到最不重要进行排序。

（　）　该地区的航空地图
（　）　大型手电筒
（　）　4 条羊毛毯
（　）　1 支手枪及 10 发子弹
（　）　1 副雪橇
（　）　2 小瓶白酒
（　）　1 面化妆用小镜子
（　）　1 把小刀
（　）　4 副太阳镜
（　）　3 盒火柴
（　）　1 个军用水壶
（　）　急救箱
（　）　12 小包花生米
（　）　1 张塑料防水布
（　）　1 支大蜡烛

5．操作性问题

操作性问题与管理培训领域的“沙盘模拟”比较类似，考官要求被试者根据一定的规则和考官提供的道具完成具体任务。此类问题主要考察被试者的计划组织、合作能力、协调能力、角色意识等指标。操作性问题与其他问题的差异是，操作性问题要求被试者不但要“想”还要“做”，其情境模拟的特点更加直观。例如：

在小岛上建设基地，请大家共同组成一个设计与实施小组，负责生活区、生产区、休闲区的规划和实施，并利用我们提供的模型完成建设的过程。整个过程的时间为 60 分钟，大家必须在规定的时间内完成任务。

5.2.4　无领导小组讨论的题目设计

1．题目设计原则

无领导小组讨论的难点就在于题目设计。一般来说，在设计无领导小组讨论的题目时应遵循以下几个原则。

（1）高仿真原则。在无领导小组讨论实践中，能够让被试者进行充分讨论的是有情境的讨论题目。在这种题目下，被试者能够根据情境提供的信息进行分析、讨论，并且能够反映出多种观点，从而有利于被试者尽快地进入状态。所以无领导小组讨论题目设计应该遵循高仿真原则，尽可能清晰地再现某个情境。

（2）针对性原则。针对性的原则是指无领导小组讨论题目的设计应该根据测试目的确定的测试维度进行，不能单纯地考虑讨论的场面热闹，而测试出来的被试者的素质与测试目的无关。很多企业用到的讨论题目，特别是在电视节目上开展的讨论活动，只顾追求形式，而忽略了测试的目的，致使小组讨论的效度大为降低。

（3）适宜被试者。前面我们谈到进行面试题目的设计要考虑面试对象的可接受程度，在设计小组讨论的题目时同样应当如此。测试对象不同，测试题目要求也会不同。因此，要注意根据被试者的知识水平、阅历背景设计题目。比如，针对大学生招聘的讨论题目肯定比选拔总经理的题目要简单，题目的信息量也肯定比后者要小，题目的背景信息相对也比较简单。所以，设计小组讨论题目，一定要确保其与测试对象水平相匹配。

（4）结果多元化原则。无领导小组讨论的基本原则就是题目没有固定的答案，每个题目都具有多个结果、多种合理的解释，因为只有这样才能为被试者之间的充分讨论创造条件。只有被试者能够进行多种意见的争论，考官才能够对被试者进行全面的观察与评价。每个小组讨论的题目都有多个合理的结果就是题目设计的多元化原则。

（5）被试者角色平等。对于需要角色分工的讨论题，题目本身对角色的分工在地位上要平等，不能造成被试者之间有等级差异的感觉。只有角色平等，才能让被试者发挥自己的才能和潜能，积极地参与到讨论过程中来。被试者的积极表现是考官能否对被试者进行客观、准确评价的基础。

2. 可供选择的设计题型

可供选择的设计题型可以参见表 5-3。

表 5-3　　可供选择的设计题型

题　型	分类（考虑情境、角色、竞争与合合、与工作情境相关四种因素）	
资源争夺题	工作情境相关的资源争夺题	工作情境无关的资源争夺题
两难性问题		
开放式问题		
多项选择题	有情境的多项选择题 无情境的多项选择题	合作型的多项选择题 竞争型的多项选择题
	与工作情境相关的多项选择题	与工作情境无关的多项选择题
操作题	有情境的操作题 无情境的操作题	与工作情境相关的操作题 与工作情境无关的操作题
	合作型的操作题　竞争型的操作题　合作竞争型的操作题	

（1）与工作情境相关的资源争夺题。例如：

针对部门经理的无领导小组讨论，“你们现在的身份分别是公司各部门的经理（有角色），公司要从 7 位优秀员工中评选 3 位对公司业绩有特殊贡献的员工，进行巨额奖励，该员工所属的部门也会对其适当进行奖励。这 7 位员工的资料已经发给大家，请你们讨论决定确定哪 3 位员工成为本年度有特殊贡献的员工，并阐明理由。”

（2）与工作情境无关的资源争夺题。例如：

一天上午，你们乘坐一架小型客机，由我国西北边疆飞向东部的一个城市。就在飞临北疆某严寒地区一个没有人烟的雪野时，飞机遇到大风雪不幸失事，跌到山里。此时正是 1 月，气温低达−15℃。飞机可乘坐 10 人，是双引擎机，机身已撞毁并起火。飞机驾驶员及 1 名乘客死亡，其他人则没有受到严重伤害。

驾驶员还没来得及告诉大家飞机的具体位置就死去了。就在失事之前，你曾注意到飞机上的高度显示：飞机是在 3000 米左右出现故障。失事地点正好在雪线下面不远，地面崎岖不平，树林茂密。乘客们穿着秋装，并且每个人都有一件外套。

在飞机爆炸以前，乘客们可以从机舱中抢救出 15 件物品。现在请你们讨论决定这 15 件物品——按照其对生存的重要性，从最重要到最不重要进行排序。

（　）　该地区的航空地图
（　）　大型手电筒
（　）　4 条羊毛毯
（　）　1 支手枪及 10 发子弹
（　）　1 副雪橇
（　）　2 小瓶白酒
（　）　1 面化妆用小镜子
（　）　1 把小刀
（　）　4 副太阳镜
（　）　3 盒火柴
（　）　1 个军用水壶
（　）　急救箱
（　）　12 小包花生米
（　）　1 张塑料防水布
（　）　1 支大蜡烛

（3）有情境的多项选择题。例如：

绿宝公司是一家化工材料公司，由于经营不善，公司进行业务转型。公司股东看好某个环保原材料市场，因此公司耗资 200 万引进了技术与设备生产原材料（包括颗粒料、片材、板材），面向不同的目标市场出售。由于企业经营业绩不佳，董事会辞退了原总经理，此时您被任命出任该公司决策委员会委员，来运作该项目。以下内容是绿宝公司面临的 10 个问题。

1）通过相关媒体报道，中国出口欧盟的家电产品遭遇“绿色壁垒”，主要原因是包装材料为泡沫塑料，为此家电企业需要缴纳高昂的固体垃圾处理费，否则将不能进入欧盟市场。

2）CBTV电视台推出“绿色家园”专题节目，希望与公司合作推出专门介绍环保产品与百姓生活的系列节目，来增强社会公众的环保意识。

3）技术部门对原有配方进行检测发现，该配方不能达到预期的产品质量，新的配方与工艺开发需要至少80万元，开发周期为1个月。

……

10）公司由于疏于管理，人心涣散，部门经理外出兼职，公司很难召集各种会议。

请通过资料分析确定10个问题的重要性，并讨论决定10个问题的处理顺序。

（4）无情境的多项选择题。例如：

某大城市要解决交通拥堵问题，面向社会征集提案，工作人员从众多提案中选择了30项具体措施，请你们讨论并最终确定比较有效的10项措施，并根据优先原则排出顺序。

1）大力发展公共交通，引进超大型节能公共汽车。

2）发展轨道交通，对比较远的地区开设线路。

3）设立单双号的行使政策，限制车流量。

4）对部分核心道路实行单行，提高行车速度。

5）在城乡结合部建设公益性的大型停车场，减少城区车流量。

6）鼓励大中型单位开设班车，并给予适当补贴。

7）建立四个大型立体交通枢纽。

8）提高城区停车场收费标准，利用物价调节车流量。

9）城区主干道减少红绿灯，增加行车速度。

10）建设环路之间的连接道路，减少内环道路的交通压力。

11）严格城区停车管理，减少车辆占用道路停车。

12）招聘大量的交通协管员，在关键路口疏导交通。

13）加大科技投入，提高路面监控水平，及时疏导车流。

……

（5）合作型的多项选择题。例如：

董事会提出公司必须在一年内扭转亏损局面，作为决策委员会委员，请您用10分钟分析企业现在面临的问题，并与其他决策委员共同讨论这些问题，共同根据这10个问题的重要性和紧急程度进行排序，形成计划方案向董事会汇报。（选项略）

（6）竞争型的多项选择题。例如：

为了尽快在小岛上建设基地，请 A 队成员自由组合成三个小组，三个小组分别负责生活区、生产区、休闲区的规划，规划的材料只能用考官给出的下列 30 种模块，并且每个模块不能重复使用。我们将对整体规划与每个区的规划进行评估，得分最高的小组进入下面的测试。（选项略）

（7）与工作情境相关的多项选择题。与工作情境相关主要是指与被试者现在或未来工作情境的相关程度，例如：

某公司招聘总经理，根据该公司的情况限制了下面的讨论题目。

绿宝公司是一家化工材料公司，由于经营不善，公司进行业务转型；公司股东看好某个环保原材料市场，因此公司耗资 200 万引进了技术与设备生产原材料（包括颗粒料、片材、板材），面向不同的目标市场出售；由于企业经营业绩不佳，董事会辞退了原总经理，此时您被任命出任该公司决策委员会委员，来运作该项目；以下内容是绿宝公司面临的 10 个问题：（选项略）

董事会提出公司必须在一年内扭转亏损局面，作为决策委员会委员请您用 10 分钟分析企业现在面临的问题，并与其他决策委员共同讨论这些问题，共同根据这 10 个问题的重要性和紧急程度进行排序，形成计划方案向董事会汇报。

（8）与工作情境无关的多项选择题。与工作情境无关的多项选择题就是在题目设计过程中不考虑被试者现在或未来的实际工作情境，而只考虑根据测试维度来设计的多项选择题。前面提到的“飞机失事”就是典型的与工作情境无关的多项选择题。

（9）有情境的操作题。有情境的操作题一般都是比较复杂的操作题目，考官在题目设计中给出背景信息和明确的任务要求及相应的道具，让所有被试者共同或者分组完成任务。考官对被试者完成任务的过程进行观察和评价。例如：

某市某块地占地 50 公顷，政府规划建设以商业和文化为主题的商业文化区。该地块的开发计划 2 年内完成，计划一期投入资金 2.5 亿元，建设歌剧院、音乐堂与高档购物中心各一座，二期投入资金 1 亿元建设服装精品街以及大型市民休闲广场、地铁站等后期配套设施。经过项目设计招标，设计单位已经将歌剧院、音乐堂、高档购物中心、休闲广场、精品街的设计与预算方案报到了开发公司。请你们先对该地块进行整体规划，再评估确定各项目的设计方案，然后制定 2 年的资金使用计划，胜利完成开发任务。你们需要在我们提供的题板上完成地块规划，并将最终确定的各项目设计方案标注在题板上。请你们在 60 分钟的时间内共同完成上述任务。

（10）无情境的操作题。如堆积木游戏或骨架游戏就是典型的无情境操作题。

（11）与工作情境相关的操作题。即考官所设计的讨论题目来源于被试者现在或未来岗位的关键事件，被试者在完成任务的过程中需要进行有关操作。如某电脑厂商招聘生产主管，拿来全套的电脑配件，让被试者完成组装的过程。在被试者操作的过程中，考官来观察谁的组织能力、计划能力、分工意识比较强。

（12）与工作情境无关的操作题。像堆积木游戏或骨架游戏这两个游戏与任何岗位的工作情境都无关，但考官可以通过游戏的过程发现谁是操作过程的指挥者、谁是协调者、谁是意见提出者。

（13）合作型的操作题。此类题目强调由所有被试者共同完成任务。比如：

你们需要在我们提供的题板上完成地块规划，并将最终确定的各项目设计方案标注在题板上。请你们在60分钟的时间内共同完成上述任务。

（14）竞争型的操作题。此类题目强调被试者之间的利益或被试者所代表的群体之间存在冲突与矛盾。很多企业都将竞争型操作题的无领导讨论应用于内部员工的培训。比如：

为了尽快在这个小岛上建设基地，请A队成员自由组合成三个小组，三个小组分别负责生活区、生产区、休闲区的规划，我们将对整体规划与每个区的规划进行评估，得分最高的小组每人获得5分。

（15）合作竞争型的操作题。此类题目强调被试者之间既有竞争又有合作，既有共同目标，又有个人（小群体）目标。如果将上一题型中的讨论规则进行简单修改，就变成了合作竞争型的操作题。例如：

为了尽快在这个小岛上建设基地，请A队成员自由组合成三个小组，三个小组分别负责生活区、生产区、休闲区的规划，我们将对整体规划与每个区的规划进行评估，得分最高的小组进入下面的测试，整体规划得分最高的团队每人获得5分。

3．题目设计步骤

无领导小组讨论的题目设计是在工作分析或胜任特征分析的基础上进行的，大体要经过工作分析、明确测试维度、明确测试对象、收集题目素材、素材整理与筛选、编制讨论题及对讨论题进行检验与修正等几个阶段。

（1）工作分析。针对待测岗位进行工作分析，首先明确岗位的工作目标、关键职责与岗位任职者应该具备的任职资格（知识、能力、技能及其他）或胜任特征（知识、能力技能、内驱力），根据岗位的特点来考虑题目的编制。

（2）明确测试维度。每种测试方法都有其局限性，任何一种方法都不可能解决所有的问题。明确测试维度就是从待测岗位所有的测试维度中进行选择，确认哪些维度是无领导小组讨论的测试方法能够测试的维度，哪些维度需要利用面试、心理测验等其他的测试方法。比如，某些待测岗位对任职者的价值观、动机与兴趣有明确的要求，无领导小组讨论是很难测试这些维度的。

（3）明确测试对象。在题目设计之前需要对被试者的情况有一个大致的了解。如果被试者是没有工作经验的大学生，我们就需要考虑设计比较简单的无情境的讨论题；如果是有丰富经验的中高层层管理者，就需要考虑设计比较复杂的与工作情境有关的多项选择题或操作题。考虑被试者的因素能够确保讨论的形式、题目的形式与被试者的素质特点相匹配，避免因对题目难度缺乏把握，致使在讨论过程中被试者由于题目过于简单或复杂缺乏能够展现自身能力的语言和行为表现，而给考官的观察与评价带来困难。

（4）收集题目素材。收集题目素材的过程就是发现岗位关键事件的过程。我们在工作分析阶段已经了解了待测岗位的主要工作内容、主要任务，还了解了这些工作各自的属性，哪些需要决策、哪些需要协调、哪些需要计划、哪些属于突发事件。我们需要重点收集待测岗位的关键事件，所收集的事件案例应该能充分地代表待测岗位的特点，并且能够让被试者在进行处理时感觉到相应的难度。

（5）素材整理与筛选。即对收集到的所有原始素材进行整理、筛选。整理必须做到语言流畅、清晰易懂，每个素材单独整理在一张卡片上做成素材卡。素材卡的不断积累，可以为今后的题目编制工作提供大量的素材。最后从素材卡中挑选一个难度适中、典型性和现实性结合得比较好的案例事件。

（6）编制讨论题。即对所筛选出的素材卡进行加工和整理，使其符合无领导小组讨论的要求，主要包括剔除那些不宜公开讨论的内容或者过于琐碎的细节。编制小组讨论题目需要考虑五个因素：① 情境信息，在编制题目之前考虑是否有情境信息，如果有，采用什么情境。② 角色，所有被试者是同样的角色还是有角色差异？如果是同样的角色，是什么角色？如果给被试者分配的角色不同，分别是什么？这些角色与待测岗位的特点是否一致？③ 任务特点，要求被试者如何完成任务？是合作完成、竞争完成、还是竞争与合作并存？④ 与工作情境的相关性，题目与工作情境的相关程度如何？如果被试者是岗位的现有任职者，如果与实际工作情境相关程度较高，大部分被试者都会用现有岗位的经验、思维模式考虑并讨论问题，缺乏思维突破。特别是在题目与被试者任职的企业、所属行业、涉及产品种类比较相近的时候，这种表现更加突出。⑤ 讨论规则，对讨论规则的具体要求（完成任务的方式除外）。如果考官要设计操作性的题目，对讨论规则的要求就应比较具体，否则讨论的过程很可能会失控，造成考官的评价缺乏行为依据。

综上所述，考官设计题目要综合考虑五个方面的因素，用积累的素材卡对照，根据确定的测试维度，进行完整的题目设计。测试维度是基础，设计因素是框架，素材是填充。经过系统的设计，可以使讨论题目真正具备科学性、实用性的特点。

（7）讨论题的检验与修正。讨论题编制完成以后，可以对相似的对象进行试测，来检查该讨论题存在的问题，检查题目能否达到预期的目的。检验完后，对于那些效果好的题目便可以直接使用，对于那些需要完善补充的讨论题则应进行修正，直至其达到预期的效果。

4．关于无领导小组讨论的指导语

任何测验都有指导语，指导语是说明完成测试所需遵守规则的陈述语句。无领导小组讨论的指导语主要是用来说明讨论过程中需要遵守的规则与注意的事项。在实践操作中，无领导小组讨论的指导语大体可分为两类，简单的和复杂的或者粗略的和详细的。指导语的详尽程度与讨论题目有直接关系。一般情况下，凡是比较简单的讨论题目，其指导语也都比较简单；反之，讨论题越复杂，其指导语就越详细。

另外，对于指导语是否应发放到被试者这一问题，业界也没有统一的做法。我们的建议是，对于比较简单的指导语，只需向被试者做出说明就可以了，被试者也不会反复提问。对于比较复杂的指导语，则最好能够发放到被试者手中，在测试开始之前，由主考官带领被试者共同学习指导语，并由考官向被试者解答疑惑。只有在被试者全部清晰地掌握了指导语以后，才能正式进行测试。

复杂的指导语范例如下：

范例

无领导小组讨论指导语

大家好，我们现在要开展的是一个团体测试项目，我们首先学习一下测试的规则：

1．大家先用5分钟的时间看题，并以题目中给出的身份完成两项任务。

2．第一项任务是请您分析绿宝公司的情况，提出下一步的行动计划，大家看完题后每个人用 2 分钟的时间发表自己的意见，个人要注意把握时间不能超时。

3. 第二项任务是在大家都表述过自己观点以后，请你们自己组织讨论，最终形成一致性意见，拿出统一的行动方案。集体讨论的时间为 30 分钟。

4. 在讨论的过程中，所有的事项都由你们的小组成员自行决定，与考官无关，大家可以忽视考官的存在。

5. 讨论过程中不能用举手表决或者是投票等方式形成一致性意见和方案，要进行充分的讨论。

6. 讨论过程中大家都要积极发言，参与其中。

7. 如果在规定的时间内你们没有形成统一的方案，那么大家的成绩都要受到影响。

8. 在讨论的过程中，你对小组成员的称呼可用他的编号来体现，不能直呼其名或用其他称谓。

9. 为了保证讨论能够顺利进行，请大家把手机调到震动状态，在讨论过程中任何人都不能接打手机或离开测试现场。

10. 如果你对这些规则有不理解的内容可以马上提出来，讨论开始后我们不再回答大家提出的任何问题。

11. 最后，请大家不要在我们发给您的题目上写字或标记，因为我们要重复使用。请在草稿纸上书写。讨论结束后，请您将题目和草稿纸留在桌子上，不能带离现场。

请考官给大家发题目和草稿纸，现在时间是：　　点　　分，现在计时开始。

简单的指导语范例如下：

范例

测验名称：无领导小组讨论

测验时间：60 分钟

指 导 语：

大家好！

我们现在要进行的是无领导小组讨论，请大家关掉自己的手机或呼机。测试期间任何人不能接打电话或离开测试室。

在这个测试中，各位的身份是绿宝公司的总经理，绿宝公司正面临着一些问题，请大家利用 3 分钟的时间看题，并完成下列两项任务：

1. 请您用 10 分钟分析绿宝公司面临的问题，并提出下一步的工作建议。

2. 请大家共同讨论这些问题，取得一致意见后，推选一位代表向专家组汇报。

讨论一旦开始，我们将不再回答你们的任何提问。

5. 无领导小组讨论评分表设计

无领导小组讨论的评分表，是考官观察、记录并对被试者进行评价的一种表格。不同分工的评分表设计，能够体现出不同的评分方法与原则。无领导小组讨论在不同领域中的应用，使得评分表的设计方法也各不同。但不管是什么样的评分表设计，一般都需要包括以下几个要素：被试者编号、考官姓名、测试维度、考官观察记录、分值区间、定量评价、评语评价。下面我们给出几个无领导小组讨论评分表的例子。

评分表 5-4 适用于缺乏经验的考官。有时，即使在施测之前对考官进行了深入的培训，但要让考官们在短时间内清楚地记忆测试维度和维度定义还是有一定难度的。此种评分表清楚地列明了测试维度与维度定义，考官可以在观察的同时对测试维度及维度定义进行对照。建议初次参与测试评分的考官使用此种评分表。

表 5-4　　无领导小组讨论评分表（一）

测试维度	倾听能力	表达能力	分析能力	合作意识	影响力	组织能力	成熟度
维度定义	专心聆听，及时沟通，有表情（如点头、摇头等），不随便打断别人，不随便接受别人插话	敢于提出自己的观点，发言流畅、清晰，有吸引力，语调、语速适宜，婉转，抑扬顿挫	能提出独到见解，论据推理严密，旁征博引，引经据典，洞察他人观点，并以适当形式表示支持	注意角色位置，不自我中心，友好待人，照顾别人需要，密切合作，共同完成组织的目标	具有感染力，关注对象的语调、手势等；能控制全局，在讨论中形成凝聚力；能利用资源，提高讨论成效，促成一致结论，使讨论成功	既能主动发言，又能顾全他人，组织大家发言，及时向他人提出疑问，及时纠正跑题，发言能综合他人意见，适时概括、总结	成熟与风度、负责、行为灵活、性格坚韧、人际敏感、情绪稳定、善于承受压力

续表

测试维度	倾听能力	表达能力	分析能力	合作意识	影响力	组织能力	成熟度
被试编号	分数栏 评价标准：采用 5 分制，1~2 为差，2.5~3.5 为中，4~5 为优						
1							
2							
3							
4							
5							

评分表 5-5 结构比较简单，适于经验比较丰富的考官，便于成绩统计人员进行分数统计。无领导小组讨论应用于招聘项目时经常采用此种评分表，在考官形成一致性评价意见的前提下，不需要考官提供更多的行为依据，只需要对被试者的素质进行定量评价，来决定被试者能否进入下一轮测试或进行成绩排名。

表 5-5　　无领导小组讨论评分表（二）

测试维度	被试者编号					
	1	2	3	4	5	6
沟通能力						
组织能力						
大局观						
协调能力						
分析能力						
影响力						
共　计						
排　名						

评分表 5-6 同样适用于经验比较丰富的考官，要求考官必须准确地理解测试维定义，能够根据大脑的记忆对被试者的言语和行为进行快速分类。在培训与绩效管理中应用无领导小组讨论时，多采用此种评分表。此种评分表不但要求考官对被试者的行为表现进行评分，同时还要求考官对被试者在讨论过程中的关键语言和典型行为进行记录。因为培训与绩效管理的环节都需要向被试者进行反馈，考

官必须拿出有效的行为和言语证据来证明自己的评价是客观、准确的。

表 5-6　　无领导小组讨论评分表（三）

考官＿＿＿＿＿＿组次＿＿＿＿＿＿编号＿＿＿＿＿＿

评价标准：0~2 分为差，2.5~3.5 分为中，4~5 分为优，请直接给出每项分数。

记录要求：字迹工整，他人能够清楚地辨别。记录内容以被试者的行为表现为主。

测试维度	典型行为记录	评　分
沟通能力		
团队与组织能力		
分析与决策能力		
战略管理能力		
综合评价		
备　注		

5.2.5 无领导小组讨论的施测准备

在开展无领导小组讨论测试之前，还要进行必要的准备工作，以保证讨论能够顺利地进展下去。准备工作包括三个方面：场地准备、资料准备、考官分工与培训。

1．场地准备

无领导小组讨论的场地布置是场地准备的关键所在。前面提到有专家认为情境模拟技术属于广义的面试的范畴，因此对场地的要求可以参照面试场地的环境要求。不过，小组讨论与面试在场地布置方面也存在一定的差异。小组讨论的现场布置要能够充分体现便于被试者进行交流、便于考官对被试者进行观察、能够尽量减少由于考官的存在对被试者产生影响三个原则。关于小组讨论的现场布置有三种观点：标准化布置、传统布置与实践布置。

（1）标准化布置方式。标准化布置方式是实验室研究采用的布置方式（见图 5-1）。此种方式的特点在于，能够将外界对于被试者的干扰减到最低，考官坐在观察室内透过单项玻璃对被试者进行观察，被试者能够在“自然情境”中进行充分的表现，不会因为考官的存在而影响其正常发挥。摄像机将讨论的过程全程摄制下来，一旦考官在后期评价当中出现意见分歧，可以再次调取录像资料进行取证。这种布置方式与其他方式相比，最突出的特点就在于可以创造“自然的情境”，但其成本相对地较高。

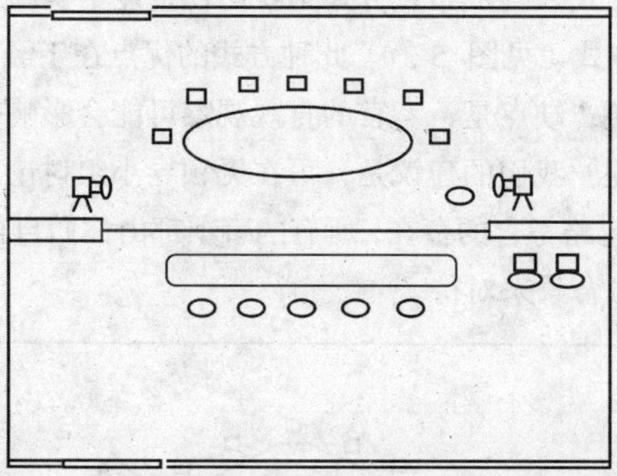

图 5-1　LGD 标准化布置

（2）传统布置方式。有专家在著作中提出了这种传统的布置方式（见图 5-2）。但这种方式存在比较明显的缺陷。情境模拟测验强调由多位考官对被试者进行共同观察与评价，这种方式则是由一位考官对坐在对面的被试者进行观察、评价，而不去观察其他的被试者，这就造成了两个被试者由一位考官进行评价的情况，破坏了考官共同评价的基本原则。众所周知，即使采用标准化的测评方法，也要通过考官对评价标准的把握及其对被试者的观察结果来形成对被试者的评价意见。而只要经过考官的加工，就会或多或少地体现出考官的个人臆断。其次，这种布置方法不利于考官对一个被试者的各项测试维度形成统一的评价意见。而且，从场地布置的原则来看，这种方式对被试者的影响也比较大，考官无法对自己两侧的被试者进行观察。基于以上原因，我们不推荐使用此种 LGD 布置方式。

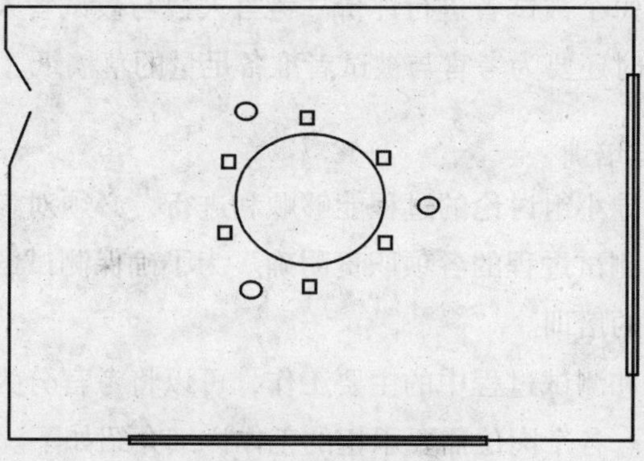

图 5-2　LGD 传统布置方式

（3）实践布置方式。实践布置方式是我们在企业中实施无领导小组讨论测试时经常采用的一种方式（见图 5-3）。此种方式的优点在于经济实用，考官对被试者进行观察比较方便；缺点是，考官的直观观察可能会影响被试者的行为表现。如何解决这个问题呢？我们的建议是，可在无领导小组讨论的指导语当中向被试者说明："你们可以忽略考官的存在，所有的事项都由你们自行决定，与考官无关，大家可以把考官当做背景来对待。"

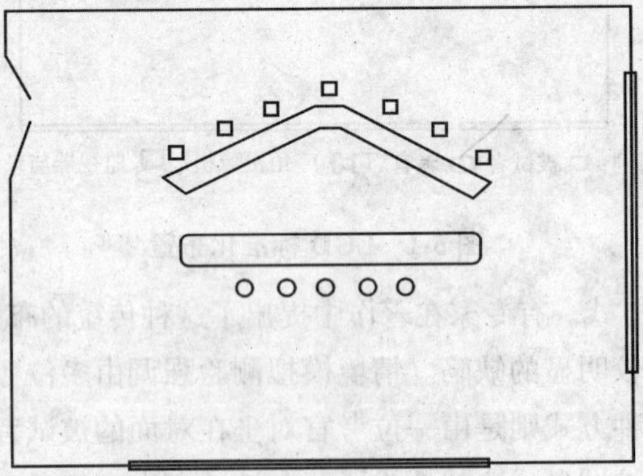

图 5-3 实践布置方式

2. 资料准备

在开始无领导小组讨论测试之前，还要进行资料准备工作。准备的资料包括：讨论题目、评分表、考官的记录纸、被试者的草稿纸、如果是"背对背"的小组讨论还要准备"编号与姓名对照表"。测试过程中，每个被试者都要与考官讨论题目，因为考官要对每个被试者进行评价。考官人数与被试者人数相乘，即可得出评分表的数量。同时还要为考官与被试者准备足量的草稿纸。

3. 考官分工与培训

为了保证无领导小组讨论的过程能够顺利进行，必须对参与测试的人员进行必要的分工，确保测试过程的各项职责明确。为了确保测试的质量，考官必须在施测之前接受系统的培训。

根据测试流程和测试过程中的主要工作，可以将考官分为主考官、考官、成绩统计员、引导员。各个岗位需要承担的工作详细介绍如下。

（1）主考官的工作职责包括：清晰地宣读指导语；合理地控制讨论时间；讨论结束后，组织考官对被试者在讨论过程中的行为表现进行评价；按照指导语的要求处理讨论过程中出现的突发事件。

（2）考官的工作职责包括：按照测试维度对被试者在讨论过程中的行为表现、关键语言进行密切观察与记录；记录底稿要求清晰工整，评价结束后统一交成绩统计员归档；将观察记录分别归纳到相应的测试维度中；对每个被试者的每个维度进行定性与定量评价；将评价内容工整地填写到评分表上；如果考官之间出现评价争议，大家以行为记录为基础相互举证进行充分讨论；协助成绩统计员填写评分表。

（3）成绩统计员的工作职责包括：负责将本组考官对每个被试者、每个维度的一致性评价填写到评分表，评分表中既要有定量评价，也要有定性评价；在全部讨论结束以后，将评分表统一移交给项目协调人归档。

（4）引导员的工作职责包括：负责召集被试者提前 5 分钟集合，做好测试准备；被试者进入测试室之后将被试者的编号与姓名进行对应登记，并将填好的对应表交给本组的主考官；对应表的填写要求清晰、工整，易于辨认；为被试者发放讨论题目与草稿纸。

考官培训工作应在正式施测前 3 天内完成。一般情况下，可由主考官对全体参与测试的人员进行集中培训。培训的具体内容如下：测试目的；测试维度及维度定义，在每个维度上被试者可能会表现出的典型行为；测试题目；指导语说明；评分表的使用方法；对考官观察与记录的要求；评分方法及注意事项；考官要注意的其他问题。

5.2.6 无领导小组讨论的施测过程

无领导小组讨论的施测过程可以分为四个阶段：宣布规则即宣读指导语阶段、个人发表意见阶段、集体讨论阶段与汇报小组意见阶段。四个阶段在施测过程中所起的作用不同，考官需要关注的内容自然也不相同。

1. 宣读指导语

在讨论开始前，应由主考官或者由主考官指定的考官宣读指导语。指导语的作用是向被试者宣布讨论过程的规则要求，所以指导语的设计必须完整，要全面包括：时间要求、被试者形成一致性意见的规则、纪律要求等。考官宣读完指导语以后，必须向被试者提问，是否还有不了解的内容。如果被试者提出了问题，考官必须给予明确的回答。直至全体被试者没有任何问题以后，考官才能宣布开始测试考试。同时，还应与所有考官与被试者统一时间。

在实践中我们发现，很多考官宣读指导语缺乏标准化，在宣读过程中加入了很多个人理解，这是一个根本性的错误。情境模拟测验的基本理论是，“对被试者进行一定刺激，观察其反应。”其隐含的意思是说，对所有被试者进行的“刺激”应该是相同的。如果考官在 A 组的指导语中是这种理解，在 B 组中又是另外的理解；或者 A 组的考官不加入个人理解，而 B 组考官则加入自己理解的内容，就有可能造成被试者对讨论规则理解上的不一致，从而就会影响到被试者在讨论过程中的表现。所以，我们建议指导语必须标准化。

2. 个人发表意见

一般来说，无领导小组讨论题目都会要求被试者在阅读题目以后，根据自己的分析或理解发表个人意见。通常对个人发表意见的时间也都会有严格的限制，如果被试者个人发言的时间超时，考官会适当进行提醒或强调讨论规则。个人发表意见的阶段是让被试者各自发表意见，为集体讨论的阶段奠定基础。通过各自的发言，被试者之间能够快速地发现相互间意见的共同点与争议点。在集体讨论的阶段，共同点可以忽略，而重点讨论争议点。有专家认为个人发表意见的阶段可以取消，但是基于以上观点，我们认为这个阶段能够让被试者之间求同存异，能够发挥加快讨论进程的作用，因而对这一阶段不仅应该保留，而且要求应该更加明确。

由于个人发表意见的阶段中存在后发言的人会借鉴前面的人的观点、思想或结论的问题，考官如果依据个人发言的内容质量对被试者某些指标进行评价的话，就可能有失公允。我们的经验是：在个人发表意见的阶段，最好是将语言表达能力等能够反映个人语言能力、影响力的指标作为评价重点，因为这些指标不是被试者能够在短时间内可以改变的。

3. 集体讨论

集体讨论阶段是无领导小组讨论的核心阶段。通过个人发言阶段，被试者之间已经基本掌握了各自的观点。这些观点既有一致的内容，也有需要统一的方面。集体讨论的最终目的是，被试者之间能够形成一致性意见。考官在集体讨论阶段需要重点观察的是每个人对讨论的主动性、人与人之间的相互作用、沟通的技巧与有效性、不同观点的协调性、小组领导出现的过程、一致性意见形成过程中每个人的作用等，当然这些观察要点一定应是测试维度中已经明确列明的。

但在很多情况下，缺乏经验的考官往往会不由自主地参与到被试者讨论的过程中去。虽然他们并没有语言上的表现，但通过其表情我们就能发现，他们已经沉浸在对不同观点的品评之中了。这是一种比较危险的情况，考官应该明白自己在讨论中的角色是事实的发现者，而不是话题的参与者。考官在被试者进行讨论的过程中要充分地履行观察、记录与评价的职责。考官需要发现的是他所看到的每个被试者真实、客观的行为表现和有效语言。

4．汇报小组意见

无领导小组讨论的最后一个环节是，由所有被试者推荐一位代表向考官汇报小组的一致性意见。有人可能会问：既然无领导小组讨论是一种“重过程，轻结果”的测验形式，为什么还要求被试者进行汇报呢？某些在小组讨论过程中发挥关键作用的被试者往往会将最后的汇报机会让给其他人；有的小组由于缺乏核心人物的带动，由于时间的压力草草地形成一致意见，最终推荐一位“记录者”汇报观点……在被试者推荐的代表汇报完以后，考官还可以征求其他被试者的意见，看看其他被试者是否还有其他的观点。通过这样一些行为，我们能够对某些被试者的领导行为风格进行观察与评价。有的人把机会给别人，自己甘当“幕后指挥者”，有的人依靠自己的强势压迫其他人形成一致意见，有的人不失时机地表现自己，这些行为都能够给考官提供相关人员非常有价值的行为信息。

5.2.7　无领导小组讨论考官的观察与记录

1．观察哪些是有效的语言

语言是人与人之间进行沟通与交流的工具，不同的语言能够起到不同的沟通效果，不同的话语带给人的心理感受也是不同的。而且，即使是同样的话语，由于语调、语速不同，表达的意思也会不同。在无领导小组讨论的过程中，哪些属于有效的语言呢？下列短句是讨论过程中被试者经常会讲的一些话，通过这些话我们能够分析出被试者的一些特点。能够有效地推断被试者的行为特点的语句，就是我们强调的有效的语言。

- “对不起，打断一下。”——礼貌地插话，具备基本的沟通技巧。
- “3 号，你的观点是什么？”——主动征求他人观点，具备组织意识。
- “大家同意 5 号的意见吗？”——征求大家的意见，发挥组织者的作用。
- “你说的不对，应该是……”——直接反驳他人，缺乏沟通技巧。
- “我同意 4 号的观点，我再补充一点，”——委婉地发表意见，沟通技巧丰富。
- “大家有不同的意见吗？”——关注不同意见，有组织协调意识和技巧。
- “大家看能否这样，”——用征询的态度提出意见，民主、谦虚。
- “大家不要争了，我们最后要统一意见。”——关注任务，组织目标明确。

- “请大家注意时间，我们还有 10 分钟。”——提示时间，有组织意识。
- “我建议大家最好先分工一下。”——建议分工，有分工意识。

2. 观察哪些是有效的行为

行为是人们在完成某件事情的过程中表现出的动作、表情、状态的总和。面对相同的环境，不同的人会有不同的行为表现。从心理学的角度来讲，需求决定动机，动机导致行为。我们能够看到行为，但却看不到被试者的动机，只能通过行为来推断被试者的动机、态度。有效的行为就是能够对推断被试者的素质有直接帮助的行为，比如“用手托着下巴”这样一个动作，由于它对我们推断被试者的素质没有明显的帮助，所以就不属于有效的行为。被试者在讨论过程中可能表现的有效行为有：直接打断他人说话、被动地发表意见、游离于讨论之外、关注的眼神、点头认可、伴随谈话有节奏的手势、微笑示意、期待的目光、记录他人发言、激烈的争辩、利用机会、制止的手势。

3. 考官记录技巧

（1）记录全面：尽可能详细地记录每个被试者有效的行为和语言表现。

（2）突出重点：根据测试维度的评价要点要求，突出记录与评价要点相关的行为、语言表现。

（3）记录客观：考官所有的记录都要以被试者的行为表现为依据，不能体现考官的个人臆断；只记事实，不能进行推断。

（4）记录清晰：要求考官的记录必须清晰、工整、完整、易于辨认。

5.2.8 无领导小组讨论测试指标

无领导小组讨论要求所有的被试者以平等的身份共同就给定的题目进行讨论，发表个人见解并进行集体讨论后形成统一意见。由于被试者的才能在这样一个动态的过程中可以自然地表现出来，所以它能直接体现被试者的实际工作能力，而且也便于考官充分发现被试者对待事物习惯的行为和稳定的态度。

很多专家都对这种测试方式适宜测试的指标进行了分析。通过总结前人的观点，这些指标包括：参与主动性、口头表达能力、人际影响力、创新意识、分析能力、决策能力、计划能力、组织能力、协调能力、应变能力、逻辑推理能力、环境适应能力、沟通能力、自信心、情绪稳定性、性格的内外倾向性、团队领导能力、说服力、合作意识、成就动机、倾听能力、成熟度等。

在实践操作过程中，考官确定无领导小组讨论的测试维度应遵循如下五个原则。

（1）针对岗位：要在工作分析或胜任特征分析的基础上确定测试的维度。

（2）合理选择：从确定岗位的测试维度中，根据无领导小组讨论测试方法的特点进行选择，哪些维度可以通过小组讨论的方式进行测查，哪些维度需要利用其他的测试方法。

（3）内涵明确：测试维度要有清晰的定义，并且应与被试者在讨论过程中可能表现的行为进行对应。

（4）指标独立：维度之间要保持独立性，维度之间在解释上不能有交叉的内容出现。

（5）便于操作：确定的维度都应该可以进行客观的测查和评价。

下面是部分维度的简单定义范例。

- 倾听能力：专心聆听，及时沟通，有表情（如点头、摇头等），不随便打断别人，不随便接受别人插话；
- 口头表达能力：发言流畅、清晰、有吸引力，语调、语速适宜，婉转，抑扬顿挫；
- 沟通能力：具有主动交流的意识，能够对他人的交流进行积极反馈，掌握一定的交流技巧，注意利用正式与非正式交流机会；
- 思维分析能力：提出独到见解，论据推理严密，旁征博引，引经据典，洞察他人观点，并以适当形式表示支持；
- 合作意识：注意角色位置，不自我中心，友好待人，照顾别人需要，密切合作，共同完成组织的目标；
- 感染力：关注对象的语调、手势等；有影响力，能控制全局，在讨论中形成凝聚力；
- 组织能力：既能主动发言，又能顾全他人，组织大家发言，提高讨论成效，促成一致结论，使讨论成功；及时向他人提出疑问，及时纠正跑题，发言能综合他人意见，适时概括、总结。

测试维度的数量会对考官对被试者的评价准确性产生直接的影响。如果测试维度过多，考官在观察的过程中就会精力过于分散，同时考官对维度的理解也会出现一定的分歧，导致对维度评价的差异性过大。而且，测试维度过多还会增加考官观察、记录与评价的压力，从而直接影响其对被试者的准确评价。另外，维度过多比较容易提高维度间的关联程度，造成考官对维度定义的理解与掌握出现一定的难度，从而在评价过程中会更多地依赖于以往的经验，而不是客观的评价标准。国外专家曾就测试维度的数量对考官评价质量的影响进行过试验。考官分别使用 3 个、6 个、9 个维度进行评价，结果是使用 3 个维度时，考官对行为的分类和评价的准确性最高，使用 6 个维度时，考官的评分一致性很高，但使用 9 个维度时，考官的评分一致性就大幅下降。因此，我们建议测试维度的数量最好以 5~6 个为宜。

考官在确定测试维度后，还要确定测试维度的评价标准。例如：我们测试人力资源经理的人选，将沟通能力作为测试维度之一。那么人力资源经理的岗位对岗位任职者的沟通能力有哪些具体的要求呢？优秀人力资源经理在小组讨论过程中的沟通行为与习惯有哪些呢？要回答这两个问题，我们就需要结合胜任特征理论建立沟通能力的评价标准，暨优秀人力资源经理的沟通行为标准，而这也就是针对人力资源经理岗位的沟通能力的评价标准。考官根据这一标准，即可对被试者表现的行为进行评价。

5.2.9 考官评分与成绩统计

在被试者结束讨论过程以后，考官还要对被试者的表现进行评价。这个评价的过程包括两个要点：评分与评语。评分是在定性评价的基础上进行的定量评价。使用评语，则是为了解决分值对被试者行为特点把握不足的问题。如：被试者的组织能力为 3 分，属于中等水平，被试者与优秀的标准差异在哪里呢？这就需要评语来进行具体的阐述了。

常见的评分方法有三种：十分制计分法、二级判断计分法与行为判断计分法。

十分制计分法是根据测试维度的内涵将其划分为几个评分段，并对这几个评分段进行详尽的界定，然后将这几个评分段赋予不同的分值。如将协调能力分为三个评分段，1~3 分，4~7 分，8~10 分，每个评分段表述不同，表述中会体现出能力的差异。二级判断法是在十分制计分法的基础上，进一步体现同一评分段上的差异，如将 1~3 分评分段又分为“上等、中等、下等”三级。行为判断计分法是根据维度定义提炼出被试者具体的行为特征，给具体的行为特征赋予分值，考官根据被试者的行为特征进行评分。如：从沟通能力中可以分解出主动性、反馈意识、倾听、技巧、利用机会 5 个行为特征。考官根据被试者实际表现出的行为特征给出具体的分数，比如主动性 2 分、反馈意识 2 分、倾听 0 分、技巧 2 分、利用机会 0 分，则被试者的沟通能力就为 6 分。

在以上介绍的三种方法中，十分制计分法、二级判断计分法的优点是操作比较简单，不足之处是考官的评价缺乏标准化，被试者的行为表现与评分段之间的对应更多地依赖于考官的个人判断。行为评价计分法的优点是考官评价比较客观，能够充分体现被试者行为上的差异，但这种方法需要考官在对测试维度进行设计的过程中，仔细地分析每个维度的行为特征，并赋予每个行为特征一定的分值，操作比较复杂，前期工作量较大。

在实践过程中，我们参考了众多专家的意见，总结了一套简单实用的评分方法。这种评分方法的基础是对测试维度的定义要求比较高，测试维度最好是以典型行为进行定义。在被试者结束讨论之后，考官通过集体讨论，对被试者的每个测试维度的表现进行评价。首先以测试维度为单位，找出每个维度表现最好的和最差的被试者，将其作为该维度的素质标杆。然后将评价标准与被试者的行为表现加以对比，进行定性评价并确定维度的分值区间（定量评价）。下面逐步介绍。

1．找出素质标杆

讨论结束后，主考官组织各位考官，分别对每个被试者的每个测试维度进行评价。首先寻找本组讨论中单个维度的最优者与最差者，依据最优者与最差者的行为表现对照素质维度进行定性评价与定量评价，确定最高分与最低分的分值区间，最后给出其他被试者的每项素质维度的分数。

2．进行定性评价

依据表 5-7 进行定性评价。

表 5-7　不同等级与分值间对应表

等　级	分值区间
优　等	4~5 分
中　等	2.5~3.5 分
差　等	0~2 分

3．进行定量评价

依据表 5-8 进行定量评价。

表 5-8　不同分值与评价标准对应表

分　值	评价标准
5	主要内容都表现出来
4	多数内容都表现出来
3	内容中等程度表现出来
2	少数内容表现出来
1	很少内容表现出来或者基本没有表现
0	根本没有表现出来

4. 进行评语评价

无领导小组讨论在内部选拔、培训与绩效考核等职能管理活动中应用时，对测试反馈有一定的要求，需要考官说明测试的内容、评价的标准、被试者的行为表现、考官评分的依据等。因此，考官必须在测试的过程中进行认真的记录，为评语评价准备好素材。评语评价包含两项内容："被试者的行为描述"与"考官评价"，前者反映的是事实性信息，后者是基于前者进行的客观判断。被试者的行为是考官进行评价的依据。例如：

被试者在个人分析的过程中对董事会下达的目标进行了明确，对公司存在的人员、财务、产品三个问题与融资、销售、宣传三个机会进行了分析，并制定了先解决组织与人员问题、再解决产品技术问题、同时解决资金筹措问题与试验生产线建设问题的方案，表现出良好的战略管理能力与系统的分析能力，方案符合战略目标需要与可执行性。在集体讨论的过程中征求 2 号、5 号对生产线建设的意见，主动对两个方案进行风险评估，说明被试者具备良好的决策能力。在集体讨论过程中被试者主动发表个人观点，对 3 号、5 号提出的问题进行了积极的回应，并建设性地提出可以先确定内部分工的建议，在 1 号、2 号、5 号、6 号发言的过程中认真倾听并进行书面记录。对 3 号提出的先开发技术的观点，通过推理进行说服，形成了对组织建设问题意见的统一。说明被试者具备良好的沟通能力。在集体讨论过程中被试者委婉地提出 3 号先开发技术的风险，保证正确的讨论方向。邀请 6 号发表自己的观点，提示 2 号时间问题，说服 3 号形成小组对组织建设问题意见的统一，建议由 1 号进行记录，说明被试者具备较强的团队组织能力。但被试者在集体讨论过程中协调不同意见的作用缺乏行为表现，说明被试者协调不同意见的意识与能力欠缺。

5.2.10 无领导小组讨论的注意事项

前面我们已经详细地介绍了无领导小组讨论的测试过程和方法，但是在实际操作过程中，讨论的组织者还要注意以下问题，以保证这一测试方式能够有一个比较好的效度表现。

1. 题目设计体现争论性

无领导小组讨论是一种"重过程，轻结果"的测试方式。所谓过程，就是被试者发表意见进行讨论的过程，就是被试者之间相互作用的过程。在这些过程中，被试者能够表现出习惯的行为和稳定的态度，能够表现出自身实际具有的才能。考官通过整个对过程中被试者全面、细致的观察，依据评价标准对被试者进行准确客观的评价。而题目的争论性则决定了被试者能否进行充分的行为表现，所以无领导小组讨论的题目设计必须充分体现争论性，这是决定讨论是否成功的关键。

2. 清晰的维度定义

大量无领导小组讨论失败的案例告诉我们，清晰的维度定义同样决定着小组讨论的质量。目前，大量企业都是采取操作定义的方式对测试维度进行定义。所谓操作定义，就是对理想的行为表现进行描述的方式。但是由于这种维度定义会给考官系统地认识维度的行为特征带来一定的难度，给考官的客观判断形成压力，甚至会造成考官感觉无所适从，因此我们建议讨论的组织者重新考虑维度定义方式，将测试维度进行分解：从一个测试维度中分解出几个行为特征，并将其对应到被试者可能会表现出的行为表现上面。

3. 明确的指导语

明确地向被试者说明讨论的规则有助于被试者清楚地理解讨论任务，减少无关因素对讨论的影响，提高讨论的质量。考官宣读指导语必须做到标准化，因为不同的指导语可能会让被试者对讨论规则产生不同的理解，这将驱使被试者在讨论过程中有完全不同的表现。强调指导语的标准化，能够提高不同小组之间成绩的可比性（虽然很多专家认为无领导小组不能进行组间比较，但在这种方法应用于培训时进行组间比较是不可避免的）。

4. 仔细的观察与详尽的记录

专业测评人才匮乏是测评技术在企业难以普遍应用的主要原因。在企业测评实践中，很多考官都缺乏系统的培训，对无领导小组讨论的技术原理与技巧缺乏认识，从而极大地影响了测试的质量。在讨论过程中，考官对被试者的表现往往又缺乏全面、仔细的观察与详尽的记录，则为考官对被试者进行后期评价带来巨大的难度。缺乏行为依据的评价是没有说服力的，这一点在需要进行测试反馈的项目中就更是如此。

5. 严肃的考官培训

目前，大量的企业都在借助外界专家完成测试过程，但却忽略了系统地向专家们说明测试的目的与测试维度的内涵。比如，人力资源经理与销售经理都有沟通能力方面的要求，但在行为表现上却存在一定的差异。专家熟悉测试的过程与技巧，但却并不一定了解企业对测试维度个性化的理解。直线部门的主管经常被要求参与测试项目，并且对最终决策具有重要的话语权，但大部分企业都没有对直线主管进行系统的培训。考官评价的客观性与准确性决定着测试的成败。考官评价的客观性与准确性源自人力资源部门是否重视考官的培训工作。

6. 考官形成一致性意见

我们经常发现，在考官讨论的过程中会表现出一团和气的“融洽的讨论氛围”。导致这种局面的原因有很多，比如：有高级主管参与评价工作时，高级主管发表的意见往往会成为最终意见；有权威专家担当主考官时，他的意见会被认为是不能反驳的等。这就使其他考官很难发表不同的观点，造成考官之间缺乏充分的讨论，处于弱势的考官的意见被忽略。从理论上讲，任何考官都不可能百分之百地对被试者进行全面的观察与准确的评价。任何考官都会或多或少地存在一些认识误区。情景模拟技术的基本原则是由多位考官对被试者进行共同评价，其目的就是为了将考官个人的主观臆断降到最低的程度，因此，考官之间必须经过充分的讨论以后，才能形成一致性的评价意见。

5.2.11 无领导小组讨论范例

范例

Tina 公司的无领导小组讨论

Tina 公司成立于 1998 年，经过 5 年的发展，已经成为中国著名的化工企业，净资产达到 1.2 亿元。公司在华南、华中、华北、东北地区设有 5 家分厂，员工达到 1260 多人。公司董事会下辖薪酬委员会、管理委员会与决策委员会。在座的几位都是管理委员会成员，2004 年公司实现了 5000 万元的销售收入，董事会决定拿出 100 万元作为年终奖金对各部门进行奖励。经事先了解，各部门员工对这笔奖金的分配存在以下想法：

（1）销售部门认为：本部门为今年的业绩做出了最直接也是最大的贡献，销售代表为每一笔业务都付出了艰苦的劳动和不懈的努力。因此，销售部门的员工应当拿到最高奖金。

（2）市场部门认为：公司今年的业绩与本部门出色的市场分析预测能力和营销策划有极大的关系。今年，市场部策划了一次前所未有的大规模产品展示会，不仅获得了大量的订单，而且在行业内树立了公司“技术领先、品质卓越、服务一流”的良好形象。因此，市场部奖金应高于全公司平均水平。

（3）生产部门认为：在今年订单激增、而人员和设备的增加相对滞后的情况下，生产部门全面保证了按时、按量、保质地完成了生产任务，从未因生产问题而影响交货时间。由于质量控制得力，次品率比历史同期降低了 30%。因此，生产部门员工平均奖金应当显著高于全公司平均水平。

（4）研发部门认为：在今年的销售业绩中，有 47%是靠今年新研制出的新产品获得的。这部分销售额的毛利润高达 76%。研发部门在很短的时间内开发出 3 种新产品，并分别在试制成功 36 天、24 天、22 天后实现了规模生产。这样的效率保证了公司资金的高速周转。因此，研发部门员工应当拿到最高奖金。

（5）职能部门认为：在行政保卫部、计划财务部和人力资源部人员不变，业务量显著增加的情况下，公司运转正常，日常工作没有受到影响，这与职能部门员工的努力是密不可分的。因此，职能部门员工平均奖金应当不低于全公司的平均水平。

可以看出，这些想法是不可能同时满足的。今天的会议主题就是讨论奖金分配方案，因为下午就要向董事会汇报奖金分配思路与执行方案，所以必须在本次会议上做出决定。

请您首先用 10 分钟的时间，提出您认为合理的奖金分配方案和主要理由，并将其写在答题纸上，内容见表 5-9 所示。

在此期间，请不要相互讨论。

在考官宣布“讨论开始”之后进行自由讨论，讨论时间为 50 分钟。在讨论开始时，每个人首先要用 2 分钟时间阐述自己的观点。注意，每人每次发言时间不要超过 3 分钟，发言次数不受限制。

在讨论期间，你们的任务是：① 整个小组形成一个决议，今年的年终奖金如何分配。② 小组选派一名代表在讨论结束后向考官报告讨论情况和结果。

表 5-9　　部门分配奖金讨论答题纸

编号：　　　　　　组次：

资金分配方案	排序	五个部门人均资金额由高到低依次为：
	人均资金额	高于平均水平的部门是：
		相当于平均水平的部门是：
		低于平均水平的部门是：
简单理由		

阅读

无领导小组讨论考官培训手册

项目介绍

首先感谢各位考官从各地赶来参加本次测评活动。从2004年×××协会启动了职业经理人认证与培训活动起，我们开展了评价中心技术在职业经理人评定中的应用研究与实践。本次测评活动就是对职业经理人职业资格的申请者进行系统测试，邀请各位考官参与无领导小组的测试活动。由于目前无领导者小组讨论还缺乏统一的技术标准，为了保证测试的效度，现在我们对测试过程中的组织与技术问题进行统一。

职业经理人高级能力评估测试安排

一、测试时间

2006年4月29日（周六）

第1组至第12组：测试从上午9:00开始

第13组至第21组：测试从下午13:00开始

请各组被试者按照本组的时间安排准时报到。

二、测试地点

浙江大学西溪校区东一楼

三、测试形式

1．笔试分为四类（能力问卷、个性测验、公文筐测验、职业价值取向测试）

2．无领导小组讨论（测试时间60分钟，安排在三个教室分组进行）

A组（考官）讨论地点：东一楼112室

B组（考官）讨论地点：东一楼115室

C组（考官）讨论地点：东一楼118室

四、测试的具体时间安排及流程如表5-10：（由于场地原因，部分笔试项目会由多组共同进行）

表 5-10　　测试时间安排及流程

地点	学员分组	9:00	10:00	11:00	13:00	14:00
东一楼 133 室	第一组	A 组考官（讨论）	能力问卷	个性测验	公文筐测验	职业价值取向测试
	第二组	B 组考官（讨论）	能力问卷	个性测验	公文筐测验	职业价值取向测试
	第三组	C 组考官（讨论）	能力问卷	个性测验	公文筐测验	职业价值取向测试
	第四组	能力问卷	A 组考官（讨论）	个性测验	公文筐测验	职业价值取向测试
	第五组	能力问卷	B 组考官（讨论）	个性测验	公文筐测验	职业价值取向测试
	第六组	能力问卷	C 组考官（讨论）	个性测验	公文筐测验	职业价值取向测试

五、考官分组（见表 5-11）

表 5-11　　考官分组

组　别	主考官	考　官			成绩统计员
第一组	寇家伦	熊新业	郑加成	张　敏	张　敏
第二组	李运亭	彭逼眉	何嗣江	陆　忠	陆　忠
第三组	申　林	廖江群	周又红	严　燕	严　燕
协调人	杨思瑶	鲍晨晨	沈　静		

六、考官分工

● 主考官

1．清晰地宣读指导语。

2．合理地进行讨论时间控制。

3．讨论结束后，组织考官对学员在讨论过程中的行为表现进行评价。

4．按照指导语的要求处理讨论过程中出现的突发事件。

……

● 考官

1．按照测试维度对学员在讨论过程中的行为表现、关键语言进行密切观察与记录。

2．考官的记录底稿要求清晰工整，评价结束后统一交负责成绩统计考官归档。

3．将观察记录分别归纳到相应的测试维度中。

4．对每个学员的每个维度进行定性与定量评价。

……

● 成绩统计员

1．负责将本组考官对每个学员、每个维度的一致性评价填写到评分表，评分表中既要有定量评价还要有定性评价。

2．负责成绩统计的考官，在全部讨论结束以后，将评分表统一移交给项目协调人归档。

……

● 引导员

1．负责召集学员提前5分钟集合，做好测试准备。

2．在学员进入测试室之后将学员的编号与姓名进行对应登记，并将《对应表》交本组的主考官。

3．《对应表》填写要求清晰、工整，易于辨认。

4．为学员发放讨论题目与草稿纸。

……

七、小组讨论介绍

● 过程介绍

1．学员进入测试室坐定后，主考官宣读指导语。

2．指导语宣读完毕后，引导员发题。

3．小组讨论的过程分为指导语阶段、个人构思阶段、集体讨论阶段、评估阶段四个阶段。

4．宣读指导语要求清晰、准确、标准化（不同的指导语可能会对学员的行为进行不同的引导）。所以我们要求主考官宣读指导语必须标准化，最好不要有个人理解的内容出现在指导语当中。

5．个人构思与个人发表意见的阶段：学员在规定时间内阅读完题目后会按照要求发表个人观点，考官可以从分析与决策能力、沟通能力、战略管理能力三个指标进行评价，其中以战略管理能力、沟通能力为主，以分析与决策能力为辅。

6．集体讨论阶段：学员根据题目的要求讨论得出一致性意见，考官可以以评价团队组织能力、分析与决策能力、沟通能力为主，战略管理能力为辅。考官要进行认真、详细的观察与记录。

7．评估阶段：是考官对学员进行综合评价的阶段，考官必须达成一致性的评价意见。

8．时间控制：宣读指导语 2 分钟，题目阅读 10 分钟，个人发言 2-3 分钟，集体讨论 30 分钟，考官评价 20 分钟。

八、维度介绍见表 5-12（节略）：

表 5-12　　　　测试维度

测试维度	评价要点				
	主动发言	积极反馈	倾听意识	交流渠道	交流技巧
沟通能力	在讨论过程中积极表达自己的观点，而不是被动地发表意见	面对他人的交流能够积极地给予回应，有行为、表情的体现	认真倾听他人发言，记录他人观点，不随便打断他人说话	有效地运用正式与非正式交流机会和渠道。多层面展开交流	发言中有适当的动作，关注对方的反映，语言清晰、措辞得当

无领导小组讨论指导语（略）

小组讨论题目

案例背景：

绿宝公司是一家化工材料公司，由于经营不善，公司进行业务转型；公司股东看好某个环保原材料市场，因此公司斥资 200 万引进了技术与设备生产原材料（包括颗粒料、片材、板材）面向不同的目标市场出售；由于企业经营业绩不佳，董事会辞退了原总经理，此时您被任命出任该公司决策委员会委员，来运作该项目；以下内容是绿宝公司面临的一些情况：

1．通过相关媒体报道，中国出口欧盟的家电产品遭遇“绿色壁垒”，主要原因是包装材料为泡沫塑料，为此家电企业需要缴纳高昂的固体垃圾处理费，否则将不能进入欧盟市场。

2．CBTV 电视台推出“绿色家园”专题节目，希望与公司合作推出专门介绍环保产品与百姓生活的系列节目。来增强社会公众的环保意识。

3．技术部门的对原有配方检测发现，该配方不能达到预期的产品质量，新的配方与工艺开发需要至少 80 万元，开发周期为 1 个月

4．国家科技部推出了面向环保企业的“环保产品扶持基金”，如果申请成功的话，公司可以获得至少 300 万的无息贷款。该项业务代理公司对项目考察后保证 60 个工作日内可以申请成功，但需支付 15 万的服务费。

5．目前，公司在市场上出现竞争对手——绿野公司，绿野生产的产品非常畅销，但该公司的产品监测报告显示，其降解程度低，所以绿野产品成本比我司产品成本要低 10%。

6．由于前任的经营不善，有能力的员工感觉没有发展机会，技术经理、公关经理、市场经理均要辞职，并已经向人事部递交了辞职书。

7．财务部门报告：由于公司经营业绩不佳，银行已经将公司的授信额度将为三级（最多只能贷款 100 万元）

8．公司由于疏于管理，人心涣散，部门经理外出兼职，公司很难召集各种会议。

9．公司的试验生产线建设需要 4 个月，耗资 350 万。建成后月产值为 25 万元。

10．销售部向高清电器公司展示了试验产品，该公司同意在未来一个季度内尝试性采购价值 30 万元的产品。

请根据以上提供的资料，完成如下工作：

1．董事会提出公司必须在一年扭转亏损局面，作为决策委员会委员请您用 5 分钟分析企业现在面临的问题，并独立提出下一步的行动建议。（个人发言时间为 2~3 分钟）

2．请您与其他决策委员共同讨论这些问题，并共同制定较为详细的行动计划，向董事会汇报。（讨论时间为 30 分钟）

评分表（略）

记录要求（略）

评分方法介绍：

讨论结束后，主考官组织各位考官，分别对每个被试者的每个测试维度进行评价。首先寻找本组讨论中单个维度的最优者与最差者，依据最优者与最差者的行为表现对照素质维度进行定性评价与定量评价，确定最高分与最低分的分值区间，最后给出其他被试者的每项素质维度的分数。

- 定性评价

依据表 5-13 进行定性评价。

表 5-13　　不同等级与分值区间对应表

等级	分值区间
优等	4~5 分
中等	2.5~3.5 分
差等	0~2 分

- 定量评价

依据表 5-14 进行定量评价。

表 5-14　　不同分值与评价标准对应表

分值	评价标准
5	主要内容都表现出来
4	多数内容都表现出来
3	内容中等程度表现出来
2	少数内容表现出来
1	很少内容表现出来或者基本没有表现
0	根本没有表现出来

考官注意事项

1．请认真阅读本手册，尤其是讨论题目与评价要点。

2．请各位考官着职业装参加测试活动。

3．请准时到达指定场地，做好测评准备工作。

4．在测试过程中不要接听移动电话。

5．在测试过程中集中注意力进行观察与评价。

6．请不要在讨论过程中与其他考官交换意见。

7．测试结束后，请与其他考官进行充分的讨论达成对学员的一致性评价。

8．请认真地进行书面记录，字体工整、清晰，底稿完整。

9．请不要与任何学员交流测试内容，或个人直接对学员进行当面评价。

10．严格控制各阶段的时间，避免由于超时造成工作延误。

11．请不要损毁、复制本手册，在测试结束后请将其交回协调人。

5.3 公文筐测验

据国外学者所做的一项调查研究，95%的评价中心都采用了公文筐测验这种测评技术。在美国，公文筐测验目前已被1000多家知名企业所采用。像美国电报电话公司、福特汽车、通用电气等诸多大型企业集团，均将该测验作为企业管理人员选拔、测评的重要手段。

公文筐测验，又称文件筐测验，是评价中心中使用最多的一种测评形式，也被认为是最有效的一种测评形式。在测试过程中，通过让被试者担任特定的角色处理一系列文件，考官可以对被试者的组织、计划、分析、判断、决策、分派任务的能力及其对工作环境的理解与敏感程度进行全面测试。与通常的纸笔测验相比，该测验具有相当的灵活性，可以测试被试者实际解决问题的能力；而且便于操作，效度较高，能有效预测被试者的管理潜能。研究表明，公文筐测验与管理者的工作成绩相关度较高。

5.3.1 公文筐测验的特点

公文筐测验是根据特定的背景信息，让被试者扮演一个角色，处理来自组织内部、外部、上级、下级、紧急与非紧急、正式与非正式的文件，这些文件是被试者在工作中经常会接触到的。让被试者在特定背景下处理各种文件，能够真实地测查被试者的管理风格与管理能力。公文筐测验与其他纸笔测验相比，测试形式灵活生动，通过将被试者置于模拟的情景中让被试者完成特定的任务，能够真实地反映被试者的管理风格、管理能力与管理知识水平。而且与结构化面试、无领导小组讨论相比，公文筐测验能提供给被试者的信息都是以书面形式完成的，这充分迎合了被试者实际工作情境的特点，具有高仿真性。另处，这种测试方式还决定了它可以同时对大批量的被试者进行测试，这是其他情境测验无法做到的。

1. 公文筐测验的优点

（1）测试方式具有高仿真性的特点。公文筐测验将被试者置于模拟的工作情景中去完成特定的任务，与通常的纸笔测验内容相比，题目内容生动，能充分吸引被试者的答题兴趣。测验中的文件按来源划分，可分为来自组织内部、外部、上级、下级、供应商与合作伙伴；按事件特点划分，有日常性工作与突发性事件、常规或特殊任务、紧急状况或一般事件；按任务形式划分，有计划、组织、协调、决策等；按文件形式划分有请示报告、批示、通知、报表、电子邮件、备忘录等。从测验的文件来看，已经基本涵盖了企业中高层管理者日常处理的各种文件。这些文件与特定的情境信息构成了一个完整的情境，这个情境充分展现了一个中高层管理者实际的工作情境，对于在很短的时间内全面、准确地掌握管理者的能力、潜能以及个性心理特征的某些关键要素具有不可替代的重要作用。因此，公文筐测验具有高度仿真性的特点。

（2）测试形式灵活。公文筐测验题目的设计也可以根据不同的工作特征进行个性化的设计。针对不同的岗位，测试的文件也会有所不同，不同的文件能够测试出被试者不同的管理能力，具有一定的灵活性。与无领导小组讨论等其他情境模拟测验相比，公文筐提供给被试者的信息、要求完成的任务均以书面的形式来完成和实现，对测试的组织和测试场地的要求最低，而且既可以进行个体施测，也可以采取团体的方式进行施测，但前提条件是考官必须给所有的被试者宣读标准化的指导语。

（3）文化背景、地域与企业规模的兼容性使公文筐测验具有普遍适应性。据统计，欧美发达国家在选拔、评价管理人员时最常用的技术就是评价中心，而评价中心中公文筐测验的使用频率高达 80%~95%。公文筐测验的效度与信度极高（信度相关系数为 0.92）且操作方便。在以往的几十年中，各国企业在人才招聘选拔、人才评价和管理人员培训工作中进行了大量的实践探索，公文筐测验出色的信效度表现得到了这些企业的广泛认可。这充分证明了公文筐测验对文化背景、地区与企业规模的兼容性。

（4）开放性的问题。在公文筐测验中，被试者面对的不是封闭性的问题。面对同样的情况，被试者可以从不同的角度做出反应，从而做出各种各样的决策，这说明公文筐测试提供给被试者的是可以灵活处理的开放性问题。与其他笔试方式相比，最显著的区别就是公文筐测验考虑到了被试者在日常工作中接触和处理大量文件的实际特点。另一方面，从测验的标准化出发，公文筐测验提供给每个被试者相等的条件和机会，比较公平，不会因为情境的不同或者小组成员的差异等因素而影响测评结果。

（5）具有良好的效度表现。公文筐所采用的文件都是取材于被试者现在或未来的管理活动，这些事件都是被试者需要经常面对的情况。通过对文件的分析，被试者能够预测考官的测试目的，被试者会比较容易接受这种表面效度高的测评方式。公文筐测验同样具有良好的内容效度。公文筐的测验材料包罗万象，范围广泛，各种与管理风格、管理能力、知识、经验等相关的测试要素，像行业知识、专业知识、操作经验以及能力倾向等都可以隐含其中，通过文件处理这种形式对被试者的潜在能力和综合素质进行考察。西方研究者观察了 51 人的工作实际绩效后发现，工作绩效与公文筐测验之间的相关度高达 0.42；还有人发现，公文筐测验的绩效与日后三年内的晋升之间的相关度为 0.32。

（6）良好的培训方法。从用途上看，公文筐测验除了能够发现现有人员的管理能力特点、挑选出有潜力的管理人才之外，还可以应用于人才培训，除了能够发现管理人员的实际培训需求以外，还能训练他们的管理能力，使选拔过程成为培训过程的开始，使参加测验的被试者提高其管理技巧、解决组织内部各部门间摩擦的技巧，以及为人力资源计划和组织设计提供信息。西方有研究表明，公文筐测验的结果与培训成功间的相关可以达到 0.18~0.36。

2. 公文筐测验的缺点

（1）题目编制的成本较高，编制过程复杂。公文筐测验需要专业人员——包括测验专家、管理专家和行业专家三部分力量——相互配合，投入的人力、物力和费用都比较多。编制公文筐测验需要结合职位特征和胜任特征，共同研究开发合适的题目，收集不同类型、渠道、内容的文件，并对文件进行典型化处理，将各个文件串联起来成套编制并标准化，这本身就是一个需要花费大量时间的过程。一般经验是，编制一套公文筐测验大约需要至少三周的时间，需要专家全身心的投入才能保证测验的质量。

（2）评价标准缺乏客观性，评价一致性低。不同的企业组织结构、企业文化、领导者风格，对公文处理的风格与特点的要求自会不同。面对棘手的问题，在国有企业可以暂缓批示，但这在高效的企业则无疑会被认为是推卸责任的表现。因此，公文筐测验的评价标准只能根据不同的组织特点来确定，故其评价标准缺乏客观性与标准化。而且，不同的考官之间对此也会有不同的认识，尤其是专业人员和实际工作者之间的认识往往会有较大的差异。有鉴于此，公文筐测验结果的评价应有专家进行指导，否则就会由于评价尺度把握不准而无法取得好的效果。但在具体实践中，专家并不容易请到，这就使得公文筐测验很难得到大规模的推广使用，西方一般也只是在选拔高级管理人员和高级官员时才使用。

（3）被试者的真实能力有可能被隐藏。虽然公文筐测验采用了纸笔的形式和较为标准的考试程序，但是它所包含的公文的题目基本上都是采用开放式的方式，要求被试者主观作答。由于被试者在经验、背景、管理理念、基本素质等方面存在个体差异，其处理公文的行为方式也是不尽相同的。一个经常与公文打交道的企业中层管理者，由于受到企业文化和企业做事风格的影响，在做此类测验时就很容易按照工作习惯来处理，从而其自身的一些真实的能力也就被隐藏了起来，而这则会影响到考官给予他的评价。

（4）测试形式决定了无法测试沟通与人际能力。公文筐采用静态的纸笔考试，每个被试者都是自己独立完成测验，不能对外联系（但有时会给被试者安排一名助手），考官与被试者之间没有互动的交流，所以考官无法对被试者在实际工作当中与他人交往的能力及其人际协调能力直接进行评价。

（5）测试与评价时间较长。与其他情境模拟测验相比较，公文筐测验测试的时间一般为 2~3 个小时；考官对被试者评价的时间大约需要 1~2 个小时；在被试者结束测试之后，考官需要进行粗略的评价，对被试者进行面谈，以澄清测试中表现不明显的内容，面谈的时间又要大约 1 小时；总合起来，这种测验的测试与评价时间比起其他测验形式应该算是最多的。

5.3.2　公文筐测验的测试维度

公文筐测验是由被试者在现在或未来的管理情境中可能遇到的各种典型问题有机构成的，以书面的形式让被试来处理，所以它可以考察被试者多方面的管理能力，特别是计划、组织、分析、判断、决策、授权、控制、对下属的指导、变革意识等能力因素。

资深人才测评专家刘远我博士认为，公文筐测验适宜测试的维度主要有两类：与事有关的能力、与人有关的能力。在实践的过程中，我们认为公文筐测验最显而易见的测试维度是被试者的管理风格与管理经验。下面分别介绍这三种维度。

（1）与事有关的能力。由于公文筐中的各种公文会涉及到组织中的各种事件，被试者搜集和利用信息的（洞察问题）能力首先会体现其中；另外，有的事情是需要被试者做出分析、综合判断的，有的事情需要做出决策，有的事情需要进行组织、计划、协调，有的还需要分派任务（授权），而且在纷繁复杂的事情中还需要分清轻重缓急，因此，诸如此类的能力都可以在公文筐测验中得到反映。同时，由于与其他测评方法相比，这一方法提供给被试者的测验材料和作答都是以书面形式来实现的，所以它还能有效地测查被试者的文字表述与写作能力。

（2）与人有关的能力。在公文中，往往会提到各种各样的人物以及他们之间的相互关系。这些文件来自不同的人，设计得很好的公文筐测验会把人物的特点勾勒得淋漓尽致。被试除了要善于处理公文中的事情之外，还要对文件中有关的人物非常敏感，而且很多情况下，事情处理得是否得当就取决于是否能够正确理解人的意图、愿望、性格特点和人物之间的关系。因此，在公文筐测验中也能很好地测量与人打交道的能力，尽管这种能力是通过书面形式间接表现出来的。

（3）测试被试者的管理风格与管理经验。面对公文筐中的各种文件，有的被试者会按照文件的顺序作答，有的被试者则能首先将文件按照轻重缓急进行分类后，再决定哪些由自己作答，其他的则批转给有关部门或个人；这就充分表明了被试者的管理风格。另外，在测试后访谈的过程中我们发现，相当一部分（约 70%以上）被试者是靠以往的经验对文件进行作答的，这种以往的经验来源于其过去工作经历中与文件中的事件相似的经历。比如，面对骨干员工辞职的问题，这是大部分管理者都曾面对过的问题。这时被试者会更多地依赖过去的经验做出反应。所以，公文筐测验能够甄别被试者的管理风格和是否具备丰富的管理经验。

公文筐的内容不同，测验的维度也会根据实际情况而定。总的说来，公文筐测验的评分维度主要有两个方面。

1. 每个文件测查的维度

要想明确每个文件的测试维度，就要在编制公文筐的过程中进行缜密的设计。另外需要说明的是，在一套公文筐测验当中，可能有几个问题测试的是一个共同的维度，但测试要点并不相同。比如，我们可以用三个文件来测试被试者的分析能力：第一个文件测试被试者分析问题的深入性程度，第二个问题测试被试者分析的结构性（逻辑思维能力），第三个问题测试被试者分析的全面性（整体思考）。而且一个文件并非只是测试一个维度，在实践中能够发现，同一个文件既可以测试被试者的深度分析能力，还可以对被试者的授权意识进行测验。因此，考官在对被试者作答进行评价这一环节要着重关联维度的问题。

2. 整体可以测查的维度

即对所有公文进行整体分析：测查被试者能否关注到各个事件与人物之间的关联关系，能否对每个人物进行准确的角色定位，是否关注数据之间的关系；对事件的重要性是否有清晰的判断，能否发现不同意见之间的利益诉求，是否根据轻重缓急合理安排自己的工作；文字表达是否能够用清晰、简洁，分配任务的指示是否明确。

综上所述，公文筐测验可以测查的维度有：管理人员的计划、组织、预测、决策、沟通能力的个体水平和群体水平。这五项能力是管理团队的核心素质，它们对于企业可持续发展具有重大意义。五项能力考察是公文筐测验关注的焦点。

5.3.3　编制公文筐测验

试编制公文筐测验题目，是公文筐测验的核心环节。公文筐测验编制的质量，决定了公文筐测验在测评过程中的价值。一个具有良好信度、效度的公文筐测验，应该具有情景模拟测验的共性特点，同时又能充分体现公文筐测验与其他情景模拟测验的优点。这些特点表现为：高仿真性、动态性、直观性、良好的表面效度和内容效度。编制公文筐测验可以按照如图 5-4 所示的流程开展。

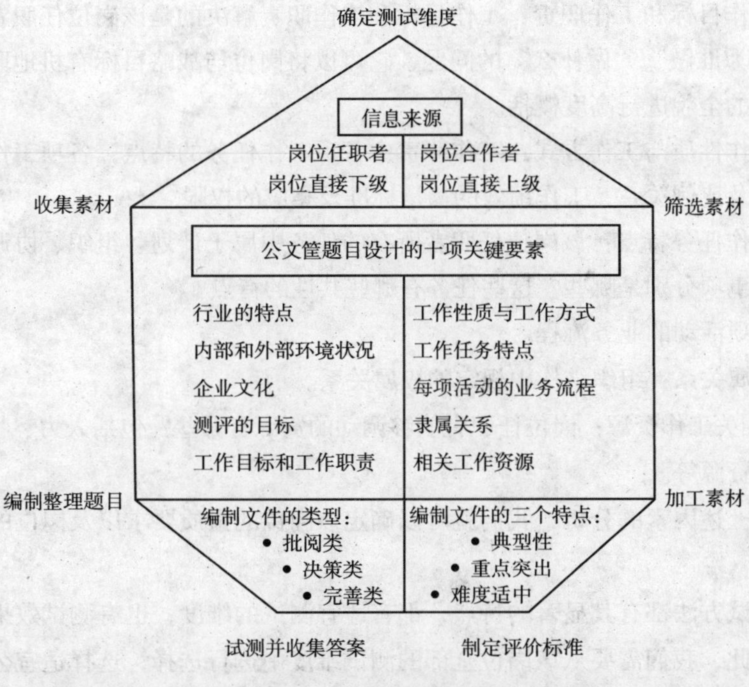

图 5-4　公文筐题目设计流程

1．确定测评要素

可以通过系统的工作分析或胜任特征分析来确定岗位的测评维度，利用工作分析中的访谈法或问卷法确定岗位的工作目标、工作内容与任职资格，利用 BEI 技术（关键事件访谈法）确定岗位的胜任特征模型，发现岗位任职者应该具备的能力技能、价值观与行为习惯等核心胜任特征。深入全面地了解岗位全貌是编制题目的基础。在进行工作分析或胜任特征分析的过程中应该重点了解以下信息，为编制题目奠定坚实的信息基础。

（1）行业的特点：企业所处行业的宏观状态，未来的发展走势。

（2）内部和外部环境状况：内部环境状况包括：组织结构、决策机制、财务状况、人员状况、产品或服务特点；外部环境状况包括：发展潜力、竞争状况等。

（3）企业文化：企业文化的因素对测评维度会产生直接的影响。倡导以人为本的企业比较关注满足员工个性化的需求，注重员工的职业发展，强调企业发展的基础是员工素质的提升。

（4）测评的目标：不同的测评目的同样会对测试维度产生影响。针对某个岗位的招聘选拔、培训的测评项目，存在着测试维度数量与内容上的差异。

（5）工作目标和工作职责：工作目标和工作职责解决的是该岗位任职者“依据什么”、“为谁做”、“做什么”的问题，它可以将岗位与战略目标有机地联系起来，对岗位的全貌进行高度概括。

（6）工作性质与工作方式：工作职责中各项工作任务的特点，各项工作任务占用的时间及比例关系，工作绩效的衡量标准及相应的权限。

（7）工作任务特点：该岗位任职者所有的任务中属于计划、组织、协调、控制、决策的事项分别是哪些？这些任务有哪些共性的特点？

（8）每项活动的业务流程。

（9）隶属关系：组织结构中规定的权属关系。

（10）相关工作资源：岗位任职者能够调动的资源有哪些？包括人力、物力、财力、信息资源等。

通过对上述因素的分析，我们就可以确定该岗位的素质要求以及岗位的全部信息。

每种测试方法都有其显著的特点，都有适宜测试的维度，也有测试效果不好的维度。因此，我们需要从该岗位全部的测试维度中进行选择，选择适宜公文筐测试的维度。这样，我们就能确定公文筐测验的测试维度。

2. 收集题目素材

收集题目素材是为了编制公文筐测验中的文件。收集素材的方法可以采用关键事件法、访谈法和工作日志法。关键事件法是让优秀的岗位任职者整理能够体现岗位特点的关键事件进行表述，由题目编制人员进行有选择的收集。访谈法与工作分析中的访谈是一致的，但访谈的内容应以最能够体现岗位特点的事件为主，同时向访谈对象了解做好该岗位的工作存在哪些难点问题，然后在素材选择的过程中适当考虑这些难点，以便合理地控制题目的难度。工作日志法就是让岗位任职者对自己阶段性的工作进行记录，并标注出处理这些工作所占用的时间。在以上三种方法中，最便捷的方法是访谈法，最经济的方法是关键事件法。但关键事件法所获得的信息量比较有限，通过实践检验，最好的办法就是让优秀的岗位任职者及其上级主管、测评专家进行群体访谈的办法。测评专家会告诉与会人员测试的维度及其含义，然后大家根据一定的方法谈出关键事件。一般会让被试者先谈成功的案例，这有助于被试者主动配合测评专家的工作。

搜集题目素材的数量取决于最终确定的公文筐测测验中的文件数量，一般会搜集文件数量 2~3 倍的关键事件作为被选素材。

3. 筛选素材

筛选素材就是从访谈中获得的素材里筛选符合要求的文件。首先对所有素材进行编号，然后将测试维度与评价要点也进行分类列表，列出一张“测试维度与素材对应表”。将能够充分表现测试维度和评价要点的素材直接列入对应表内。对于通过简单修改能够体现维度特点与评价要点的素质，修改后列入对应表内。剔除过于简单或过于烦琐、表述累赘的素材。

然后由测评专家对经过筛选的素材进行分别评估。评估的要项是：素材分类是否正确、对测试维度评价要点的体现程度、结构是否完整、是否存在常识错误。对这些评价指标进行综合考虑，对与每个测试维度相对应的素材进行三级评估，以备根据公文筐测验的文件数量进行取舍。

4. 题目素材加工

在实践中，无论是考官还是任职者写出来的事件，都会存在一定的内容瑕疵，很难一步到位。这就需要对题目素材进行加工。加工时要注意如下问题：对不完整的内容要补充完整；对包含多个事件的文件要进行分拆；对描述繁琐、表述累赘的文件要进行简化。同时专家还提醒注意，完全真实的材料可能会过于偏重对被试者的经验考察，而忽视潜能的考察，所以要注意每个文件都能够切实地和测试维度对应起来。最后，还需要对文件的文字陈述进行加工，力图保证试题表述清楚，文句简明扼要，表意确切，不致使被试者产生误解，但也不能遗漏必要的条件。

5. 编制题目

公文筐测试是由各种文件有机构成的。这些文件来自任职者实际的工作过程，主要有三种类型：批阅类、决策类和完善类。

批阅类文件要求被试者能够区分轻重缓急和性质，提出处理意见。决策类文件往往是请示、报告、建议之类，阐述的往往是日常工作中遇到的非常规性决策问题。完善类文件是指有缺陷的文件，尚缺少某些条件和信息，如材料不完善、观点意见不妥当等，考查被试者是否善于提出问题和获得进一步信息。文件的签发方式及其行文规定可以忽略，文件的行文方向应有所区别，文件的形式应尽量与职位中实际遇到的各种文件一致。

编成的文件应该具有三大特点：典型性，文件内容应涉及岗位最主要的任务，应是对实际情境的典型概括；主题突出，一个文件应该以一个事件为主轴，避免出现多个事件；难度要适中，测验的目的在于区分能力不同的被试者，因此应该尽量避免测验中的“天花板”效应或“地板”效应。

6. 试测与收集答案

由于每个企业的组织结构、企业文化与决策机制都会有所不同，所以对中高层管理者的管理风格、管理能力的要求也会有所差异。这种差异在公文筐测验中的表现，就是处理文件或完成任务所表现出的特点。因此，每个企业公文筐测验的评价标准都不一样。有的组织直接从外部购买公文筐测验，但因所使用的评价标准与企业倡导的一贯风格大相径庭，从而直接影响了公文筐测验的信度与效度。

因此，在公文筐题目编制结束后，制定企业个性化的评价标准非常关键。为了使评价标准即公文处理结果能够符合企业的特点，就要对题目进行试测和收集答案。试测的过程就是让岗位的任职者参与公文筐测验，在职人员和将来的被试团体具有相似的特征，可以看做来自于同一个样本群体。试测的人数不能太少（一般在 20 人以上），同时要保证这些被试者能够将所有文件处理完，最后即可根据这些试测者的结果进行汇总分类，列出表格。

专家给出了验证公文筐测验效度的方法：将公文筐测验同时施测于绩效优异的任职者和绩效一般的任职者。将两个团体做答的结果进行比较。假如绩效一般的任职者测试的结果与优秀任职者之间具有显著性的差异，就说明编制的公文筐测验的区分效度比较明显。

7. 制定评价标准

公文筐测验的评价标准包含三个方面的内容：参考标准、等级水平和分值区间。参考标准是评价标准设计中的关键，只有明确哪些文件处理方式能够说明被试者某方面的能力的特点，才可能有效地评价测验结果。

传统的制定参考标准的方法是让有经验的高层管理人员或者主管对上述所有答案用三级量表进行评定（好、中、差），同时确认题目所测试的要素以及答案可能反映出来的被试者的能力水平。在此基础上把所得到的结果进行总结性的统计和组织，即可得出各文件的可能答案表及参考标准。实践过程中我们发现，传统的评价标准存在一定的问题，主要问题是对被试者的公文处理的结果存在区分难度。参考标准与被试者的实际答案难以对应，考官更多是在凭借以往经验进行评价，评价标准的参照作用无法完整地发挥出来。

我们建议测试维度定义能够详细地体现被试者可能的行为表现，将被试者的行为表现与测试维度的评价要点进行对应，在收集答案的过程中将试测人员的各种行为表现进行分解，与测试维度的评价要点进行对应。这样一旦被试者具备了某项测试维度评价要点规定的行为，通过与评价标准进行比对就能够准确地发现出来。这样做能够极大地提高公文筐测验评价的准确性和客观性，但可能操作起来会显得过于繁琐。当然这只是初步的探索，更加准确、客观的评价方法还需要业界共同的努力在实践中发现。这种方法也比较符合国际上经常采用的行为定位法的评价方式，即按照关键的行为对被试者的答案进行评价，不注重对被试者之间进行横向比较，而是根据每个行为基准点对被试者答案中的有效性为与无效行为进行区别。

范例

传统的评价标准样例

测试维度：计划能力

好：能够有条不紊地处理各种公文和信息材料，并能根据信息的性质和轻重缓急对信息进行准确的分类处理。在处理问题时，能及时提出切实可行的解决方案，主要表现在能系统地事先安排和分配工作，能够注意到不同信息之间的关系，能够有效地利用人、财、物和信息资源。

中：分析和处理问题时能够区分事件的轻重缓急，能够看到不同信息间的关系，但解决问题的办法不是很有效，在资源的分配与调用方面也不尽合理。

差：处理各种公文和信息材料时不分轻重缓急，没有觉察到各种事件之间的内在联系。解决问题时没有考虑到时间、成本和资源方面的种种限制，以致提出的问题解决办法不可行。

范例

改良的评价标准案例

测试维度：建立伙伴关系（见表 5-15）

表 5-15　　建立伙伴关系的测试维度

分值	行为表现	处理结果
5 分	能够根据组织的利益诉求发现适宜的合作对象，与合作对象建立积极的联系，抓住时机促成与合作对象建立正式的合作关系；能够从多赢的角度考虑与伙伴共同发展，而不是只满足自己的目的	选择常青基业，联系负责人争取提前谈判，将情况报张总
4 分	能够根据组织的利益诉求发现适宜的合作对象，与合作对象建立积极的联系，抓住时机促成与合作对象建立正式的合作关系	选择常青基业，争取在对手前谈判，为决策争取时间
…	…	…

参考标准确定以后，就可进行评分表的设计。首先确定量表评定的等级，常用的有 5 点量表法或 10 点量表法，其特点是将被试者的行为表现分成等距的几个等级，如 5 点量表可以分成很好、较好、中等、较差、很差 5 个等级。10 点量表通常把行为分成差等（1~3 分）、中等（4~7 分）和优等（8~10 分）三个等级，并对三个等级的行为表现做出具体描述，然后考官根据被试者的具体表现在三个等级内再做细分。公文筐测验译表范例见表 5-16、5-17。

表 5-16　　公文筐测验评分表范例（一）

测试维度	计划能力	组织能力	预测能力
维度定义	能够有条不紊地处理各种公文和信息材料，并能根据信息的性质和轻重缓急对信息进行准确的分类处理。在处理问题时，能及时提出切实可行的解决方案，主要表现在能系统地事先安排和分配工作，能够注意到不同信息之间的关系，有效地利用人、财、物和信息资源	为了组织的利益和实现组织制定的目标，运用一定方法和技巧，把来自不同地区、不同系统、不同职业、不同文化背景的人组织在一个团结向上的集体之中，使大家朝着一个共同方向和目标去努力、去奋斗	是指被试者能够对模拟工作环境中相互关联的各类因素及总体形势未来发展趋势进行准确判断并预先采取相应措施的能力。对工作环境中各类相关因素及总体形势未来发展的多种可能性及其发生概率的分析论证、各种防范/因应措施的合理性是考证管理者预测能力的关键指标

续表

测试维度	计划能力	组织能力	预测能力
分值区间	得分		
优（8~10 分）			
中（4~7 分）			
差（1~3 分）			
综合评价			

表 5-17　公文筐测验评分表范例（二）

测试维度	文件	分数	关联维度	分数
分析与决策能力	01			
	06			
	评语：			
创新与变革能力	04			
	08			
	评语：			
建立伙伴关系	03			
	05			
	评语：			
授权与控制能力	02			
	07			
	评语：			
综合评价				
备注				

5.3.4　公文筐测验的施测过程

公文筐测验的施测过程包括测评前的准备、开始阶段、测评阶段和评价阶段，各个阶段都应该有明确的要求。四个阶段唇齿相依，任何环节出现问题，在其他环节都难以弥补。所以在实施过程中，必须严格按照要求对所有的被试者进行测评，以保证测量的标准化和公平性。测评前的准备工作是公文筐测验能否顺利实施的关键。准备工作包括指导语的设计、题本与答题纸的准备、被试者编号、测试场地的安排等。

1．准备阶段

（1）准备指导语，我们已经介绍过无领导小组讨论测试的指导语，公文筐测验的指导语与前者的作用是相同的。要说明被试者在公文筐测验中的任务与有关要求，文字应该力求简洁并通俗易懂，要保证每个被试者都能够准确地理解公文筐测验的答题要求、时间要求等。

用于招聘选拔的指导语范例如下：

这是一个公文筐测验，在这项测验中，你的身份是江城集团副总经理，请你在两个小时的时间里处理我们提供给你的所有文件。这些文件已经放在了办公桌的塑料公文袋里。

在测验中你需要使用以下工具：题本、答题纸、铅笔、计算器。题本包括背景介绍一份、时间表一份、组织结构图一份。

请不要在题本上写任何东西，所有的问题处理都写在答题纸上。我们只对答题纸上的作答进行计分，在其他任何地方的答题将不予考虑。

在测试期间，请大家关闭手机，并且保持安静，不能与他人讨论任何问题，请不要任意出入测试室。

如果有问题，请举手示意。

如果没有问题，现在时间是9点25分，请大家开始答题。测试结束时间是11点25分，到时我们会提前10分钟提醒大家一次。

用于培训的指导语示例如：

大家好！首先欢迎您参加今天的测试。“文件筐测验”是工作情景模拟活动的方式之一，它通过向您呈现一种模拟的工作情景，让您“扮演”一个特定的角色，在规定的时间内处理一批文件，从而测查您在模拟情景下的工作能力。我们将根据您在处理公文中的表现来推断您在真实工作情景中的管理能力，所以，希望您在测试中认真作答，尽量进入角色，设身处地地对文件做出适当处理。具体要求如下：

1. 公文筐测验时间为 60 分钟，请大家在答题卡上写出处理意见或决策。不要在题本上作任何标记或涂改题本。

2. 您的答题任务包括两个：第一任务是先对所有文件进行排序，在答题卡上标明；第二任务是对所有给出的文件进行书面处理，大家注意，还要写出处理依据或理由。

3. 您在处理文件时的签名，不要用自己的名字，而要用文件中给出的角色姓名。

4. 请大家务必在规定的时间内完成所有题目，否则成绩将作废。

现在时间是 9 点 25 分，正式开始计时，请大家抓紧时间答题。

（2）准备测试材料，测试材料是放在公文筐中的各种文件。这些文件包括两部分内容：一部分是情境信息，包括组织背景、时间表、组织结构图等，如果有必要的话，还可以放一张人物联系表。情境信息是被试者处理文件过程中必须了解的信息内容，情境信息是否完善决定了公文筐测验题目的水平，并会对被试者的测试结果产生直接的影响。另外就是各种需要被试者处理的文件，这些文件可能包括请示、批示、待签文件、通知、报表等。为了突出公文筐测验的逼真性，这些文件可以用多种方式来呈现，比如，不同的文件可以用不同规格和大小的纸张，文件内容可以既有打印稿又有手写稿，有些文件上甚至可以写上多位主管的批示，以表示文件已在多位主管中传阅过。

（3）准备答题纸。答题纸是专供被试者对材料书写处理意见或回答指定的问题，是被试者唯一能够书写答案的地方，评分时只对答题纸上的内容进行评分。答题纸一般由三部分内容组成：一是被试者编号、应聘职位、文件序号；二是处理意见或处理措施、签名及处理时间；三是处理依据或理由。值得注意的是，文件序号只是文件的标识顺序，通常都是由易到难，并不代表处理的顺序，应该允许被试者根据轻重缓急调整顺序；只要发给所有被试者的文件顺序相同即可，以示公正。

（4）准备测试场地。公文筐测验对测试场地除了要求具备环境安静、空气新鲜、采光好等条件外，最好还能与真实情境相似，至少应该保证每个被试者有一张桌子和必要的办公用具——由于要处理大量的公文，桌面还要保证足够大。另外，被试者之间的距离也应该远一些，以免相互干扰。

2. 开始阶段

在公文筐测验正式实施前，考官要把测验指导语从头到尾念一遍，告诉被试者测验的有关注意事项。当被试者对测验指导语完全理解后，每位被试者才可以开始阅读有关的背景材料，即被试的身份和一个假定的时间与情境，通常包括工作职能说明、组织机构表、工作描述和部分工作计划等，阅读时间的长短随背景材料的多少而定，一般有十分钟就足够了。这里的关键是让被试者尽快进入情境，明确自己的角色，以便正式开始作答测验。被试者在这个阶段有任何不清楚的问题，都可以向主考官提问。

3. 测评阶段

根据不同的测试目的和文件数量，测试时间通常需要 1~3 个小时。为了保证公平性，在测评阶段开始之前，被试者不得翻看测验材料。被试者对文件的处理意见或答案都要写在答题纸上，除非评价中心测评的总体设计中另有设定。被试者一般需要独立工作，没有机会与外界进行其他方式的交流。被试者在这个阶段有任何问题，都不得向主考官进行提问。测评结束时，被试者必须同时停笔，但是可以提醒他们检查一下是否在每一页答题纸上写上了被试的编号。对于提前做完的被试者，不要让他们离开考场，因为在下一个阶段考官可能还会对被试者进行必要的追问。

4. 评价阶段

测试结束以后，考官要对被试者的答案进行粗略评价。只有在感到被试者的回答模糊不清时，考官才会对被试者进行当面提问。如果不能及时进行评价，那么也应该在现场翻看一下，以决定是否要对被试者进行必要的追问。考官在评价被试者的答案时，不仅要看被试者的文件处理结果，还要看被试者对每个文件处理依据或理由的说明。因为尽管两位被试者的处理意见相同，但其所依据的理由或思路却往往存在很大的差异，这种差异能够真实地反映出被试者的能力水平。

5.3.5 公文筐测验结果的评价

对公文筐测验的结果进行评价是公文筐测验的难点。只有对被试者的答案进行准确、客观的评价，才能有效地发挥公文筐测验的鉴别功能。由于被试者答案的开放性程度较高，加上测验背景的复杂性，所以在准确评价被试者的答案上存在很大的难度。

1. 考官培训

让考官系统地掌握参考标准是公文筐测验结果评价的核心环节。评分表设计得再好，如果考官对评定标准不能准确把握，那么最终的评价结果也是缺乏信度的。考官要掌握参考标准，通常需要接受严格的培训。培训内容包括让考官熟悉测评要素的内涵和岗位要求。有些考官能够很好地把握测评要素和评价尺度，但是对具体的岗位可能缺乏了解；有些考官熟悉岗位特征，但是对测评要素又把握得不是太准确，因此，需要组织内部管理者与外部专家，相互学习，各取所长，提高评价的客观性和有效性。

2. 评价结果的内容

在公文筐结果的评定过程中，考官不仅要给出每个维度的分数，还要写出书面评语。这样可以体现难以从分数中体现出来的具体维度的特点；也可以体现人才测评既进行定量评价又进行定性评价的原则。

在公文筐测验结果的评价过程中，需要注意关联维度的问题。所谓关联维度，就是在同一个文件中既体现了被试者的某种素质特点，又通过处理行为体现了另外的特点。比如，我们在测试被试者分析能力的过程中又发现了被试者善于对下属进行授权，让下属独立完成任务的特点。在这里，分析能力与授权能力互为关联维度。关联维度并不是两个维度之间存在关联关系，而是通过测试一个维度的同时又表现出来另外的维度。如果出现关联维度，考官需要在评价过程中注意对被试者的行为进行整体分析，不能忽略在同一个文件中被试者表现出的另外的能力。

填写公文筐测验的评语，只需抓住被试者的主要特点，用适当的文字描述出来，给予恰当的考核建议即可。如果对公文筐测验的结果仍然存在很多疑点或者判断模糊的地方，可以留待与其他测评方法相互印证。

5.3.6　公文筐测验的适用范围

由于公文筐测验具有成本高、测试时间长等特点，所以更多的企业都是在选拔或培训高层管理者时才会应用这项技术。

在选拔高层管理者的过程中，公文筐测验能够系统地对被试者的计划、组织、协调、预测、控制与授权能力进行测查。这五项能力是任何管理者必须具备的基本能力，是构成管理能力的基本要素。被试者这五项能力的水平能够直接对其在实际工作环境中的管理意识与管理水平产生直接的影响。

公文筐测验与无领导小组讨论测验方法都是最具效果的培训方式。公文筐测验通过对被试者处理的结果进行分析，能够深入地发现被试者的各项管理素质与岗位要求之间的差距。发现岗位任职者实际素质与岗位素质标准差异的过程，就是培训需求分析的过程。通过考官对被试者的处理结果进行反馈，并向被试者说明评价标准，能够让被试者客观地对自己的管理行为与管理风格进行反思，及时纠正自己的行为。

范例

公文筐测验

模拟情景

假设您现在的身份是一家大型 IT 企业——明天集团公司的副总裁孙俊威，公司总裁王伟一周前到北京学习，为期三周，在此期间将由您代表总裁全权处理公司的一切事务。公司的另一位副总裁张孝谦也外出开会，一周后才能回来。

明天集团公司创办于 1995 年，是我国信息产业的标志性企业。经过 10 年的持续稳定发展，公司已成为中国 IT 企业发展最快的企业之一，产品与服务领域包括了大型商用电脑的研发与生产、网络产品（路由器）、网络工程建设与大型数据库开发业务。在 10 年的发展历程中，公司直属和控股的企业已经达到 6 家，年销售额突破 30 亿元人民币，公司的组织结构及各部门负责人姓名附后。

今天是 2005 年 11 月 5 日，现在是下午 3：00，您的办公桌上已有一大堆文件等着您处理，您必须独自处理所有的文件，时间只有 60 分钟，因为一个小时后您必须参加一个重要的会议。

在处理文件时，请您务必注意：

1．文件是随机排列的，请您根据需要决定文件处理顺序。

2．您必须对所有的文件给出自己的处理意见，同时还必须说明处理的依据或理由（“文件九”需要直接写出发言稿）。

3．您应该在 60 分钟时间内处理完所有的文件。

公司的组织结构及各部门负责人姓名如图 5-5 所示。

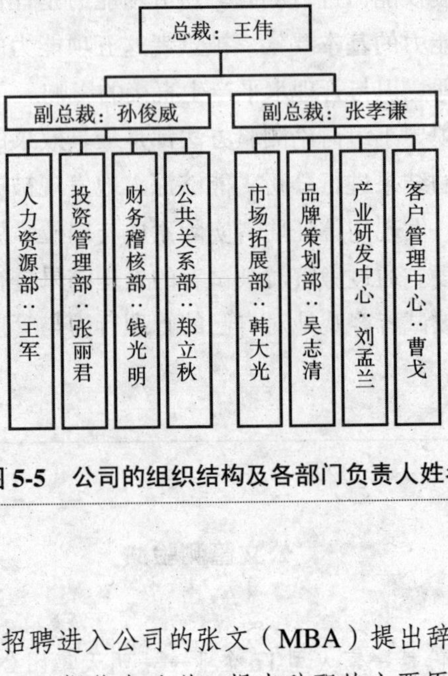

图 5-5　公司的组织结构及各部门负责人姓名

文件一

孙副总：

近日，我部前年招聘进入公司的张文（MBA）提出辞职申请，他是我部很有培养潜力的业务骨干。据他自己说，提出辞职的主要原因是感觉自己的个性不适合在本公司工作，难以有效地发挥自己的作用，不过他也感谢公司把他送到美国去学习了半年。

人员流动性大始终是困扰我公司发展和经济效益的重大问题。根据最近三年的统计，有 15%的职工工作不满 1 年就辞职了，39%的职工来公司工作 2 年内辞职，近 50%的职工在公司工作 3 年就“跳槽”到其他单位。

我从工作需要的角度出发，还是很想挽留张文，不过他好像去意已定。我们是否同意他的辞职申请，请您批示。

人力资源部　王　军

11 月 4 日

文件二

孙副总：

据泰国华晨集团对外合作部透漏，该集团已经获得该国政府的批准，成为泰国两个网络接入商之一；该集团计划于今年底从中国进口一批路由器与其他网络设备。我部与该贸易公司曾有过业务往来，合作还算愉快，应该有机会争取到这项出口订单。另据了解，国内几家公司也知道了这一信息，有意争取。该公司副总裁一行将于 11 月 15~20 日来北京参加一个国际互联网协会年会，我们是否应派人与该公司接触?

市场拓展部　韩大光

11 月 5 日

文件三

关于提前付款的请示

孙副总：

由于当前网络发展迅速，网络产品需求旺盛。客户都预付了 40%的货款等公司交货，截止到 12 月底我们接到的采购订单已经达到 40000 台（套），但我们的定点生产企业——北京天宏公司 9 月份发生了重大火灾，虽然车间重建与设备调试工作已经完成，但采购元器件的资金短缺。以前我们全部是先付 10%订金，在收货后付 80%货款，预留 10%质量保证金。这次该公司提出能否先付 35%的订金，在交货后付 55% ，预留 10%的质量保证金。为此公司需要多付 650 万元，此事如何决定，请指示。

财务部　钱光明

11 月 5 日

文件四

关于加强客户服务与管理工作的报告

孙副总:

为解决客户的忠诚度下降问题，应对激烈的市场竞争，公司的客户管理工作的方式迫切需要改革。我们的计划如下:

1．建立 Call Center（呼叫中心），使客户能够在第一时间反映问题。

2．建立客户投诉热线，向客户公布；并做出 12 小时解决问题的承诺。客户投诉热线主要处理客户对公司相关人员的投诉，由我与副主任轮流值班，直接处理相关问题。

3．建立奖惩制度，对客户满意度高的人员进行奖励，对经常遭到客户投诉的人员进行处罚，每月进行“服务明星”的评比活动，同时在公司网站与内部刊物中刊出。

4．由我中心牵头组织公司相关人员进行客户服务与管理的技巧培训。

请提出您的意见并批示。

客户管理部　曹　戈

11月5日

文件五

孙副总：您好!

品牌策划部成立已经一年了，在一年中我们的主要工作就是组织社会各类调查公司提供调查数据、组织社会上的策划公司进行招标，并不开展实质性的品牌包装与策划活动。根据王总与张副总的指示，为尽快提升公司的品牌策划能力，公司打算与一家比较有实力的品牌策划公司进行长期合作，合作的方式可以是公司参股或收购。我们进行了认真的调查与分析，最后确定了北京坦福广告策划公司与常青基业（北京）传媒策划公司两家作为候选对象。前者的优势是具有遍布全国的媒体投放渠道,后者的优势是具有一个 30 个人的策划团队，且成果丰硕。前者愿意进行收购谈判，后者提出即使公司出再多的钱，最多只能占到 49%的股份。且我得知常青基业（北京）传媒策划公司将在下周五与我们的竞争对手进行谈判。

此事如何定夺，请指示。

品牌策划部　吴志清

11月5日

文件六

孙副总：

有关今年 6 月对“复旦万古网络技术有限责任公司”投资造成我公司损失 1000 万元的调查已有初步结果。根据有关法律规定，大部分损失很难追回。据我的了解，主要原因是我们公司业务上出现一些明显漏洞。

请指示下一步如何处理。

财务稽核部　钱光明

11月5日

文件七

孙副总：

关于王总与您让我提议本部门副经理的人选问题，我个人认为王可比较合适，尽管他进公司才两年，但他的进步很快，我觉得他已经够担任副经理的条件。其他人有的资历不浅但工作积极性不够，有的业绩不错但不思进取，有的能力很强但把精力更多地放到了 8 小时以外。把小王提拔起来，将对其他老员工产生鞭策作用。

公共关系部　郑立秋

11月5日

文件八

孙副总：

根据年度工作计划，人力资源部需要对集团本部的薪资制度进行改革，改革的范围包括三到六级员工，即副部长到部门助理。目前的问题主要体现在，技术与销售人员的工资相对平均。技术人员与销售人员的积极性不高。管理岗位工资相对偏高，一线员工工资偏低。很多管理人员，特别是副部长们非常关心此事，甚至听到有人说如果工资低就跳槽。对于薪资改革，我们不知应采取什么策略，特别是对改革的风险顾虑比较大。

此事采取何种对策，请批示。

人力资源部　王　军

11月5日

文件九

孙副总：

公司将于 11 月 7 日派出 10 名技术人员到美国坎倍尔公司香港培训基地

进行技术培训。他们将接受世界最先进的网络交换技术的培训，将极大地提高我公司产品的研发水平。原计划由张总进行动员讲话，但张总出差前已经委托您处理此事，由于大家正在紧张地进行语言培训，因此请您为大家写一封信，以体现公司领导对此事的关心。

以上安排妥否，请尽快批示。

产业研发中心　刘孟兰

11月5日

5.4 案例分析

案例分析也是情境模拟测验中经常采用的一种测试方法。据美国专家统计，有 73%的评价中心项目将案例分析作为对被试者综合素质测查的工具。案例分析是考官提供给被试者一份有关组织的情况说明，其中会给出组织的现状以及亟待解决的问题，要求被试者进行分析并做出书面或口头报告。实践专家认为，案例分析若能与其他测试方式进行有机结合，能够起到更好的效果。

5.4.1 案例分析的特点

案例分析与公文筐测验形式比较，具有时间短、测试方式灵活等特点；与无领导小组讨论相比较，则具有能够深入考察被试者分析能力的特点。案例分析重在"分析"，被试者在分析组织背景与面临的各种管理问题的同时，能够充分体现其管理知识与业务知识，及对不同问题的分析方法。相对而言，要想在公文筐测验与无领导小组讨论中发现被试者的分析方法，则是很困难的。

1. 案例分析的优点

（1）案例与岗位情境高度相似。案例分析可以呈现给被试者各种情境，这些情境既可以与工作情境无关，也可以与工作情境高度相关。与工作情境无关的案例分析，侧重于对被试者综合素质的测查；而与工作情境高度相关的案例分析，由于测试的指向性、针对性比较明确，便于考官对被试者分析的结构性、全面性与深入性进行准确的把握，同时也便于考官建立评价标准。在长期测评实践中我们发现，与工作情境高度相关的案例分析，能够比较完整地告知被试者的背景与相关信息，能够体现案例的生动性与客观性。而与工作情境无关的案例分析告知被试者的信息量显然不如前者。

（2）测试过程简单，时间短。案例分析的测试过程大体上可以分为三个阶段：准备阶段、施测阶段与评价阶段。根据不同的测试形式，施测阶段会有不同的要求：如果考官要求被试者提交书面报告，施测时间则短；如果考官要求被试者进行口头汇报，时间就会略长一些。书面报告无需考官在场，口头报告的时间比无领导小组讨论占用考官的时间要短得多。

（3）可以测试的维度范围广泛。案例分析可以从不同角度对被试者进行测试：从知识的角度，能够测试被试者的业务知识与管理知识、行业知识等；从能力的角度，能够测试被试者的分析决策能力、理解能力、文字表述能力、组织能力、计划能力、协调能力等；从内驱力的角度，可以对被试者的价值观、态度、兴趣与个性特点进行测试。如果题目要求被试者进行书面报告，则能够体现被试者的写作能力、文字组织能力；若题目要求被试者进行口头汇报，则能测查被试者的语言表达能力。如果考官采用让几位被试者共同分析的方法，还能够让被试者展现出与人打交道所需要的各种能力与团队工作所需的各项素质。

（4）测试方式灵活。案例分析的测试形式既可以单独测试一个被试者，也可以进行群体测试。有的案例分析让一个被试者单独完成任务，也有的案例分析让几个被试者共同完成任务。测试的方式取决于测试的目的。如果考官需要了解被试者的分析能力与团队组织能力，就可以采用群体测试的方式。这种群体测试方式与无领导小组讨论的区别在于，被试者们被要求完成基于案例进行分析的任务，既要关注过程，也要关注成果。而无领导小组讨论则只是关注过程的一种测试形式。综上所述，案例分析具有测试方式灵活性的特点。

（5）兼容性的特点。在测评实践中，很多企业都将案例分析与其他情境模拟测试技术进行结合，以便进一步体现出评价中心技术的理念。兼容性是指该项测验能够与其他测试技术在形式上进行融合，开展一项测验以后马上开展下一个测验，被试者与考官能够利用相同的背景信息，只不过任务有所变化而已。显然并不是每种测试形式都具备兼容性的特点，比如无领导小组讨论就很难与公文筐测验进行兼容，因为两者在背景信息、测试形式、测试结果上都存在很大的差异。案例分析与无领导小组讨论、面试等技术的兼容性表现得比较明显。

2. 案例分析的缺点

案例分析技术最显著的不足就是评价标准难以建立。不同的组织形式、外部环境、人员结构、制度体系，对被试者进行案例分析的方向与结果都会产生直接的影响。而任何题目设计者都不可能在有限的篇幅内表现这些信息。这也就是说，任何案例都可能存在结构上的瑕疵，这就对考官对被试者的分析结果评价工作带来了巨大的困难。另外一个问题是，考官对被试者的分析结果进行评价的过程可能会更多地依赖于自身以往的经验。所以，将案例分析技术与其他测试方法进行结合是非常有必要的。

5.4.2 案例分析的题目设计

1. 选择测试维度

考官首先根据测试目的明确测试项目总体的测试维度，然后从总体的测试维度中进行选择，看哪些维度适宜通过案例分析的方式进行测查。任何一种测试方法都有其局限性，案例分析技术也不例外。考官不可能也不应用一种测试方法去测评被试者所有的素质，案例分析对于被试者的价值观、动机等内驱力指标进行测试的效度表现就比较低。所以，考官必须在客观认识这项技术特点的基础上，合理地选择测试维度。

2. 选择案例

案例分析顾名思义就是让被试者分析一个案例。案例是考官提供给被试者的资料主体，因此案例的质量直接决定着测试的质量。案例应该来源于岗位实际工作过程中的关键事件，可以由一个关键事件或几个关键事件共同构成。案例既可以是事关组织战略方向的大问题，也可以是职能管理系统中的小问题，但最关键的还是，考官要根据岗位的特点选择合适的案例。案例也可以通过访谈的形式获得。考官在获取案例的过程中需要掌握四个要素：环境因素、任务因素、行为因素与结果因素。

3. 加工案例并建立评价标准

考官呈现给被试者的案例应该具备三个特点：典型性、完整性、生动性。典型性要求考官提供的案例必须是岗位任职者经常遇到的问题，这样才能将被试者的素质与岗位标准进行比较。如果让一个人力资源经理职位的申请者去处理与市场计划相关的案例，对被试者来说显然是不公平的。完整性是指给被试者提供的案例结构要完整。案例的结构性表现为环境信息、人物信息、任务信息等：环境信息既要有内部环境信息还要有外部环境信息；人物信息是指在案例中出现的各种人物之间的关系；任务信息是指考官给被试者下达的任务必须明确，不能模棱两可，以便于被试者清晰地理解。生动性就是考官提供的案例应该充分体现情境化的特点，对人物信息的描述要生动，灵活充分地表现各种人物关系的特点，清晰地勾勒人物形象，尽可能与实际工作的情况接近。

建立评价标准的过程是案例分析设计中最困难的工作。案例设计完毕后，可由测评专家与业务专家和企业高管三方共同确定评价标准。评价标准要体现被试者可能出现的典型行为与测评维度的对应关系，要体现不同的行为特征与评分等级之间的对应关系，要明确被试者的哪些行为属于哪个测试维度的范畴。不同被试者的不同行为特征表现在分数上的差异。

4. 试测

案例分析试测的对象必须是两类人，即岗位优秀任职者与一般的任职者。因为优秀的岗位任职者的素质代表了岗位的素质标准。如果优秀的岗位任职者的测试结果同样优秀，这就说明题目具有明显的区分效度。如果一般的岗位任职者的成绩也很出色，就说明题目的区分效度较低，题目就需要重新修改，直至具备明显的区分功能为止。试测对象的人数不能低于 10 人，如果样本量较小，也不能代表题目具有普遍的区分功能。

5.4.3　案例分析的评价过程

如果被试者提交的是书面报告，考官需要针对被试者的书面报告进行评价。首先对被试者书面报告中表现出的行为进行分类，然后根据评价标准对被试者在每个测试维度上的行为表现进行评价。评价的结果依据被试者书面报告的内容与形式做出。评价结果主要从被试者的知识水平与能力特点两个方面进行表述，如：被试者具有丰富的战略管理知识，具备战略管理能力，被试者根据材料提供的信息发现了组织目标，寻找到了支撑组织战略成功的关键要素，并在要素当中进行了合理的选择，为战略实施制定了符合组织特点的工作计划。

5.4.4　案例分析的题目范例

范例

绿宝公司案例分析

绿宝公司是一家化工材料公司，由于经营不善，公司进行业务转型；公司股东看好环保产业，公司耗资 200 万引进了技术与设备生产原材料（包括颗粒料、片材、板材）面向不同的目标市场出售；由于企业经营业绩不佳，董事会辞退了原总经理。以下内容是绿宝公司面临的一些情况：

1. 通过相关媒体报道，中国出口欧盟的家电产品遭遇“绿色壁垒”，主要原因是包装材料为泡沫塑料，为此家电企业需要缴纳高昂的固体垃圾处理费，否则将不能进入欧盟市场。

2. 天津电视台推出“绿色家园”专题节目，希望与公司合作推出专门介绍环保产品与百姓生活的系列节目。来增强社会公众的环保意识。

3. 技术部门的对原有配方检测发现，该配方不能达到预期的产品质量，新的配方与工艺开发需要至少80万元，开发周期为1个月。

4. 国家科技部推出了面向环保企业的“环保产品扶持基金”，如果申请成功的话，公司可以获得至少 300 万的无息贷款。该项业务代理公司对项目考察后保证60个工作日内可以申请成功，但需支付15万的服务费。

5. 目前公司在市场上出现竞争对手——绿野公司生产的产品非常畅销，但产品的监测报告显示，虽然降解程度低，但产品成本比绿野产品成本要低10%。

6. 由于前任的经营不善，有能力的员工感觉没有发展机会，技术经理、公关经理、市场经理均要辞职，并已经向人事部递交了辞职书。

7. 财务部门报告：由于公司经营业绩不佳，银行已经将公司的授信额度将为三级（最多只能贷款100万元）。

8. 公司由于疏于管理，人心涣散，部门经理经常外出兼职，公司很难召集各种会议。

9. 公司的试验生产线建设需要 4 个月，耗资 350 万。建成后月产值为 25 万元。

10. 销售部向高清电器公司展示了试验产品，该公司同意在未来一个季度内尝试性采购价值30万元的产品。

请根据以上提供的资料，在30分钟内完成如下任务：董事会提出公司必须在一年内扭转亏损局面，请您分析企业现在面临的问题，提出下一步的工作计划并写出书面报告。

5.5 角色扮演与模拟面谈

角色是个人根据特定的社会关系在特定组织中取得的地位、身份或位置。一个人会同时具有多种角色，在不同的组织中有着不同的角色。有时，一个人在特定的组织中也会具有多种角色。如某位男士就具有多种角色，在单位里既是领导，又是下属；在家庭内部是父母的儿子、妻子的丈夫、孩子的父亲。每个角色的责任、义务、权利各不相同，对个人的要求也不同。这种要求更多是对意识、态度、行为的要求，从人才测评的角度阐述就是素质要求不同。

实际上，角色扮演就是考官给被试者描述或呈现一种经过精心设计的情境，让被试者做出反应。设计的情境以人际矛盾、冲突为主，从而对被试者的行为及驱动行为的动机、态度进行评价；主要对被试者的语言能力、人际关系的敏感性、应变能力、沟通技巧等素质进行测试。

模拟面谈技术从 20 世纪 50 年代发展起来，如今已经成为情境模拟测验中比较常见的测试方法之一。据统计，模拟面谈技术在评价中心项目中的应用频率已经达到 47%。模拟面谈是考官给被试者设计的一个需要通过沟通方式来解决问题的情境，被试者在面谈过程中通过与由考官所扮演的角色进行一对一的沟通来解决特定的任务。模拟面谈侧重考查被试者的语言能力与沟通技巧，其测试的原理与过程与角色扮演技术基本相似。

经过长时间的思考，并在查阅前人众多理论观点的基础上，我们认为角色扮演与模拟面谈这两种测试方法的技术原理、测试过程、适宜测试的维度、题目设计基本相同，两者之间唯一可能存在的差异就是：角色扮演技术最初只是被用来促使被试者的工作态度发生变化（Fishbein & Ajzen，1975）。所以我们在本节将这两种测试形式合并为一个话题与大家展开讨论，这一做法从学术的角度而言可能缺乏严谨性，但众所周知，理论与实践之间的差距是永恒的，对读者进行实践过程的指导是我们的思想主线，所以我们只能放弃理论的讨论，而选择与实践更加靠近的路线。

5.5.1　角色扮演与模拟面谈的特点

角色扮演与模拟面谈测试方式最显著的特点就是灵活性。由于可以根据岗位的特点进行灵活的设计，针对性比较强，因此它们受到众多企业的青睐。但角色扮演与模拟面谈也都存在一定的问题，比如评价标准难以确定、缺乏标准化等。那么，角色扮演与模拟面谈到底有哪些特点呢？

1. 角色扮演与模拟面谈的优点

（1）仿真程度高。考官可以根据岗位的特点来选择、设计情境。考官所设计的情境必须能够充分体现岗位的特点。情境可以选择岗位中经常出现的比较棘手的问题，“经常出现”要求选择的事件必须具有典型性；“比较棘手的问题”要求考官所设计的情境必须通过充分的沟通、讨论、协商才能够解决，问题要有一定的难度，不能让被试者轻易地解决，否则就会造成考官对被试者的语言与行为观察不足，从而影响考官评价的质量。

（2）测试过程具有灵活性。与结构化面试相比较，角色扮演或模拟面谈都具有灵活性的特点。结构化面试往往有诸多限制条件来约束被试者与考官之间的互动，而角色扮演与模拟面谈则都可以打破这些限制，考官可以根据被试者的谈话内容，任意设置“人为障碍”，以考察被试者在特定情景下的应变能力与沟通能力、说服他人的能力。

（3）测试时间短。角色扮演与模拟面谈的测试时间一般为 15~30 分钟，准备时间也大约要 15~30 分钟（另外的观点认为，模拟面谈的准备时间为 10 分钟）。而且在一位被试者进行角色扮演或模拟面谈的过程中，下一位被试者就可以处于准备阶段了。在测试实践过程中，一般可以将几个不同内容的角色扮演或模拟面谈连续使用。但建议这两种测试方法的测试时间最好不要超过 45 分钟，角色转换不宜超过三次。

（4）易于发现被试者的潜能。角色扮演与模拟面谈的情境与实际工作情境很相近，所以给被试者提供了展示从事未来工作状态的机会，这也为考官发现被试者的素质潜能提供了一个难得的机会。

2. 角色扮演与模拟面谈的缺点

角色扮演与模拟面谈具有基本相同的缺点，就是对考官的要求较高。角色扮演或模拟面谈一般需要 1~3 人来扮演与被试者进行交谈的对象，这就增加了对考官数量与质量的要求。这些对象通常是让考官来充当，因此对考官要进行明确的分工。考官不仅要扮演好自己的角色，同时还要观察记录被试者的语言和行为，并对被试者特定的素质做出评价，这都需要很强的观察和行为评估技术等专业技能。两者存在的另外一个缺点是缺乏标准化。面对不同的被试者，即使是同一个考官与其进行交谈，也不能保证交谈内容和交谈形式完全标准化。因此，需要对角色扮演与模拟面谈的角色考官（扮演谈话对象的考官）进行系统、有效的培训，以提升考官自我控制的能力。

5.5.2 角色扮演与模拟面谈的测试过程

角色扮演与模拟面谈的测试过程，与前面介绍的其他情境模拟测验的测试过程基本相同，但也存在一定的区别。角色扮演与模拟面谈测试的考官需要分为两类：角色考官与评价考官；并且考官要进行演练，以尽可能确保对每个被试者进行标准化的反应。角色扮演与模拟面谈大致分为以下六个步骤。

1. 明确测试维度

这是开展任何测试项目都要明确的一个问题。所谓明确测试维度，也就是明确测试目的的一个过程。人才测评中测试维度的分析，往往都是基于各种特定的测试目的。角色扮演或模拟面谈在选拔过程中应用较多，在培训工作中也有应用，但应用频率较低。测试方法的选择不是根据考官的主观想法决定的，而是根据测试维度的特点，即“那些维度适宜采用何种测试方式”。角色扮演与模拟面谈适宜测试的维度主要是“与人相关的能力”，比如：人际沟通能力、应变能力、说服能力、言语表达能力等，同时也包括被试者的人格特点，比如：动机、态度、情绪稳定性等。

2. 明确任务

角色扮演与模拟面谈中明确任务的过程就是进行工作分析的过程，但分析的重点不同。传统的工作分析要系统地了解岗位的工作目标、工作内容与任职资格，而角色扮演或模拟面谈要进行的分析则是了解岗位工作内容中“经常出现的、与不同人打交道的案例”，案例要求具有典型性并且存在由于观点或利益冲突而造成的人际矛盾。通常，考官会通过细致的访谈来了解这些案例，最终从几个案例当中选择一项最有代表性的案例作为角色扮演或模拟面谈的任务。

3. 情境设计

情境设计的环节就是对考官获得的案例进行加工的过程。情境设计应该遵循几个基本的原则：

（1）情境简洁，有些考官为了清晰地阐述情境信息，表述过于烦琐、语言累赘，反而给被试者准确地理解情境信息带来了障碍；

（2）关系突出，在角色扮演与模拟面谈中，一般都是由两个对立的角色进行沟通，考官必须在情境信息中表现对立角色的关系，同时由于任何对立都是以事件为主线的，考官也必须将情境信息中的事件表述完整；

（3）任务明确，绝大多数角色扮演与模拟面谈测试都是让被试者完成一项说服他人的任务，所以考官必须明确地告诉被试者他的任务是什么。

4. 角色考官演练

角色扮演与模拟面谈技术与其他情境模拟测验在测试过程中最显著的区别就是，角色扮演与模拟面谈的测试形式要求考官扮演一个或几个角色来配合开展测试工作。我们将这些考官称为角色考官，角色考官可以是一个人，也可以是几个人。这些角色考官能否针对不同的被试者做出标准化的反应，是角色扮演或模拟面谈成功与否的关键。因此，在施测之前，角色考官必须要受培训与演练。培训的内容是熟悉情景信息、明确角色考官的任务；演练的过程是考官对角色扮演与模拟面谈的题目进行试测，从中发现被试者可能做出的反应，规范角色考官的反应行为。

5. 角色扮演与模拟面谈的施测过程

（1）准备阶段。测试开始之前的准备工作有两项，由考官给被试者阅读情境信息，并回答被试者对测试要求的问题。被试者必须熟悉角色扮演与模拟面谈的背景信息、自己担任的角色、需要完成的任务三项内容。被试者熟悉材料的时间为 10~30 分钟，具体时间可以根据情境信息与任务的复杂程度决定。

（2）施测过程。被试者以规定的角色开始表演，此项活动需要给予被试者足够的活动空间。如果是以面谈的形式进行，面谈的位置安排要体现双方平等，便于考官进行观察与记录。两个人既可以面对面相对而坐，相距不超过 1 米，也可以在两人之间放一张小桌子。在角色扮演与模拟面谈的过程中，被试者往往充当积极主动的角色。也就是说，被试者才是角色扮演与模拟面谈的发起者，而其他角色都是角色扮演与模拟面谈过程的从属者。整个活动过程中的话题和气氛均由被试者来控制。在测试过程中，角色考官发挥的是配合作用，这种配合作用主要通过为被试者设置“人为障碍”来体现。当然，配合作用的目的是让被试者完整地展现自己、让考官完整地观察被试者的语言和行为。角色扮演与模拟面谈的时间通常在 15~30 分钟左右。

（3）角色转换。角色扮演与模拟面谈的测试过程可能由几个任务来构成，被试者每完成一个任务就要进行角色转换的过程。比如对某物流公司的分部主管进行角色扮演测试，根据背景信息，由被试者完成两项任务，第一项任务完成以后就要进行角色转化，角色转换的时间间隔为 5~10 分钟。保持适当的时间间隔，主要是为了让被试者能够从前项任务的情境中脱离出来，让被试者调整到最佳状态。

6. 考官评价

在整个角色扮演与模拟面谈的过程中，评价人员需要自始至终观察被试者的行为表现，并记录被试者的语言和表现出来的行为，包括其肢体动作、表情变化等，这些都是进行评价的客观依据。考官对照维度的定义及行为指标，根据被试者在角色扮演与模拟面谈过程中实际表现出来的具体行为，对被试者的每种维度进行评分，最终形成考官对被试者一致性的评价意见。

5.5.3　角色扮演与模拟面谈题目范例

范例

模拟面谈范例一

测评岗位：销售总监

测评要素：说服能力、言语表达能力、问题解决能力、领导艺术

测评设计：说服营销部最优秀的销售经理离开原来的责任区域，开发新的市场，这显然会影响他的收益。目的是说服下属接受他的建议。

情境设计：被试者拿到角色定位和任务后，准备 10 分钟开始进行模拟面谈。

被试者的角色

情境：

由于自己出色的组织、协调能力，你被总经理提升为销售总监，而此前与你竞争这个岗位的孙经理一直以来就是公司最优秀的销售经理，他每年的销售业绩都是公司的第一名，他领导的团队不断打破销售纪录。公司的产品在华南、华中地区非常畅销，孙经理做出了不可磨灭的贡献。每年孙经理的销售佣金与奖金的收入超过 30 万，这在公司绝对是第一高薪。

一直困扰总经理的问题是：公司的产品在东北和西北地区一直难以打开销路。陆续派了几位经理，都没有取得明显的效果。总经理找你谈话，要求销售部必须在 6 个月的时间内打开东北和西北地区的市场，并且建议你让孙经理出马。

你经过缜密的思考后发现，你只能将孙经理调往东北与西北市场。但你又有很大的担心，孙经理可能会认为你这样做是出于打击竞争对手、排除异己的目的，也有可能认为你想占有他的胜利果实。但派出孙经理是你唯一的选择，因此，你需要与孙经理进行一次谈话。

您的任务：

您的任务是要通过 15 分钟时间的面谈，千方百计地说服孙经理接受这项新任务。

范例

模拟面谈范例二

测评岗位：人力资源部经理、各业务部门经理

测评要素：说服能力、言语表达能力、问题解决能力、领导艺术

测评设计：让应试者以新任部门经理的角色找原任经理（考官或其合作者）谈话，目的是说服他继续留在本部门工作。

情境设计：应试者（部门经理）与员工拿到各自的角色定位和面谈中的目的、任务，看过5~10分钟以后，开始进行模拟面谈。

被试者的角色

情境1：

通过竞争上岗，使您成功地竞聘上了某知名电信公司的人力资源部经理，以后人们不再叫您“小张”而改称为“张经理”，但原来的人力资源部经理（王经理）却落马了。王经理在人力资源部已经担任了5年经理，您3年前进入公司后一直在他手下工作。王经理工作经验丰富，而且在培训设计、薪酬管理和绩效考核方面都很有一些创新性的思路。他唯一的不足就是在公司的人际关系方面比较紧张，这可能是他此次竞聘失败的主要原因。

您所主管的人力资源部具有人手少而任务重的特点，为此，您现在最明智的做法是能让王经理继续留在本部门工作，但您最大的担心是王经理自己可能不会打算继续干下去了。为此，您准备就此问题与他进行一次面谈。

您的任务：

您的任务是要通过15分钟时间的面谈，千方百计地说服王经理继续留在本部门工作。所以这次面谈对您来说是很重要的。

情境2：

5年来，您一直担任某知名电信公司的人力资源部经理，但在此次全员竞争上岗中，您却意外地落选了，而您的手下小张则竞聘上了人力资源部经理。这事令您非常痛苦，自己毕竟才38岁，以后还怎么工作呀！为此，您这几天心情很难受，心理上很不平衡：自己对工作兢兢业业，经验丰富，工作能力也很强，只是在人际关系方面有些紧张，可那也主要是因为工作而得罪了一些人。

本部门的新任经理小王想请您过一会儿与他聊聊，您估计他很可能要您继

续留在本部门工作，毕竟您对此项工作很熟，但这却是您所难以接受的，昔日的下属成了今日的上司，脸面往哪儿放？

您的任务：

在 15 分钟的面谈中，无论如何都不能继续留在此部门工作，但您也不想得罪这位新任的经理。所以，您的任务是在面谈中，要尽量让经理理解您，换到其他部门去工作。

实践提示

1. 所谓情境模拟，简单理解就是一个模拟的情境。情境模拟测试通过创造一个与被试者现在或未来的工作环境高度相似的场景，让被试者在场景中完成一系列的任务，考官通过观察被试者在完成任务过程中的行为与心理表现，来对被试者的素质及其潜力进行科学评价。

2. 无领导小组讨论的测试形式决定了这是一个只注重过程，而不注重结果的测试形式。这一测试形式注重被试者在讨论过程中的行为表现，注重被试者在讨论过程中的作用及其行为的有效性。至于被试者是否带领小组完成了一个错误或不完善的讨论结果并不重要。

3. 公文筐测验是一个注重结果而不注重过程的测试。虽然有专家强调在公文筐测试的过程中对被试者进行观察，但在实践中这种观察的收效甚微。因此，最好还是关注被试者对各种文件的处理结果，以及被试者完成测验以后的面谈。

本章小结

情境模拟技术是评价中心技术中主要的测试方法。本章主要介绍了情境模拟技术的起源与主要的方法（工具），其中重点介绍了无领导小组讨论、公文筐测验、案例分析、角色扮演与模拟面谈四项技术——这也是在企业人才测评活动中应用频率最高的几种方法。

关键术语

- 无领导小组讨论　Leaderless Group Discussion
- 公文筐测验　In-basket Test

- 角色扮演 Role Playing
- 测试案例分析 Case Analysis
- 模拟面谈 Imitate Interview

思考题

1. 情境模拟测验的概念及特点是什么?
2. 情境模拟测验的主要方法有哪些?
3. 简述无领导小组讨论的操作过程。
4. 简述公文筐测验的操作过程。
5. 简述案例分析测验操作过程。
6. 简述角色扮演的操作过程。

第6章

评价中心技术

本章学习目标

1. 掌握什么是评价中心技术；
2. 掌握评价中心技术的原理及特点；
3. 掌握评价中心技术的主要工具；
4. 掌握评价中心技术的实施过程；
5. 熟悉评价中心测试结果反馈。

引导案例

花2万元亲身体验人才测评

“你是适合做一位销售人员，还是适合做秘书呢？如果你不太清楚的话，那么就请过来，让我们帮你测测吧。”昨天，记者来到上海人才有限公司，亲身感受了一次上万元的人才测试，这也是目前上海最贵的人才测评技术。据悉，这种测评最快将在今年12月在上海全面展开。

名为AC的测评技术

记者事先从前程无忧网市场部冯小姐那里了解到，一般的人才招聘方式流程，较为复杂的，有三到四轮的面试。

首先，每个公司会对应聘者进行初步面谈。其次，进行第二轮笔试，包括性格、能力、心理、职业健康、感知觉测试等。接着，公司将会进行第三轮详细面试。当然这种面试过程每个公司不尽相同，要根据公司所选择的人才、需要的职位等各种因素来决定。

而上海人才有限公司测评事业部总经理李峰博士在介绍该公司的人才测评技术时表示：简称为AC（即评价中心——作者注）的测评中心技术并不是什么仪器，没有所谓的设备，而是包括两大程序：一是进行一些差别比较，以制作资质模型。比如招聘经理人，他们将在100~300名一线经理中进行资质研究和差别比较。如分析思维、团队领导这类资质，因为的确与职业性相关，就会成为资质模型中的组成部分。但是操作中，公司还是会因地制宜地对客户进行全面了解，再度身定做这类资质模型。二是进行低、中、高端的一整套测试。低端测试就是目前国内很多公司常用的自我报告和纸笔测验。中端是行为事件访谈和结构化访谈，时间为3小时左右。高端则是测评中心的技术，时间为3天左右。

李峰说，传统的测评工具，往往使用单一的测评技术，通过自我报告的行为样本，对被测评者做出判断。与传统的测评过程不同，测评中心通过对情景的模拟，观察被测评者实际发生的行为反应，以实际发生的行为为依据，对被测评者做出判断。这是测评中心不同于传统测评方法的根本之处。

记者在人才测评中心看到，目前测评中心有数十间洽谈室，其中一间有一台电视机和摄像头。李峰说，以前我们曾经进行过远程的测评，比如在北京的公司老总直接对在上海的人才进行面对面测试。将来，他们计划搞一块单面玻璃，一方面可以仔细观察应聘者的行为举止，另一方面也可为应聘者减轻应聘时的心理压力。

亲身体验人才测评

当记者和李峰谈兴正浓时，李峰说，不如让他给记者做一个简短的结构化测试。记者欣然同意，并询问这种测试是不是价格2万元？李峰笑笑说，这是2万元中的一部分。

记者先开始做一些简单的49个题目，答案仅有是和否两种，现摘录如下：

1．你新到一个团体，很快能意识到人与人之间是怎样的关系。

2．当我和别人交谈时，对方不赞成的表示，容易使我改变观点。

3．我愿做出一些样子来，留下深刻的印象或让人高兴。

4．在理解别人的感情和动机时，我的直觉能力是相当好的。

5．即便玩得不高兴，我也假装玩得愉快。

6．从听者的眼睛里，我知道我刚说的话是否恰当。

……

以上这些题目主要测试一种行为倾向，即你是否是一个有“自我监控”的人。简单来说，就是说话办事是否考虑周围环境，是一个我行我素的人，还是一个“变色龙”类型的人。

通过这种测试将会体现四种素质的人：一是有能力做到考虑周围环境，同时也愿意考虑环境的人；二是愿意随声附和但是适应环境能力极差；三是能力和意愿都比较差；四是能力很强，但是意愿较低。李峰解释道，第一类人才适合守业；第四类是一些有变革精神的人才，适合创业。

而第二阶段则是中级的结构化测试。李峰说他们最近招聘过一位人才，他对这位人才的第二阶段测试内容是：他的工作经历、学历、薪水、办公室软件应用、管理学、营销学、人力资源书籍的阅读情况，以及英语水平、座右铭、业余爱好等。这些和其他公司测评方式差异不大。具体的差异是：他们还会有 42 个题目进行询问。每 7 个题目为一组，每题都含有对该测试人职业和秉性的一个测试结果。记者也随即记下了其中的一些测试内容。比如第一组是误解、辩论、复杂、换角度、猜电话、用户沟通等特性。第二组为守时、长假、时间、提前、时间表、更累。这些数据再通过相加和一些计算，算出你适合什么工作。这是人才测评中比较重要的环节。

接着，李峰问了记者几个结构化的问题，比如：你认为辩论和讨论之间的区别是什么？你更喜欢哪一种？你是否会让人误解？如果被误解了，你会采取什么方式解释?你是否守时？你认为一个项目的成功，最关键的是什么？如果你是一家公司的负责人，当一个项目失败了，你是否会追究当事人的责任？如果追究该怎样追究？你喜欢长假吗？根据这些题目，再进行复杂的计算，可以测出你到底适合做什么工作。

测评方式与众不同

正当记者进行着是否是“变色龙”的测试时，上海人才有限公司使用测评技术新近招聘的一位小姐刚好到李峰的办公室报到。记者赶紧找到她，让她谈谈对于测试的感受。她告诉记者，她这次是先进行了 4 人的无领导小组讨论，然后接受李峰的电话测试。

李峰解释道，他们之所以会进行电话测试，首先可以消除应聘者面试时的紧张，同时也可从应聘者的语速、表情、理解问题、反应力等进行分析。这位小姐告诉记者，她也经历了不少面试，但是这种测试方式对她来说很新奇。因为以前很多面试的问题，都是自己可以找到答案的，而这种测试的所有问题都是开放式的。而他们的记分方式是，你如果回答到得分点上，就可以得分。

显然，对被测试者来说，最明显的感觉就是：这是一种与众不同的新奇测试。

资料来源：王估，《花 2 万元亲身体验人才测评》，载于《上海经济报》，2002 年 11 月 12 日。

6.1 认识评价中心技术

评价中心技术是管理心理学界在最近 50 年的时间里研究的主要方向。它是一种集合了多种测试方法，由多位考官对被试者在测试过程中的行为表现进行共同评价，以情境模拟技术为主体的综合性测评技术。

学术界在对评价中心的认识上存在两种观点，即广义的评价中心与狭义的评价中心。广义的评价中心包含了心理测验、面试技术、投射测验和情境模拟技术；狭义的评价中心是研究领域中的评价中心，主要是指以情境模拟技术为核心的系列的测评技术。

从实践的角度分析，随着胜任特征理论的发展，社会各界普遍认为，驱动人的绩效的直接因素是人的内驱力（即价值观、动机、态度、个性特点等因素）与能力。情境模拟技术适宜测试的维度绝大部分属于能力的范畴。为了系统地解决人力资源管理问题，人力资源管理者必须对影响员工绩效水平的所有素质因素进行充分考虑。在这一过程中，情境模拟技术能够解决部分问题，但不能解决全部问题。所以，我们在本书中所谈到的评价中心就是指广义的评价中心技术。

6.1.1 评价中心技术的由来

1. 早期的评价中心

1929 年，德国心理学家建立了一套挑选军官的多项评价程序，这是评价中心技术最早的起源。他们确定了这套程序的原则为“整体性和自然性”：整体性强调对被试者整体的素质特点进行评价，而不是单项的能力；自然性强调在自然的环境中进行观察与评价，同时强调将几个考官的评价观点进行汇总，以保证评价结论的客观性与有效性。这些观点成为今天评价中心技术普遍遵循的核心技术原则。二战期间，英国军队为了提高选拔军官的准确率，建立了陆军部评选委员会开展评价活动。该委员会的评价方案包括面谈、智力测验与情景模拟，有近 14 万人接受了他们的评价，取得了显著的效果。英国专家在德国的基础上有所创新，其所选用的各种评价方法将被试者置身于更现实的情境中。美国中央战略情报局（OSS）

在 20 世纪 40 年代中期也开展了评价中心的探索，主要用于针对不同工作职位建立一套评价候选人的程序。他们强调，对候选人工作绩效的预测，应该主要依据模仿工作环境的联系来确定，所以，OSS 开展的评价活动非常强调情境模拟测验以及面试、履历分析、能力测验等传统方法。

1945 年，英国文职人员委员会将评价中心技术应用于选拔中高级文职官员，使得评价中心开始应用于非军事领域。二战结束以后，很多心理学家与军官加入各类企业开展人员测评活动，致使评价中心技术在工商企业界得以应用。今天广泛采用的评价中心模式就起源于道格拉斯·布雷于 20 世纪 50 年代在美国电报电话公司进行的研究。后来，布雷和拜厄姆（Douglas Bray & Willian Byham）等人又集中对与成功有关的评价方法进行了研究。1975 年，在加拿大魁北克市召开的第三届国际评价中心技术大会上，专家们共同制定了《关于评价中心的技术标准和道德准则》，这标志着评价中心技术已经日渐成熟、日趋完善。此后，由于美国的许多企业也都将评价中心技术应用于管理人才评价工作中，评价中心在企业界得到了更加广泛的应用。

2. 评价中心技术进入中国

道格拉斯·布雷在 20 世纪 50 年代任职于美国电报电话公司，负责管理发展研究（management progress study，MPS）项目。MPS 是一项关于成功管理人员个人及其所在组织特点的研究，同时也是关于管理人员发展纵向趋势的研究。MPS 的目的是获得正在成为公司中高层管理人才的特点和成长状况的资料。布雷和拜厄姆等人研究了与成功有关联的个人特点的评价方法，其中主要包括：面谈、公文筐测验、商业游戏、无领导小组讨论、投射测验（句子完成测验）、自我描述，以及一些笔试项目包括能力测验（SCAT）、关键性思维测验、爱德华个性偏好测验、生活态度调查表、个人历史调查表等。此后，美国许多知名企业，如：通用电气公司、国际商用机器公司、福特汽车公司、柯达公司等，也都采用这种技术评价管理人才。

20 世纪 80 年代，我国开始改革开放，外商企业进入我国，评价中心技术也被带入了中国。诺基亚、西门子、汉高等公司，借用公司总部的评价中心技术，或委托国际咨询机构，运用测评技术测评他们在华投资企业的员工。国内的专家学者也在这一时期开始陆续接触并引用评价中心技术。对国内测评事业做出卓越贡献的专家、上海国际金融学院院长陆红军教授在 20 世纪 80 年代末 90 年代初曾先后十多次应用评价中心技术为政府和企业选拔人才。90 年代末，政府加大公开选拔领导干部的力度，将评价中心技术作为关键的选拔技术加以应用，随之带了各类企业对评价中心技术的关注。进入21世纪，评价中心技术得到中国企业界与学术界的广泛认可，很多企业都已将评价中心技术作为其人力资源管理决策的重要依据。

6.1.2 评价中心技术的原理

1. 环境对行为产生影响

俗话说“近朱者赤，近墨者黑”，这句话为我们揭示了环境的作用。任何人都会受到环境因素的影响。在一个强调开放的环境中，成员都能够积极坦诚地进行交流。将一个自我封闭的人放置在开放的环境中生活或工作，这个人的行为也会逐渐向开放性变化。环境还会导致人的行为、态度、意识、价值观发生变化。由于人的行为与绩效都是在环境中产生和形成的，对人的价值观、能力、性格等胜任特征的评价也就一定不能脱离环境。所以要准确、客观地测评一个人的素质特点，就必须将他纳入到特定的环境中，由考官通过观察记录被试者的语言和行为表现，来全面考察被试者的素质。所以，评价中心强调基于工作分析的情境模拟技术的应用。

2. 特定的行为能够表现特定的素质

评价中心的核心观点是以情境模拟技术为主，以面试和心理测验为辅，对被试者的素质进行测试。情境模拟技术通过为被试者创设一种与实际工作情境高度仿真的情景，让被试者在情景中完成特定的任务，由考官通过观察被试者的行为，记录关键的语言来判断被试者的素质特点。由于特定的行为能够表现特定的素质特点，所以通过对行为表现的推理，可以预测被试者未来的绩效水平。

3. 刺激、表现、特征：S-R-T 模式

评价中心技术体现了人才测评中“S-T-R”的技术模式。通过对被试者施加行为刺激（S：stimulate），观察被试者在特定情境中的行为表现（R：representation），来推断被试者的素质特点（T：trait）。评价中心技术给予被试者的刺激，是以情境模拟练习来体现的。

6.1.3 评价中心技术的特点

评价中心技术集合了多种测试方法，由多位考官对被试者在各种测试过程中表现出的行为进行共同评价。评价中心技术的效度指数在所有测试方法中是最高的，达到 0.65~0.70。无疑，这是最理想的对被试者综合素质特点进行测试的方法之一。那么，评价中心技术的特点有哪些呢？

1．评价中心技术的四大特征

（1）强调多种方法的有机结合。评价中心技术是一项集合了情境模拟、面试、心理测验与背景调查等其他技术的综合性技术。各种技术根据不同的测试目的、不同的测试维度进行有机的组合。各种方法之间不是简单的堆砌，而是根据一定的原则进行有目的性的结合。任何测试方法由于受其测试原理与形式的影响，都会存在一定的局限性，而方法之间的结合则能够有效地规避各种方法的局限性，使测试成为一个完整的过程。在评价中心技术中，强调每个维度至少要通过两种以上的方式进行测试。各种测试的结果互为验证关系，这显然会提高测试的效度。

（2）强调多位考官的共同评价。评价中心技术强调由多位考官对被试者在每个测验中表现出的行为进行共同评价。评价中心技术以情境模拟测验作为测试的主体技术，经常采用的情境模拟技术包括公文筐测验、无领导小组讨论、案例分析、模拟面谈等。每个测验结束以后，考官先单独对被试者的行为进行评价，然后由所有的考官进行集体讨论，对被试者形成一致性的评价。评价的内容既包括定性评价，也包括定量评价。如果考官之间对被试者的评价意见出现争议，则由考官根据在测试过程中的行为记录进行举证，直至形成统一的评价意见。

有专家强调要注意考官的构成模式。考官一般由三类人员构成：① 测评专家，测评专家精通人才测评的理论与方法，具有丰富的行为观察与评价经验，能够对被试者的素质进行客观、准确的评价；② 企业管理者，美国测评专家乔治·桑顿博士提出，在评价中心技术实施过程中，必须要由比测试岗位高两级的主管参与——直接主管由于长时间与被试者进行接触，可能会对被试者存在一定的成见，这能够直接影响主管对被试者的客观评价；③ 行业专家，评价中心以情境模拟技术为主，而情境模拟的情境又完全来自被试者实际工作的过程，行业专家能够对被试者的专业素质特点进行准确的评价，这一点是测评专家很难做到的。

（3）强调根据岗位进行个性化的设计。评价中心技术强调基于工作分析的工作机理。实施评价中心技术的基础，就是进行系统的工作分析：通过对岗位的目标、任务以及任职资格的了解，来确定测试维度；然后根据测试维度选择测试技术，并开展题目设计工作。测试维度能够充分代表岗位的素质标准。在选择测试技术时应以情境模拟技术为主，而情境模拟题目的设计素材则来源于岗位任职者实际的工作过程。测试维度与基于实际工作过程的模拟情境设计，都说明评价中心技术强调根据岗位进行个性化设计的必要性。

（4）设计的情境与被试者实际工作情境高度相关。评价中心技术以情境模拟测验作为工具的主体，如：无领导小组讨论、公文筐测验、角色扮演等。情境模拟技术所涉及的情境必须来源于被试者现在或未来工作的实际工作过程。情境所包含的环境因素、任务因素要与被试者实际工作的环境与关键职责高度相关。这是以心理测验为代表的传统测评技术所不具备的特点。

2. 评价中心技术的优点

（1）综合性。评价中心技术是一种将多种测评技术进行有机结合进行综合性测评技术。评价中心根据不同的测试目的，可以采取不同的测评技术组合策略；根据不同项目的测试维度，可以采用不同的测试技术组合方式。评价中心技术能够涵盖心理测验、面试与情境模拟三大类技术：心理测验包括个性、能力、动机与价值观测验、兴趣测验四类；面试则包括情境面试、压力面试、行为面试等种类；情境模拟经常采用的工具包括无领导小组讨论、公文筐测验、角色扮演、案例分析等。一种技术能够整合如此多的测评工具，这是其他测评手段所难以达到的。

（2）全面性。评价中心技术的全面性是针对测试维度而言的。传统的测评技术只能单独对被试者某个方面的素质进行测试，比如人格测验只能对被试者的性格特点进行测试，面试只能对被试者的部分能力进行测试。比较而言，评价中心技术整合了包括传统测评技术在内的各种方法，从而决定了它能够测试的维度具有全面性的特点。而且评价中心能够测试的维度与胜任特征理论所强调的观点也是不谋而合，胜任特征理论认为对个人的绩效水平产生影响的因素包括知识、能力与技能、价值观、动机与兴趣以及个性特点。胜任特征理论提出的构成因素在评价中心中都能够找到答案。

（3）针对性。评价中心技术强调以工作分析或胜任特征分析为基础，工作分析能够充分体现岗位任职者应该具有素质特点。评价中心技术要求根据岗位进行个性化的设计开发测试题目，同样反映了它具有针对性的特点。

（4）动态性。与传统的测评技术相比，评价中心体现了动态性的特点。评价中心以情境模拟技术为主体，被试者被纳入到一个动态的情境中去完成特定的任务。情境模拟技术的特点就是在动态的过程中对被试者的行为进行观察。测评专家彭平根博士认为，“这种对实际行动的观察往往比被试者的自陈报告更为准确”。在无领导小组讨论和管理游戏的测试过程中，考官能够清晰地观察到被试者之间的相互作用，被试者的胜任特征也能得到更加充分的体现，这比面试过程中考官与被试者相互沟通所得到的信息要更有价值。评价中心的动态性特点有利于考官对被试者进行客观的评价。

（5）预测性。特定的行为能够表现特定的素质，通过被试者在测试过程中表现出的行为，能够对被试者未来的绩效水平进行有效的预测。评价中心技术中的情境模拟与被试者实际工作的情境高度相关，被试者在情境模拟测试的过程中基本能够真实地表现出其在实际工作过程中的能力；并且将被试者置于复杂的情境刺激之下，被试者很难进行伪装。考官通过对被试者在全部测试过程中一致性的行为表现进行系统的统计与分析，能够准确地判断其素质特点；而被试者通过一致性行所表现出的素质特点，也为考官预测被试者在实际或未来工作过程中的绩效水平提供了重要信息。

3. 评价中心技术的缺点

（1）时间长。由于评价中心技术是多种测试方法的集合，所以从时间的角度计算，评价中心比传统的测评技术或某一项测评技术测试的时间要长得多。而且，不同目的的评价中心需要的时间也不相同。基于选拔的评价中心需要的时间大概是一天；基于培训的评价中心大约需要一天半到两天的时间；以技能开发为目的的评价中心同样需要一天半到两天的时间；所以评价中心的测试时间往往比较长。另外，在被试者结束测试以后，考官还要花大量的时间对被试者的行为表现进行定量与定性评价。考官既需要对被试者每个测试项目的表现进行评价，也需要对被试者所有项目的表现进行综合评价。因此，评价中心技术的测试时间比较长，考官评价的时间相应也比较长。

（2）成本高。评价中心技术是以情境模拟技术为主体的一种测试方法。测试中所需要的每项情境模拟技术，都需要考官进行个性化的设计开发，其题目开发的工作量非常大。就公文筐测验而言，其设计工作就相当繁重：考官需要深入企业进行系统的访谈，需要与企业高层管理者、行业专家进行大量的沟通，在题目开发完毕后还需进行试测——总计大约需要三周左右的时间才能完成。所以，评价中心技术的开发成本比较高。另外，评价中心测试要想取得预期的效果，还必须由精通评价中心技术的专家进行全程参与。由于我国测评技术起步比较晚、专业人才匮乏，因此评价中心的人工成本比较高。

（3）组织过程复杂。评价中心技术的施测过程往往也比较复杂：整个过程既有笔试、也有面试、情境测试；既有单独测试，也有部分群体测试，还有全体被试者共同测试的项目。这就需要测评的组织者根据考官、场地等资源条件的限制，来设计测评方案。测评方案需要体现资源的优化配置原则，对各种条件进行有效的利用。由于测试过程中需要引导员、评价员（考官）、统计员等众多人员参与其中，各种角色的职责必须进行清晰的界定。由此可以看出，与传统测试技术相比，评价中心测试的组织过程非常复杂。长期实践告诉我们：要保证评价中心项目顺利实施，必须要有一个非常优秀的测试项目协调人对测试的过程进行统筹设计，对测试项目之间的衔接进行有效的控制。

6.1.4 评价中心技术的主要工具

1. 心理测验

心理测验是心理测量的方法之一，它是结合行为科学与数学以评价特定个体在特定素质上相对于特定群体所处的水平的手段。同时，心理测验也是人才测评的一种重要方法。根据心理测验不同的功能，可以将其简单分为四类测验，这四类测验在评价中心技术中的应用频率都比较高。

（1）个性测验：又称人格测验，主要是对被试者对客观事物稳定的态度和习惯化的行为进行测试，也可以简单地理解为对被试者的性格特点进行测试。经常使用的个性测验包括：卡特尔 16 种人格因素测验、加州青年人格问卷、明尼苏达多项人格问卷等。

（2）能力测验：主要对被试者完成特定任务的才能和本领进行测验。比较常见的能力测验包括：一般能力测验、创造力测验、行政职业能力测验、管理能力测验等。

（3）价值观与动机测验：主要对被试者的价值理念与驱动其产生各种行为的因素进行测试。比较常见的测验包括：价值倾向测验和需求测验、生活特性测验等。

（4）职业倾向与职业兴趣测验：主要对被试者的兴趣取向、职业适应性进行测验，以判定其对某种类型工作的适应程度。这方面比较著名的测验有：霍兰德职业兴趣测验、职业价值取向测验、职业适应性测验等。

2. 面试技术

面试技术是人力资源管理者普遍都会采用的一种选拔技术。在评价中心中采用的面试技术，从结构化程度区别，有结构化面试与半结构化面试；从面试题目特点区别，有情境性面试与压力面试等。评价中心技术中的面试强调将关键事件访谈法（BEI）和行为面试要素（STAR）进行有效结合、系统化的设计、专业化的考官及面试前的考官培训。显然，这与大家常见的面试（非结构化面试）形式存在较大的差异。

3. 情境模拟测验

前面我们已经系统地介绍了情境模拟技术，这一技术起源于心理测量学的情境测验理论。情境测验是将被试者置身于特定的情境中，由考官对被试者在特定环境下的心理与行为表现进行测试的一种方法。评价中心技术中使用频率比较高的情境模拟测试方法包括：公文筐测验、案例分析、无领导小组讨论、管理游戏、角色扮演等。

4．新的实践

迄今为止，我们已经多次介绍过情境模拟技术在评价中心中的主体地位。但在实践过程中我们也发现，由于测试环境、时间与被试者自身素质特点的影响，有的被试者对考官给出的情境信息缺乏深入的理解，造成判断错误，这极大地影响了被试者在测试过程中的行为表现，并给考官准确、客观地评价被试者的素质带来了很大的难度。

因此，我们提出在加强测试过程标准化的同时，对于具有兼容性的测试方法应该采用相同的情境信息，让被试者能够对情境信息进行深入的理解，从而也就会有更多的时间考虑如何完成任务。同时，相同的情境信息也有助于让被试者在测试的过程中真实地展现其实际能力。例如，在无领导小组讨论与案例分析的测试项目中采用相同的情境信息，两者共同测试的维度包括：分析能力、计划分析能力、组织能力、控制能力。首先让被试者进行案例分析测试，要求被试者进行书面报告；然后让一组（5~7 名）被试者就案例分析给出的情境进行无领导小组讨论的测试；最后由考官对被试者在两项测试中的表现进行综合性评估。相同的情境信息，表面效度较高，能够激发被试者参与测试的积极性。

由于数据与时间的关系，我们并没有对此开展效度研究工作，而是凭借在测试过程中的经验积极地探索更能为被试者接受的测试方式，力图让被试者在测试过程中真实地表现出其对客观事物稳定的态度和习惯性的行为方式。

阅读

评价中心

“评价中心”是一种用于评价、考核和选拔管理人员的方法。实际上，它是一种测评机构。该方法的核心手段是情景模拟测验，即把被试者置于模拟的工作情景中，让他们进行某些规定的工作或活动，对他们的行为表现进行观察和评价，以此作为鉴定、选拔、培训管理人员的依据。

这种方法最初源于第一次世界大战时的德国，当时采用“小组评价”等方法作为评选军官的依据。在二战期间，美国军方又补充了“小组讨论”、“情景模拟练习”等方法，为以后使这一方法进入工业界奠定了基础。

美国电话电报公司（AT&T）最早在工业界建立评价中心。该公司用模拟情境测验、小组讨论及其他各种心理测验评价了数百名各级管理人员，对他们的能力和晋升前途进行预测，并对结果严格保密。多年后发现，这些管理人员的实际人事变动同当年的预测之间有着很高的一致性。以后的多项研究也都证明：评价中心的测评方法有很高的信度、效度，故而有很大的预测价值。不仅如此，该方法还给一些企业带来了巨大的经济效益。例如，施乐（Xerox）公司测试评选500名销售经理共花费34万美元，而实际增加的经济效益则为490万美元。

评价中心最重要的方法是模拟情境测验，其中又包括公文包测验、角色扮演、小组相互作用测验。

“公文包测验”又称处理公文测验。测验时发给被试（即被测查者）一包公文（事先均有各类专家共同鉴定并对其进行标准化），包括该级管理人员应处理的、来自组织内外、上下级的各种日常文件，要求被试者在规定的时间里处理完所有文件。评价人员对被试者的工作进行集体评价，主要依据是被试者能否按主次、轻重、缓急有条不紊地着手工作，并对各种公文做出恰当的处理，由此鉴定被试者的管理才能。

“角色扮演”又叫办事游戏，采取上下级对话的形式。请被试者扮演某级管理者，安排他同“模拟下级”谈话，针对下级的各种问题做工作。对谈话的全部内容进行记录、分析，对被试的表达力、说服力、解决问题的能力和效果做出鉴定。

“小组相互作用测验”也叫小组集体讨论。通常把被试者分成六人一组，不指定召集人，由考官说明要求、给出要讨论的问题（一般是一个实际业务上的问题），讨论便自由进行。评价者观察讨论中谁最擅长根据现有材料集中正确意见，最擅长说服他人，把讨论引向一致或做出大家公认的结论，从而对每个被试者的领导能力、独立见解、民主议事、说服力等做出评价。

迄今已有许多著名公司建立或起用评价中心，如 AT&T、IBM、GE、Ford Automobile、Kodak 等公司。一些较小的公司则几家合办测评中心。时间证明，用评价中心评价、考核、选拔人才，科学性强，可靠性高，经济效益明显，便于挖掘人才，避免盲目用人和任人唯亲。正因为如此，它在西方许多国家的企业界受到普遍欢迎。

6.2 评价中心技术的操作

我们在第 1 章已经讨论过人才测评的流程，即人才测评的操作程序。评价中心技术的操作程序与我们所谈到的流程基本相似，但评价中心技术作为由多种测试方法有机组合而成的一种综合性测评技术，其题目开发与测试组织过程也具有其自身的特点。因此，我们在这里需要向大家说明评价中心的这些特点，并阐明这些特点在评价中心操作程序中的具体体现。

6.2.1 评价中心的操作程序

评价中心的操作程序由六个基本步骤组成。由于评价中心是人才测评中经常采用的技术之一，故其基本程序同样是明确测评目的、确定维度、选择方法与题目、施测过程、撰写报告与报告反馈。由于在本书的第 7 章将专门阐述人才测评技术的实施问题，所以我们在此只做简单介绍。

1. 明确利用评价中心技术开展测评活动的目的

开展任何类型的人才测评工作都要首先明确测评的目的，评价中心也是如此。具体来说，也就是"要利用评价中心技术达到哪些目的"。一般来说，企业开展人才测评有四个基本目的：以人才选拔为目的、以人才培训为目的、以绩效考核为目的、以能力诊断为目的。

2. 确定测试维度

在明确了测评的目的以后，我们就要进行系统的工作分析来确定测评维度——也就是要利用评价中心技术"测什么"的问题。工作分析能让我们了解岗位的任职资格，胜任特征分析能够让我们得到岗位的胜任特征模型，而岗位的任职资格与胜任特征模型则能够帮助我们确定测评的指标。确定测试维度后，还要同时对每个维度进行定义。经常采用的定义方法有典型行为定义与操作定义，部分指标也可以采用极端特征式的定义方式。然后为各个指标分配合理的权重。用于培训开发的评价中心可以采用维度分类的方法，将所有需要测试的维度划分为核心维度与次级维度。

3．根据测试维度选择测评方法、并进行题目开发

在确定了测试维度及其定义以后，我们要研究测试技术的选择问题。即采用何种方式、编制什么题目来进行测评，才能让被试者充分地表现自身的素质特点。任何测评方法都有局限性，这是由于其测试原理与测试形式造成的。不同的测评维度适用于不同的测评方法。一个测试维度也可能同时适合两种以上的测试方法。

在确定测试方法的基础上，即可进行题目选择与开发。评价中心中的心理测验最好采用国际经典的测验，并且要考虑这些测验是否经过本土化修订。若将体现西方文化特点的心理测验直接应用于东方人，所得的被试者的测试结果会缺乏说服力。情境模拟技术的开发要体现根据岗位特点进行个性化设计、其情境应与被试者现在或未来的工作情境高度相关的原则。面试题目则应遵循关键事件访谈法（BEI）的技术要求，让被试者陈述过去经历中成功或失败的案例。面试题目的设计既要有题干，也要有追问的问题，所以一个面试题目可能由几个面试问题构成。

4．测评方案设计与测评实施

设计测评方案主要是为了解决评价中心技术实施过程中的组织与分工问题，即“怎么测”的问题。应该根据测评方法的特点以及实际情况来决定测验的顺序。设计测评方案要根据“成本最低、时间最短、用人最少”的原则，精确地计算测试成本，准确地规划测试时间，合理地安排测试场地，详细地安排人员分工，做好考官分组、人员分工、计算题目数量、计划测试时间等工作。

5．测评结果统计与撰写报告

测评结束以后，考官需要进行各项测验的结果统计工作，并要在定量与定性分析的基础上撰写测评报告。由于现在的很多测验都可以直接在计算机上完成，或者是在被试者笔试后由录入人员将被试者的答案数据录入计算机系统，所以可以利用计算机系统，根据软件规定的成绩统计方式进行成绩统计并输出结果。

在企业的人才测评实践中，往往都具有明确的测评目的，因而企业很可能会根据测评维度的特点使用多种测评方法，也即在某一维度上可能会采用两种以上的测试工具。这就需要测评专家根据被试者在针对同一维度的多种测评方法中的结果撰写总体报告。

6．测评结果反馈

评价中心技术在企业内部选拔、培训与开发、能力考核与诊断等过程中的应用，需要对被试者进行测评结果的反馈。反馈的目的是向被试者说明其在测试过

程中的行为或心理表现，并进一步剖析被试者的素质特点，向被试者说明测试结果与岗位的匹配程度。在某些情况下，还需要测评专家根据被试者的素质特点与岗位特点，为被试者提出素质发展建议。

阅读

BB 电子公司对策

BB 电子公司购进电器组件并将它仍组装为简单电器，然后再进行销售。在一个四人的小组里，参加者必须就分配资源、购买资本设备、存货管理、制造、作业计划和销售答问做出决定。在三个为时 20 分钟使用真的电器组件的情况下，该小组试图通过投资和健全的管理，使利润最大化。

- 处长的公文处理。

做这个练习的人有可能是将来的中级管理人员，行政上的、组织上的、领导力的和信息交流等问题都在等着他来解决。这名新被任命的主任，于星期六上班，没有机会给别人打电话或与别人商量。他必须翻阅他的前任公文处理中的文件，解决文件上的问题，回答问题，委派人员并授予权力，制定计划并做出决定，就像他被提升到那个职位时他可能要做的那样。

- 管理上的问题。

给一些由参加人员组成的小组提出需要做出各种形式的管理人员判断的四个短案例。小组成员扮演咨询人员的角色，必须在一小时内解决问题，并写出书面的采取适当行动的建议。对分析问题能力、判断能力、对别人的敏感度、果断性和创造力等内容的考查，均可以从参加者在讨论过程中的表现分析出来。而像观察领导能力、演说能力、对时间压力的反应能力和思考的灵活性等则都可以从参加者在各小组中扮演的角色中考察出来。

- 扮演报酬委员会的小组讨论。

一个假设企业的报酬委员会举行会议分配 8000 美元给六名管理人员增加薪金。要求委员会的每个成员（参加者）为每一名管理人员尽一切力量争取加薪。关于候选人的情况已提供讨价还价的机会，并需要进行一些迅速思考。

- 财务分析。

在此练习中能观察出来详细数据，并做出结论，然后提出合理的论据来支持那个结论。发给参加者一份某个公司的财务数据，要求他们提出适当行动步骤的建议。至少允许有两个小时的练习时间，然后让参加者作 7 分钟的发言，提出他的见解，然后让他与其他几名参加者聚会在一起，得出解决问题的最佳答案。

● 研究预算审核和决定练习。

这个练习告诉参加者，他刚去一个产品部担任经理，并面对一项已经为他的前任所拒绝但仍在继续进行的研究项目。参加者可以用 15 分钟提出他能想到的有关那个案例的问题，然后口头上提出他的决定，说明其理由，并回答质疑。

● 评价面谈的模拟。

参加者假定是一名最近刚被委派一个新职务的基层管理人员。第二天，他被安排去主持一个评价面谈，他必须完全根据他的下属人员的人事档案来进行这次面谈。参加者的任务是加强那个人的优点，并克服他的缺点。

一个典型的评价周期

这份材料，大部分取材于美国彭尼公司（J. C. Penney）的拜厄姆评价中心，但反应了许多公司的做法。

● 星期日。

6 个熟悉管理的评价员在某旅馆集合，组织安排一星期的活动。公司里 12 个身份相类似的候选人于当天傍晚到达并住下。

● 星期一上午。

第一单元：在介绍情况以后，候选人分成四小组参加管理实习游戏。实习游戏的内容是提供给每个小组一笔有限的资金用以采购原材料，制造产品并销售出去。原材料是玩具零件，可以装配成不同种类的成品。每类成品都有规定的市场价格。

候选人必须首先决定如何来投资以得到最高利润，然后组织采购、制造和销售。评价员观察候选人的领导风格、组织能力、财务敏感性、思维速度以及在紧张情况下的效率。

突然，候选人接到原材料和成品价格完全改变的通知，需要他们果断地重新安排资金和组织工作。当大家刚完成新的安排，忽然价格又一次改变了。在候选人进行各种决策处理的过程中，评价员能对他们的适应能力做出估价。

游戏结束了，要求每个候选人写一份报告，对自己和其他候选人的执行效果做出估价。

第二单元：候选人分成六个小组。当一个小组在接受文字心理测验时，评价员对其他组的成员进行个别谈话。有关每个候选人的详细背景资料已事先提供给评价员，这些资料可作为审查候选人内驱力、动机激发，及自我发展意识的依据。这些谈话是评价进程中考察候选人过去行为的一个措施。

- 星期一下午。

第一单元：测验和谈话小组相互交换进行。

第二单元：在两个没有组长的 6 人小组里，候选人进行提升决策的讨论。这里候选人扮演主管人的角色，他们从上级那里接到一个简短的通知，要求在 6 人小组里挑选一人给予提升。每个候选人都接到一份作为“选拔对象”的档案资料。

当每个候选人读完了手里的这份材料以后，小组集合进行一小时讨论来挑选谁将被推荐出去。评价员可以观察候选人在集会时表现出来的进取攻势、说服本领、表达技巧、能力、灵活性、自信心等。

选择性练习：在无组长的 6 人小组里，候选人讨论了一个管理员的 20 个最关键的职能，并按其重要性进行排列（这样可以迫使他们考虑自己被评价的品质）。然后每个小组推选一个代表人向所有评价员和候选人的小组介绍他们这样排列的根据。

- 星期一晚上。

每个候选人接到一份关于怎样才能最好地选用雇员的材料以及一份求职者的履历表。他阅读这些材料以供第二天的一个练习中使用。他也可能接到一个特殊的电话，如发怒顾客的来电。

- 星期二上午。

星期二上午专心致力于“文件筐”练习。候选人要模拟一种工作情境，好比在一个早晨他突然提升了一级或二级，在他的公文箱里装满了各种要他处理的材料，他要回答被查询的时间，也可以要求索取他需要进一步了解的信息，还可以授权给恰当的下级。他要像真正已被提升了的那样来组织和计划工作。

- 星期二下午。

第一单元：候选人按昨晚天上准备好的材料接待雇员访谈，在进行每一次访谈时都有一个评价员在场。申请工作者由受过这方面专门训练的大学生扮演。访谈持续约有一个半小时，等申请人离去后，评价员询问候选人对申请人了解到了些什么。

第二单元：第二个练习是对犯规的处理。在四人小组里，候选人将在一个小时以内做出决定如何分配时间来处理好这样的 3 个案例。本练习可以提供有关评价员如何正确评价候选人对人事问题的鉴别和判断，以及他在处理下级人员事件时的敏感性，同时还能深入了解他在集体中的行为表现。

选择性练习：候选人被指派扮演“市政会成员”，面临着如何对城市各部门分配一笔 100 万美元的联邦赠款。每个“市政会成员”要说明一份有关市政部门、公安部门、环保部门、水利部门等提供的简短公文，并尽可能为该部门的主管人争取更多赠款。有效讨论限于一小时内。

• 星期二晚上。

把一个公司的详细资料、数据提供给全体候选人，要求每个候选人站在顾问立场上审阅财务和市场销售情况，并准备一份关于发展一项产品的书面建议呈送董事会。

与此同时，评价员要准备第二天的活动，并详细阅读候选人“文件筐”的测验结果。

• 星期三。

第一单元：分成四个小组，每小组由一个评价员和三个候选人组成。每个候选人轮流口头介绍他前天晚上准备好的对公司材料的分析并提出书面建议。

第二单元：三个候选人集中在一起以一小时时间统一意见写一份综合性建议书。

第三单元：文件筐谈话以后，一个评价员和一个候选人一起讨论他所采取的各种行动。这样可以进一步明确每一个候选人对典型问题和集会的掌握和领会。

• 星期三下午。

最后一次小组会议，候选人相互评价并提出他们想要了解的问题，然后他们就各自回家。

• 星期三下午至星期五。

评价员讨论候选人，并准备汇报对候选人的评价。

在整个练习过程中，评价员会轮流获得尽可能多的机会密切观察每个候选人。因此，在这些讨论中，应先由接待 A 君进行个别谈话的评价员总结他的背景以及他自己对他在谈话中行为的感想，然后检查 A 君在“文件筐”练习中是怎样做的。凡是会晤过 A 君的评价员都应介绍自己对他的印象。在介绍的过程中，每个评价员都要尽可能对这些描述保持客观，不加以评估。

当所有观察过 A 君的评价员都发过言后，小组才开始从评论他管理潜能的角度出发，判断他的行为并提出对他培训和发展的方向，直等大家意见统一以后才写总结报告。

在两个星期之内，由一个具有评价员经验的管理人员会见 A 君，转告对他的评价结果。在会谈中，管理员应着重指出 A 君需要发展的几个方面，并鼓励其树立合适的努力目标。

6.2.2　评价中心技术的应用

方法要满足目的的需要，评价中心只是人才测评中的一个技术手段。不同的测试目的决定了评价中心的种类不同、测试指标不同、测试过程不同、报告结构不同、对被试者反馈的要求也不同。接下来我们就从不同种类的评价中心谈起，带领大家认识各种评价中心操作过程的差异。

1．各种评价中心的比较

在 6.2.1 节大家已经认识到，我们可以从四个目的出发，利用评价中心技术开展测试活动，每个测试目的所利用的评价中心技术都存在一定差异。我们称具有不同目的的评价中心为评价中心的种类，因此应用于四个目的的评价中心技术也就意味着有四个种类的评价中心。它们分别是基于选拔的评价中心、基于培训的评价中心、基于绩效管理的评价中心以及基于能力诊断的评价中心。

（1）基于选拔的评价中心。在企业人力资源管理活动中，选拔、晋升、任用各类员工是一项普遍而重要的工作。美国专家研究证明，“错误地选拔一个员工，给组织带来的直接经济损失是该岗位年薪的 50%以上，并且职位越高损失越大，任职时间越长损失也越多”。专家们的对比研究表明，正确地录用一个适合的员工比录用一个一般性的员工要多创造 20%~120%的效益。因此，把合适的人放到合适的岗位上，这本身就是一项创造价值的活动。评价中心技术的应用，能够使人力资源部门在选聘员工问题上的价值创造成为可能。

评价中心技术中的情境模拟测试过程，能够生动地展示被试者在未来工作岗位上的表现，可以清晰地展现被试者会如何处理未来工作中的棘手问题，通过对被试者之间的行为及行为结果进行比较，考官们一般情况下都能准确地甄别出岗位的最佳人选。不过，由于评价中心技术的开发与施测成本较高，所以企业界多将评价中心技术应用于选拔中高层管理岗位人选。

（2）基于培训的评价中心。评价中心技术在培训与开发工作中具有两个直接的作用或功能——培训需求分析工具与能力开发工作工具。绝大多数企业都缺乏客观地分析员工培训需求的工具或方法，对员工客观存在的培训需求缺乏重视。在企业中，传统的做法是自下而上地形成培训体系，下级汇报给上级希望的培训项目，上级选择后转交人力资源管理部门进行统计分析，形成企业的培训课程体系。传统做法的问题在于：员工是否有能力客观地认识自身的不足，并理性地选择培训内容？管理人员是否能够客观地把握部门或团队的培训需求？这两个问题能否得到解决，取决于企业的绩效管理体系是否真正与培训体系进行了完美的结合。而在实际生活中，绝大部分企业更多地考虑的都是绩效管理如何与薪酬制度挂钩。

基于这种情况，显然我们提出的两个问题都是否定的回答。而以评价中心技术为代表的人才测评技术体系，则能够解决企业培训需求分析的问题。该体系根据每个岗位的素质标准，对岗位任职者进行系统评估，判断任职者实际具备的素质，两者进行对比分析就能清楚地发现任职者在哪些素质上尚未达到岗位素质标准的要求。通过测试发现的被试者的素质与岗位素质标准差异的内容，就是该员工的培训需求。所以说，以评价中心为代表的人才测评技术体系能够帮助企业深入分析员工的培训需求。

评价中心技术的主体工具——情境模拟测试的显著特点是在高仿真的情境中，动态地测试被试者的某些素质。然而我们必须认识到，情境模拟技术本身也是能力训练与开发的工具。这里我们以角色扮演技术为例来进行说明：通过角色扮演技术测试，可以观察到营销经理处理一个情绪非常激动的客户要求退货的过程，我们可以对被试者在处理问题过程中的行为与语言进行观察和记录，通过被试者的表现来发现其人际沟通的技巧，然后由考官将被试者的行为表现及其需要提升的素质维度及提升的方法，向被试者进行反馈。生动的行为、有效的语言是表现被试者素质的铁证，可以变空洞的理论为亲身体验，由缺乏目的的指导向具体行为的指导转变，有助于被试者快速提升在完成工作任务过程中所必需的行为习惯。因此，评价中心技术是一种效果显著的能力训练与开发工具。

（3）基于绩效管理的评价中心。时下企业界正在经历从绩效考核逐渐向绩效管理过渡的过程。绩效考核是对过去的评价，是对已经发生的客观事实的评估。绩效考核被大部分企业应用于行政性目的，即决定晋升、与薪酬挂钩等。但是由于它强调对员工业绩的考核，缺乏对影响员工业绩水平的素质因素和环境因素的关注，这就使得绩效考核在根本的出发点上就陷于被动。而绩效管理理论则为我们重新定位对员工的评估工作提出了新的观点。绩效管理理论强调基于组织战略考虑对员工的绩效进行考核评估，绩效管理的目的是实现组织战略目标，强调根据对员工考核评估的结果来制定员工的绩效改善计划，以期达到通过长期贯彻绩效改善计划来提升员工个人与组织整体绩效水平的目的。这样一来，绩效考核也就成了绩效管理工作的一个环节。

绩效考核对员工的评估涉及德（职业道德）、能（能力与技能）、勤（工作态度）、绩（业绩）四类指标。对德、能、勤的评估往往采用上级考核、民主评议的方式，但是有专家对这种方法提出了尖锐的批评，认为特别是民主评议的方式在某种程度上已经成为了被考核者在内部人际关系上的晴雨表，考核过程缺乏控制，考核标准粗糙，考核结果肯定缺乏可靠性与有效性。

利用评价中心技术对被考核人进行职业道德、能力技能和态度评估，来满足绩效管理的需要，已经成为现今很多知名企业所追捧的一种方式。在工作分析的基础上确定评估指标与评估标准，利用系统的测评方法对被考核人进行客观、科学的评估，这种方法能够极大地增强员工对评估结果的认可程度。在绩效反馈面谈的过程中，通过这种方法能够使用被考核者在测试过程中的行为表现与语言，使反馈面谈进行得更加深入。另外，这种方法还能使为被考核者制定的绩效改善计划变得更加明确与具体，尤其是对于被考核者的行为改善具有明显的作用。

（4）基于能力诊断的评价中心。相同的岗位、政策与内外部环境，但相同岗位的任职者在绩效水平上却存在很大的差异。那么是哪些因素对任职者的绩效成果产生了直接影响的呢？这一直是困扰企业管理者的一个问题。评价中心技术能够成功地揭开这个谜底，我们可以将多种测评技术进行有机结合，从价值观、动机、个性特点、能力与技能等多个可能对任职者绩效水平产生影响的素质因素进行测试，发现造成绩效差异的关键性因素，并提取其中通过培训与指导可以获得显著提高的素质对被试者进行反馈，以达到提高被试者绩效水平的目的。

（5）各种评价中心的比较。各种评价中心的技术原理是完全相同的，不同的是各种评价中心技术的使用方法。下面我们结合人才测评项目的实践经验，从测试维度、采用测试工具的数量、测试过程的复杂程度、考官要求、报告结构、报告方式与反馈要求七个方面对各种评价中心进行比较（见表 6-1）。

表 6-1　各种评价中心比较一览

	基于选拔的评价中心	基于培训的评价中心		基于绩效管理的评价中心	基于能力诊断的评价中心
		培训需求诊断	能力训练		
测试维度	5~7 个	10 个	4~6 个	10 个	10 个
工具数量	4 个	5~7 个	5~6 个	5~7 个	6~10 个
复杂程度	一般	一般	复杂	复杂	较复杂

续表

	基于选拔的评价中心	基于培训的评价中心		基于绩效管理的评价中心	基于能力诊断的评价中心
		培训需求诊断	能力训练		
考官要求	一般	一般	较高	一般	较高
报告结构	简单	简单	复杂	复杂	复杂
报告方式	书面或口头	书面	口头	书面	书面
反馈要求	一般	一般	较高	较高	较高

国外专家对各种类型的评价中心技术的特点与差异也进行了深入的研究。美国科罗拉多州立大学心理学教授、普度大学工业心理学博士乔治·桑顿三世在他的著作《评鉴中心在人力资源管理中的应用》中从被试者、测试维度、测试方法、测试时间、报告与反馈五个角度对三种类型的评价中心进行了 11 项指标的对比分析（见表 6-2），揭示了不同类型评价中心的区别及各自的特征。

表 6-2　　三种类型评价中心的比较

	晋升或选拔	培训需求诊断	技能发展
测评对象	具有高潜质的雇员或申请者	所有有兴趣的雇员	所有有兴趣的雇员
分析的职位	目前或将来补缺的职位	最近或今后的工作	最近或今后的工作
指标数目	较少，5~7 个	很多，8~10 个更为具体	较少，5~7 个
指标特性	潜力、特征	发展、概念区分	培训技能
演练数量	较少，3~5 个	很多，6~8 个	每一个类型超过一个
演练类型	一般的	和工作相近的	工作案例
评价所需时间	相对较短（半天到一天）	相对较长（一天半到两天）	相对较长（一天半到两天）
报告类型	短，具有描述性	长，具有诊断性	马上的口头报告
反馈对象	测评对象和上下两级管理者	测评对象和直接管理者	测评对象和有可能直接管理者
反馈者	HRM 团队	HRM 团队或者测评师	HRM 团队、培训师或者助手
重要结果	所有的评价等级	指标等级	行为建议

资料来源：节选自（美）乔治·桑顿三世，《评鉴中心在人力资源管理中的应用》，复旦大学出版社 2004 年版。

2．评价中心技术在招聘选拔中的应用

首先，通过系统的工作分析或胜任特征分析来确定测试的维度。考官所选择的测试维度要体现针对性的原则，要能够充分体现岗位所要求的素质特点，并且要选择能够代表岗位核心素质的维度，维度的数量不是越多越好，而是越有针对性越好。

并不是所有的维度都需要重点测试，维度也要分出层次，对不同的维度要赋予合理的权重，以便为被试者的成绩统计奠定基础。根据岗位的素质标准，对测试维度进行定义，既要阐述清楚维度的内涵，又要体现在各个维度上被试者的行为特点，同时还要将各种行为特点赋予不同的分值，以便达到有效地区分被试者素质表现的目的。

评价中心技术在选拔中的应用，应该服从选拔方案的规定。选拔方案中对选拔工作的过程进行了规定，规定了在初试、复试与录用决策阶段分别应采用哪些工具。在设计选拔方案时，应该考虑如何合理地使用评价中心的有关技术方法。设计的原则是：先采用简单的方法，后用复杂的方法；先使用成本低的工具，后使用成本高的工具；先用群体测试的技术，后用个体测试的技术。

测试结束以后，考官对所有被试者的成绩进行统计分析，根据企业不同的要求提供结果，最简单的方式是提供排名顺序。在有的情况下，企业会要求考官为每个被试者出具简单的报告，报告需要体现定量评价与定性评价的内容。定量评价主要体现被试者在每个测验中的得分、被试者每个维度在群体中的顺序及其总成绩的顺序。定性评价就是被试者在每个测验中的表现评价、每个维度的评价及总体评价。

最后需要注意的是，如果企业利用评价中心测试的全部是外部申请者，则无需反馈。如果企业在内部选拔工作中应用评价中心技术，则必须坚持公开、公平、公正的原则。为了让测试活动获得内部竞争者的信任，考官需要对被试者进行反馈，向落选的竞争者说明原因，避免内部员工对测试过程及结果产生错误理解。

3. 评价中心技术在培训中的应用

评价中心技术在员工培训工作中能够发挥两个功能，即培训需求分析工作与技能开发工具。评价中心技术对于分析员工的培训需求和制定企业培训计划具有重要作用。但由于成本原因，大部分企业都只将评价中心技术应用于中高层管理者的培训工作。评价中心技术在培训中的应用，为企业建立基于组织战略的个性化培训体系创造了重要的条件。

传统的培训计划是自下而上形成的，人事管理部门发挥的是组织作用，制定培训计划，组织培训活动。传统做法的最大问题在于，组织内的员工完全根据自身的兴趣、爱好和发展的需要选择培训课程，很难与组织战略，组织的发展目标或管理目标进行对接，这就造成了大量培训经费与精力的浪费。而且最重要的一个问题是，培训工作对于实现组织目标不能产生任何价值。基于组织战略的个性化培训体系强调的是培训工作必须为组织的战略目标服务，强调的是根据组织发展需要合理地配置并使用培训资源，强调的是根据组织发展与个人发展的双重需要考虑培训工作，使培训工作落到实处、产生必要的价值是基于组织战略的个性化培训体系的根本出发点。

基于组织战略的个性化培训体系，是根据战略管理的需要来明确管理人员应该具备的素质（知识、能力技能、价值观、兴趣等因素）。通过利用评价中心技术将管理人员的培训需求分析作为首要工作，一方面明确了战略和岗位对任职者的素质要求；另一方面，则了解了现在的任职者实际具备的素质特点。将两者进行比较，就能够发现任职者哪些素质没有达到组织与岗位的要求，没有达标的素质就是这些管理人员应该进行培训的内容。通过对所有管理人员培训需求的统计分析，提取管理人员共性的培训需求，就可以形成组织的培训课程体系了。对于那些缺乏共性的需求，倡导管理者通过自学、网络、多媒体等渠道和形式进行自我完善，自我提高。基于组织战略的个性化培训体系实施过程见图 6-1。

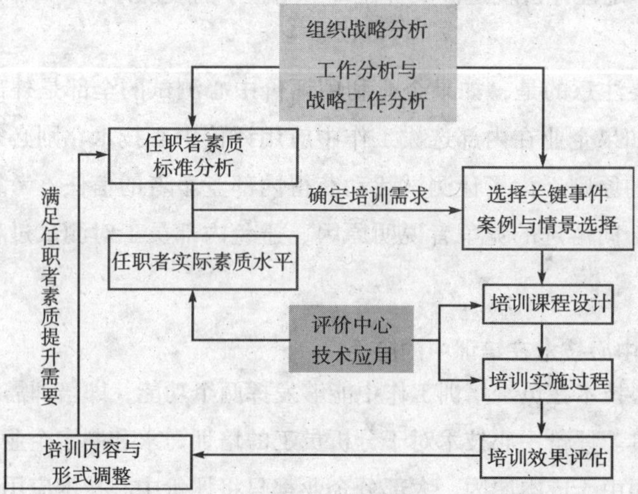

图 6-1　基于组织战略的个性培训体系实施过程

传统的培训方式多是空洞的理论与说教，缺乏学员与讲师、学员与学员之间的思想交流、经验分享与形式互动。与之相对，基于评价中心技术中的情景模拟技术的培训课程体系，根据学员实际的工作过程，提取关键事件作为分享案例，在培训过程中让学员完成案例分析、小组讨论，通过讲师指导，使学员对自己的素质能够进行客观的认识，达到自我评估的目的。讲师再将学员应该具备的素质能力进行一一分享，使学员听课时具有针对性。由于案例来自实际工作过程，学员参与的积极性很高，培训过程轻松、生动，培训目标明确。百闻不如一见，百见不如一练，基于情景练习的培训形式，对于高级学员的综合素质有着非常明显的效果。基于组织战略的个性化培训体系尊重客观事实，在研究调查的基础上解决组织的培训问题，对于提高员工的综合素质、优化配置组织的培训资源具有明显的作用。

4．评价中心技术在绩效管理中的应用

利用评价中心技术对被考核人进行评估，满足绩效管理的需要，已经成为很多知名企业所青睐的一种方式。评价中心技术在绩效管理中的应用需要服从绩效考核制度。绩效考核制度对每个岗位需要进行考核评估的指标进行了规定。需要评价中心技术评估的维度从考核指标中产生。绩效考核对员工的评估涉及职业道德、能力与技能、工作态度、工作业绩四类指标。下面给出了某企业在绩效管理中利用评价中心技术的具体流程，见表 6-3。

表 6-3　　某企业在绩效管理中利用评价中心技术流程表

<table>
<tr><th colspan="4">时　间</th><th rowspan="2">项　目</th></tr>
<tr><th colspan="2">天　数</th><th>时分起止</th><th>时 分 数</th></tr>
<tr><td colspan="2" rowspan="4">第一天</td><td>18:00~19:15</td><td>75</td><td>晚餐</td></tr>
<tr><td>19:20~19:30</td><td>10</td><td>致词</td></tr>
<tr><td>19:30~19:40</td><td>10</td><td>介绍日程安排</td></tr>
<tr><td>19:40~20:40</td><td>60</td><td>个人自我介绍</td></tr>
<tr><td rowspan="9">第二天</td><td rowspan="9">上午</td><td>7:30</td><td></td><td>早餐</td></tr>
<tr><td>8:00~8:10</td><td>10</td><td>向评委介绍</td></tr>
<tr><td>8:10~8:15</td><td>5</td><td>解释“无领导小组讨论”</td></tr>
<tr><td>8:15~9:15</td><td>60</td><td>无领导小组讨论</td></tr>
<tr><td>9:15~9:30</td><td>15</td><td>休息</td></tr>
<tr><td>9:30~10:20</td><td>50</td><td>评委评分</td></tr>
<tr><td>10:20~10:25</td><td>5</td><td>解释“公文处理”</td></tr>
<tr><td>10:25~11:25</td><td>60</td><td>公文处理</td></tr>
<tr><td>11:30~12:30</td><td>60</td><td>午餐/休息</td></tr>
</table>

续表

时间				项目
天数		时分起止	时分数	
第二天	下午	12:30~13:30	60	案例分析/阅读公文处理结果作采访准备
		13:30~13:35	5	解释“辩论”
		13:35~15:05	90	辩论
		15:05~15:20	15	休息
		15:20~16:20	60	评委评分
		16:20~17:50	90	采访谈话/16PF 测验
		18:30		晚餐/休息
第三天		8:00~~8:05	5	解释“演讲”
		8:05~8:35	30	准备演讲
		8:35~11:35	180	演讲
		11:35~13:00	85	午餐/休息
		13:00.14:00	60	回顾总结

5．评价中心技术在能力诊断中的应用

评价中心技术在能力诊断与绩效管理中的应用基本相同，两者研究的都是驱动被试者绩效水平的因素。在能力诊断中，通过高绩效水平者与低绩效水平者素质特点的比较，能够发现具备哪些素质特点的人能够产生高绩效。在绩效管理中，我们同样也可以发现这些信息。能力诊断并不强调依据岗位的素质标准，因为大部分企业建立素质标准的时间往往滞后。能力诊断的目的有两个：第一，发现优秀者与一般者之间的素质差异；第二，根据发现的素质差异制定优秀任职者的素质标准，然后再对每个被试者的素质进行诊断，发现其素质的优势与不足。

无独有偶，这与美国专家麦克莱兰提出的构建胜任特征的方法不谋而合。利用评价中心技术构建岗位的胜任特征模型是效果最好的构建方法之一。不过，我们并不能完全同意有的专家提出的“依据岗位的素质标准进行能力诊断”。我们的理由是大部分企业缺乏准确、客观地分析岗位素质标准的能力，并且从经验上讲，企业建立素质标准的工作往往滞后，在环境复杂、变化迅速的今天，部分岗位的工作内容变化较快，素质标准随之也会快速变化。如果能力诊断基于过时的素质标准进行，其诊断结果就会缺乏客观性与说服力。因此，我们的建议是先从驱动任职者绩效水平的各种可能的因素进行客观分析，在确定了素质标准（胜任特征模型）以后再进行诊断。构建完善的素质标准是进行能力诊断的基础。

6.2.3　评价中心技术在职业经理人资格评定中的应用

职业经理人已经成为当今社会的一个主流话题。各种类型的企业都不可避免地面临着选聘职业经理人参与企业运营管理管理的问题。职业经理人在企业内部发挥着重要的价值，对于企业的经营发展起着核心推动作用。我们之所以在此提出这个问题，旨在讨论评价中心技术在进行职业经理人的职业资格评定中的必要性和方法以及面临的问题；同时也是为了进一步拓展评价中心技术的应用领域，探索出一条利用人才测评技术对管理者进行职业资格评定的道路。

随着社会化分工与职业化进程的加快，职业经理人的定义依然是学术界没有定论的一个问题。笔者认为，职业经理人是为资产所有者服务，接受资产所有者的委托，为其代为管理或运营事业，并以确保资产所有者的资产能够保值、增值为职业的人士；由于这些人士一般在企业中担任不同层级与职能部门的管理者，所以称其为职业经理人。

现代企业制度核心的标志就是资产所有者与管理者分离，即所有权与管理权分离。资产所有者（企业的股东）根据企业的需要来委托管理者（职业经理人）负责企业的运营与发展。现实中有很多的资产所有者都在扮演着职业经理人的角色，他们既是企业的资产所有者，又是职业经理人；部分资产所有者从激励职业经理人的角度出发，将企业的利润分配一部分给职业经理人，或者是让职业经理人持有企业的一部分股份，这样一来也就又出现了职业经理人也有可能是资产所有者的情况。但是不管怎样，对企业的资产所有者与职业经理人这两个角色一定不能混淆。

职业经理人正在被越来越多的人所关注。据粗略统计，截止到 2006 年上半年，国内出现的职业经理人培训与认证项目多达三四十个；每年参加职业经理人培训与认证人数多达几十万人。面对如此庞大的群体，如何科学、客观地对申请者进行评定，以保证职业经理人的队伍素质，也就显得尤为重要。目前，学术界与企业界对于职业经理人“单靠一张考卷进行评定”的现实做法提出了严肃的批评，各路媒体更是对此口诛笔伐。

职业经理人作为一个职业，同其他职业一样也应该有其职业道德、职业素养与职业素质方面的要求。但是由于目前我国正处在一个快速发展时期，各界对以上问题的关注程度不够，直到出现了一些状况或案例之后，人们才开始反思这些问题。面对如火如荼的“职业经理考证热”，我们不禁要问：达到什么标准才能称之为职业经理人？职业经理人的评定能简单地等同其他资格评定吗？

职业经理人的职业资格评定在国内尚处于经验积累阶段。2004 年 7 月 1 日《行政许可法》正式实施以来，使得政府职能进一步发生变化，职业经理人的职业资格评定工作更多地由社会中介或行业组织来承担。由于有关部门缺乏必要的宏观调控、行业组织缺乏自律，出现了很多缺乏说服力的所谓资格认证项目，甚至还出现了乱发证的情况。2005 年某协会为其会员企业的职业经理人颁发证书，由于既无相关培训也无相应的评定，所以很多会员拒绝领取证书。这就说明企业界已经深刻地认识到企业发展依赖的是具有真才实学的人才，而不是只拿一个本本的庸才。谁是人才、谁是庸才，不是证书说话，而是才能说话。

由于职业经理人是一个为企业资产所有者提供服务的职业，所以认证项目或评定行为能否获得企业资产所有者的认可也就显得尤为关键。要想被企业资产所有者认可，就需要建立社会公认的评定标准，以及完善的评定方法。相对于目前的评定方法而言，评价中心技术应该是对职业经理人进行科学、客观评定的最好方法之一。

1．职业经理人评定需要以标准为基础

职业经理人承担着企业生存与发展的重任。要想完成这一艰巨的任务，在中国加入 WTO 之后、在市场经济条件下竞争异常激烈的今天，职业经理人需要具备渊博的经营管理知识、丰富的应对竞争与变革的经验、带动全员勤奋向上的能力、锐意创新的勇气，更需要具有对企业尽职尽责、兢兢业业的态度。对于职业经理人的评定只采用“一张考卷、一篇论文”当然是不严肃的，也是对自我负责任的资产所有者与职业经理人所不能认可的。

职业经理人是对不同专业、不同层面职业管理人士的职业统称。比如，在一个企业内部的组织结构图中，从总经理到事业部经理、部门经理或分公司经理、乃至部门主管都可以算是职业经理人；而从专业职能上讲，则又可以分为人事经理、财务经理、技术经理、市场经理、采购经理等……面对如此庞大的体系，我们应该如何找到其共性的内容来进行评价呢?

很显然，要想对职业经理人进行评定，我们必须根据企业的运营特点对这些人群进行分类。我们可以根据企业的组织结构将职业经理人分为两大类：经营决策层与管理执行层（见表 6-4）。经营决策层一般是企业的总经理或主管部分工作的副总经理，该层面的工作特点是制定企业的发展战略，在明确战略目标的前提下进行战略决策，整合企业内外部资源，实现战略目标。管理执行层是企业内部各种职能系统的管理者，如：人事经理、财务经理、采购经理、销售经理等，其工作特点是根据经营决策层制定的发展战略与战略目标，制定本职能系统的工作计划；组织部门内部人员实施工作计划；并将计划进程中出现的问题向经营决策层反馈，为其进一步决策提供可靠信息。

在企业运营过程中，即使在同一职能系统，也要分出不同的层次，来处理繁重的工作任务（见表 6-4）。例如，大中型企业人力资源管理职能系统需要分解为三个层次：第一层次为人力资源总监，这个岗位既属于战略决策层，又属于管理执行层，全面负责企业的人力资源管理工作；第二层次为经理层，由于企业规模大，人力资源管理的工作量巨大，因此将招聘、培训、绩效、薪酬、劳资工作全面分解，各由一位经理负责；第三层次为助理层，主要负责协助各位经理处理日常事务。

表 6-4　　企业管理岗位分类表

层次分类	涉及岗位			同一职能系统的层次				
战略决策层	总裁/总经理	副总裁/副总经理	总监	级别	岗位			
	总工程师	总经济师	总会计师	高级	总监	人力资源总监	市场总监	…
管理执行层	人事经理	财务经理	采购经理					
	技术经理	生产经理	公关经理	中级	经理	招聘经理	媒介经理	…
	市场经理	营销经理	投资经理	初级	助理	人事助理	客户助理	…
	行政经理	物流经理	…					

通过表 6-4 的分类，我们可以看到企业内部的管理岗位非常复杂，不同层次、不同职能的职业经理人胜任岗位所需要的知识、能力、素质等均不相同。因此，如果只是简单地将其概括为“职业经理人”，未免显得太过于笼统。我们的建议是，对职业经理人的评定，必须根据不同行业、不同层次、不同职能进行分类，如零售行业人力资源总监评定、机械行业市场经理评定等。

由于不同行业、不同层次、不同职能的职业经理人的胜任特征模型各不相同，对职业经理人进行评定或评定的内容也不尽相同，因此，必须在胜任特征的基础上建立职业经理人的考核标准作为评定的基础。目前我国有关职业经理人的标准有两个，一个是由中国饭店协会负责起草的《饭店经理人》国家标准，另一个是由中国商业联合会负责起草的《商业职业经理人执业资格评定规范》。职业经理人的评定必须要有明确的标准或规范为基础。缺乏标准的评定，就是无根之木、无源之水。缺乏理论基础的考试或评定，更是无异于掩耳盗铃。

2．职业经理人评定的难点

目前我国职业经理人的评定方式仍是以“一张考卷、一篇论文”的形式为主，部分行业组织虽然在评定过程中加入了面试或者是心理测验的内容，但就评估项目本身的信度与效度而言仍较低，也就是说走过场现象仍比较严重。出现这种局面的原因有两个：第一，部分行业组织对职业经理人的考试或评定工作的重要性缺乏认识，这在我国尚处于职业经理人评定的经验积累阶段是可以理解的，但从长远来看则将极大地影响组织本身在业内的公信力；第二，评定方法匮乏，长期以来我们在日常生活中所能看到的评定均以书面评定为主，以其他方法如工作样本测试（如司机考试）为辅。对于职业经理人这样一个新的职业，社会上还没有探索出比较新的评定方法。这就需要我们勇于创新，共同探索适合职业经理人职业的评定方法。

根据胜任特征的理论，职业经理人的评定内容应包括知识（行业知识、专业知识）、技能与能力（领导力、组织协调能力、创新能力、沟通能力等）、内驱力（个性特征、动机与职业倾向），并且需要行业与管理专家共同确定各项内容的比例关系。利用传统的笔试的评定方法固然能对知识和个别能力进行测试，但对大部分能力特点和驱动职业经理人绩效成果的内驱力都不能很好地考查出来。因此，能力指标、个性特点、内驱力也就成为职业经理人评定的难点。其实，通过评价中心技术的综合测试就能很好地解决这些问题。

3. 评价中心测试的过程与方案的设计

利用评价中心技术对职业经理人进行评定，需要经过如下五个步骤。

（1）确定测试指标。利用胜任特征的分析方法，对特定行业、层次、职能的职业经理人所需要的通用素质进行分析，分析的结果即构成了测试的指标（测试指标）。例如：我们通过对商业企业经营决策层的任职者的访谈发现，被访谈者认为有 8 项指标是最重要的。它们依次是：战略管理能力、知人善任、创新与变革能力、建立伙伴关系、分析与决策能力、授权与控制能力、团队与组织能力、沟通能力。这 8 项指标就构成了我们的测试指标。根据评价中心技术的特点，测试的指标不宜过多，一般以 6~8 项为宜。

（2）根据测试指标确定测试方法。确定测试方法的原则是："同一指标至少要通过两种以上的方法进行测试"。例如，测试战略管理能力时，我们可以在公文筐测验中进行测试，也可以在面试中用情境型题目来进行面试，还可以利用案例分析的方式来进行考察。测试方法不是越多越好，而是越优化越好，这样能够保证测试过程的高效。例如，在小组讨论、面试中可以对沟通能力进行评估，就不必再采用心理测验了。评价中心的测试方法以情境模拟的方法为主，以面试与心理测验为辅。其中情境模拟技术又以公文筐测验、小组讨论、案例分析、角色扮演为主。为了保证能够对被试者的能力水平进行充分挖掘，建议采用半结构化的面试方法。

例如，为了测试高级商业职业经理人的 8 项指标：战略管理能力、知人善任、创新与变革能力、建立伙伴关系、分析与决策能力、授权与控制能力、团队与组织能力、沟通能力，我们可以选用如下方法（见表 6-5）。

表 6-5 测试指标与测试方法对应表

测试指标	测试方法
战略管理能力	面试、小组讨论
知人善任	面试、小组讨论
创新与变革能力	面试、公文筐测验
建立伙伴关系	面试、公文筐测验
分析与决策能力	面试、小组讨论、公文筐测验
授权与控制能力	小组讨论、公文筐测验
团队与组织能力	公文筐测验、面试
沟通能力	小组讨论、公文筐测验
个性特征	卡特尔 16 种人格因素测验、面试
价值观、动机等	职业取向测验、动机测验

（3）设计开发测试题目。题目的情境要与被试者的实际工作情景相似，所以题目的基础素材应该来源于被试者的实际工作过程中。题目的措词要得当，不要易于让被试者产生误解。同一类型的几道题的难度要基本相同，防止出现天花板效应或地板效应。题目设计完毕后，最好能够在被试者群体中进行试测，出现问题及时调整，确保题目本身的信度与效度。

例如：为了测试高级商业职业经理人的战略管理能力、知人善任、创新与变革能力、建立伙伴关系四项能力指标，我们设计了一套半结构化面试题目。

1. 您现在任职的企业的战略目标是什么？

追问：您认为企业制定这个目标具有哪些明显的优势与不足？实现这个目标存在的障碍有哪些？这个战略目标将（是）如何实施（的）？

2. 在您的下属中您最欣赏谁？

追问：您欣赏他（她）的理由是什么？他（她）有哪些不足？在工作中您对

他进行了哪些指导？您将来打算如何使用这个人？

3. 在您过去的经历中，您所领导的一次变革项目或创新活动是什么？

追问：您是在什么情况下产生变革的想法的？您的变革与传统方式的区别是什么？您是如何实施这次变革的？其间遇到了哪些障碍？您是如何解决这些障碍的？

4. 您在工作过程中最紧密的合作伙伴是谁？

追问：您在什么情况下与其建立了伙伴关系？伙伴关系的建立为您与对方带来了哪些收益？在建立伙伴关系的过程中双方存有哪些分歧？您是如何解决这些分歧的？

（4）施测过程控制。施测过程中应该注意考官的指导语必须做到清晰、准确，对所有被试者均提出明确的、标准化的要求。另外，还应注意在施测前对所有考官进行统一培训，使其对测试指标的把握做到统一、对关键行为的认识做到统一。要求考官在被试者测试的过程中认真进行观察与记录，为下一环节的工作做好准备。施测过程中，还要配备专门的引导员与记分员，对被试者参与的项目进行引导和及时处理考官给出的量化分数。

例如，无领导小组讨论测试中的指导语如下：

大家好！

我们现在要进行的是无领导小组讨论，请大家关掉自己的手机。测试期间任何人不能接打电话或离开考场。测试的时间是70分钟。

在这个测试中各位的身份是绿宝公司的总经理，绿宝公司正面临着一些问题，请大家利用5分钟的时间看题，并完成下列两项任务：

1. 请大家先用3分钟分析绿宝公司面临的问题，并提出下一步的工作计划。

2. 请大家共同讨论绿宝公司面临的问题，并将工作计划取得一致意见后，推选一位代表向专家组汇报。

如你们在规定的时间内没有完成任务，大家的成绩都将会受到影响。

讨论一旦开始，我们将不再回答你们的任何提问。现在大家可以提出问题。

（5）测试成绩处理与报告。在被试者完成所有项目的测试之后，考官开始对测试的成绩进行统计。考官应注意被试者的一个测试指标在不同测验中的表现是否一致，如果差距很大，考官就需要查阅原始资料进行验证。当然，考官对于一个被试者的一个测验表现的评价需要进行统一。如果考官间不能达成一致性意见，就应该查阅原始资料并进行充分的讨论，直到形成一致性意见为止。

测试报告应遵循定性评价与定量评价相结合的方式，既有对被试者的测试表现的文字描述，也要有数字表述，并且应该可以根据先前确定的比例进行换算。测试报告中也可以对被试者的优点与不足进行评定，最好是将其不足之处进行排序，以达到被试者未来能够提升的目的。

以下是一份简单的职业经理人评定报告。

范例

职业经理人评定报告

被试者基本信息

被试者姓名	×××	担任职务	×××
工作单位	×××	测试时间	××××年×月××日
主 考 官	×××	考　　官	×××　×××
计 分 员	××	报告撰写	×××

测试维度说明

根据国家发展和改革委员会 2004 年 1 月 19 日批准并公布的《商业职业经理人执业资格认定规范》中对高级职业经理人的资格认定的有关规定，依据 CGCC 管理者评价中心确定的高级管理者八项核心素质开展本次评估工作。

（维度定义略）

测验项目及其表现

被试者分别参加了个性特质测验、职业价值取向测验、高级管理者职业能力测验、无领导小组讨论、公文筐测验共五个测验，这五项测验分别对被试者的个性特征、职业倾向、管理素质及能力进行了测查。

1．公文筐测验

测验结果见图 6-2。

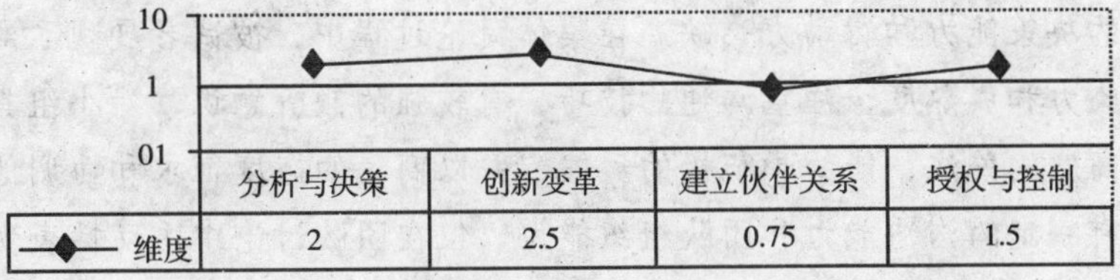

图 6-2　公文筐测验结果

点评：被试者按要求对全部文件进行了处理。

被试者同意张文辞职，说明被试者没有认识到张文辞职背后所隐含的公司人力资源管理的问题，缺乏全面深入的分析。被试者对投资失败的批示为追讨投资款，尽量减少损失，追查责任，说明被试者缺乏对问题深入的分析。

被试者对文件四的批示为同意建立客户投诉中心，建立相应的奖惩制度，说明被试者具有变革意识。对薪资改革的处理是同意改革，并提出可操作性的方案，说明被试者能对变革工作提出要求，并给予指导。

被试者同意为天宏公司提前付款，说明被试者能够与合作伙伴建立稳固的合作关系。被试者批示选择北京坦福公司作为合作对象，说明被试者不能为企业选择合适的合作伙伴。

被试者对文件二的批示是先联络接待，对方有合作意向可邀请来公司考察，但没有具体方案，说明被试者没有重视企业内部分工，但对下属的工作进行了指导。被试者批示同意把王可提拔担任副经理。说明被试者忽略对下属的授权与控制。

2．无领导小组测验

测验结果见图6-3。

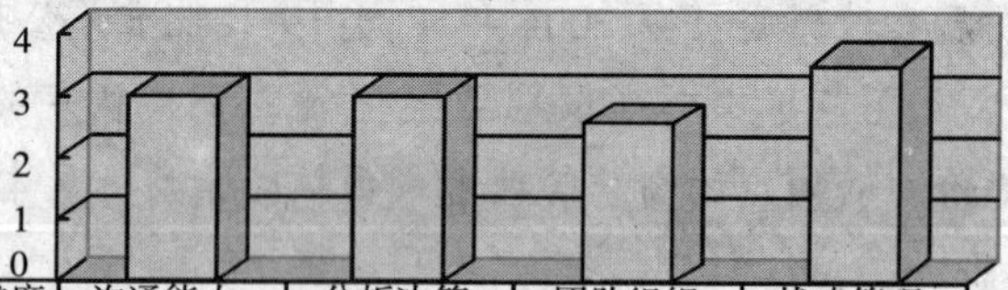

维度	沟通能力	分析决策	团队组织	战略管理
□	3	3	2.5	3.5

图6-3 无领导小组测验结果

点评：在小组讨论过程中，被试者对公司董事会下达的目标有清晰的认识；通过具体的数据分析，从公司的人才、资金、市场等方面分析公司的现状，强调成本与效益作为目标实现的关键要素，表现出良好的战略管理能力和分析能力。但被试者没有提出具体的操作方案，说明被试者分析问题后的决策能力和行动力欠缺。在集体讨论过程中，被试者展现了对其他成员的感染力和成熟度，注重沟通的技巧，有较强的倾听意识，对小组其他成员给予了高度的关注，能给予积极的反馈，并以商讨的态度征求和协调他人的意见，具有一定的沟通能力和团队组织能力。但在团队讨论中主动性表现不强，团队意识有待提高。

3．高级管理者职业能力测验

测验结果见图 6-4。

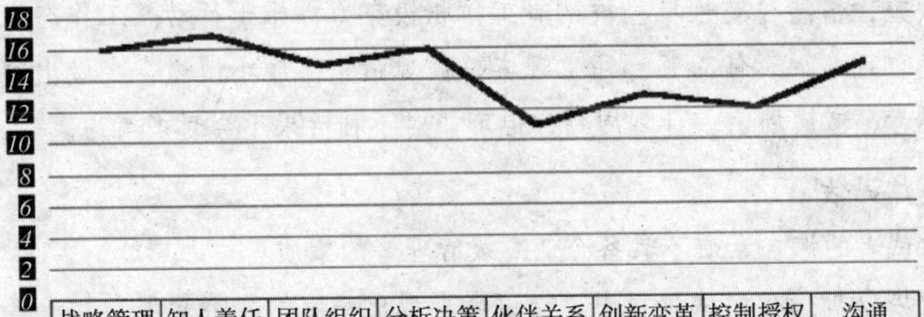

	战略管理	知人善任	团队组织	分析决策	伙伴关系	创新变革	控制授权	沟通
分值	16	17	15	16	11	13	12	15

图 6-4　高级管理者职业能力测验结果

点评：被试者知人善任能力中等，对岗位特点有较强的认识，能客观评价下属，对下属能给予有效的指导和适当的激励，对下属的职业发展也有一定的考虑。

被试者的战略管理能力中等。具有主动进行战略规划的意识，能够关注企业战略成功的要素。能多角度考虑战略问题，执行战略计划的行动力较强。但在要素平衡上表现不足。

被试者控制与授权能力不足。能帮助与指导下属，但角色认知一般，安排任务的风格缺乏分工意识，对交付下属的任务不能进行必要的检查。

被试者建立伙伴关系的能力不足，具有发现伙伴关系能力，并能积极扩大伙伴关系网络，但在为建立伙伴关系而采取相应措施上的力度不够，不能谋求双方共同发展，缺乏与合作伙伴进行积极的交流。

4．个性特质测验

测验结果见图 6-5。

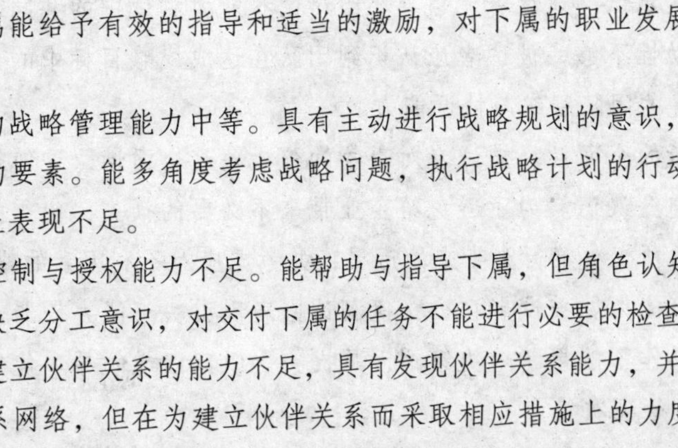

维度	活动性	社交性	冒险性	冲动性	表露性	理智	责任性
■	18	26	16	14	15	17	23

图 6-5　个性特质测验结果

点评：被试者乐于同他人交往，喜欢社会活动，在社交场合感到愉快，能够建立比较广泛的社会关系。有着广泛的兴趣，比较喜欢冒险，更容易接受新鲜事物，乐于从生活中寻找乐趣，遇事容易感情用事，富有同情心，有自我表现的欲望，情绪稳定性低。被试者工作积极努力，乐于行动。工作态度认真谨慎，稳重可靠，责任心强。注重现实，循规蹈矩，谨小慎微，在做出决定前会反复思考，考虑周密，计划周到，但可能对不利后果不会过多考虑。

总体评估

被试者的综合素质不具备企业高级管理者的素质。

优势分析：在测试过程中，被试者表现出一定的战略管理、知人善任、沟通的能力。

不足分析：综合被试者在全部测验中的表现，我们为被试者提出三点供参考：

（1）团队意识，被试者无领导小组讨论和能力测试中的共同表现为团队意识不强，主动性不够。被试者应认识到团队在达成战略目标中的关键性作用，需要增强自身的团队组织与协调能力。

（2）分析的全面性。被试者对事物的分析缺乏全面性，这使得往往对决策的后果缺乏充分认识。为了避免给企业带来不必要的损失，优秀的管理者在决策之前应能够预想决策行为带来的后果，并考虑应对不利因素的措施。

（3）决策能力。被试者在公文筐测试中表现出决策能力较弱，对于很多职责范围内的工作不能果断地决策，而是提交上级部门或领导。优秀的管理者应该具备良好的管理决策力。

发展建议

学习建议：建议被试者重点学习分析问题，以提高决策的有效性。通过学习来提升分析和决策能力。通过学习掌握对时间、数据、优势与不足、机会与风险等分析工具的运用，解读信息的本质，识别目标，对各种方案进行评估。

工作建议：建议被试者在工作中，对公司历史中的问题进行重新思考和换位思维，利用更多的机会分析公司的问题，提升自身的分析和决策能力。

4. 评价中心技术在职业经理人评定中的局限性

（1）评价中心技术要与其他方法相结合。评价中心技术适宜对被试者的能力指标、个性特征、动机与职业倾向进行测查，而不适宜对职业经理人应具有的知识与职业道德进行测查。所以在对职业经理人进行评定时，应形成以评价中心技术为主，以笔试（知识测查）与评定委员会评估（职业道德测查）为辅的评定系统。三者形成相对固定的评定程序。

（2）评价中心技术、笔试与评估委员会评估三者之间的权重不易确定。能力、个性特征、动机与职业倾向、知识、职业道德五项指标对于职业经理人的最终评定结果都会产生影响。评价中心、笔试、评估委员会评估三种形式的评定结果在职业经理人的最终评定结果中各占多少比例难以确定。我们曾尝试提出 5:3:2 的比例关系（即评价中心结果占 50%、笔试结果占 30%、评估委员会评估结果占 20%）。

（3）评价中心技术的专业考官比较稀缺，开发成本与施测成本比较高。由于我国人才测评产业起步较晚，专业人才测评师匮乏，加之情境模拟测验的开发成本与施测成本又比较高，所以市场能够承受评价中心技术的高价格有待进一步验证。评价中心技术的主要成本在于人工成本：测评专家需要在大量访谈分析的基础上确定测试指标，并根据测试指标进行题目开发与试测，另外在测试过程中需要多位专家根据被试者在过程中的表现进行记录并评价，最后还需考官出具测评报告。根据我们已经取得的经验，利用评价中心技术对职业经理人进行评定，其成本约为 800~1000 元/人（题目开发费用除外）。

（4）评价中心的流程相对复杂，测试时间长，可能会影响其被普遍使用。由于评价中心需要对被试者进行多项测试，所以占有时间较长，如果再与笔试和评价委员会评估相结合，占用时间将会更长，所以可能会影响评价中心技术在职业经理人评定中的普遍应用。有关测验项目、时间及测试方式参见表 6-6。

表 6-6　　测验项目、时间及测试方式列表

测验项目	测试时间	测试方式
个性测验	45 分钟	全体
职业取向、动机测验	40 分钟	全体
半结构化面试	60 分钟	单独
无领导小组讨论	70 分钟	小组（5~7 人）
公文筐测验	120 分钟	全体
演讲	30 分钟	单独

6.2.4　考官观察与行为记录

考官的观察与行为记录是除题目设计以外最关键的职责。我们知道，评价中心技术的主体是情境模拟测验，情境模拟测验是一种动态的测试方式，考官要在动态的过程中对被试者进行观察。由于测试的时间是有限的，考官要在有限的时间内观察与记录被试者所有的行为与有效语言是件非常困难的事情。

观察与记录是考官必须具备的基本功。测试之前考官要经过系统的培训，培训的重点是理解每个测试维度的内涵，熟悉题目内容。考官需要准确地了解被试者在测试过程中表现出的各种行为及行为类型。在情境模拟技术中，除公文筐测验和书面案例分析以外，其他的测试方式都是需要被试者阐述自己的观点，被试者“说”，考官“记”。据统计，正常语速下每分钟可以讲200多字，考官的记录速度显然没有那么快。因此，需要借助录音设备来辅助记录，考官只记录要点就可以。

考官记录的要点包括两项核心内容：行为与语言。行为是被试者在测试过程中展现出来的各种肢体动作或神态、情绪反应，如被试者在讨论过程中玩弄手里的转笔刀；被试者在发呆，游离于讨论之外；被试者直接反驳了成员的观点。这些都属于行为的内容。考官需要记录的语言是有效语言，所谓有效语言就是能够表现被试者态度、观点、认识、目的的语言。特别是在无领导小组讨论的过程中，被试者之间相互沟通频繁，交叉发言较多，考官要想完整地记录被试者的语言是件极其困难的事情，因此，考官必须知道哪些是有效语言、哪些是无效语言，这能够提升考官的记录效率。考官的记录要求完整，能够突出重点，但不能对其进行推断与评价，只应记录被试者客观发生的事实。

考官在记录的同时或测试结束后要对被试者的行为与语言进行分类，把所有的记录按照测试维度进行分类，将能够代表被试者某项素质的行为与语言进行归纳，然后再逐一进行分析，哪些是正面的、哪些是负面的，最后对被试者的每项维度进行分别评价。经验比较丰富的考官能够在观察记录的同时进行分类，案例经验少的考官则需要在测试结束以后进行逐条分类。

6.2.5 评价中心测试结果与报告

每个测试项目结束以后，考官都要先进行个人评价，即每个考官单独对被试者进行评价，然后再由主考官组织所有考官进行集体讨论，做出所有考官的一致性评价。考官进行单独评价时要按照维度进行逐一评价，评价应根据素质定义、评价标准、典型行为三部分内容对被试者在每个维度上的具体表现进行客观评价。

所有的测试项目结束以后，考官要根据每个被试者在所有单项测验中的评价结果对其进行综合性评价。在评价过程中要注意单项测试之间的成绩一致性，如果被试者的判断能力在无领导小组讨论中优秀，在面试中也优秀，而在公文筐测验中比较差，就说明可能是公文筐评价结果有问题，就需要对被试者的判断能力进行重新评价。

不同种类的评价中心对测评报告的要求也会各不同。基于选拔的评价中心对报告要求比较简单，只要能够说明被试者的素质特点就可以了。很多企业都不关注测评报告，他们认为只要告诉他们应该选择哪个被试者就可以了。基于培训需求分析的评价中心更关注每个被试者的素质不足，以及所有数据的统计分析结果，因为这项活动的目的是分析被试者需要接受的培训项目，因此需要比较详细的书面报告。基于能力开发与训练的评价中心对报告的要求较高，需要考官提出被试者每项能力的具体特点。例如，被试者的分析能力中等，具体为分析的深入性较好，掌握系统分析问题的方法富有逻辑性，但分析问题的全面性不足。基于绩效管理与能力诊断的评价中心对报告的要求也比较高。考官在对被试者进行总体评价的基础上需要说明被试者具备哪些优势，具有哪些不足，对被试者不足的素质要按照其对业绩影响的重要程度进行排序，并提出指导意见。基于能力诊断的评价中心报告需要说明到底是哪些素质因素对被试者的绩效水平产生了影响，这些因素的素质标准是什么。不同类型的评价中心报告重点不同，大家要熟练掌握以上每种类型的评价中心测评报告的特点。

6.2.6　评价中心测试结果反馈

前面我们曾经谈到，每种类型的评价中心受测试目的及其他因素的影响，对测试结果的反馈工作要求也有差异。基于选拔的评价中心只需要对内部被试者进行反馈，向被试者说明落选的原因及指导建议，使被试者认为这也是一次非常有价值的学习过程。基于培训需求分析的评价中心无需向被试者进行反馈，而基于能力开发与训练的评价中心对结果反馈与指导要求就比较高。考官需要对被试者的每项素质进行详细的反馈，并且将被试者需要提升的素质按重要性程度进行排序，然后说明提升的方法与渠道，反馈的形式是：第一轮是书面反馈与群体反馈，第二轮需要针对每个被试者进行单独口头反馈。基于绩效管理的评价中心既需要书面反馈又需要口头反馈，很多企业将反馈的过程与制定绩效改善计划的过程合并为一个过程，这种方式对于提高被试者的素质有明显的帮助。基于能力诊断的评价中心一般情况下要求进行书面反馈。

结果反馈过程的参与者包括主考官与考官，主考官负责主持反馈的过程，及时补充考官在反馈过程中遗漏的观点。考官则负责具体的说明。反馈者必须详细地掌握测试的所有数据与评价，能够用直白的语言将被试者的素质特点告知本人。基于绩效管理与能力诊断的报告反馈必须要有被试者的直接主管参与，其目的是及时地制定针对被试者的绩效改善技术，使后续工作落到实处，真正发挥评价中心技术在企业人力资源管理过程中的重要价值。

实践提示

1. 评价中心技术是多种测评技术的结合，它以情境模拟技术为主，以面试和心理测验为辅。

2. 评价中心技术中多种技术的应用取决于不同的测试目的，每种测试技术都存在一定的局限性，因此考官必须了解哪些技术适宜测试哪些维度。

3. 考官在测试过程中需要对被试者的行为表现进行观察与记录。考官必须了解测试维度的定义及维度构成。只有对维度有了一致性的了解，考官对被试者的评价才有可比性。

4. 考官观察与记录的主体是被试者的行为表现，是有关被试者客观事实的信息，其间不能进行任何主观推断或评价，而要进行整合性分析。

5. 不同目的的评价中心测试活动，对维度及结果反馈的要求也不同。比如在人力资源开发中应用评价中心，其维度要求必须是通过培训或指导可以提升的素质，并且结果反馈过程与培训建议必须同步提出。

本章小结

本章从介绍评价中心技术的起源与发展入手，向读者介绍了评价中心的测试原理与特点，重点强调了评价中心技术在人力资源管理决策活动中的应用价值，详细介绍了评价中心技术的操作问题和评价中心的实施程序，明确了对考官进行观察与记录的要求，及测评结果的反馈问题。

关键术语

- 测评师　Assessor
- S-R-T 模式　Stimulate + Representation + Trait
- （测评）方案设计　Plan Excogitation

- （测评结果）反馈　Feedback
- 行为记录　Behavioral Minutes
- 行为观察　Behavioral Observation

思考题

1. 什么是评价中心技术？
2. 评价中心技术的原理及特点有哪些？
3. 评价中心技术的主要工具有哪些？
4. 简述评价中心技术的实施过程。
5. 简述评价中心测试结果反馈的意义与特点。

阅读案例

蒙牛集团全球招聘新总裁

从 2005 年 9 月 27 日蒙牛集团宣布面向全球招聘新总裁以来，历经媒体发布、简历搜集阶段，而第三阶段对候选人进行考核选拔，也已完成三轮测试。其第三轮测试于 12 月中旬在北京举行，由著名的心理学家、中国科学院心理研究所研究员时勘博士担任主考官。至此，一直配合蒙牛集团进行总裁招聘的专业机构终于浮出水面。

“蒙牛集团面向全球招聘新总裁的整个工作过程中，一直有特聘的外部专家与我们全程合作。其间，外部专家主要负责具体的人才测评和试卷把关，保证我们的此次总裁招聘能严格按照国际通行惯例进行。由于这一轮的招聘选拔工作已进入到实质性阶段，因此由专家亲自坐镇。”集团人力资源总监张文如是说。

时勘博士目前承担着中央组织部、国家人事部和北京市“高层管理者结构化面试评价系统”、国家 921 工程“航天员心理选拔和模式研究”等重大科研项目，而此次蒙牛集团总裁招聘委员会聘请时勘博士担任蒙牛集团总裁招聘的专业顾问，协助制定总裁招聘工作流程，建立考核选拔方案。由此可见，蒙牛集团对于全球选拔总裁工作之重视以及其程序之严格。

据时勘博士介绍，由其担任主考官的蒙牛集团总裁招聘选拔第三轮测试，主要是根据对于蒙牛集团导致企业成功的总裁胜任特征模型的研究成果，通过公文写作、公文筐测试、职业人格、结构化面试、情境模拟等多层次的测试手段进行的严谨、细致的考核选拔，而这几种手段是目前国际著名公司以及国家各部委招考高级管理人才所采用的方式。据悉，通过前两轮筛选的候选人（7名）分别接受了上述测试。

在这几种测试方式中，所谓公文筐测试是模拟应聘者未来可能面对的真实的工作情境，由候选人扮演某特定的角色，在规定的时间内处理一批由文件、信件、备忘录、上级指示等组成的文件，根据自己的经验、能力、性格、风格来做出决定，从而测试其在模拟情境下的工作能力，以推断其在真实工作情境中的潜力和能力。而结构化面试是根据职位的胜任特征要求，运用特定评价方法、题库和评价标准，严格遵循固定程序，通过考官与候选人面对面的言语交流，测定候选人有关职业素质标准化的过程；在结构化面试中，所有的问题均标准化，通过考官较严密的逐项提问，由所有候选人回答同样结构的问题，考官根据被试者的回答，只能对提问方式和内容组合做一些变化，但不能对内容做任何随意的改动，而且评价标准和评分方法也是严格规定，不得随意变动。情境模拟是更具有挑战性的测试，它模拟一种工作或生活环境，通过无领导小组这种竞争性的情境，要求候选人在这种特殊情境下，通过与小组其他成员的竞争、冲突和合作的多种复杂情境，来客观考察应聘者的心理素质和潜在能力。通过以上多种测评方式，可以考察和测试到候选人是否具备大型集团总裁的胜任特征。

其实，蒙牛集团早在通过媒体宣布面向全球招聘总裁之前，就已经开始着手总裁招聘的准备工作。先是成立总裁招聘委员会，接着建立了严谨详细的总裁招聘工作流程，并在总裁招聘委员会的领导下设立总裁招聘工作小组，严格按照总裁招聘工作流程展开工作。

据蒙牛集团的人力资源总监张文介绍，蒙牛集团在一些国内外知名媒体对外发布面向全球公开招聘总裁的消息之后，截止到2005年10月31日，共有64名候选人报名应聘蒙牛总裁职位，这些候选人分别来自日本、加拿大、美国、法国、港台、内地的多个城市，大多为知名企业的高层管理人员。此外，蒙牛集团内部也有四位员工参与竞争。在11月中旬，通过资料初审的候选人应邀前往内蒙古呼和浩特和林格尔盛乐经济园区的蒙牛集团总部，候选者在参观了蒙牛集团的全球样板工厂、国际牧场以及蒙牛员工的生活园区之后，又通过企业文化讲师了解到了蒙牛的企业文化及其内涵。随后，蒙牛集团对应邀前来的候选人进行了第一轮的资格审查面试和第二轮的测评。之后，通过选拔的7名候选人前不久在北京参加了第三轮的考核选拔。通过第三轮考核选拔的候选人将参加第四轮的即兴演讲，而未通过第三轮考核选拔的候选人也会被邀请作为观察员的身份旁观第四轮的即兴演讲。

第三轮测试结束后，中国科学院心理研究所时勘博士课题组已经将候选人在测试过程中的表现获得的数据进行分析，并出具综合评价报告提交蒙牛集团，作为总裁选拔录用的重要的科学依据。

最后一轮蒙牛集团董事长、现任总裁牛根生将与候选人进行面对面接触，最终确定总裁人选。

资料来源：《蒙牛总裁得具备航天员素质？牛根生亲选接班人》，载于人民网，2006 年 1 月 11 日。

第7章

人才测评实施过程

本章学习目标

1. 掌握企业各种不同的人才测评的目的；
2. 掌握影响人才测评方案的设计因素；
3. 熟悉人才测评的各项维度；
4. 熟悉人才测评项目的实施过程；
5. 了解测评考官培训的必要性；
6. 了解不同测评目的的测评结果反馈的内容。

引导案例

东风汽车招聘引入人才测评技术

湖北省十堰市的东风汽车销售、零配件供应集团急需招聘新员工26人，招聘岗位包括总经理、总经理助理、部门经理、财会人员、销售员、门市接待员、仓库保管员等20余个岗位。该公司定于2004年12月9~10日两天在十堰开展选拔活动。

湖北人才网测评部门根据岗位分析确定了如下测评维度：岗位分基层、中层管理、高层管理三层；基层员工主要考核个性特征、基本潜能、职业倾向、职业适合性等；中层管理主要考核个性特征、言语理解能力、判断推理能力、管理潜能、管理常识、公文能力、观察能力、合作精神、组织能力、应变能力、创新意识、尽职能力、适应能力；高层管理主要考核预测性、主动性、影响力、灵活性、管理理念、尽职能力、决策能力、计划能力、组织协调能力、开拓能力、统筹能力。

根据以上测评维度，选择了以下测评工具并确定了测试时间：

基层员工：采用人机对话方式测评，测试方式包括 16PF 个性测试、职业适应性、人员综合素质测评。测试时间 90 分钟；中层管理：① 采用人机对话方式测评，测试方式包括 16PF 个性测试、职业适应性、管理人员综合素质测评（一个半小时），② 半结构化面试（半小时），③ 无领导小组讨论；（50 分钟）；高层管理：① 采用人机对话方式测评，测试方式包括 16PF 个性测试、职业性格、管理人员综合素质测评、领导能力结果测评（两小时），② 半结构化面试（半小时），③ 无领导小组讨论（50 分钟）。

测评方式及步骤：2004 年 12 月 9~10 两天招聘。9 日进行第一轮测评，在对一百余名应聘者经过人机对话（16PF 个性测试、职业适应性、人员综合素质测评），测评专家组综合评估测评报告和履历分析后，确定了仓库保管员、门市部接待员等基层人员 20 人，并选拔出了中、高层管理人员候选人 30 人；10 日上午，测评专家组对参加中、高层管理人员候选人进行半结构化面试，从中选拔出 16 人参加高层总经理的角逐。10 日下午，测评专家组对角逐高层总经理的 16 人分两组进行无领导小组讨论，最后确定了总经理人选。

测评结果与影响：被淘汰者看着科学量化的评估报告，心服口服。而被录用的人员在经过“过五关斩六将”的测评后，也感到聘上的这个职务得来不易，非常珍惜。目前，被录用的人员仍在岗位工作的有 85%。用人单位反映，经过人才测评技术选拔出来的人才比较稳定，工作尽职勤奋，上手快，容易沟通。

资料来源：湖北人才网。

7.1　明确人才测评的目的

几年前，一提到人才测评技术的话题，大部分人事管理者首先想到的就是，人才测评技术在招聘选拔中的应用。这个观点并没有错，但人才测评技术在企业人力资源管理过程中并不仅仅适用于选拔工作。实际上，人才测评技术在培训、绩效管理、能力诊断、职业规划方面都能发挥重要的作用，只是绝大部分人都还没有意识到而已。人才测评的作用我们已经在第 1 章与第 5 章进行过系统的介绍，在此不再重复。

1. 以选拔为目的的人才测评

选拔工作是企业人力资源管理的入口。选拔工作的质量（即选拔准确程度），将对人力资源管理的一系列问题产生直接影响。选拔可以分为内部选拔与外部选拔。内部选拔又以内部晋升、内部竞聘上岗两种形式体现。企业在进行内外部选拔时，可以考虑利用人才测评技术提升选拔工作的水平。人才测评技术能够帮助企业客观地测试职位申请者或竞争者的素质水平，通过考官将被试者实际的素质特点与岗位标准进行对比，就能发现最适合的任职者。人才测评技术在选拔中的应用，能够帮助企业尽可能实现人职匹配，提升人力资源配置效率。

2. 以培训为目的的人才测评

培训的目的是为了提升员工的能力与技能水平，改变员工的认识与观念，扭转员工对工作的态度，以增强企业应对外部变化的能力。人才测评技术在员工培训的过程中具有两个价值：首先，人才测评通过对员工现有素质的测查，能够发现员工实际具备的素质与岗位要求之间的差距，两者存在的差距就是员工需要的提升的素质，这是培训需求分析的过程；其次，人才测评技术中的情境模拟测验也是一种非常好的能力技能开发工具，比如公文筐测验、角色扮演等，都能够发挥开发、提升员工能力水平的作用。

3. 以绩效管理为目的的人才测评

现代绩效管理是一个基于企业发展战略制定绩效评估标准，对员工进行系统评估，从而发现员工在工作过程中存在的素质上的不足，并对员工进行反馈，促进其改善自身素质不足的过程。绩效管理通过对员工的评估，能够发现影响员工绩效水平的、个人的素质因素。这一评估过程通过利用人才测评技术显得更加科学与客观，比起以往单纯依靠主管评估或民主评议的方式也更加具有说服力。

4. 以能力诊断为目的的人才测评

在能力诊断中应用人才测评技术的原理与过程，与在绩效管理工作中应用人才测评技术基本一致。两者的区别在于，能力诊断的目的与绩效管理的目的不同。能力诊断更倾向于对内部员工进行素质盘点，以发现各个岗位的人职匹配程度。对于匹配程度较低、通过培训与开发难以根本改变的岗位任职者进行人员调整，对于匹配程度较高、通过培训能够进一步提高的岗位任职者进行定向培训开发。

5. 以员工职业发展为目的的人才测评

不同的员工有着各自不同的素质特点。不同的人格特点、能力倾向，对不同类型工作的敏感度也是各不相同。因此，人力资源管理者必须在充分认识岗位特点的基础上考虑任职者的职业发展问题。以人为本的企业强调员工与企业共同发展，尊重员工的职业发展需求。因而，在为员工提供职业发展建议的过程中，既要考虑企业未来的战略需要，更要考虑员工的人格特点、能力倾向、职业兴趣等影响员工职业成功的因素。人才测评在这一过程中能够为人力资源管理者提供这些信息。

6. 以雇员关系管理为目的的人才测评

雇员关系管理研究的是企业如何在实现自身战略的过程中与员工保持和谐的关系，体现对员工个性、需求与未来发展的尊重，充分认可员工的价值，依法保障员工的合法权益。由于企业在纷繁变化的市场环境中可能会按照各种战略模式发展，这就涉及到裁减员工的问题。在现实生活中，很多企业裁员的方法、标准都受到了员工及社会的质疑。虽然员工可以根据法律的规定获得补偿，但从企业的角度分析，单纯按照年龄、学历或入职时间为标准开展裁员工作，很可能会流失掉完全胜任工作但又缺乏外部供给的人才。人才测评技术能够帮助企业实现科学的雇员关系管理，让企业与员工处于和谐的动态发展过程。

7.2　人才测评的维度

7.2.1　知识

从人才测评的角度出发，我们可以简单地将知识划分为两类：业务（专业）知识与社会（管理）知识。（虽然这种划分方式遭到很多人的反对，但这是最简单明了的一种划分方法。）业务知识是对专业领域的事物了解的内容；社会知识是对社会的人际间、人与事之间关系的了解与把握程度。在人才测评中，往往侧重于对社会知识的考察，而对专业知识的考察则由该行业或领域的专家进行测试。比如：考官通过面试就可以判断出被试者是否具有管理知识，被试者的管理经验更多地体现在其处理问题时所表现出的行为和意识上。

7.2.2　能力

能力是指顺利完成某种活动所必需的，并直接影响活动效率的个性心理特征。能力存在于人的具体活动之中，通过活动表现出来。

英国心理学家斯皮尔曼认为，能力是由一般因素和特殊因素构成的，完成任何一项工作都是由这两种因素决定的。美国心理学家塞斯顿认为，能力是由许多无关的原始能力构成的，大多数能力的原始因素包括计算、言语流畅性、言语能力、记忆、推理、空间知觉与知觉速度。但是后来的研究表明，各种能力因素之间并不是缺乏联系、独立存在、单独发挥作用的，而是存在相互影响的。

人才测评技术能够测试的能力因素为数众多，在此我们无法一一列举。但我们可以举出一些比较有代表性的能力维度与大家分享。这些典型维度包括：

（1）计划能力：依据部门目标，预见未来的要求、机会和不利因素，并做出系统的规划的能力。能够分析各种信息所反映的问题、问题产生的根源以及各问题间的相互关系并据此确定工作目标、工作任务、工作方法和工作实施步骤的能力。

（2）组织能力：能够按照各项任务的重要和紧急程度安排工作次序，调配人力、物力、财力、信息资源，合理分工、授权并进行相应组织机构或人事调整的能力。

（3）预测能力：被试者对各种信息中相互关联的各类因素及总体形势的未来发展趋势进行准确判断并预先采取相应措施的能力。

（4）决策能力：被试者在解决实际工作问题（特别是解决重要且紧急的关键问题）时策划并选择高质量方案的能力。

（5）沟通能力：准确表达个人思想和意见，与他人进行相互交流的能力。

（6）分析能力：对事物能从宏观方面总体考虑；对事物能从微观方面考虑其各个组成要素；能注意整体和部分间的关系及各部分间的有机协调组合。

（7）理解能力：能够清晰、明了地理解、解释问题和表达思想。

（8）应变能力：在压力状况下调整、控制情绪及调整自我行为的能力。

（9）学习能力：借鉴、吸收各种新知识、新观点，并将其应用于实际工作中的能力。

（10）协作能力：和团体中的其他人一起协作完成任务，实现既定目标的能力。

（11）服从能力：遵从上级指挥行事，贯彻上级要求的能力。

（12）独立能力：能在没有同事协助的前提下独自开展、完成工作，独自解决工作中遇到的问题。

（13）控制能力：依据制度对下属执行的质量进行监督、检查，确保贯彻、落实的能力。

（14）协调能力：看清冲突各方面的关系；统一协调各方之间的人际关系及意见的能力。

（15）授权能力：根据组织规则明确下属的职责，并合理地分派各项任务的能力。

（16）员工激励能力：能觉察员工的顾虑、期望和需求，并使之与当前的工作要求和目标协调一致的能力。

（17）人际理解能力：了解他人的态度、兴趣、需求和观点；能够解释他人的非语言行为、了解他人产生情绪的原因。

（18）信息搜集能力：根据不同目的，利用有效的方法系统地搜集资料的能力。

（19）团队领导力：能够为团队设立共同目标，有效组织团队成员达到目标的能力。

（20）战略管理能力：具有主动的战略规划意识，能识别出组织的关键成功要素，能够有效地平衡各种因素（市场、人力、竞争）等，能从不同的角度考虑战略问题，综合考虑现实与未来、局部与整体之间的关系，明确战略执行的计划。

（21）知人善任能力：能够对下属进行客观的评价，既有优点也有缺点；能够根据下属的特点，安排相适宜的岗位，实现人职匹配。能根据下属的特点，在工作过程中进行指导或提醒，能信任下属，交办下属的工作要求其独立完成，并实施激励，增强下属自信，能考虑下属未来的职业发展问题。

（22）指导能力：利用专长对他人工作的过程进行建议、提出意见，进行有效帮助的能力。

一般能力因素也称原始能力因素，是能力的重要构成因素，在第 3 章已对其进行过介绍，这里不再赘述。

7.2.3　技能

“技能”一直是学术界颇有争议的一个概念。有专家认为，能力与技能是相同的，因为技能也是“一个人将事情做好所应掌握的东西”。但也有专家对此提出了反对的观点，认为技能是一个人对完成任务所使用的工具、设备设施操作的熟练程度或水平，如驾驶技能就是驾驶员对交通工具的操作熟练程度的体现。由于在人才测评领域需要对被试者的操作能力（即技能）进行测试的机会比较少，大多数情况都是对被试者“完成某种活动所必需的，并直接影响活动效率的个性心理特征”进行测试，所以我们姑且认为能力和技能可以等同而论。

7.2.4　个性特征

个性特征是一个人在不同的时间和场合所表现出的具有一致性和持久性的人格特点。很多国际经典的人格测验（个性测验），都是从人格的结构特点出发进行开发的。通过这些测验的测评维度，我们能够对各种个性特点有一个比较深入的了解。

1．个性特质测验区分内向型与外向型性格的维度

（1）活动性：高分–活动性–外向：特点为精力旺盛，喜欢各种活动，关注点转移较快，有着广泛的兴趣，工作积极努力。低分–非活动性–内向：特点为做事懒散，容易疲劳，工作效率低，更喜欢悠闲安静的生活方式。

（2）社交性：高分–社会性–外向：乐于同他人交往，喜欢社会活动，在社交场合感到愉快，能够建立比较广泛的社会关系。低分–非社会性–内向：只愿有几个知心朋友，喜欢单独活动，在社交场合会有局促不安的感觉，并会试图避开。

（3）冒险性：高分–冒险性–外向：比较喜欢冒险，更容易接受新鲜事物，乐于从生活中寻找乐趣，可能对不利后果不会过多考虑。低分–谨慎性–内向：喜欢熟悉的、安全的和有保障的生活或工作环境，有时表现出平淡无奇，缺乏新意。习惯安心于重复的生活或工作方式。

（4）冲动性：高分–冲动性–外向：有可能会凭一时冲动行事，经常心血来潮，并会匆忙做出不成熟的决定，通常表现得无忧无虑，会给人变化不定的印象。低分–控制性–内向：在做出决定前会反复思考，考虑周密，计划周到，习惯于循规蹈矩，甚至会有谨小慎微、瞻前顾后的表现。

（5）表露性：高分–表露性–外向：遇事容易感情用事，富有同情心，情绪表露在外，容易激动，有较强的自我表现欲望，情绪稳定性低。低分–掩饰性–内向：冷静客观，善于控制自己的思想和情感的外露。情绪稳定性高。情绪和情感受环境因素影响较低。

（6）理智性：高分–理智性–内向：对事物具有深入分析的习惯，善于思考清楚以后再行动，会经常性地自我反省。低分–缺乏理智性–外向：注重现实，乐于行动而不愿做过多思考。

（7）责任感：高分–责任感–内向：工作态度认真谨慎，经常给人稳重可靠、责任心强的印象。低分–缺乏责任感–外向：对各种事物漫不经心，不拘小节，缺乏社会责任感。

2．体现管理人员人格的维度（管理人员人格测验）

（1）支配性：爱冒险的、有竞争力的、大胆的、直接的、果断的、创新的、坚持不懈的、问题解决者、自我激励者。

（2）影响性：有魅力的、自信的、有说服力的、热情的、鼓舞人心的、乐观的、令人信服的、受欢迎的、好交际的、可信赖的。

（3）稳定性：友善的、亲切的、好的倾听者、有耐心的、放松的、热诚的、稳定的、团队合作者、善解人意的、稳健的。

（4）服从性：准确的、有分析力的、谨慎的、谦恭的、圆滑的、善于发现事实、高标准、成熟的、有耐心的、严谨的。

（5）正性情绪（又称正性影响力）：倾向于体验正性情绪，对自己感觉良好。高分个体：较社会化、亲切、友好；在工作上，更容易体验到正性情绪，对工作感到满意；更乐于和同事交往，通常在组织中和其周围的人群相处很好；通常在需要高社会交往的工作岗位上绩效较好，例如，销售部门和客户联络部门。低分个体：较少体验到正性倾向；与他人的社会交往较少。

（6）负性情绪（又称负性影响力）：倾向于体验到负性情绪，用负性的眼光看待自我和周围世界的人格特质。高分个体：更倾向于体验负性情绪和感觉到时间、环境的压力；更倾向于在工作上体验到负性情绪，感到压力；对自己和绩效要求更为严格，这种倾向使他们趋向于去提高自己的绩效；往往通过唱反调和指出议题的反面效果来使团体决策更为谨慎自制；他们可能在那些需要批判性思考和评估的位置，例如质量监测部门，有较好的绩效。低分个体：较少感受到环境中的压力；有较强的耐受力，能承担风险较大、容易受挫的工作；有时可能会过度乐观。

（7）开放性：个体有独创性，广泛接受各种刺激，有广泛兴趣，愿意冒险。它的对立面是思维狭隘，小心谨慎。在组织中，广纳性（开放性）往往被解释为有创造力和革新性的行为。

（8）乐群性：与他人相处融洽的倾向。乐群性是一个用来区分个体是否善于与人相处的人格特质。

（9）责任心：个体表现为认真、审慎和坚忍的倾向。

（10）内控性：描述人们相信命运、运气或一些外部力量对他们周围所发生的事情起决定性作用的维量，反映了人们关于自己对周围环境或身边所发生的事情到底有多大控制力的看法。

（11）自控性：人们试图控制自己在他人面前的行为方式的倾向。

（12）自信心：人们为自己和自己的能力感到自豪的倾向。了解自信心有助于在管理中对他人行为的理解。自信心会影响人们对活动和工作的选择。

（13）A 型人格：竞争型人格。高分个体（A 型人格）：有强烈的成就动机和竞争意识，并有强烈的紧迫感；往往有强烈的成就需求、竞争意识、紧迫感，较为急躁和有敌意；有一种要在较短时间做大量工作的要求；往往较难相处，A 型管理者比 B 型管理者更容易与其属下和同事发生冲突；不适合做需要大量人际间交流的工作；他们常常因为不耐烦而打断别人并帮他们续上后半句话；不是好的团队合作者，更适合于单独工作；他们急于看到结果，容易在长时段的项目中受到挫折。低分个体（B 型人格）：倾向于温和、宽容、放松；倾向于采取慢节奏，较为轻松随意的工作方式；适合于随意性较大、压力较小的工作。

3. 加州青年人格问卷（简称 CPI）（可参照第 3 章维度描述）

（1）CPI 测验中体现人际关系适应能力的维度。

- 支配性：测量领导能力、支配性及社会主动性；
- 上进心：测量个人积极争取达到某种地位的能力；
- 社交性：测量外向性、参与社交活动的能力；
- 自在性：测量一个人在个人与社会交往情境下的自在性、自尊性及自信心；
- 自尊性：测量自我价值感、自我接纳及独立思考及行动的能力；
- 幸福感：测量一个人烦恼与抱怨的程度。

（2）CPI 测验中体现社会化、成熟度、责任心及价值观的维度。

- 责任心：测量责任心、可靠性或事业心、道德感；
- 社会化：测量社会成熟程度、完整性及正直性程度；
- 自制力：测量自我调节、自我控制的程度；
- 宽容性：测量心胸的宽广、对人宽容、接纳的程度；
- 好印象：检测是否在制造良好印象，并关心别人对他的反应；
- 从众性：测量一个人与量表常模符合的程度。

（3）CPI 测验中体现成就潜能与智能效率的维度。

- 遵循成就：测量在集体创造活动中能起积极促进作用的那些兴趣和动机；
- 独立成就：测量在独立自主创造活动中能起积极促进作用的那些兴趣与动机；
- 智能效率：测量智能水平或精干性。

（4）CPI 测验中体现个人生活态度与倾向方面的维度。

- 心理性或共鸣性：测量一个人对别人的心理需求、动机和兴趣敏感的程度；
- 灵活性：测量思维与社会行为的灵活性及适应性；
- 女性化：测量个人兴趣男性化或女性化的程度。

4. 16PF 测验（可参照第 3 章维度描述）

（1）对被试者适应性与焦虑性产生影响的维度：怀疑性、紧张性、稳定性、敢为性、自律性。

（2）对被试者内向与外向特点产生影响的维度：乐群性、恃强性、兴奋性、敢为性、独立性。

（3）对被试者处事风格产生影响的维度：乐群性、稳定性、恃强性、兴奋性、世故性、敏感性、幻想性。

（4）表现被试者怯懦与果敢特点的维度：恃强性、幻想性、实验性、独立性、乐群性、有恒性。

（5）对被试者心理健康产生影响的维度：稳定性、兴奋性、紧张性。

（6）影响被试者专业成就的维度：自律性、有恒性、稳定性、恃强性、世故性、独立性、实验性。

（7）影响被试者创造力的维度：乐群性、智慧性、恃强性、兴奋性、敢为性、敏感性、幻想性、世故性。

（8）影响被试者在新环境中成长能力的维度：智慧性、有恒性、自律性、兴奋性。

通过以上因素分析我们能够发现，人格是由多种因素交互作用形成的。并且人格的各要素也不是孤立存在的，而是相互联系与影响，统一在一个有机的整体中，从而形成自己独特的人格特征。

7.2.5　兴趣

兴趣是指个体力求认识某种事物或从事某种活动的心理倾向，它表现为个体对某种事物、某项活动的选择性态度或积极的情绪反应。兴趣会直接影响被试者对某项工作的投入程度，因此，准确地把握被试者的兴趣同样可以提高人职匹配程度。人的职业兴趣大体可以分为以下几种。

（1）艺术兴趣：喜欢艺术性工作，如音乐，舞蹈，歌唱等。这种兴趣类型的人往往具有某些艺术技能，喜欢创造性的工作，富于想像力。这类人通常喜欢与观念而不是事务打交道。他们较开放、好想像、独立、有创造性。

（2）事务兴趣：喜欢传统性的工作，如记账、秘书、办事员以及测算等。这种人有很好的数字和计算能力，喜欢室内工作，乐于整理、安排事务。他们往往喜欢同文字、数字打交道，比较顺从、务实、细心、节俭、做事利索、很有条理、有耐性。

（3）经营兴趣：喜欢诸如推销、服务、管理类型的工作。这类人通常具有领导才能和口才，对金钱和权力感兴趣，喜欢影响、控制别人。这种人喜欢同人和观念而不是事务打交道。他们热爱交际、冒险、精力充沛、乐观、和蔼、细心、抱负心强。

（4）研究兴趣：喜欢各种研究性工作，如实验室研究人员、医师、产品检查员等。这类人通常具有较高的数学和科学研究能力，喜欢独立工作，喜欢解决问题；喜欢与观念而不是同人或事务打交道。他们逻辑性强、好奇、聪明、仔细、独立、安详、俭朴。

（5）技能兴趣：喜欢现实性的实在的工作，如机械维修、木匠活、烹饪、电气技术等。这类人通常具有机械技能和体力，喜欢户外工作，乐于使用各种工具和机器设备。这种人喜欢同事务而不是同人打交道。他们真诚、谦逊、敏感、务实、朴素、节俭、腼腆。

（6）社交兴趣：喜欢社会交往性工作，如教师、咨询顾问、护士等。这类人通常喜欢周围有别人存在，对别人的事很有兴趣，乐于帮助别人解决难题。这种人喜欢与人而不是与事务打交道。他们喜欢助人为乐、有责任心、热情、善于合作、富于理想、友好、善良、慷慨、耐心。

7.2.6 动机

动机就是引起、指引人们从事某种活动的内在动力，它可以用来解释或说明个体行为大部分的原因或理由。

1. 成就动机

成就动机是指人们发挥能力获取成功的内在需要，一种克服障碍、完成艰巨任务、达到较高目标的需要，一种对成功的渴望。它意味着人们希望从事有意义的活动，并在活动中获得完满的结果。

由于成就动机具有行为驱动作用，在智力水平和其他条件相当的情况下，高成就动机的人获得的成功更大、绩效更突出；喜欢接受挑战性的任务，希望达到个人的高目标。企业家和管理者通常有较高的成就动机。

高分个体：希望接受挑战性任务，并且喜欢将个人目标定得较高；喜欢对所发生的事情负责，例如，为他们自己设定明确的目标，并愿意为事情的后果负责，而且他们希望得到反馈；他们通常倾向于从事那些能满足他们强烈的成就需要的工作；常有很强的目标方向性，并趋向于选择中等水平的风险。低分个体：追求个人高目标的愿望不强；倾向于容忍自己的失败；喜欢较为轻松、没有压力的生活。

2. 风险动机

风险动机是指决策时敢于冒险，敢于使用新思路、新方法，不惧怕失败的动机。高风险动机的人可能过于莽撞，对可能的危险和损害估计不足，缺乏足够的大局意识和责任感，缺乏对失败的应变策略。低风险意识的人则过于保守、审慎，优柔寡断，谨小慎微，缺乏决断。

3．权力动机

权力动机是指人们力图获得、巩固和运用权力的一种内在需要，是一种试图控制、指挥、利用他人行为，想成为组织的领导的动机。高权利动机的人往往有许多积极有利的特征，例如，善于左右形势大局，果断自信，试图说服人；但权力动机过高的人也可能会成为组织中的危险人物，他们可能只顾及个人权力，在极端情况下会不择手段，不顾组织的利益，甚至危害组织。总的来说，权力动机是有价值的，一定水平的权力动机是企业管理者实现统率力的行为根源，但与此同时在组织中也要控制权力动机的无限扩张。

4．人际亲和动机

人际亲和动机是指人们建立、维护、发展或恢复与他人或群体的积极情感关系的愿望，其结果是引导人们相互和睦、关心，形成良好的人际氛围。亲和动机强的人能很容易地与他人沟通、交流，并且促进团队中积极的社会交往；他们富有同情心，容易接纳他人，减少冲突，避免竞争，有利于形成合作氛围。亲和型的领导受下属的接受和拥护，团队合作密切。但亲和动机过于强烈时也可能有副作用，如回避矛盾、害怕被拒绝，过于求同，忽视个性，甚至息事宁人，放弃原则。低分特征：缺乏朋友，不愿与他人交往，不愿接纳他人，无法与组织成员很好地合作，不适合担任社交活动。一般特征：看重友情，易于和他人沟通、交流、有同情心，容易接纳他人，有利于形成团队合作氛围，如果是管理者常会受到下属的拥护。高分特征：十分看重友情，喜欢与朋友分享痛苦和快乐，但易于回避矛盾，过于求同、迁就，甚至息事宁人，有时容易放弃原则，甚至护短。

5．面子倾向

面子倾向即看重面子问题，一方面维护自己的面子，另一方面为顾及情面而为他人留面子，不做自认为会使自己或他人丢面子的事情。

高分个体：力求受到他人的重视、赞赏、推崇，希望能在别人心目中占有重要地位及留下美好印象，从而在内心产生荣耀、光彩、神气、得意等愉快感觉；当他们知觉到不受他人尊重、在竞争中失败、暴露自己的缺点、失态、不受欢迎等，会在内心中产生难堪、困窘、尴尬、羞耻等不快感觉；为了防止丢面子或为了追求有面子的事，会表现出一些并非表里如一、名副其实的言行，目的是操纵留给他人的印象。低分个体：对人际关系、他人感受的敏感性较低；相对较为坦率，但可能会由于直接表达自己的观点而伤害他人；不在意他人对自己的评价，倾向于表现其真实感受。

7.3 明确人才测评的方法

7.3.1 根据测评维度确定测评方法

胜任特征理论对人力资源管理者全面测试被试者的综合素质特点，特别是对驱动被试者绩效产出的内驱力维度（价值观、动机）提出了新的要求。这就使得测评活动更具有针对性。前面我们已经系统地介绍过确定测评维度的方法，在此需要指出的是，人力资源部门或测评专家确定的维度可能缺乏完善。有两个方面的原因导致了这种局限性：首先，测试被试者对组织与岗位的适应性会受企业文化因素重要的影响，而大部分企业的企业文化都是仅仅保留在企业高管的头脑中，所以人力资源部门或测评专家对特定企业文化的理解可能与企业领导者存在差异；其次，任何岗位都处于一个动态性的发展过程，人力资源部或测评专家往往容易忽略企业对待测岗位职能变化的因素，从而造成测评维度缺乏准确性。因此，我们在确定测评维度时，必须与企业领导者进行深入的讨论与整合，尽可能地考虑到各种因素后再确定最终的测评维度。

人力资源部或测评专家在确定了最终测评维度以后，还要对所有测评维度进行分类。可以将其分成三个主要类别：知识类、能力类、内驱力类。每个类别又可以根据维度的特点进行二次分解，比如我们可以将能力维度区分为个人能力类与团体领导能力类。维度分类的过程实际是优化选择测试方法的过程。通过测评维度分类，我们就可以准确地选择测试技术。这需要测评方案设计者必须对各种测试形式与测试方法适宜测试的素质维度有着清晰的了解。我们简单地总结了测试形式与测试方法适宜测试的维度列表（见表 7-1，7-2）。

表 7-1　测试形式与测试项目、测评维度对应表

测试形式	测试项目	适宜测试的素质
笔试	知识测试、公文筐测试、案例分析、个性测验、动机测验、职业倾向测验	个性、动机、价值观、职业倾向维度
面试	模拟面谈、结构化面试	与沟通有关的能力维度
情境模拟	公文筐测验、无领导小组讨论、案例分析、模拟面谈、管理游戏等	实际开展工作能力的维度
计算机或网络	知识测试、公文筐测试、案例分析、个性测验、动机测验、职业倾向测验	笔试及部分情境模拟测验适宜测试的维度

表 7-2　　测试项目与测评维度对应表

<table>
<tr><th></th><th>测试项目</th><th colspan="2">适宜测试的素质</th></tr>
<tr><td rowspan="9">心理测验</td><td>卡特尔 16 种因素人格测验</td><td colspan="2">乐群性、敏锐性、稳定性、影响性、活泼性、规范性、交际性、情感性、怀疑性、想像性、隐秘性、自虑性、变革性、独立性、自律性、紧张性</td></tr>
<tr><td>管理人员个性测验</td><td colspan="2">正性情绪倾向、负性情绪倾向、乐群性、责任心、广纳性、内控性、自控性、自信心、A 型人格、成就动机、权力动机、面子倾向</td></tr>
<tr><td rowspan="2">加州青年人格问卷</td><td>人际关系适应能力：
支配性、上进心、社交性、自在性、自尊性、幸福感</td><td>社会化、成熟度、责任心及价值观：
责任心、社会化、自制力
宽容性、好印象、从众性</td></tr>
<tr><td>成就潜能与智能效率：
遵循成就、独立成就、智能效率</td><td>个人生活态度与倾向：
心理性或共鸣性、灵活性、女性化</td></tr>
<tr><td>动机问卷</td><td colspan="2">风险动机、权力动机、亲和动机、成就动机</td></tr>
<tr><td>需求测试</td><td colspan="2">生理需要、安全需要、归属和爱的需要、自尊需要、自我实现的需要</td></tr>
<tr><td>多项能力职业意向咨询</td><td colspan="2">语言能力、概念类比、数学能力、抽象推理、空间推理、机械推理</td></tr>
<tr><td>数量分析能力测验</td><td colspan="2">数量及数量关系的识别的分析能力</td></tr>
<tr><td style="display:none"></td><td colspan="2" style="display:none"></td></tr>
<tr><td rowspan="2">面试</td><td>结构化面试</td><td colspan="2">评估综合分析能力、仪表风度、情绪控制能力、应变能力和动机匹配性等</td></tr>
<tr><td>模拟面谈</td><td colspan="2">人际关系能力、理解能力、沟通能力、说服力、影响力</td></tr>
<tr><td rowspan="5">情境模拟测试</td><td>公文筐测验</td><td colspan="2">工作条理性、计划能力、预测能力、决策能力、沟通能力</td></tr>
<tr><td>无领导小组讨论</td><td colspan="2">组织行为、洞察力、倾听、说服力、感染力、团队意识、成熟度</td></tr>
<tr><td>角色扮演</td><td colspan="2">表达沟通能力和处理人际关系的能力、思维反应的敏捷程度、客户服务的意识、组织和计划能力、人事管理能力、领导力以及影响力等</td></tr>
<tr><td>案例分析</td><td colspan="2">分析能力、逻辑思维能力、独创性、说服能力等</td></tr>
<tr><td>管理游戏</td><td colspan="2">组织能力、理财能力、思维敏锐力、紧张情境下的效率、适应能力及领导力等</td></tr>
</table>

7.3.2　考虑多种因素设计测评流程

测评流程的设计会受到考官、评价方式与时间等多种因素的影响。实际上，测评流程设计也是一个整合人力与物质资源的过程。任何企业活动都会面临资源有限性的问题，在企业中开展人才测评活动也不例外。因此，如何在有限的条件下合理地安排测评活动也就成为人力资源管理者需要认真考虑的一个问题。下面我们对影响测评流程设计的有关因素进行分析。

1. 考官的因素

考官是人才测评项目能否取得成功的一个关键因素。在人才测评项目中，对考官的要求是比较高的：既要熟悉岗位的素质标准，又要对各种测试工具、方法的操作过程有清晰的了解，同时还要具备丰富的测试经验，对测试过程中的核心环节能够进行有效的掌控，另外还从知识的角度要求考官具有心理学、管理学及业务知识。因此，绝大多数企业都很难找到几位比较合格的考官。另外，我国专业的人才测评技术人员也是极度匮乏，这已经成为现今企业开展人才测评活动的一个重要障碍。因此，企业必须根据自身的实际情况合理地整合外部专家资源，让专家参与到测评过程中来，担当测评过程中的考官角色。

由于专家比较少，测试项目又比较多，因此测试流程可以根据考官配置的情况进行设计。流程设计者要将考官的时间进行完整的计划，确保时间被充分利用。根据专家人数、时间设计测评流程，这是我们在测评工作中面临最多的情况。其他的心理测试或笔试的项目可以不用重点考虑，因为考官没有必要参与笔试项目或人机对话的过程，普通工作人员就可以完成。如果专家需要参与无领导小组讨论的测试工作，我们对这个测试流程的设计如表 7-3 所示。

表 7-3　　测试流程表

	8:30~9:30	9:40~10:40	10:50~11:50
第一组（5 人）	无领导小组讨论	加州人格问卷	管理者职业能力测验
第二组（6 人）	加州人格问卷	无领导小组讨论	管理者职业能力测验
第三组（6 人）	加州人格问卷	管理者职业能力测验	无领导小组讨论

2. 评价方式的因素

学术界对人才测评项目的评价方式存在两种意见。一种认为，考官参与对同一个被试者所有项目的评价，能够相互利用各个测验的结果验证被试者在每个维度上的表现是否属于“稳定的态度或习惯的行为”，有利于考官对被试者进行一致性评价。另一种观点则认为，同一个考官不能参与被试者所有项目的评价，因为被试者在上一个测试中留给考官的印象会影响考官对被试者下一个测试项目中的表现进行客观评价。这种观点认为，可以让考官基于被试者在测试项目中的行为表现进行评价，而将印象评价、主管评价降低到最低。有的企业接受了后者的观点，对于此类企业的测评流程的设计，需要注意将考官进行分组（见表 7-4）。这种流程设计的特点是费时，对考官的数量要求比较多，测试成本比较高。

表 7-4　　同一考官不能参加被试者所有项目评价的测试流程表

笔试组		面试组	情境模拟组	
测试 A　40 分钟	测试 B40 分钟	测试 C　60 分钟	测试 D　30 分钟	测试 E　60 分钟
被试 A	被试 B	被试 C	被试 D	被试 E
被试 B	被试 C	被试 D	被试 E	被试 A
被试 C	被试 D	被试 E	被试 A	被试 B
被试 D	被试 E	被试 A	被试 B	被试 C
被试 E	被试 A	被试 B	被试 C	被试 D

3. 时间因素

测评项目在很多情况下受时间的限制都比较明显，因为要让企业将全部管理人员进行集中测试本身就是一件非常困难的事情。因此，人力资源部必须对测试流程进行详细的规划，全面考虑各种因素，做好充分的准备工作。某房地产企业有中层领导干部 30 人，公司计划用一天的时间对中层管理者进行能力诊断，要求人力资源部在一天完成，与公司的年终总结会结合起来。人力资源部邀请了 3 位测评专家与公司 3 位副总裁及内部测评师共 9 位考官完成了该测试任务。他们的测试流程设计如表 7-5 所示。

表 7-5　　测试流程表

	被试分组	9:00	10:00	11:40	13:00	14:00	15:45	16:00
地点：东一楼 133 室	第一组	A 组考官（讨论）	领导能力问卷	个性测验	公文筐测验		价值取向	测试结束
	第二组	B 组考官（讨论）	领导能力问卷	个性测验	公文筐测验		价值取向	
	第三组	C 组考官（讨论）	领导能力问卷	个性测验	公文筐测验		价值取向	
	第四组	领导能力问卷	A 组考官（讨论）	个性测验	公文筐测验		价值取向	
	第五组	领导能力问卷	B 组考官（讨论）	个性测验	公文筐测验		价值取向	
	第六组	领导能力问卷	C 组考官（讨论）	个性测验	公文筐测验		价值取向	

4. 测试的顺序因素

就人才测评的基本要求而言，单个测试项目往往都有非常明确的标准化要求。这里所说的标准化是指测评的一致性，测评条件的共同性。确保测试在同一条件下进行，能够对测评中的无关因素加以控制，从而使误差减少或降至最低。标准化的过程包括统一内容、统一施测、统一指导语、统一时间、统一评分标准、统一分数解释。在设计测评流程的过程中，应该注意标准化的问题，尽可能让被试者在同一时间进行统一施测。

从评价中心技术的工作原理 S-R-T 模式来说，可以通过对被试者施加行为刺激，观察被试者在特定情境中的行为表现，来推断被试者的素质特点。根据这一理论反思我们以往的测评活动可以发现，在同一测评项目当中，部分被试者参与测评的顺序是不同的。虽然这是由于客观条件造成的，但是这样一来也就存在一个问题，即所有的被试者不是按照统一的顺序进行测试，所取得的测评结果是否会对被试者的整体评价存在影响。我的问题基于两点：被试者不是在统一的时间进行参与相同的测验、被试者之间测验的顺序不同，不同测验对被试者施加的刺激强度也不同。被试者参加了一个简单测验以后再参加复杂的测验，与先参加复杂测验再参与简单测验对被试者每个测验的最终结果会产生不同的影响。因为如果被试者在复杂测验中表现不佳，很可能会对其自信心产生影响。而反之，先参与简单测验，被试者表现很好，就可能会对后面的测验项目更有信心。这是我们在实践过程中曾多次遇到的问题，所以在专家对这个问题还没有明确的解答之前，我们建议企业在开展测评项目的过程中，要注意让被试者按照相同的顺序进行测试，以保证测试活动的标准化。

7.3.3 测评方案的设计

虽然测评流程设计是测评方案设计的核心内容，但也还有其他一些因素需要在方案设计中进行通盘考虑，其中比较关键的就是考官与时间两个问题。

1. 确定考官与考官分组

测评方案设计最重要的内容之一，就是选择考官与考官分组。由于目前大部分测评项目都以评价中心技术为主，而由多位考官对被试者在测试过程中的行为表现进行观察与评价又是评价中心技术显著的特征，所以我们需要在测评方案的设计中充分考虑考官组合问题。前面我们已经介绍过测评专家资源匮乏，但是作为测评项目实施的基本保障，测评专家又是一个不可或缺的因素。

测评项目中的考官除测评专家以外，还包括企业中的高级管理者和人力资源管理人员。高级管理者能够从企业战略与文化的角度，对被试者与企业及岗位的匹配程度进行评估。人力资源管理人员能够准确地理解不同岗位所要求的典型行为表现。测评专家对于岗位素质维度与典型行为的对应关系、评估标准的把握、被试者行为的观察与评价有着丰富的经验。因此，这种考官构成方式能够从战略及文化、岗位素质标准、被试者的行为表现等多个方面对被试者的胜任特征进行准确、客观的评估。

如果企业采取大规模的测评活动，必须将所有的考官分成几个考官小组，则每个考官小组都由有上述三种考官构成。需要指出的是，所有的考官都必须接受施测前的系统培训。系统培训能够让考官准确理解岗位素质标准、典型行为、评价标准，促使所有考官使用统一的评价尺度对被试者进行评估。很多企业之所以对邀请的外部测评专家的评价结果持质疑的态度，很可能就是外部测评专家没有接受企业的考官培训，或者是企业根本就没有意识到应在施测之前对考官进行统一培训的问题。

测评方案要确定每组的主考官与考官，明确考官的职责，对考官的观察、记录与评价行为进行明确的规定。具体要求我们将在第 9 章中进行详述。

2. 时间计划

测评方案是开展测评工作的指导文件，因此，各种工作进度都要严格按照测评方案的规定实施。测评方案中需要考虑与时间有关的几个因素：测试时间、考官评价时间、数据处理时间、报告撰写时间、结果反馈时间。这几个时间因素是根据测试工作的进程顺序排列的。

（1）测试时间：测评方案要说明每项测验所需的时间。

（2）考官评价时间：每项测试结束以后，考官对被试者每项维度的表现进行单独或集体讨论的时间。根据不同的测试目的，选拔项目只关注被试者与岗位的匹配程度，所以考官只需要对被试者每项维度的成绩达成一致就可以了，因而评议时间短。与之相对，由于人才测评技术在能力诊断、绩效管理中的应用对结果要求比较详尽，所以评议时间也就比较长。

（3）数据处理时间：测试全部结束以后，根据不同的要求对测试数据进行处理的时间。心理测验要将被试者的答题卡输入计算机进行处理；面试成绩要进行统计；情境模拟测验的成绩也要进行计算。在设计测评方案时需要根据数据量合理地规划数据处理时间。

（4）报告撰写时间：考官根据被试者各项测试的数据对被试者的素质特点进行梳理，并写出书面报告所用的时间。

（5）结果反馈时间：根据不同的项目要求，将测评结果向被试者反馈需要占用的时间。

7.4 人才测评项目的实施

人才测评项目的实施包括：施测前的各项准备、选择布置测评场地、测评考官培训与施测过程的控制工作。

7.4.1 准备测评资料

在实施人才测评项目时，首先要准备测评项目所需的各种资料。这些资料包括：

（1）测试题目。考官提供给被试者的题目。单个测验的题目要单独装订，统一纸张规格（公文筐测验除外），统一编号。试题应在开始测试时发给每个被试者。

（2）答题卡。即要求被试者答题所用的专用纸或卡片。案例分析或公文筐测验项目需要考官提供答题纸，而心理测验则需要专用的答题卡，因为答题卡可以直接通过光电扫描仪直接输入计算机进行成绩统计。需要指出的是，考官要向被试者说明答题卡的使用方法及注意事项。

（3）评分表。评分表是考官记录被试者在测试过程中表现出的语言和行为的专用表格。测试结束后，考官要在评分表上对被试者的表现进行评价。

（4）草稿纸。考官要准备足量的草稿纸，以备被试者在能力测验、面试、情境模拟测验中的所需。

7.4.2 选择布置测评场地

我们在讨论每个测评技术的过程中都提及了场地的问题。每种测试形式对场地的要求基本一致：光线充足、安静、场地宽裕，色调温和，不能对被试者产生视觉刺激或空间上的压抑感。因为在一般的测评项目中被试者都要参加几个测试，因此在布置测评场地时必须要在每个测评室门外的显著位置上标明该房间测试的项目，如“面试室”、“小组讨论室”、“笔试”等。如果同样功能的房间不止一个，还要进行编号，以利于被试者快速准确地找到测试场地。如果人员条件允许的话，可以设立专门的引导员对被试者进行引导。

如果参与测评的被试者人数众多，建议设立“候考室”。候考室与测评室应保持一定的距离，避免由于人声嘈杂而对正在接受测评的被试者产生影响。

7.4.3　测评考官培训

前面我们已经谈过人才测评项目中考官的构成及各类考官的优势与不足。其实，考官培训的过程就是一个让考官准确理解岗位素质标准、典型行为、评价标准的过程，从而达到所有考官使用统一的评价尺度对被试者进行评估的目的。考官培训工作应由人力资源部门负责，可由人力资源负责人召集考官集中，向考官说明测评的目的、测试的维度（维度的定义、典型行为）及评价标准、施测过程中对考官的观察与记录要求、评价程序、出现争议的解决方式、对考官评语的要求、对测评报告的结构与内容要求。如果企业借助外界专家来完成测试过程，必须系统地向专家们说明上述内容，因为测评专家熟悉测试的过程与技巧，但并不一定了解企业对测评维度个性化的理解。考官评价的客观性与准确性决定着测试的成败。系统的考官培训能够有效地提升测试的信度与效度水平。

7.4.4　测评过程控制

1. 测试时间控制

由于被试者之间的在测查素质上存在差异，因此被试者答题的速度会有所不同，很可能会出现有的被试者在考官宣布测试结束后还没有答完所有题目的情况。因而，我们的建议是，对于笔试项目，考官在测试结束前 10 分钟、5 分钟应分别提示一次，以便被试者合理地控制时间。

关于测试结束后是否要求未答完的被试者马上停止作答，我认为应该区别对待。这种区别体现在测评目的的差异上。如果是基于选拔或内部竞聘上岗的测试项目，从公平、公正的角度而言，必须要求被试者马上停止答题。如果是基于培训和开发的测试项目，我认为可以让未答完的被试者继续答题，适当放宽时间要求。在心理测验中，如果被试者没有完整地答完题目，心理测验的成绩就无法统计，被试者的个性或能力特点就无法通过测验表现出来，从而就会为考官对被试者的综合评价带来难题。

2．考官评议控制

除心理测验和公文筐测验以外，每个测试项目结束以后，考官都需要马上根据自己在测试过程中的观察记录，对被试者的素质表现进行评价。首先由考官进行单独评价，然后进行集体讨论，对被试者的每个维度的表现进行定性评价。如果考官们对被试者的评价意见未能达成一致性意见，持不同意见的考官就需要互相陈述评价的理由，以及被试者在测试过程中的哪些行为表现可以作为行为证据，支持各自的评价意见。如果考官的观察记录存在差异，就需要调用录像资料进行取证，然后再讨论。

在企业测评实践中，由于被试者需要参与几个不同的测验或者测验人数较多，留给考官对被试者进行评价的时间比较短，因而就会影响考官们展开发表自己的见解。一般的处理方式是，如果考官能够基本达成一致，可以形成一致性的定性评价意见，考官的集体讨论就可以结束，然后即可由考官在各个维度上根据定性标准的分值区间独立打出分数。

7.5 测评结果反馈

测试结束以后，考官需要对被试者所有的测试数据进行整合，对被试者的综合素质做出评价。考官将最终评价意见反馈给被试者，向被试者说明其素质中的优势部分与不足部分，以及跟岗位素质标准存在的差异的过程，就是测评结果反馈。测评结果反馈能够满足被试者对自己测评结果的好奇心。通过考官向被试者说明其素质的特点，能够让被试者明确下一步学习的方向。测评结果反馈要求考官做好充分的准备，在反馈的过程中，将被试者的行为表现与其素质特点进行同步反馈，过程能够增强被试者对测评结果的认可程度。

企业开展测评活动的目的不同，对考官进行测评结果反馈的要求也不同。很多企业单是感觉测评形式与手段比较新奇，就在测试目的不明确的情况下盲目测试，结果造成测评维度缺乏针对性，测评结果缺乏说服力。实际上，也并不是所有的测评项目都需要反馈。表 7-6 给出了一般情况下需要反馈的测试项目及反馈的要求。

表 7-6 不同测试目的下的反馈者与反馈要求表

测试目的	反馈者	反馈要求
内部选拔（竞聘上岗）	考官与高级主管	向落选的被试者说明原因，说明被试者的素质与岗位素质标准之间的差异
培训需求分析	考官组	向企业相关部门进行综合反馈，说明被试者群体的特点
能力训练与开发	考官	被试者每项素质的特点，被试者的素质与岗位素质标准的差异，被试者在每项素质上应该改进的方向，并提出改进的方法
绩效管理评估	考官与直线主管	结合评估维度向被试者说明评估的结果，指出被试者素质中的优势与不足，并对被试者的不足提出改善建议
能力诊断	考官或直线主管	视企业的具体要求而定（提出工作建议或学习建议）
职业发展项目	考官与直线主管	与被试者沟通其在测试过程中表现出的职业倾向，适合的工作类型，需要提升的素质，自我开发的方向

实践提示

1. 组织的需求能够指导人才测评项目实施的全过程。因此，企业必须在测评之前，明确需要利用人才测评活动解决哪些问题。

2. 测评维度的确定既要考虑工作分析、胜任特征的因素，也好考虑企业文化的因素，因此，测评维度最好经过企业高层领导者的认可。

3. 测评结果的客观性受诸多因素的影响，但最重要的还是考官的素质。因此企业必须甄选并培训企业内部能够担当考官职责的主管，逐步建构组织内部的考官队伍。

4. 测评项目失败的原因有很多，许多看似完美的测试过程，其测评结果同样受到了质疑，这是因为，所有参与项目的测评考官没有在项目开始之前统一认识。需要考官进行提前统一的内容包括：测试维度定义、维度构成、评价标准、认识典型行为等。

5. 如果你能够掌握开展人才测评工作的各种目的，你就已经具备了说服老板在人力资源管理过程中应用人才测评技术的能力。

6. 我们再次将卡特尔 16 种人格因素测验、加州青年人格问卷对被试者的个性、价值观、创造力、适应性、成就潜能的测试作用做了重申。可以将其与胜任特征理论中内驱力因素进行结合考虑。

本章小结

本章的特点在于，对测评项目实施过程中的每个关键控制点进行了分别阐述，让大家能够逐步清晰地认识人才测评的操作过程；重点介绍了人才测评的各项目的，换言之就是企业面临哪些问题时可以采用人才测评技术；从被试者的知识、能力、技能、个性、兴趣、动机六个对绩效产生关键影响的素质群，对测评维度进行了介绍；阐述了根据测评维度选择适宜的测评方法的原则，强调了测评方案设计需要考虑的相关因素；介绍了测评项目实施过程中的资料准备、场地布置、考官培训、过程控制四个要点。

关键术语

- 测评目的　Assessment Objective
- 测评维度　Assessment Dimension
- 测评方法　Assessment Technology
- 测评程序　Assessment Procedure

思考题

1. 测评的目的对测评维度有哪些影响?
2. 测评维度有哪些类别?
3. 测评维度与测试方法之间的关系是什么?
4. 如何开展测评方案设计工作?
5. 测评考官培训的作用与内容有哪些?

阅读案例

测评在诺基亚员工发展中的有效运用

“教一只火鸡上树，不如直接找一只松鼠。”诺基亚人力资源经理刘大维有着深厚的心理学背景。说起测评，诺基亚不可不提。测评不仅是运用在诺基亚的招聘面试过程中，在员工发展中也得到了有效运用。

为什么运用测评

（1）员工发展始于清晰的自我认识。测评的目的之一是员工发展。而员工发展的出发点，很大程度上依赖于员工个人的自我认识。然而很多时候这种认识是有偏差的。在企业环境下，发展不是一件简单的自我完善的事情，需要自我完善加上适应公司的发展，很大程度上取决于双方。如公司的行为规范、对领导力的要求、职业生涯的规划等等。

（2）在工作模拟中有效预测员工绩效。究竟什么人能够继任领导人，什么人才能够胜任重要岗位？这可以通过测评发现谁更具潜力，通过一些个体在模拟情景中的表现，往往是最有效的指标。

（3）及时反馈有效信息和远景。从测评的角度来看，会有很多的观察者，大家要评论你这个人，给予多方面的反馈，提供很多有效信息。你可以在很大程度上非常清楚自己实际是一个什么样的人，而别人如何知觉你也是非常重要的。这样，就很清楚周围的人怎么看你，因为团体对你的工作影响是很大的。

（4）构建公司与个人发展的桥梁。HR 在把公司的一些理念、价值观、领导力的要求，带到个体身上的时候，很大程度上是具体行为的一些体现。把公司的价值观和个人的行为联系起来，使员工能够从个体角度触摸到个人是什么样的。通过测评可以传递公司理念，给员工非常重要的帮助。

如何开发你的测评系统

（1）建立资质模型——价值观、领导力框架。要想做评估，首先要有一个标准，一方面是关于领导力的问题，另一方面是让员工有一个共同的平台。再者你要把期望传递给员工，如果没有一个很好的框架就很难，很大程度上会很抽象，难以落实到行为的改变。

（2）选择测评工具——有效的、低成本、简便可行。每个工具都有其出发点，选择一个测评工具，需要考虑很多问题。如成本问题，是买工具自己做还是请人做，是在线做还是采取别的方式，哪种操作更简便易行。测评工具必须与员工关联，便于员工了解公司文化及将来职业生涯的发展。

（3）培训评价者/反馈者的技能。另外还要考虑实际操作，是否打算把测评作为一个程序、产品，在公司建立一个完整的体系。人员无论是外请还是内包，都要保证提供的专业水平能够维持在一定高度上。

（4）统一的系统和流程。在欧洲，对测评有很多法律要求，如对测评目的、使用权限等都有明确规定。虽然目前在中国法律并不完善，但诺基亚也非常看重全球标准，并不因为中国法律没有就不要求。因为这首先是公司的一个体系，员工经常流动，到芬兰公司就不一样了。这些都要加以考虑。

（5）使系统更有效。如果你做这个测评，确实为你的职业发展提供了一些好处，是你的整体水平提高了呢，还是说你通过测评提供得更好了呢？测评系统从长远角度来看，就必须证明其有效性，得拿出一些证据来，如通过这个测评系统帮助的人，最后的职业发展也超乎期望。这实际上就是很大促进。

诺基亚领导力发展系统

诺基亚的 360 度反馈系统效果运用在领导力发展方面，收效还是不错的，这都基于：

（1）诺基亚的领导与管理。从领导的角度来讲是基于诺基亚价值观的领导，从管理角度来讲，是基于事实的管理。希望诺基亚的领导通过管理之间的一个平衡，来为诺基亚创造一个特别好的工作环境，所有的员工都可以在这个环境当中为公司做贡献。

（2）能力与行为。激励、协作、辅导、执行、评估等等，这几方面是类似于能力体系的概念，基于诺基亚价值观的领导就是能够激励大家，能够在工作环境当中很好地协作，同时能够给员工很多的辅导。行为则就是具体到设立目标是以销售额还是以客户满意度为基础等等。在诺基亚需要保证能力与行为两方面的平衡。从测评角度来讲，仅有这些还不够。从管理者的角度来看，由于管理范围、业务数量都不太一样，具体要求是不太一样的。但对不同层级的领导者要求是一样的，价值观与事实之间的平衡，对不同水平的领导者，越往上越严格。

（3）评价者互动。什么是一个好的团队领导，各家公司标准不一。在诺基亚，如果公司说积极主动、创造力、双赢心态等五项维度是重要的，这就成为测评或反馈的一个标准，反馈给员工一个感觉：这是一个行为维度。假如你在这方面评估不好，你就会被问到，什么事情造成别人这么评价？或是在一些工作情景模拟当中，你想做得有多细？也许大家面临的问题不太一样，你可能沟通比较多，但是非常严厉，所以结果不好。这样，评价者及时反馈给测评者信息，就会形成良性互动。

（4）网上测评工具的使用。诺基亚的测评系统大部分是在网上，也有纸笔的，网上测评工具相对使用率高一些。

面对的挑战

（1）业务环境在不断发生变化。其频率和方向也在挑战测评的有效性。有的变化你可能一辈子没见过几次，你了解人需要一些时间，你对所处的环境没有一个很好的判断，可能往上去，也可能往下去。

（2）对人的假设：选择还是发展？从测评角度来看，对人的基本假设也很难，有的人相信选择非常重要，人的发展余地很小，所以你要投入更多的精力。

（3）目标群：基层还是高层管理人员？诺基亚偏重高级管理人员，从 Seinor Manager 做起。他们向来都是比较成功的一些人，越是高层的人对反馈很惊诧，经常收到很好的效果。确实是给他们一些方向和挑战。

（4）评价系统：内部还是外部？根据需求，如何保持一个内部资源和外部资源的平衡。内部资源了解公司文化和历史，然而上手需要较长的过程。外部资源往往客户较多，对方可能过了一年不干了，再找新的，对公司也是一个很大的挑战。

（5）测评结果的使用，绩效还是发展？通过测评来评价员工绩效还是应比较慎重，运用在员工发展方面还是不错的选择。

资料来源：中国人力资源网，2004 年 2 月 23 日。

第 8 章

人才测评报告与应用

本章学习目标

1. 掌握什么是人才测评报告；
2. 熟悉人才测评报告的种类；
3. 掌握人才测评报告的结构；
4. 掌握撰写人才测评报告的技巧；
5. 熟悉人才测评报告的应用。

引导案例

测评，帮你“透视”人才

武汉凯迪电力股份有限公司是一家以环保产业为主的上市公司。2001 年初，由于业务的迅速扩展，凯迪急需大量的高级技术、管理人员，如项目经理、事业部主管、部门经理和技术人员等。经过董事会讨论，决定面向全国招聘高级管理人才。

通过媒体发布招聘信息后，全国各地共 3000 余人报名竞聘。经过面谈和材料审查，凯迪筛选出 300 多位应聘者作为候选人。但是公司发现如此多的应聘人数，如果继续使用传统的招聘方式，将很难达到预期的目的，而决策层又必须对这些人的基本素质和特征了解清楚，因为这些招聘岗位都肩负着重大的责任。因此他们决定聘请中国四达上海测评咨询中心，采用专业的人才测评技术，用更科学的方式完成这一项目。

解决过程

针对凯迪公司这一情况，中国四达上海测评中心设计了一个系统的测评解决方案，应用了多套自己开发的测评软件，并使用无领导小组讨论 LGD 技术、情景模拟（GAME）技术、专家面试等多项综合评价技术。由于测评项目多，测评手段比较全面，因此准确率相当高。测评自 2001 年 5 月 1 日开始至 7 日结束。紧接着，四达的专家们又用一个多星期的时间整理数据，并根据每个应聘者的测评结果，按照其应聘岗位，做出 1～5 级推荐，做出测评报告，为凯迪公司录用决策提供了重要的参考依据。前后共用了半个月的时间，完成了对这 300 名应聘者的素质测评工作。

凯迪公司在肯定第一次测评项目的成效后，又于当年 6 月下旬委托四达为公司内部中高层管理人员进行素质测评，目的是了解公司内部管理人员的素质状况。这一次，四达改变了测评方式，使用了“文件筐作业”、投射测评等评价中心技术。

由于前两次测评提供的结果报告和实际工作中的情况相当符合，凯迪公司更加了解和信任四达的人才测评技术。因此，在 2002 年 1 月，凯迪再次面向全国招聘人才时，第三次聘请四达利用人才测评技术为录用把关。四达专家组随着该公司部分高级管理人员远赴长春、武汉等招聘地点现场测评。这次测评主要采用了基本潜能测验、核心能力测验、个性测验、管理能力测验等人机测试系统，LGD、GAME 等评价中心技术，以及投射测评等，综合、全面地对 342 名应聘者进行了评定。

效果评价

凯迪董事长陈义龙先生说：“这些内容的测验与专家的综合评价及描述，使我们看到了每一位应聘者完整的个人档案。这样我们就能判断谁该录用，谁不该录用，谁放在什么样的岗位上更合适。

“我们从 343 位候选人中挑选 100 名被录用人员主要是参考了四达测评咨询中心的测评结果和专家们的综合评价与推荐意见。当时我们确定了原则：专家们的 4 级以上（含 4 级）推荐者 100%录用，3 级（不含 3 级）以下推荐者一律不录用。就在这个原则指导下，我们很快圆满地完成了对 100 个岗位的人才选聘。

“通过这一年的实践证明，我们公司 2001 年‘五一’期间的招聘工作是成功的。因为现在凯迪电力的绝大部分技术骨干、管理骨干、经营骨干都是这次招聘进入公司的，是他们加盟并在公司里发挥着巨大的作用，才保证了凯迪电力今天的快速成长。

“现在可以说，是四达人才测评中心帮助我们选聘了一批难得的优秀人才，也是他们帮助我们公司的决策层和管理层对‘人才’二字的科学理解。这对我们今后工作中科学的‘识人、育人、用人’是具有积极意义的。同时，对企业的人力资源培养和开发，提升人力资源价值是有积极帮助的。”

资料来源:《测评，帮你“透视”人才》，载于中国人力资源网，2004年6月4日。

8.1 撰写人才测评报告

人才测评报告是考官根据被试者完成的测试项目进行分析后写出的书面报告。不同的测评目的对报告的要求不同，不同的测试项目能够表现的报告形式也不同。撰写测评报告是对人才测评技术人员的基本要求。本节我们主要讨论人才测评报告的种类、报告的结构与撰写报告的技巧三个问题。

8.1.1 人才测评报告的种类

1. 个人报告与整体报告

从测评报告的对象而言，可以分为个人报告与整体报告。

个人报告是针对每个被试者参与的测试项目、测试维度、测试结果的说明。基于不同的测试目的，个人报告要求不同，报告的结构与内容也有所不同。但个人报告必须说明被试者的素质特点，以便于领导根据报告提供的信息进行正确的人力资源管理决策。

整体报告是在对同一组织被试者的素质状况进行统计分析的基础上，对该组织人员素质特点进行的说明，以及考官根据报告得出的结论提出的相关建议。整体报告对于企业的人力资源管理开发具有重要意义。

2. 单项报告与综合报告

从测评报告的项目而言，可以分为单项报告与综合报告。

单项报告是考官对被试者参与的一项测验所做出的分析说明，如16PF个性测验报告、管理能力测验报告等。

综合报告是指考官对被试者参与的所有测试项目的数据进行综合分析后，按照不同的测试项目或维度表述出来，并加以考官评价的综合性报告。综合性报告不仅能体现被试者在测评活动中参与的全部测验，还能够体现被试者在每项维度上的具体表现以及考官对被试者做出的整合性评价意见（如胜任程度）等。

3．选拔报告与开发报告、诊断报告

从测评报告的功能而言，可以分为选拔报告与开发报告、诊断报告。

选拔报告是考官为参与以选拔为目的的测评活动的被试者提供的报告。选拔报告重点体现了被试者的素质特点，及其素质特点与岗位标准的匹配程度，以便于决策者利用选拔报告决定最终人选。

开发报告是考官为以绩效管理、职业开发为目的的测评活动提供的书面报告。开发报告侧重于体现被试者的素质特点与岗位素质标准的差异，以及考官为被试者提出的素质提升与发展建议。

诊断报告是考官为能力诊断的测评项目提供的报告。诊断报告主要体现被试者的素质特点、与岗位的匹配程度、考官评价意见（多为对被试者的使用意见）。

8.1.2　人才测评报告的结构

测评报告的功能与对象直接决定着测评报告的结构。但除整体报告以外，其他针对被试者个人的测评报告的结构基本相同。一般情况下，测评报告包含如下主要因素。

1．基本信息

测评报告的基本信息包括：被试者姓名、编号、申请职位或现任职位，另外就是对测评活动的说明。测评活动的说明包括测评的背景信息、测试的目的、测评指标、测评方法等。例如，测评报告的基本信息如表 8-1 所示。

表 8-1　　测评报告的基本信息

被试者姓名	×××	担任职务	财务经理
工作单位	河北×××电厂	测评时间	2006 年 4 月 5 日
考　　官	张××、廖××、刘××	报告撰写	廖××

说明：公司人力资源部与河北人力资源开发研究会测评专家共同组织本次测评活动。测评活动的目的是了解公司中层管理者的素质水平，为中层管理人员的调整提供重要的参考信息。被试者分别参加了个性特质测验、职业价值取向测验、半结构化面试、无领导小组讨论、公文筐测验共五个测验。分别对被试者的个性特征、职业倾向、管理素质及能力进行了测查。

2．被试者在每个测验中的表现及结果

考官向被试者或其主管汇报被试者在每个测试项目中的表现及结果。这一部分的信息要体现量化指标与定性指标。另外，也可以将被试者的成绩与其他被试者的成绩进行比较。当然，这种被试者之间的比较不包括反应被试者个性特点的指标。例如，被试者在每个测验中的表现及结果如图 8-1 所示。

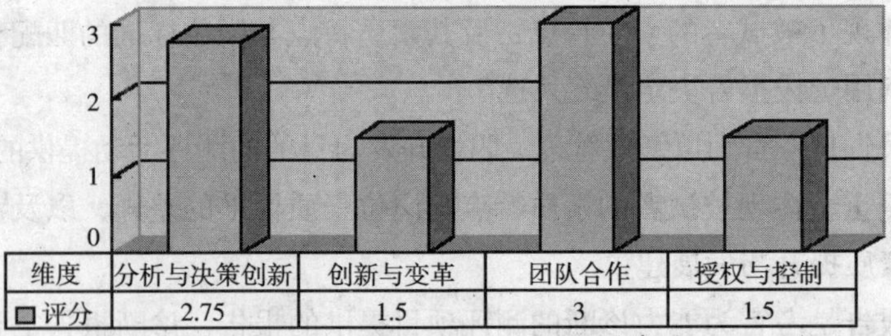

图 8-1 被试者在每个测验中的表现及结果

点评：被试者在公文筐测验中的表现如下：在决策过程中细心参考多种信息，善于发现合作的对象和机会，并采取果断措施。但对事务本质的认识程度需要加强，要能够通过表象分析背后的信息；要学会通过组织内部的职能分工、汇报路线解决问题，对下属的指示还需明确，并且要明确要求任务完成的时间或标准。创新与变革的意识以及对下属的控制力需要提升。

3. 被试者关键的维度表现

对被试者每个测验中的表现及结果进行分析是横向分析，而考官对被试者关键维度的分析则是纵向分析。所谓纵向分析，就是以每个测试维度为主线，依据被试者在每个测试项目中的表现进行独立的分析，主要应说明被试者每项素质的特点。比如三个测试项目都是对被试者的分析能力进行测试，但三个测试测验的重点不同，分别从分析的深入性、结构化及全面性进行测试。

也有测评专家强调，应从工作风格、个性品质（工作品质）、一般能力三个方面对被试者的特点进行概括，以有效区别各个被试者的素质特点。

- 一般能力：性格、品行。
- 个性品质、工作品质：积极性。
- 工作风格（管理特点）：个性与沟通、基本能力。

4. 胜任特征定量评价

有的企业建立了科学的胜任特征体系，并且总结提炼出了企业全员、职系与岗位的胜任特征模型。在岗位的胜任特征模型中，对任职者在每项素质维度上的等级都进行了明确的规定，并且每项素质的等级都是通过具体的行为语言进行表述的。这就为考官将被试者每个维度的行为表现进行定量评价提供了可能。在这一环节，考官可以将被试者每项维度的行为等级与岗位胜任特征模型进行直观比较，从而便于报告阅读者更加直观地发现被试者与岗位的匹配程度。

5．主要优缺点概括

这是对被试者进行综合评价的部分。考官在这一环节需要将被试者在各个测试项目中的表现、被试者在关键维度上的表现与岗位素质标准结合起来，对被试者进行以信息整合为基础的概括性分析。通过考官的整合，可以概括出被试者相对岗位素质标准而言存在的优点与缺点。被试者主要的优点与缺点均要分别罗列出来，并且对其优缺点均要按照从重要到不重要的顺序进行合理的排序。

6．考官建议

报告撰写人在进行上述综合分析的基础上还应为被试者提出建议。考官的建议可以分为推荐建议、工作建议与学习建议。推荐建议分为四个等级：非常合适、比较合适、一般、不太合适。工作建议是考官对被试者工作过程中应该注意的问题进行提示。学习建议是考官在对被试者优缺点进行概括的基础上，为被试者近期和长期的学习目标和学习内容、学习方法提出的意见。例如：

- 学习建议。建议被试者学习组织管理的相关知识，通过学习提升组织管理能力和决策能力，通过学习掌握组织成员的角色与定位、员工管理、调动员工积极性、组织发展的知识与技巧。
- 工作建议。建议被试者在工作中多参与管理决策任务，处理危机和冲突事件；对公司中过去存在的问题进行重新思考和换位思维，利用更多的机会分析公司的问题，提升自身管理决策能力。

8.1.3　撰写人才测评报告的技巧

1．好的测评报告具有的特点

（1）语句清晰、简洁、明了。

（2）语言便于测评报告阅读者理解。

（3）测评报告的内容富有逻辑性，结构简明。

（4）被试者的素质特点被清晰地勾勒出来。

（5）各个被试者被有效地区分出来。

（6）考官的评价观点前后一致。

（7）充分表现了被试者的素质特点与岗位素质标准之间的差异。

2．撰写测评报告的常用方法

（1）文字描述：采用定性的文字语言来描述或评价被试者的特点（最好在报

告中对定性文字进行解释）。例如：非常、比较、一般等词汇；被试者分析能力很强，理解他人观点的能力较强，但表达自己想法的能力一般。

（2）数字描述：采用数字来表现被试者各个维度的行为强度、行为频次或行为等级。例如，匹配程度（1~5 级）：5 级最适合、4 级比较适合、3 级基本适合、2 级不太适合、1 级不适合。

（3）表格表现：采用表格的方式来表现被试者各项维度的成绩。示例表见表 8-2。

表 8-2　　被试者各项维度成绩表示例

被试者	维度及成绩		
	计划能力	组织能力	协调能力
被试 A	2.5	3.5	1.0
被试 B	2.0	2.5	2.5
被试 C	3.0	2.5	3.5
被试 D	3.0	4.5	2.5

（4）图形表现：用条形图、柱状图、饼形图、折线图的方式来体现被试者的成绩水平。示例图见图 8-2。

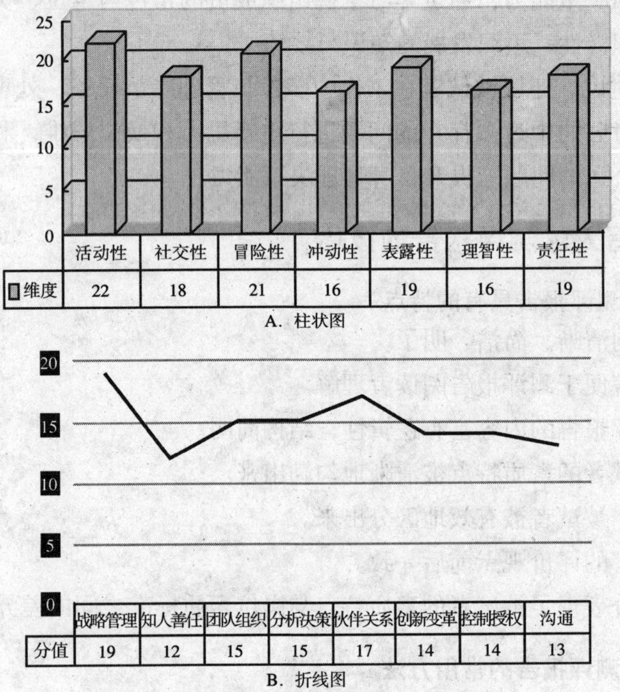

图 8-2　被试者成绩水平的图形表现示例

3．撰写报告要注意的问题

（1）报告的结构应该统一，应该包括基本信息、测验信息（定量评价、定性评价）、总体评价（优势素质、不足素质）、发展建议（针对不足素质提升的渠道与方法建议，包括学习与工作过程中应该注意的问题）。

（2）报告内容中的定量分析与定性分析应互相检验，如个性测验中数据与评语的明显冲突。

（3）检查评价观点是否前后一致：撰写报告的过程中经常出现对被试者某项维度的评价前后不一致的问题。导致出现这种情况的原因有两个：第一，成绩评价或统计错误；第二，考官对构成某项维度的要素缺乏理解。因此，考官必须对测试维度有深入的理解，对构成维度的素质剖面有全面的认识，对维度的行为表现方式有深入的理解。

（4）在面试、情景模拟测验的定性评价中要注意充分利用行为证据，避免只是简单地对素质定义进行堆积，评价要有说服力，而不是单凭考官的主观臆断。

（5）被试者的每项素质维度评价是否完整：考官对被试者每个维度的评价必须完整。由于每个维度都是由数量不等的素质剖面构成，每个剖面都有各自的评价要点，因此，在撰写报告的过程中，必须完整地收集每项维度的素质剖面的评价信息，不能遗漏任何有价值的信息。

（6）使用多种方法：一般在撰写测评报告时，对被试者的评价需要采用多种形式，可以选择使用文字描述、数字、表格与图形的表现手段。文字描述是最基本的表现方式，其他形式可以根据需要进行有机结合。

（7）语言清晰、简洁：测评报告要求使用的语言必须通俗易懂、语言简洁、明了，不能大量使用生涩、难懂的专业词汇；观点表达要求重点突出，富有逻辑性。

（8）突出要点，针对性强：测评报告的目的是向阅读者说明被试者的素质特点，便于其进行决策。由于不同的测试目的导致测试维度上存在不小的差异，因此，撰写报告必须以测试维度为中心，对于无关的内容尽量不要写入。

（9）内容复核：测评报告撰写完毕以后，要经过专人复核。复核人要判别报告撰写人对被试者的总体评价是否全面、准确，是否出现前后矛盾；然后要检查各项解释是否客观、适当，对偏颇之处提出修改意见；最后要对总体评价中不全面的内容提出修改意见。另外，复核还应该包括对报告行文、错别字以及标点使用正误的检查。复核人应当是具有丰富经验的人才测评专家，也可以是多人复核小组。如果是后者，可以按照复核方法要求的步骤，由多人穿插配合进行。

4. 测评报告需要备注说明的问题

（1）测验结果可能受被试者的心态或测试环境等因素的影响，还可能受测评考官主管臆断的影响，因此报告可能会存在测试或评价误差。

（2）报告只应对被试者在测评过程中的表现进行评价与分析。

（3）报告中评分标准的说明。例如：公文筐与无领导小组测验采用五分制计分方法，其中 4~5 分表示优等、3.5~2.5 表示中等，2~0 分表示差等。高级管理者能力测验采用 25 分制计分方法，25~20 分表示优等、19~11 分表示中等、10~0 分表示差等。

（4）报告的使用期限。例如：高级管理者的素质会随着时间的推移与经历的积累而变化，本报告只能说明被试者现阶段的能力特征。因此，本报告不具有长期性（一般为 2 年以上）参考价值。

（5）被试者未完成的测验处理说明。例如：如果被试者未完成全部测验或未在规定的时间内完成测验，则本报告仅供本人参考，考官不对其报告的客观性负责。

（6）谁来解释报告。例如：非项目委托人或被试者本人请勿阅读。报告应由专业人才测评师或心理学家进行解释。

5. 撰写无领导小组讨论的报告

报告要点包括：分析考官记录的典型行为；将行为进行维度分类；按维度整理行为记录；先表述行为记录，再进行考官评价；先表述积极的、正确的行为，再表述负面的、错误的行为。

范例

无领导小组讨论报告范例一

在小组讨论过程中，被试者对于绿野公司的现状进行了 SWOT 分析，深入地阐述了该司的优势与不足、机会与威胁，表明被试者具备系统的分析能力。根据分析所制定的三步走的计划表明被试者具备良好的决策能力。在讨论过程中，被试者展现出了对其他成员的感染力与成熟度。需要指出的是，被试者忽略了小组讨论本身需要小组成员共同完成工作任务的本质性要求。（可能是对题目的理解有误，考官进行了必要的干预。）对其他小组成员的关注程度有待提高。因此，被试者团队组织能力上的得分较低。虽然被试者在总结发言过程中概括了其他成员的意见，但在团队中其指导与协调作用的表现不是很明显。

范例

无领导小组讨论报告范例二

被试者在个人分析的过程中对董事会下达的目标进行了明确，对公司存在的人员、财务、产品三个问题与融资、销售、宣传三个机会进行了分析，并制定了先解决组织与人员问题、再解决产品技术问题，同时解决资金筹措问题与试验生产线建设问题的方案，表现出良好的战略管理能力与系统的分析能力，方案符合战略目标需要与可执行性。在集体讨论的过程中征求 2 号、5 号对生产线建设的意见，主动对两个方案进行风险评估，说明被试者具备良好的决策能力。在集体讨论过程中，被试者主动发表个人观点，对 3 号、5 号提出的问题进行了积极的回应，并建设性地提出可以先确定内部分工的建议，在 1 号、2 号、5 号、6 号发言的过程中认真倾听并进行书面记录；对 3 号提出的先开发技术的观点，通过推理进行说服，形成了对组织建设问题意见的统一；说明被试者具备良好的沟通能力。在集体讨论过程中被试者委婉地提出 3 号先开发技术的风险，保证了正确的讨论方向，邀请 6 号发表自己的观点，提示 2 号时间问题，说服 3 号形成小组对组织建设问题意见的统一，建议由 1 号进行记录，说明被试者具备较强的团队组织能力。但被试者在集体讨论过程中协调不同意见的作用缺乏行为表现，说明被试者协调不同意见的意识与能力还有欠缺。

6．撰写公文筐测验的报告

报告要点包括：明确每个文件的测试维度；了解每个维度的定义与评价要点；根据评分要点对处理结果进行客观评价，参考处理被试者的依据，进行维度评价；简述被试者的处理结果，进行维度评价，提出不足或错误信息，提出素质的不足。

范例

公文筐测验报告范例

被试者按要求对全部文件进行了处理。

被试者同意张文辞职处理，并安排王军进行谈话，说明被试者的分析能力不足。没有认识到张文辞职背后所隐含的公司人力资源管理问题的信息，表现出分析的深入性与全面性不够。被试者对投资失败的处理基本得当，要求追回损失，并制定弥补漏洞的制度，说明被试者分析的结构性较好，可以根据逻辑关系对事物进行分析推理。

被试者批示由张总处理泰国客户接洽问题，和由人力资源部对公共关系部副经理人选进行考察，批示由人力资源拿出具体的薪资改革方案并限期上报，说明被试者具备良好的授权与控制能力，具备丰富的管理经验，尊重企业内部职能分工，对下属布置任务能够提出明确的标准与要求。

被试者同意为定点生产企业付款，说明被试者有建立伙伴关系的意识，其处理依据说明被试者能够从长远合作的角度发现并建立伙伴关系，具备建立长期、稳固的合作关系的能力。被试者批示加快与常青基业公司谈判，并将谈判结果上报王总，说明被试者能够根据企业的利益诉求发现合作对象，并及时抓住建立合作关系的时机，说明被试者具备良好的建立伙伴关系的意识与能力。

被试者对客户管理改革文件的批示是让张总处理，表面是被试者尊重内部职责分工，然而对于文件中提出的自己主管范围内的培训与制度建设工作视而不见，说明被试者缺乏创新的意识与勇气。对薪资改革的处理是由王总决定，表明被试者对变革过程中的阻力缺乏应对的策略，总体而言，被试者的创新与变革能力有待提高。

7. 对被试者的总体评价

（1）先做定性评价。例如："被试者基本具备企业高级管理者的素质"或"被试者不胜任该岗位"。

（2）优点概括与分析。通过考官的综合分析与概括，将被试者在所有测验中表现较好的素质维度提取出来。被试者的优势素质维度必须要通过两种以上的测试方法表现出来。例如：

被试者在测试过程中表现出的战略管理、知人善任、创新与变革、分析能力、决策能力都非常优秀。在面试与公文筐测验中的表现表明被试者具有良好的口头与书面沟通能力。

（3）不足（缺点）分析。被试者的不足分析同样要通过不通的测试方法得到验证。对不足能力进行排序，最欠缺的能力放在第一位，以此类推。例如：

综合被试者在全部测验中的表现，我们为被试者提出三点不足：

- 听取他人意见。听取他人意见，对于高层管理者收集决策信息、提高决策质量会有很大的帮助；同时，听取他人意见能够增强团队的凝聚力与向心力。
- 对下属进行有效授权。被试者属于典型的"亲历亲为"型的领导，这种领导风格有可能会降低下属的工作积极性甚至会产生逆反心理。优秀的领导者很重要的表现应该是指导下属完成工作，而不是替下属完成工作。

- 团队意识。被试者在小组讨论、面试与公文筐测试过程中的共同表现是团队意识不突出，在管理工作中比较注重个人作用。被试者应该认识到团队在达成战略目标中的关键性作用，增强团队组织与协调能力。

8．对被试者的发展建议

考官在基于能力诊断或绩效管理的测评项目报告中，需要对每个被试者提出发展建议。发展建议包括培训建议与工作建议。

在培训建议中，考官要根据被试者素质的不足之处，帮助被试者确定：学习范围、学习目标、学习内容、学习渠道或方法。例如：

建议被试者重点学习团队管理与客户关系管理方面知识，通过学习掌握团队成员的角色与定位、团队组织与协调、调动团队成员的工作积极性、团队发展的知识与管理技巧，了解分工合作对于团队完成任务的重要性；通过学习掌握客户关系管理的方法与技巧，了解客户对于组织成功发展的重要性。

工作建议是考官根据被试者的素质不足，推断出被试者在工作过程中的工作风格，以及需要注意的问题，在工作过程中需要学习与提高的能力及方法。即：

- 针对被试者素质的不足提出在工作过程中训练的内容。
- 自我训练的技巧。
- 注意事项。

例如：

建议被试者在工作过程中，刻意安排和参加团队工作方面的活动，重点关注分工合作技能的训练，如开展某个项目，通过对项目的合理分工，控制每个团队成员的工作进程，成功完成任务，以此来提升自己的团队领导与管理技能。在建立合作伙伴关系方面，建议被试者列出本组织的合作伙伴的名单，进行分类管理，在选择合作伙伴时，掌握全面信息，根据企业的利益诉求不断扩大合作网络。

9．整体报告的撰写

整体报告首先将从统计的角度分析全体被试者的分数分布特点、离散程度以及样本特征；然后分析、比较不同职等、职系人员之间的差异，为企业了解员工素质和能力的构成、动机模式提供科学可靠的数据；最后由专家结合企业的实际经营情况和管理模式，对应已经确定的测评目的，对相关问题或现象做出讨论，解释差异的内涵，揭示问题的实质，提出专家建议。整体报告对组织管理的优化和发展很有价值，对加强人力资源管理的有效性也能提供很好的建议和参考依据。整体报告包括的主要内容有：所有测试项目的说明、团体测试结果分析、在分析结果的基础上对组织未来管理的建议。

8.1.4 人才测评报告范例

1. 个人能力评价报告范例

范例

个人能力评价报告

个人能力评价报告范例见表 8-3。

表 8-3　　甲先生个人能力评价报告

姓名：甲先生　　应聘岗位：副总经理　　总排名：第一名

测试项目	测试内容及满分		总分		排名
素质笔试	职业发展潜能（100）		71		第一名
	专业素质笔试（100）		84		第一名
英语测试	英语测试（50）		30		第一名
计算机测试	计算机技能测试（50）		30		第一名
结构化面试	思维决策（30）	经营意识、逻辑思维（15）	13.43	85	第一名
		开拓意识、创新思维（15）	12.85		
	团队管理（30）	人际协调、团队建设（15）	12.00		
		组织管理、督导控制（15）	12.43		
	职业素质（40）	职业性格、个性成熟（15）	13.29		
		知识经验、职业技能（25）	21.00		
总成绩		总分（400）	300		第一名
评分	甲先生综合素质高，有丰富的企业高管工作经验，思路敏捷开阔，逻辑性强。分析问题和解决问题能力强，善于把握问题实质，条理清晰，客观务实。甲先生对现代企业经营和管理方面的知识有较深入的了解，风险意识较强，若担任 Q 集团公司的副总经理，将有能力做好总经理的参谋和助手，提出客观、督导而有效的见解，为总经理出谋划策，推动公司进一步发展和成长。但甲先生自我意识极强，不太善于协调和妥协，并容易滋生情绪，因此在使用过程中应注意与他的沟通和疏导				

2. 综合报告范例

范例

高级管理者职业能力发展评估报告

被试者基本信息

被试姓名	陈利华	担任职务	
工作单位		测试时间	2006 年 4 月 29 日
主 考 官	申林	考　　官	廖江群 周又红
计 分 员	严燕	报告撰写	廖江群

测试维度说明

根据国家发展和改革委员会 2004 年 1 月 19 日批准并公布的《商业职业经理人执业资格认定规范》中对高级职业经理人的资格认定的有关规定，依据中国商业联合会确定的高级管理者八项核心素质开展本次评估工作（见表 8-4）。

表 8-4　高级管理者的八项核心素质

维度	评价要点				
沟通能力	主动发言	积极反馈	倾听意识	交流渠道	交流技巧
	在讨论过程中积极表达自己的观点，而不是被动地发表意见	面对他人的交流能够积极地给予回应，有行为、表情上的体现	认真倾听他人发言，记录他人观点，不随便打断他人说话	有效地运用正式与非正式交流机会和渠道，多层面展开交流	发言中有适当的动作，关注对方的反应，语言清晰，措辞得当
团队组织能力	邀请他人	商讨的态度	关注他人	强调分工	协调意见
	在讨论中扮演组织者的角色，具备邀请成员发表意见的意识	注意自我定位，不以明显优势压制别人，不按自我意志要求人	关注其他人的反应，发现团队中个人的特点，并采取积极措施	有分工意识，注意发现不同成员的优势，强调内部分工与合作	处于协调地位，发现各自的诉求，积极说服斡旋，带动完成任务

续表

维度	评价要点				
创新变革能力	创造力	独创性	发现变革机会	具体计划与实施	承受压力
	具有产生不同于前的新思想、观念、想法、程序等的创造性	提出解决问题采用新方法的独创性，并具有一定的推广价值	对所负责的领域需要做出调整或全新的转变有深刻的认识	有能力为变革方案制定具体的实施计划，能有效地管理变革方案的实施	在变革过程中能够承受各方面压力，坚持执行
控制授权能力	澄清角色	安排任务	帮助下属	检查工作	不越权
	进行充分沟通以便让下属掌握自己的工作角色、职责与工作目标	按照下属的职责范围交给下属应完成的任务，不是自己直接处理	在下属履行职责的过程中，帮助下属处理困难问题，提高工作水平	对交付下属的任务进行必要的检查，并告知其汇报方式与时间	按照组织机构或管理层次的要求处理问题，不越权
建立伙伴关系能力	发现对象	采取措施	积极交流	多元思考	扩大网络
	能根据个人或组织的需求发现建立伙伴关系的对象	能利用策略或采取有效的措施，达到建立伙伴关系的目的	与对象长期保持积极开放的信息交流渠道	可以从多赢的角度考虑与伙伴共同发展，而不是仅仅满足自己的目的	不断扩大伙伴关系网络，整合资源并服务于组织未来发展
知人善任能力	客观评价	分析岗位	过程指导	有效激励	职业发展
	具备了解下属特点的意识，能够对下属进行客观的评价，既有优点也有缺点	能够根据下属的特点，安排与下属个人特点相适宜的任务，实现人事匹配	具备根据下属的特点，在工作过程中进行指导或提醒的意识，并主动采取了行动	能信任下属，交办下属的工作要求独立完成，并实施激励，增强下属自信	根据下属的特点与组织需要考虑下属未来的职业发展问题，与是否晋升
分析决策能力	分析方法	参考信息	考虑后果	征求意见	方案评估
	分析目标明确，注重利用时间、数据、优势与不足、机会与风险等分析工具	注重收集多方面的信息，解读信息的本质发现新的信息，作为决策的参考	在决策之前能够预想决策行为带来的后果，并考虑应对不利因素的措施	在决策过程中主动征求各方面的意见，对收集的意见有正确的处理态度	能够根据目标考虑多种方案，并能够运用分析工具对各种方案进行评估

续表

维度	评价要点				
	主动规划	识别要素	平衡要素	多元思考	制定计划
战略管理能力	能够正确地发现、理解战略目标，依据目标考虑工作规划，工作方向明确	能够发现实现目标成功的必备要素，能够发现组织的优势与不足	能够根据战略目标与组织的实际情况进行取舍或平衡，放弃部分利益	能从不同角度、不同层面考虑战略问题，从人员、利润、时间角度考虑战略	依据战略目标、组织实际状况制定具备可实施性的战略执行计划

测验项目及其表现

被试者分别参加了个性特质测验、职业价值取向测验、高级管理者职业能力测验、无领导小组讨论、公文筐测验共五个测验，分别对被试者的个性特征、职业倾向、管理素质及能力进行了测查。

公文筐测验结果（如图 8-3）：

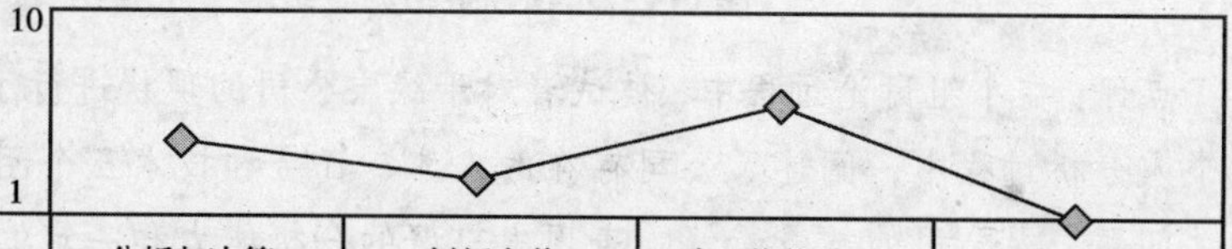

维度	分析与决策	创新变革	建立伙伴关系	授权与控制
—◇— 评分	2.25	1.5	3.5	1

图 8-3　公文筐测验结果

点评：被试者按要求对全部文件进行了处理。

被试者不同意张文辞职，认识到张文辞职背后所隐含的公司人力资源管理的问题，说明被试者分析到事件的真正原因，具有一定的深入程度，但全面性还需增强。被试者对投资失败的处理基本得当，要求对业务上的漏洞追查到底。这说明被试的分析具有较好的结构性，可以根据逻辑关系对事物进行分析推理。

被试者对文件四的批示为同意客户管理部牵头组织公司相关人员进行客户服务与管理技巧培训，表明被试者具有变革意识，并对变革工作进行了指导。对薪资改革的处理是同意改革，采取奖惩策略，但并没有可操作性的方案，对文件中提出的自己主管的培训与制度建设工作关注程度较低，说明被试者对变革工作给予肯定，但对变革没有提出制定的原则，缺乏具体的指导。

被试者同意为定点生产企业交预付款，说明被试者有较强的建立伙伴关系的意识，处理依据也说明了被试者能从长远的合作角度发现并建立伙伴关系，具备建立长期稳定的合作关系的能力。被试者批示同意与常青基业传媒策划公司合作，说明被试者能根据对企业的利益诉求发现企业所需要的合作伙伴。

被试者批示同意派人与该公司联系，但没有具体方案，被试者批示同意把王可提拔担任副经理；说明被试者能对下属工作进行指导，但没有对下属进行授权与控制，也没能重视企业内部职能分工。

无领导小组测验结果（见图 8-4）：

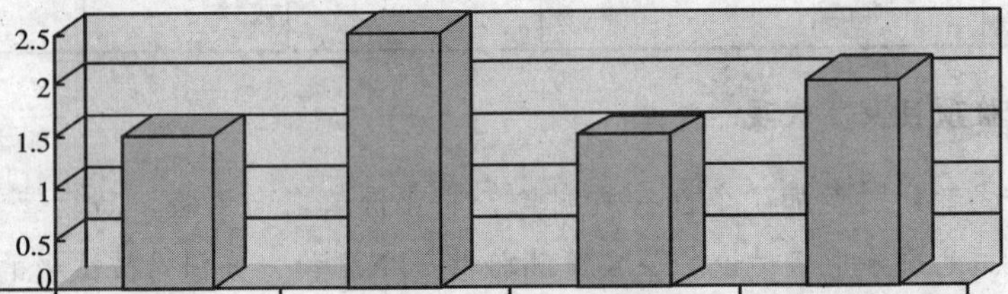

维度	沟通能力	分析决策	团队组织	战略管理
□ 评分	1.5	2.5	1.5	2

图 8-4　无领导小组测验结果

点评：在小组讨论过程中，被试者对于绿宝公司的现状进行了 SWOT 分析，在个人分析过程中，阐述了公司存在的人才、资金和技术三个问题并提出解决相关问题，对公司的前景看好，表现出较好的分析能力和一定的战略眼光。在集体讨论过程中，被试者表现较为被动，多次回避并拒绝 4 号的发言提议，对小组其他成员缺乏关注，缺乏感染力和成熟度，沟通能力和团队组织能力较差，这样使得个人观点没有充分展开，对制定团队方案的贡献不大。

高级管理者职业能力测验结果（见图 8-5）：

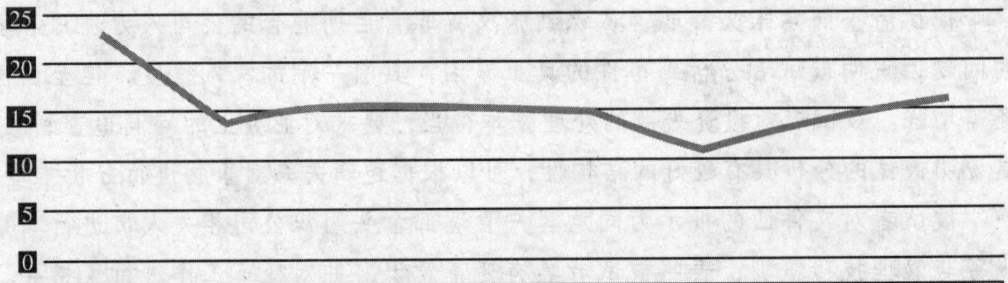

维度	战略管理	知人善任	团队组织	分析决策	伙伴关系	创新突破	控制授权	沟通
分值	23	14	16	15	15	11	14	16

图 8-5　高级管理者职业能力测验结果

点评：被试者的战略管理能力很强，具有主动进行战略规划的意识，能够关注企业战略成功的关键要素，可以对关键要素进行平衡；能多角度考虑战略问题，执行战略计划的行动力较强。

被试者的知人善任能力一般，能够深入认识岗位特点，客观评价下属，对下属能给予适当相应的激励。需要重点指出的是，被试者在工作中缺乏对下属进行有效的指导，对下属的职业发展考虑不足。

被试者的创新能力一般。能够实施具体的创新计划，但自身创造力缺乏，发现变革的机会和变革压力的承受力一般。

个性特质测验结果（见图 8-6）：

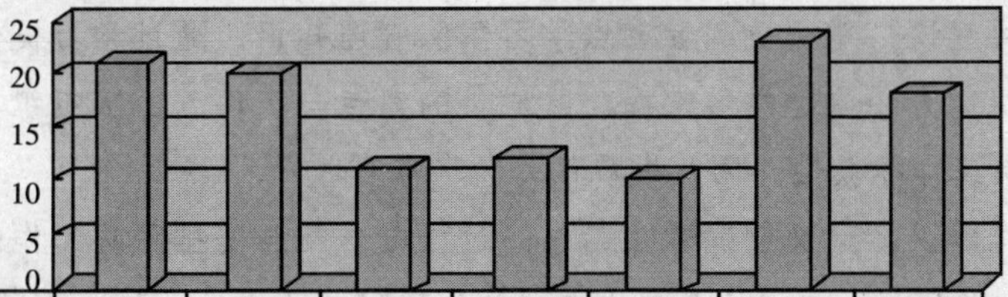

维度	活动性	社交性	冒险性	冲动性	表露性	理智性	责任性
得分	21	20	11	12	10	23	18

图 8-6 个性特质测验结果

点评：被试者精力旺盛，有着广泛的兴趣，乐于同他人交往，喜欢社会活动，在社交场合感到愉快，能够建立比较广泛的社会关系。喜欢熟悉的、安全的和有保障的生活或工作环境，习惯安心于重复地生活或工作方式，缺乏新意。循规蹈矩，甚至会有谨小慎微、瞻前顾后的表现。

被试者工作积极努力，工作态度认真谨慎，责任心较强。冷静客观，情绪稳定性高。对事物具有深入分析的习惯，善于思考清楚以后再行动，会经常进行自我反省。在做出决定前会反复思考，考虑周密，计划周到。

总体评估

被试者的综合素质表明不具备企业高级管理者的素质。

优势分析：在测试过程中，被试者在战略管理能力、建立伙伴关系能力上有较好的表现。

不足分析：综合被试者在全部测验中的表现，我们为被试者提出三点供参考。

（1）团队意识。被试者在无领导小组讨论和能力测试中的共同表现为团队意识较差，在团队中对他人缺乏关注。被试者应认识到团队在达成战略目标中的关键性作用，增强团队组织与协调能力。

（2）沟通能力。被试者在能力和无领导小组讨论测试中的共同表现为沟通能力表现不好，不能积极表达自己的观点，回避与他人的交流，缺乏倾听意识，不能有效运用交流机会和交流渠道。优秀的领导者应具备良好沟通能力。

（3）创新能力。被试者在公文筐和能力测试中的共同表现是创新意识不足，缺乏对创新细节的关注以及变革的应对策略。为了促进企业的可持续发展，优秀的领导者应具备良好的创新能力。

发展建议

学习建议：建议被试者重点学习团队管理知识，通过学习提升团队管理能力、组织能力。通过学习掌握团队成员的角色与定位、团队组织与协调、调动团队成员工作积极性、团队发展的知识与管理技巧。

工作建议：建议被试者在工作的过程中，刻意安排团队工作的内容，如召开会议讨论问题。在召开会议之前，首先列明自己的目标与注意事项。如将“会议过程中能够让成员充分的发表意见”作为目标，则自己需要注意“注意不要以自我为中心”。通过这种形式来提升自身的团队领导与管理能力。

8.2 人才测评报告的应用

8.2.1 内部申请者

倡导以人为本的企业，非常重视员工与企业的共同发展，注重为员工提供公平的晋升与发展机会。在人才测评的过程中，除了坚持公平、公正的测评原则以外，对内部申请者进行测评结果反馈同样可以体现企业以人为本的企业文化。一般情况下，都是由考官组对内部申请者进行测评结果反馈，因为员工可能对其主管缺乏信任。这种对主管的成见是在工作过程中形成的，申请者很难在很短的时间内改变自己的想法，因此让主管对申请者进行反馈会让客观的测评结果打折扣。反馈的内容包括四个方面：被试者参与测评过程的回顾、被试者的具体表现及优缺点概括、被试者实际的素质特点与岗位素质标准之间的差异、被试者未来改进的方向。考官必须保证双方反馈的氛围比较和谐，考官的观点客观、公正，这对于被试者理智地接受测评结果具有很大的帮助。

8.2.2　寻求能力改进的个体

企业基于绩效管理与能力诊断（仅适用于有培训价值的任职者）的目的是对个体的能力进行改进。员工在了解企业开展测评活动的真正目的以后，对测评结果往往会有很强的期待感。因此，确保测评结果反馈的及时性和有效性是非常关键的。对寻求能力改进的员工进行反馈，需要考官与主管共同参与，考官与主管在正式反馈之前必须就对被试者的评价达成共识。反馈的内容包括向被试者解释测试维度及维度的内涵、说明岗位的素质标准、被试者自我评估、考官反馈被试者各项维度的测试结果、提出发展建议五项内容。需要说明的是，被试者通过考官的介绍，一般情况下都能够对自己的特点进行比较客观的自我评价，考官可以在被试者自评的基础上进行补充与完善。主管参与反馈的价值在于，考官对被试者发展建议中的工作建议与学习建议跟其主管息息相关。如果客观条件允许的话，应由考官、被试者及其主管三方共同为被试者制定一个简单的能力改善计划。而这也就是绩效管理中为员工制定绩效改善计划的过程。

8.2.3　对企业领导者的反馈

考官需要将整体测评的情况对企业领导者进行说明，说明的内容包括：当前人事决策安排是否妥当或者职位申请者的测试情况。对领导者不能反馈每个被试者确切的测验分数，因为这可能会将领导者引入简单数字比较的误区。考官需要向领导者说明被试者的优势和不足分析，是为了更好地安排工作，实现动态的人职匹配。建议领导者重视根据每个被试者的特点进行激励与改进工作。考官还要说明被试者的素质特点与工作绩效之间的关系，建议领导者将测评结果与被试者的绩效成果进行整体考虑。

范例

评价中心总结报告

——一个理想的服务中心经理候选人

对 C 君的评价比起其他候选人来要高得多。他有四十岁了，外表端正、整洁。在评价谈访中，C 君来到评价员面前总是显得轻松、机智、对答如流，讨人欢喜。他陈述了现实目标的措施，对工作和公司显示了极大的关切，他受教育和工作的经历激发了他的动机和内趋力。举例来说，他在技术夜校毕业以后，每年还继续至少攻读一门课程，几乎不论到哪个组织工作，他都是或者曾经是承担了高级职员的职务，他的兴趣相当广泛。

在访谈中，他提到在目前的处境中有两点不甚满意。第一点，他感到自己没能使上层管理人员相信他的能力以及他的一些见解中的价值。第二，他感到自己花费在文书工作上的时间比起技术管理要多得多。

在“一对一”的练习中，C君表现得很融合。他对怒气十足的顾客来电处理得非常好。C君询问顾客的意见，当他去查找原始资料时，顾客握住电话不放，等待他的回答。显然，C君并不赞同顾客的意见，但他非但没有产生对抗情绪，反而显示了极大的智慧。最后C君同意带一个专家到顾客家里去，评价员认为C君对客户投诉电话的处理能力大大超过平均水平。

C君对“文件筐”和谈访掌握得也很好。可能讲话多了一些，但他从容不迫，泰然自若，在谈话中充满了自信。此外，在接待申请工作者的谈话中表现得不够理想。他利用不少时间作了准备，但没有做出系统的计划和组织，没把关系搞好。他没有做好对公司的宣传，没有发现申请者履历上的漏洞，也没有发挥领导作用。

C君通过四个无领导小组练习和两个管理学习游戏的评价，在每一个案例中，他的个人影响、群众关系、贡献的数量和质量都远远超过平均水平。他受到群众的欢迎，没有得罪任何一个人。他说话的时候别人都听着，同时他对别人的反应则总是很敏感。在一个案例中（解决一个问题的工作组），小组的另一个成员把他引入了困境，当他觉察以后马上给予帮助。在集体情境中他没有失败过，不论是评价员还是同事们都对他评价很高。

就领导能力来看，他的表现有好有坏。在制造公司游戏的开头，他感到混乱，不稳定。他理解得很慢，但当他认识到这个游戏是怎么回事的时候，他就变得积极了。他没有去领导小组，但帮助制定决策。在职员服务中心讨论中，他静悄悄地坐着一言不发。在对犯规处理的集体讨论中，他没有真正表示他的见解，表现得怕得罪人。在集体中他有短时间处在领导地位，但没有持续下去。在零售游戏中，他试图去领导，但小组的第二个成员感到游戏不太容易理解，第三个成员严格地独自进行操作。

在主管人实践的集体讨论中没能真正产生一个领导,C君说服两个人改变了主张。在财务分析的集体讨论中，他给小组提供了几点意见，博得同事对他的好评。

C 君在对人关系的敏感性评价中超出平均水平。在练习中没有一次得罪过人，即使在对待怒气十足的顾客上他也没有得罪过人——他对别人经常敏感，并考虑别人对他的评论。

C 君精通财务，他对情景熟悉得快，并能做出正确的决策。在经营割草机的财务分析上，他判断正确，反应恰当。在零售商店游戏中，他熟悉得很快，不怕担当一些风险。他对怒气十足顾客的电话处理得也很好，没有损失任何经济利益。在制造公司游戏中，他分析判断得也好，帮助小组得到高利润。他具有独到见解，带领小组转败为胜。

C 君在“文件筐”的 30 个文件中处理了 17 件，但处理得很深入。他过迟地觉察到自己已来不及完成全部文件。他解决了两个处在困境的下级人员的问题，注意到他们需要再受训练。他发现利用组织途径解决问题的方法，安排处理送上来的文件日期，懂得计划性的需要。他对问题总是处理得很好。

归结起来，他有下列特征：

优点

- 动机受到激发，要求上进；
- 显示了强有力的处理人与人之间关系的技巧；
- 群众关系良好；
- 机智；
- 一般来说经得起紧张；
- 管理技能良好；
- 精通财务；
- 有平均水平的智能。

缺点

- 缺乏良好的接待技巧；
- 对认可有高需求；
- 一旦下了决心，思想方式僵化。

对 C 君培训发展的建议：

对 C 君作为服务中心管理人员候选人的估计远远超过平均作水平。在顾问的关心和指导下，一年以内应该做好提升准备。要作一个周到的发展培训规划，保证他接触中心各方面的工作，让他接触一些区域的人员，使他理解服务中心颁布文件的根据。他需要招聘接待谈访和评价的经验，但一定要在严密的指导下进行，一直要等到他对接待工作有了领会为止。

范例

个人评价报告

一、基本情况（见表 8-5）

表 8-5　　张先生基本情况

姓名	张先生	性别	男	年龄	35	学历	双学士	专业	投资管理
应聘职位		总经理		现工作单位及职务		D 公司委托资产部总经理			

二、素质评价

1．职业基本素质

职业基本素质较好，尤其英语的理解运用能力十分突出。

汲取新知识能力很强，能够敏锐分析问题，判断十分准确。思维有时不够灵活。运用语言表达和交流思想的能力胜于对数量关系的把握，抽象逻辑思维能力不够理想。图表知识较为缺乏，理解图表含义有困难。

经济学专业知识基础比较扎实，专业知识具有较好的覆盖面。英语水平很高，运用英语进行交流的能力很强。

2．管理素质

管理素质良好，具有较强的管理能力和水平，熟悉企业运作和管理，敢于负责。决策果断，但有时显得比较冲动。

市场分析和风险分析能力较好，具有风险防范意识。具备必要的财务知识，财务分析能力较强。具有资金运作经验和良好的资金运作能力。具有较好的业务知识基础和运作业务知识解决问题的能力。

能够迅速准确地把握复杂事物的内在关系，从纷乱的现象中发现问题的本质，找到问题的症结；能够在综合判断分析的基础上权衡各种问题解决方案的后果，做出最优选择。

计划意识较强，做事具有明确的目标，能权衡事情的轻重缓急；十分重视设计实现目标的方法步骤，并能采取有效的方法手段促进目标的实现。

具有良好的组织能力。十分重视资源的高效利用和挖掘，会授权部属协调解决问题，具有利用部属之长的经验与能力，能够有效地调动部属的积极性。

在控制方面，尚能争取主动，预留余地，注意了解所采取的方案、行动或措施的后果，尚能重视成本和风险的监控，具有一定的风险意识。

注意协调各种矛盾和冲突，能够维护部属的团结和合作，个人利益与集体利益结合较好。

语言表达比较清晰准确，但条理不够分明，不能简明扼要、富有逻辑性地表达自己的思想。具有倾听他人讲述的能力，能明了讲述者的思想和感情，并做出迅速恰当的回应，多数情况下能实现与对话人的良好沟通。

3．人格特点

为人乐观，坦诚待人，乐于与人相处。有时由于过于重视人际关系而忽略组织目标。判断和处理所获信息，不能有效排出感情因素，决策带有个人好恶色彩。能够有效地执行既定的计划，完成目标。自信，能在紧张的环境中保持情绪稳定。

追求成功，但缺乏强烈的竞争意识。敢于承担失败的责任。对权力缺乏强烈的追求。具有强烈的亲和力，努力维持良好的人际关系。

三、测评成绩总览（见表 8-6）

表 8-6　测评成绩总览

测评项目	成绩	最低成绩	最高成绩	平均成绩	名次
专业考试	82.5	66.50	108.00	84.7500	5
英语考试	131	88.00	131.00	113.7500	1
英语口语	10	2.00	10.00	5.6250	1
无领导小组讨论	61	53.40	65.80	61.2875	6
文件筐测试	78	50.00	95.00	71.6250	4
面试	64.53	50.60	69.80	59.5281	3

四、单项测评结果

1．业务能力（见表 8-7）

表 8-7　业务能力测评结果

测评项目	成绩	最低成绩	最高成绩	平均成绩	名次
市场分析	44.62	37.6	50	44.64	5
风险分析	45.475	37.4	51	46.21	6
财务分析	22.6	16.6	44.4	28.425	7
资金运作	8	3	28.6	11.475	5

2．管理素质（见表 8-8）

表 8-8　　　　管理素质测评结果

测评项目	成绩	最低成绩	最高成绩	平均成绩	名次
计划	8	7	10	8.25	4
控制	22.6	19.8	26.4	23.425	7
组织	9	3	10	7.125	3
判断与决策	48.425	43	52.5	48.22813	4
表达与沟通	39.475	35	41.8	39.69688	6
协调与合作	22.4	16.8	24.6	21.125	3

3．人格特点（见表 8-9）

表 8-9　　　　人格特点测评结果

测评项目	成绩	最低成绩	最高成绩	平均成绩	名次
风险意识	7	3	10	6.875	4
求实精神	22.68	21.6	25.8	23.9475	7
责任心	13.6	13.6	16	14.75	8
人格魅力	23.7	21	25.8	23.8125	5
任职匹配程度	55.8	21	55.8	26.925	1

实践提示

1. 人才测评的目的决定着测评报告的结构。应用于招聘选拔与培训或技能开发的测评报告，存在结构上的差异。前者注重对被试者素质表现的描述与分析，后者注重在被试者素质表现描述、分析的基础上对被试者提出发展建议或工作建议。

2. 人才测评的目的决定着测评报告的内容。应用于招聘选拔的测评报告，侧重于按照岗位所要求的素质维度进行整合分析，并按照素质分类对逐个维度展开分析。应用于培训开发的测评报告，侧重于按照被试者在每个测试项目中的表现逐个进行分析。

本章小结

本章主要阐述了两个问题：如何撰写报告及如何应用报告。在第一节如何撰写报告中，对报告的结构进行分类，着重介绍了撰写测评报告的技巧，强调了综合报告的内容与表现形式。第二节简单介绍了测评报告如何对内部申请者、寻求能力改进的个体及组织领导者进行反馈的内容。

关键术语

- 测评报告　Assess Report
- 个人报告　Personal Report
- 整体报告　Integrated Report
- 选拔报告　Selection Report
- 开发报告　Development Report
- 诊断报告　Diagnosed Report
- 单项报告　Individual Report
- 综合报告　Comprehensive Report

思考题

1. 什么是人才测评报告？
2. 人才测评报告的种类有哪些？
3. 人才测评报告包括哪些内容？
4. 撰写人才测评报告有哪些技巧？
5. 如何对内部申请者进行人才测评报告的反馈？

第9章

测评考官的素质与培训

在前八章中，我们系统地向大家介绍了人才测评的概念、人才测评与人力资源管理的关系、主要方法、报告撰写等内容。大家基本上已经了解了人才测评的最要内容。在了解上述内容的基础上，在本书最后一章我们还要跟大家谈论一下人才测评中最重要的一个问题——测评考官的素质与培养。评价中心专家桑顿博士对于人才测评的事实有一个“评价中心技术能否成功的实施，关键在于评价员的素质与训练”的论断。我非常赞同这个观点，因此我将测评考官的素质与培训问题单独列为一章与大家展开讨论。

9.1 人才测评是人力资源管理者的必修课

随着时代的脚步迈入21世纪，企业的人力资源管理活动正在日益受到来自决策者的关注。原因很简单，企业面对复杂的外部环境只有永远处于动态的变革过程才能够永续经营。外部环境的变化带动企业赢利模式、企业间竞争格局与竞争形态的变化，从而也就必然要求人力资源管理战略随之发生变化。人力资源管理者必须从最早的模仿型向技术型、研究型及创新型转变。人才测评技术是人力资源管理者必须掌握的基本的技术工具。人才测评是人力资源管理的必修课。

9.1.1 应对企业竞争的需要

在经济全球化、区域经济一体化的今天，我们的企业所面临的竞争压力将越来越大。所以在成本控制、客户管理、产品研发、营销渠道等方面都需要优化配置、整合资源，以提升企业整体的竞争能力。但这一切努力的基础是企业必须有一支高素质的员工队伍。当前的人力资源管理管理者大部分都还只是“事务性主管”，只能临摹他人表面的管理形式，对于别人为什么如此确定岗位需求、制定培训方案，并不清楚个中缘由。我们从观念上必须深刻地认识到：人力资源部门同样是创造企业核心利润的部门！提高招聘与选拔的准确率，是为企业创造利润；制定符合客观实际的培训计划，将培训成果最大化转化到员工的工作过程，也是为企业创造利润；关注员工个体的绩效水平，有针对性地改善员工个体绩效，达到提升组织整体绩效的目的，还是为企业创造利润。竞争需要一支高素质的员工队伍，高素质的员工队伍需要懂得人才测评技术的专业性人力资源管理者来打造。

9.1.2　加强人力资源管理工作的需要

人才测评技术能够在战略人力资源管理中，帮助人力资源管理者对组织内部的人力资源管理状况进行盘点，进而确定内部人力资源供给量。在人力资源管理职能中，科学的人才测评技术能够帮助组织提高选拔的准确率；明确中高级管理者的培训方向与内容；使组织的绩效管理计划得以顺利的实施，绩效评估的结果更加科学、客观，具有说服力；全面提升组织的人力资源配置效率，在员工和企业之间建立动态和谐的劳资关系。因此，人才测评技术是人力资源管理者必须掌握的管理方法、管理工具。人力资源管理者学习人才测评技术是加强人力资源管理工作的必需。

9.1.3　个人职业发展的需要

据专家分析，目前国内专业测评考官不足千人。而每年社会对测评考官的需求量约在 5 万人左右。企事业单位招聘选拔、培训开发、绩效管理、职业管理都需要专业的测评考官；政府部门公开选拔领导干部也需要专业的测评考官；国有企业改制职工“竞聘上岗”还需要测评考官；大学就业指导中心对于大学生的就业指导工作更需要测评考官帮忙。因此，人力资源经理学习人才测评技术是社会未来发展的需要。

随着我国高等教育人力资源管理专业的成熟，“科班”出身的人力资源经理的数量激增。他们受过系统的人力资源知识教育，同样具备了良好的职业背景。这些人更多地“出身”于大家耳熟能详的企业。所以，特别是“半路出家”的人力资源主管们，更要考虑自己未来 3~5 年的职业竞争能力，而人才测评技术则应该是一个能够塑造人力资源经理的职业竞争力的有效途径。

9.2 测评考官的素质

阅读

测评考官的素质是影响测评产业发展的关键

国内的人才测评产业发展已经将近10年的时间，但是专业的人才测评服务机构仍是屈指可数。北京、上海、广州三地测评考官的人数数量不超过1000人，全国系统接受人才测评技术培训者不超过2000人。测评机构的赢利能力一直在低水平徘徊。制约中国人才测评行业发展的瓶颈有几点：

其一，国内缺乏专业测评考官。由于中国人才测评领域的研究起步比较晚，国内专业学科建设相对滞后。院校培养的人才水平又与企业面临的问题存在一定的差距。国内测评行业近年发展迅速，与专业技术人员的短缺产生供需矛盾。

其二，我国还缺少具有自主知识产权的测评工具。主要是国内的心理学家大部分都在搞基础心理学研究，对于应用心理学的关注比较少，加之科研成果转化的渠道不通畅，也形成了制约测评行业发展的主要因素。

其三，国内的企业对人才测评缺乏理性的认识。5年前大量基础的心理测验被企业所追捧。我们知道，单纯地根据一两个个性或动机测验决定员工素质并进行人事决策是相当不负责任的行为。这些测评缺乏科学依据的测评活动，给人才测评产业的发展带来了巨大的影响。

其四，测评行业的从业者素质令人担忧。曾任职于国际心理服务（IPS）有限公司的资深专家朱晓平博士在媒体采访中谈到关于测评考官的素质问题就提出了关键的两点：一是专业性，二是职业道德。恰恰这两点正是国内测评行业的从业者最欠缺的。很多的测评考官毕业后并没有真正地接触过企业，并不了解不同企业的管理模式、价值观、企业文化上的差异，设计的测评方案不能以客户的要求为导向，不能积极地为客户考虑。国内很多测评机构单纯地依赖某一套集合若干功能于一身的测评软件为客户提供服务，且不说题目本身的信度、效度如何，单就这种多个病人一副药方的做法只能属于学术庸医的范畴。其实这种普遍现象也从一个侧面说明了这些机构的经营理念与测评师的职业道德问题。

当然，科学客观的人才测评技术如情境模拟技术，既需要高昂的开发费用而且施测成本也比较高。这也是人才测评难以进入寻常企业的主要因素。好在目前如上海人才公司已经在情境模拟测试过程中开始借助 IT 技术，逐步地降低测试成本，使我们又看到了新的希望。

2005 年我们深刻地感受到人才测评热潮再次袭来。企业对人才测评的关注程度胜于以往任何一个时期。我国政府对于 WTO 的承诺开始兑现，很多行业已经完成过渡期，开始真正地参与到国际竞争中，加之国内消费市场变化的影响，企业的生存与发展环境正发生着巨大的变化。企业对人力资源的需求、对人力资源管理的需求也随之变化。对人才测评技术服务的需求同样也在发生着质与量的变化。

测评考官承担着服务社会或企业内部人力资源管理变革的重任，面对新的变化，测评考官应该具有哪些知识、能力、职业素养的讨论就显得尤为重要。测评师的素质是测评产业发展的关键，我们应该站在中国人才测评产业良性发展的高度，来探讨测评考官的职业素质问题。

资料来源：中国管理资讯网，2005 年 5 月 27 日。

9.2.1　测评考官及分类

1．何谓“测评考官”

所谓测评考官就是能够根据不同的测试目的，组织测评方案、合理地选择测评方法与设计测试题目；规范地实施测评过程，掌握各种成熟的测评方法的观察、记录与评价方法；按照测试目的有针对性地整合测评结果，撰写测评报告；同时辅助决策者进行人力资源决策的专业技术人员。

2．测评考官的分类

按照国际惯例理解，国外的人才测评工作大部分由两类人员完成：一类是咨询机构的咨询顾问，另一类是企业资深的人力资源管理者。从事人才测评项目工作必须要持有专业机构颁发的资格证书。国际测评委员会对此有专门的规定，中国心理学会也对心理测验使用者制定有相应的规定。我国从 2003 年开始探索对从事或开展人才测评工作的专业人员进行培训与认证工作。按照从事人才测评工作的人群特点，我们将“测评考官”划分为两类：职业测评考官与非职业测评考官。职业测评考官是针对专门的测评服务机构咨询顾问而言的，而非职业测评考官则是指机构内部经过专业培训承担人才测评任务的人力资源管理者。对这两类人的专业素质要求略有差异，职业测评考官必须具备编制、开发心理测验的能力与经历，而非职业测评考官则无需具备这个条件。

9.2.2 测评考官的工作内容

按照人才测评工作的一般特点，我们把测评工作划分为工作立项、方案设计、准备、测试过程、报告与反馈五个阶段。在这五个阶段中，测评考官需要分别完成不同的工作。下面我们就逐一介绍测评考官的工作内容。

1. 工作立项

工作立项是企业根据管理需要，基于特定的目的决定开展人才测评工作的阶段。在此阶段，测评考官需要帮助企业领导者明确人才测评的目的，通过系统的工作分析或胜任特征分析确定测试的维度。

测评考官这一阶段具体工作包括：明确领导者需要解决的问题、明确领导者对测评活动的价值期望、明确对测评工作的时间要求、工作分析或胜任特征分析、测试维度定义、合理分配各个维度的权重、建立各个维度的评价标准。

2. 方案设计

测评方案的设计包括测试流程的设计，能够根据测试维度的特点选择测试工具，选择、开发适宜的测试题目（选择心理测验，开发面试题目或情境模拟题目）。测评考官这一阶段的具体工作包括：根据测试维度确定测评方法；选择心理测验题目；开发面试题目，建立评价标准；开发情境模拟题目，建立评价标准；题目试测及调整；根据资源条件合理地设计测试的流程；选择主考官、考官人选。

3. 测评准备工作

测评准备工作是准备正式测评过程中需要的各项资源条件，包括：资料、场地、人员等。考官这一阶段的具体工作内容包括：准备每个项目的题目（题本）；储备每个项目的答题卡；准备测试项目的评分表；召集测评工作会议，说明参与人员的分工；准备候考室；选择、准备测评需要的房间（测试室）；组织测评考官培训工作。

4. 测试过程

测试过程是正式施测的阶段。在该阶段对考官的要求比较多，考官的工作也是非常繁重的。而对不同的测试形式，考官要完成的具体工作也是各不同。其中，考官在心理测验测试中的任务比较简单，在面试和情境模拟测验中的任务比较繁重。下面我们用无领导小组讨论中的考官任务来加以说明（见表 9-1）。

表 9-1　　无领导小组讨论中的考官任务列表

主考官	考官
1. 清晰地宣读指导语 2. 合理地进行讨论时间控制 3. 讨论结束后，组织考官对学员在讨论过程中的行为表现进行评价 4. 按照指导语的要求处理讨论过程中出现的突发事件	1. 按照测试维度对学员在讨论过程中的行为表现、关键语言进行密切观察与记录 2. 考官的记录底稿要求清晰工整，评价结束后统一交由负责成绩统计的考官归档 3. 将观察记录分别归纳到相应的测试维度中 4. 按照题目要求担当测试中的角色 5. 对每个学员的每个维度进行定性与定量评价 6. 将评价内容工整地填写到评分表上 7. 如果考官之间出现评价争议，大家以行为记录为基础相互举证进行充分讨论 8. 协助成绩统计考官填写评分表
引导员	成绩统计
1. 负责召集学员提前 5 分钟集合，做好测试准备 2. 学员进入测试室之后将学员的编号与姓名进行对应登记，并将对应表交给本组的主考官 3. 对应表填写要求清晰、工整，易于辨认 4. 为学员发放讨论题目与草稿纸	1. 负责将本组考官对每个学员、每个维度的一致性评价填写到评分表，评分表中既要有定量评价还要有定性评价 2. 负责成绩统计的考官，在全部讨论结束以后，将评分表统一移交给项目协调人归档

5. 报告与反馈阶段

报告与反馈阶段是在测试结束以后，由测评师对被试者的测试数据进行处理、整合分析、统计分析、评价及撰写测评报告的过程，最后还需将测评报告反馈给单位领导者或被试者本人。测评师在这一阶段需要完成的工作有：处理各个测验的测试数据；对被试者的各项素质进行整合分析；撰写书面测评报告；向被试者反馈测评结果及建议；与被试者、被试者的主管共同制定能力改善计划；向组织领导者反馈测评结果及建议。

9.2.3　测评考官的素质要求

从严格意义上讲，测评考官是一个特定的职业，同时也可以将其理解为一项系统的工作。在实际生活中，每种职业都需要特定的职业素质，每项工作都需要完成任务所需要的知识、能力技能与态度。下面为大家介绍国内外对测评考官的具体素质要求，以利于大家能够明确未来提高的方向。

1．国际上对测评师的素质要求

以美国为代表的西方测评领域对测评考官（评价员）的具体要求如下：

- 具有心理学或管理学硕士以上学位。
- 具有三年以上测评专业经验。
- 全面了解测评工具、测试指标、可能出现的行为与真实的行为样例。
- 对被试岗位有全面透彻的了解。
- 全面透彻地了解测试维度及维度的含义与工作绩效的关系、在工作过程中高效与低效的行为表现的样例。
- 具备进行行为记录并把行为归类到不同维度的能力。
- 了解如何进行评价与评分，包括如何汇总数据。
- 了解组织中关于测评的规定及测评结果的用途。
- 具备根据报告进行适当反馈的能力。
- 当有需要时，具备担任客观且稳定的角色扮演者的能力。

2．《国务院工作部门面试考官资格管理暂行细则》对面试考官的素质规定

根据《国务院工作部门面试考官资格管理暂行细则》的规定，面试考官（测评师）是对应考人员进行面试测评的实施者。

基本条件：

- 大专以上学历。
- 一般应从事人事管理、相关业务管理或人才测评等工作 3 年以上。
- 了解国家公务员考试录用制度和相关政策。
- 具有较强的分析概括能力、判断能力与语言表达能力。
- 具备录用主管机关规定的其他条件。

业务条件：

具有一定的面试工作经验，参加过系统的面试培训并考试合格，具备相关学科的专业知识与技能；具有较强的组织协调能力，能组织开展面试工作，掌握面试技法，对应考人员评价准确；能对改进面试工作提出有益建议。

3．对测评考官的知识要求

- 掌握人才测评技术的原理知识。
- 掌握心理测量与心理测验的基础知识。
- 掌握胜任特征分析的基础理论与操作知识。
- 掌握结构化（半结构化）面试技术理论、BEI 技术、STAR 技术。

- 掌握无领导小组讨论技术理论。
- 掌握公文筐、角色扮演等。
- 掌握评价中心技术的概念、构成与特点。
- 掌握评价中心技术的应用知识。
- 掌握根据不同考试目的设计测评方案的知识。
- 掌握根据不同职务系列设计测评方案的知识。
- 掌握测验项目的分数统计知识。
- 掌握考试项目过程中的关键点（指导语、时间控制、干预）。
- 掌握测评报告的整合与撰写知识。
- 掌握测评流程控制知识。
- 掌握选拔性测评的测试方法、测试方案设计、测评报告撰写。
- 掌握开发性测评的测试方法、测试方案设计、测评报告撰写。
- 掌握考核性测评的测试方法、测试方案设计、测评报告撰写。
- 掌握测验项目的分数统计知识
- 掌握测试项目过程中的关键点（指导语、时间控制、干预）
- 掌握测评报告的整合与撰写知识

4. 对测评考官的技能要求

- 具备实施心理测验与解释测验报告的能力。
- 具备结构化、半结构化面试操作能力与面试题目设计能力。
- 具备无领导小组讨论测验施测能力与题目设计能力。
- 具备公文筐、角色扮演技术的操作能力与题目设计能力。
- 可以根据不同的需要对测评方案进行设计并撰写测评项目计划书。
- 能够根据不同测验的特点在施测过程中对考试过程进行必要干预。
- 能够对不同测验之间的考试结果进行整合，并根据要求撰写测评报告。
- 能够根据测评报告向被试者进行测评结果反馈。

5. 对测评考官的能力要求

- 综合分析能力。
- 判断推理能力。
- 细致入微的观察能力。
- 高度概括行为的能力。
- 准确的要点分类能力。

- 采纳不同意见的能力。
- 清晰流畅的书面表达能力。

9.2.4 测评考官的职业道德

俗话说，“人命关天”，用这句话来评论测评考官这个职业，是非常恰当的。测评考官通过对被试者进行系统的测试，向组织领导者建议被试者的升迁或发展，这是关系到被试者未来命运的大事，因此测评考官在工作过程中是否进行标准化操作，对最终的测评结果将会产生直接的影响，同时也是一个测评考官职业道德的体现。我认为，一个合格的测评考官必须具备以下几点基本素养。

1. 高度的责任感

高度的责任感是测评项目取得成功的基本保证。测评考官是否具有责任感，在测试的各个阶段都能体现出来。如：题目设计是否严谨、各项测试维度的内涵是否清晰，评价过程中观察是否仔细认真，记录完整程度，评价客观性等。

2. 实事求是的态度

测评考官必须尊重客观事实，特别是在情境模拟测试中，只能记录被试者实际表现的行为，并且依据其行为表现进行评价。考官在记录的过程中必须记录被试者的客观行为信息，不能进行主观推断或评价，这就要求测评考官必须具备实事求是的态度。

3. 洞悉本质的精神

洞悉本质是一种探索精神。测评考官必须在明确测试目的、测试维度的基础上，整合所有测试项目的信息，对被试者的素质特点进行整合评价。整合评价的过程是一个非常复杂、困难的过程，需要测评考官进行大量的思考与求证。如果测评考官不具备洞悉本质的精神，只是从表面行为上进行简单的分析，而对被试者深层次的素质特点如价值观、动机等因素缺乏分析判断，测评结果的可靠性就会较低。

4. 团队合作的意愿

人才测评项目是团队合作的项目，在各个环节中都有不同的人员在同时工作。人才测评项目的合作性体现在组织过程的团体性、评价及反馈过程的团体性上。因此，测评考官必须具备团队合作的意愿，相信通过团队的合作能够提升工作的效率与工作的品质。

9.3 测评考官的培训

人才测评的培训工作在整个测评项目当中占有举足轻重的地位。培训的质量关直接关系到测评过程中考官是否对测试维度有准确的理解，在评价的过程中所有测评考官能否按照相同的尺度对被试者进行评价，最终则会影响到测评项目的可靠性与有效性。

1．培训的目的

测评考官培训的目的是让所有的考官掌握测试维度的内涵，了解每种测试形式的特点，测试题目的出题目的、每个维度的评价标准以及对被试者可能表现的行为如何进行评价，最终让每个考官都能够按照既定的标准对被试者进行准确评价。

2．培训的内容

测评考官培训的内容包括以下 14 项：

- 测评活动的目的。
- 所有的测试维度。
- 各个维度之间的权重关系。
- 构成每个维度的评价要点。
- 与评价要点相对应的典型行为。
- 与评价维度相对应的测试方式。
- 测试题目。
- 基于测试题目的评价标准。
- 测试过程中应该注意的问题。
- 测评考官的分工及职责。
- 不同测试形式测评结果整合的方法。
- 统一测评报告的结构。
- 撰写测评报告应注意的问题。
- 测评报告反馈的要点及注意事项。

3．培训的方法

常见的测评考官培训方法有两种，座谈式与演练式。座谈式培训的特点是时间短，成本低，主要适用于对经验比较丰富的考官进行培训，并且这些考官是一个固定的工作团队，具有多次协同工作的经历，所有的考官均接受过专业训练，所以很多培训内容可以忽略。演练式培训的特点是时间长，成本较高。主考官要组织所有的考官就一个职位进行全过程的演练。在演练的过程中，组织所有的考官对容易出现意见分歧的环节进行重点讨论与演练。演练式培训能够真实地再现测评项目全过程的各个环节。这种培训方式的效果比较明显，对提升考官评价的准确性及测评结果质量有显著的作用。演练式培训适合对彼此缺乏合作经历的考官或对缺乏案例经验的考官进行培训。

附录1

心理测验工作者的道德准则

心理测验在鉴别智力、因材施教、人才选拔、就业指导、临床诊断等方面具有作为咨询鉴定和预测工具的效能。凡在诊断、鉴定、咨询及人员选拔等工作中使用心理测验的人员，必须具备心理测量专业委员会所认定的资格。在使用心理测验时，心理测验工作者应高度重视科学性与客观性原则，不利用职位或业务关系妨碍测验功能的正常发挥。使用心理测验的人员，有责任遵循下列道德准则。

一、心理测验工作者知道自己承担的重大社会责任，对待测验工作须持有科学、严肃、谦虚的态度。

二、心理测验工作者应自觉遵守国家的各项法令与法规，遵守《心理测验管理条例》。

三、心理测验工作者在介绍测验的效能与结果时，必须提供真实和准确的信息，避免感情用事、虚假的断言和曲解。

四、心理测验工作者尊重被测者的人格，对测量中获得的个人信息要加以保密，除非对个人或社会可能造成危害的情况，才能告知有关方面。

五、心理测验工作者应保证以专业的要求和社会的需要使用心理测验，不得滥用和单纯追求经济利益。

六、为维护心理测验的有效性，凡规定不宜公开的心理测量内容、器材、评分标准以及常模等，均应保密。

七、心理测验工作者应以正确的方式将所测结果告知被测者或有关人员，并提供有益的帮助与建议。在一般情况下，只告诉测验的解释，不要告诉测验的具体分数。

八、心理测验工作者及各心理测量机构之间在业务交流中，应以诚相待，互相学习，团结协作。

九、在编制、制定或出售、使用心理测验时，应考虑到可能带来的利益冲突，避免有损于心理测量工作的健康发展。

中国心理学会

1992 年 12 月

附录 2

国际测评组织

英国心理学会（British Psychology Society，BPS），拥有 36000 多名会员，代表英国的心理学者和心理学界。BPS 的宗旨是鼓励心理学发展为一门学科和应用性专业，提高在心理学应用中的培训和实践标准，增加公众对心理学的认识，以及扩大心理学的社会影响。

欧洲心理学家联盟（European Federation of Psychologists Associations，EFPA），是国家心理学会（National Psychology Associations）的主要联盟，拥有 31 个会员协会和 150 000 名心理学家。它为欧洲企业提供了一个涉及学术培训、心理学训练和研究等广泛领域的论坛。

欧洲工作与组织心理学会（European Association of Work and Organiza tional Psychology，EAWOP），支持工作与组织心理学在欧洲的发展和应用，以及促进欧洲科学家和专业人员在此领域的合作。EAWOP 是一个开放网络，学会和单个会员均可参加。

国际测评委员会（The International Test Commission，ITC），是国家心理学会、测评委员会、出版社以及其他组织组成的联盟，致力于促进有效测评和评估策略以及正确开发、评估和使用教育及心理学工具。目前，它拥有 27 家正式会员（国家专业心理学会）和 58 家附属会员（测评中涉及的其他测评委员会、出版社和研究组织）

国际应用心理学协会（International Association of Applied Psychology），是最早的国际心理学家协会。该协会创建于 1920 年，现在拥有来自 94 个国家的 2 000 多名会员。国际应用心理学协会的宗旨是在投身于应用心理学各个科学领域工作的不同国家的人员之间建立联系，并扩大对这些领域中可能为科学和社会发展做出贡献的方法的研究和成果。

EU Leonardo Project Group 正在开发欧洲心理学学历（European Diploma in Psychology），这将是从业者进入此专业领域的资格证。当前 EuroPsy 项目的主要目标是精心打造一个公共框架，对其进行探讨、测试，草拟欧洲学历（包括制度方面）的参考条款并起草实施规划。EuroPsy Partnership 包括来自 12 个国家的 16 个合作组织。

商业心理学家学会（The Association of Business Psychologists），其宗旨是改善公共部门和私营部门对商业心理学价值的了解，并且为相关专业（人力资源、市场营销、常规管理）的人员提供论坛，使其更多地参与商业心理学模型及应用的开发。

参考文献

[1] 刘远我，吴志明，章凯，武欣．现代实用人才测评技术．北京：经济科学出版社，1998

[2] 郑日昌，蔡永红，周益群．心理测量学．北京：人民教育出版社，1999

[3] 陈绍建．心理测量．香港：时代文化出版公司，1994

[4] 王继承．人事测评技术：建立人力资本采购的质检体系．广州：广东经济出版社，2001

[5] 徐升．人才测评．北京：企业管理出版社，2000

[6] 吴春华，张瑾．人员素质测评理论与方法．天津：天津教育出版社，2005

[7] 张志红，朱冽烈．人才测评实务．北京：机械工业出版社，2005

[8] 俞文钊．现代人事测评原理与操作实践．上海：上海教育出版社，2005

[9] [美] 马希斯，杰克逊著　李小平译．人力资源管理教程．北京：机械工业出版社，1999

[10] 彭平根．评价中心的测评有效性及其影响因素的实证研究．华东师范大学 2003 年度博士学位论文

[11] 刘远我．面试核心教程．北京：研究出版社，2003

[12] 肖鸣政，[英] 库克．人员素质测评．北京：高等教育出版社，2003

[13] 顾海根．人员测评．合肥：中国科学技术大学出版社，2005

[14] 王垒．组织管理心理学．合肥：中国科学技术大学出版社，1993

[15] 吴志明．员工招聘与选拔实务手册．北京：机械工业出版社，2002

[16] [美] 克雷曼著．孙非等译．人力资源管理：获取竞争优势的工具．北京：机械工业出版社，1999

[17] [美] 露西亚，莱普辛格著．郭玉广译．胜任：员工胜任能力模型应用手册．北京：北京大学出版社，2004

[18] [美] 乔治・才・桑顿三世著．上海人才有限公司评鉴中心研发专家组译．评鉴中心在人力资源管理中的应用．上海：复旦大学出版社，2004

[19] 彭剑峰，荆小娟．员工素质模型设计．北京：中国人民大学出版社，2003

[20] 王垒．实用人事测量（简明版）．北京：经济科学出版社，2002

[21] 唐忠明．无领导小组讨论应用模式与评价者研究．苏州大学 2003 年硕士学位论文